大夏世界史文丛编委会

主　任：沈志华

副主任：沐　涛　孟钟捷

委　员：王斯德　李钜廉　陈崇武　余伟民　崔　丕
　　　　　余志森　林　广　梁　志　郑寅达　朱　明

编　务：李凤华　周　娜　李晔梦

大夏世界史文丛

全球思想史论丛
（第1辑）

概念的流动

李宏图 孟钟捷 —— 主编

社会科学文献出版社

总　序

经过两年多的策划和准备，"大夏世界史文丛"终于问世了。本套丛书由三部分组成：资深学者的个人文集、反映华东师范大学世界史学科队伍最新研究水平的论著和着眼于人才培养的教材及读本。

世界史学科是华东师范大学历史学系的传统优势学科。1951年建校时便汇聚了林举岱、王养冲、郭圣铭、王国秀等一批知名教授。20世纪八九十年代，法国史、二战史、非洲史、俄苏史、美国史、德国史等研究领域在国内学界都确立了自己的地位，拥有孙道天、冯纪宪、艾周昌、陈崇武、王斯德、李钜廉、钱洪、孙炳辉、余志森、尤天然、洪波、潘人杰等一批知名学者。1984年，华东师范大学历史学系获批成立世界史博士点，1987年获得博士学位授予权，为改革开放后我国世界史学科的发展培养了一大批人才。1995年，华东师范大学世界史学科又成为上海市教委重点学科。1998年世界史学科设立历史学一级学科博士后流动站，2000年获得历史学一级学科博士学位授予权，确立了地区国别史、断代史和专门史（思想史）三个重点发展方向。

华东师范大学世界史学科目前所取得的成就和影响力与老一辈学者打下的良好基础密不可分。今天我们编辑和出版这些老先生的个人文集，不仅是重温他们的学术思想，了解他们的学术发展轨迹，更是对他们治学理念的回顾和传承，管窥他们对学术的孜孜追求和敏锐的学术洞察力。

进入21世纪后，华东师范大学世界史学科发展获得新的发展机遇。2007年被教育部批准为国家重点学科（培育），同年被上海市政府批准为上海市重点学科。在国家"211工程"和"985工程"建设中，世界史学科也一直作为重点学科建设对象，获得研究资金和人员配备上的支持。在调整学科布局和保持原学科优势的基础上，涌现出以冷战国际史、中国周边关系史、地区国别史、全球思想文化史、国际历史教育比较等为代表的五个学科群。其中冷战国际史研究已成为国内一流、国际影响较大的学科发展方向，形成了一支实力强劲的优秀研究团队。继2016年华东师范大学成立周边国家研究院后，中国与周边国家关系，尤其是20世纪下半叶的双边关系史研究异军突起，研究团队几乎访问了所有的周边国家档案文献收藏机构，并搜集了数量可观的周边国家对华关系档案，总量达数百万页，搭建起了一个周边国家对华关系文献数据库，档案语种涵盖越南语、缅甸语、泰国语、马来西亚语、柬埔寨语、蒙文、韩文、日文和俄文等。在此基础上，研究团队除了给有关部门提交了数十篇高质量的咨询报告外，还在国内外权威期刊公开发表数篇学术论文。在地区国别史方向，非洲史、德国史和美国史在继承老先生文脉的基础上又有了新的发展，其中非洲史侧重于中非关系、非洲文化和坦桑尼亚历史的研究，与达累斯萨拉姆大学联合成立了"坦桑尼亚研究中心"，密切了双方的学术交流和人才培养机制；德国史主要关注20世纪德国历史的演进，特别是断代史、社会史、外交史、史学史及中德关系史，郑寅达教授现任中国德国史研究会会长；美国史则倾向于对美国城市发展过程中内部治理的研究。在国际历史教育比较方向，引领中国历史教育走向国际化。本学科从21世纪初开始便积极同国际历史教育界建立联系，近四年已两次召开国际历史教育工作坊，邀请来自世界各地的专家与会，讨论如"各国历史教科书中的中国形象"等重大话题。孟钟捷教授当选为国际历史教育学会学术委员会成员，多次参加国际历史教育领域的合作项目。杨彪教授多次前往国际教科书研究所从事研究。2015年起，本学科与德国奥格斯堡大学合作，创立国内首个历史教育海外研修学校，组织大学教师、中学教师、历史师范生前往德国进修学习。

"路漫漫其修远兮，吾将上下而求索。"经过60多年的学术积累和发展，华东师范大学世界史学科已经形成具有自己特色的研究领域和学科布局，并建立了从本科到博士后的完整专业人才培养体系，学术研究水平和人才培养质量在国内同类系科中位于前列，若干研究领域处于国际领先地位。在2016年全国第四轮学科评估中，华东师范大学世界史学科获得

A+的评价，这既是对我们过去几十年来不遗余力地发展世界史学科的肯定，也是对我们未来向世界一流学科迈进的鞭策。为此，我们本着有所为有所不为的原则，在继承华东师范大学世界史学科前辈奠定的学科特色的基础上，放眼全球，努力与当今世界著名高校的世界史研究接轨，重点发展以下三个方面。

一是世界史学科在发展过程中主动对接国家战略，以适应社会经济发展提出的新需求。冷战史、地区国别史、欧洲社会文化史和国际历史教育比较研究等都涉及国家重大对外战略与重要学术创新。冷战国际史研究引领国内学术研究的潮流，同国际上的许多知名大学和研究机构建立了广泛而密切的学术联系，成为极具特色和优势的研究领域之一。结合华东师范大学"引领中国教师教育"的办学方针，世界史学科积极开展国际历史教育的比较研究，以"中国周边国家历史教科书中的中国形象"作为未来的重大研究课题。学科还积极参与上海市的智库建设，提交咨询报告。

二是致力于思考华东师范大学世界史学科人才培养的目标和方向，形成自己的学科特色和目标。那就是致力于培养热爱祖国，德智体全面发展，专业基础扎实、能力强、素质高，自觉为社会主义现代化事业、为繁荣历史科学服务的高级专门人才。其中以两类为主：一是基础教育的骨干师资，二是高等院校和科研单位的研究人员。人才培养过程中秉持"宽口径、厚基础"的理念，注重科研能力的训练和综合素质的培养。要求所培养的硕士研究生具有较系统的理论基础和正确的教育思想观念，熟悉国内外史学研究动态，打好扎实深厚的专业基础，能运用科学的研究方法进行专业领域的学术研究，熟练掌握一门外国语，毕业后能在本学科领域独立从事研究和教学工作，或在实际工作部门从事相关工作。博士研究生具有较深厚理论素养和先进的教育思想观念，熟悉本专业领域史学研究成果和国内外最新研究动态，能够站在学术前沿，运用先进的研究方法和手段进行创造性研究，至少熟练掌握一门外国语，毕业后能在本学科领域独立从事高层次的研究和教学工作，或在实际工作部门从事相关的较高层次工作。目前，华东师范大学世界史学科下设世界断代史、世界地区国别史、专门史（冷战国际史）三个二级学科博士点和硕士点，同时拥有世界史一级学科的博士后流动站。世界断代史方向涵盖了世界上古中世纪史、世界近代史、世界现代史和世界当代史。注重世界通史观的培养，注意打破各断代史的壁垒，使学生形成宏观的世界史认识。地区国别史方向包括非洲史、美国史、德国史、日本史、法国史等，其特色是注意将国别史中的国内史与对外关系史相结合。专门史方向主要为冷战国际史和中外关系史，目前是国内领先的学科方向，集合了国内顶尖的学者。以冷战国际史研究中心和当代文献史料中心为依托，将档案资料的收集与科学研究紧密结合，在利用档案文献研究社会主义国家关系史、中国与周边国家关系史方面已经形成了自身的特色，同时在研究生培养方面也形成了以档案文献整理为特色的理论与实践课程。

三是努力与国际接轨，及时跟进国际社会世界史学科研究的新进展。早在2013年，就在美国著名智库伍德罗·威尔逊国际学者中心设立了"华东师大－威尔逊中心冷战研究工作室"。从2017年开始，又陆续在日本早稻田大学、越南国家社会科学研究院、德国奥格斯堡大学和坦桑尼亚达累斯萨拉姆大学设立了工作站，目的是在世界历史研究领域内增进双方在学术交流、学生培养和联合研究等方面的深入合作。上述五个工作站同时也是开放式的，为中国其他高校世界史的师生进站研究提供必要的相关帮助。

当今国际学术界的世界史研究日新月异，冷战国际史、全球史、环境史、社会史、妇女史、城市史、医疗史、移民史等领域的研究成果不断涌现，华东师范大学世界史学科在跟踪这些领域研究动态的同时，也努力展现自己的学术研究成果，为建构中国特色的世界史学科体系、学术体系和话语体系贡献自己的微薄之力。

沐　涛

2019年10月

目 录

前　言 …………………………………………………………… 001

1950～2017年英国思想史：剑桥学派的贡献
　………〔英〕约翰·罗伯逊　著　关依然　译　周保巍　校 / 004
思想史研究范式转换的学术路径 ………………………… 李宏图 / 016
何谓"概念"
　——对于"概念史"研究对象的几点辨析 ……………… 周保巍 / 029
基思·托马斯的思想史研究方法 ……………… 左　敏　李冠杰 / 036
孟德斯鸠政治思想中的海洋空间理论 …………………… 李汉松 / 050
承认的几个维度
　——以科耶夫与福山为中心的探讨 ……………………… 肖　琦 / 075
观念旅行：《史学原论》在中国的接受 ………………… 李孝迁 / 089
世变与学变下的传统思想
　——近代学者对"道家出于史官说"之阐释 …………… 王　锐 / 112

论古代帝国的衰亡 ………………………………………… 王加丰 / 136
由治权到帝国：从拉丁文"帝国"概念的衍生看罗马人的帝国观
　………………………………………………………………… 王　悦 / 155
什么是"Reich"？
　——从魏玛初期的国名之争看德国人的帝国观念 ……… 孟钟捷 / 174

从正式帝国到非正式帝国

——王家殖民地学会图书馆馆藏目录对帝国空间的不同想象（1881~1977）

………………………………………………………… 朱联璧 / 186

"文明的使命"：19 世纪英国的帝国观念试探 ………… 斐　白 / 204

"天下"的另一种形态

——东晋及东北族群政权建构中的"天下"意识 ……… 李　磊 / 215

绝对理念与弹性标准：宋朝政治场域中对"华夷"和"中国"

观念的运用 ……………………………………………… 黄纯艳 / 236

"现代中国"的基础常识建构

——清末民初"读本"中的现代国家观念普及 ………… 瞿　骏 / 263

法国旧制度后期的财产权话语 …………………………… 张　智 / 285

使用与权力：霍布豪斯论财产权 ………………………… 王同彤 / 303

个体性与共同善：格林的财产权话语 …………………… 邓振军 / 322

"体育是什么"：一个概念史的考察 ……………………… 刘桂海 / 340

体育精神：基于语言哲学的分析 ……………… 王晓慧　刘桂海 / 359

前　言

2016年，在和巴黎高师文化迁变与传播研究中心主任、著名历史学家埃斯巴涅教授主持一项合作项目时，我就曾经提出以"概念的流动"为主题展开合作，自此之后，概念的全球性流动、概念在不同文化空间里展现的内涵变化，以及不同文化区域的人们如何思考和界定这些概念等内容一直成为我个人及一批学界同人的研究兴趣，希望由此来探讨人们，特别是不同空间的人们对世界的不同认知，以及在此过程中所形成的思考方式。2019年6月，华东师范大学全球思想史研究中心成立。我和中心主任孟钟捷教授、世界历史研究院执行院长沐涛教授，以及同人周保巍副教授等商议后，一致同意以此为主题编选一本论文集，借以体现中心的研究宗旨，同时把很多同人对此的研究成果集中展示。正是由于诸位同人的共同努力，本论文集现在终于面世。

本书主要围绕全球思想史，特别是"概念的流动"这一主题展开，具体而言，我们选择了帝国、财产权和体育等概念，以及关于思想史与概念史理论和方法论等问题。在此，我想在本书出版之际，对本书所关涉的理论和方法论做一说明。由此既可以理解本书的价值与意义，也便于更好地理解本书所涉及的内容。

近十年来，全球史在历史研究领域异军突起，成为异常醒目的研究潮流。在思想史研究领域，为呼应全球史研究的取向，一些学者也响亮地提出思想史的国际转向，甚至直接使用全球思想史这一概念。对全球思想史，目前还没有公认的统一的定义：是国际转向，还是思想观念、文本和概念的空间扩展？但毫无疑问，有一点被大家广泛接受，就是需要对概念以及文本的全球性流通和接受进行研究，从而考察辨析人们是如何认知世界或者说如何展开对世界的思考的。因此，全球思想史并非仅仅考察某一概念或文本等具体内容的全球性流动，更为重要的是要解释与揭示这一流动背后的机制和动力，以及这一流动与移位对人们的影响，进而塑造和建构他们的价值观，以及在社会实践中如何按照自身方式注入其意义。

以本书所选取的"帝国"概念为例，尽管帝国的观念和概念古已有之，但到19世纪，随着欧洲国家，特别是英国成为"日不落"的世界性帝国，帝国这一概念才被赋予新的内涵，同时在全球性流动与移位中被其他区域的人们所接受。因此，对这一概念的考察，就需要在两个维度展开：一是历史性的维度，探讨帝国概念的历史演变，例如，在欧洲，帝国的概念以及内涵是什么，在中国又是如何理解帝国的；二是在全球空间的维度下探讨另外一个文化区域的人，例如中国如何对此做出理解。这样，在历史性和空间性中思考概念的内涵变化，以及人们如何通过对概念的理解与界定形成认知世界的方式。

同样，这一双重维度的研究也推动了概念史的前行。以往的概念史研究大体上可以分为两个流派，形成了两种理论和方法论的范式，一是以剑桥学派的昆廷·斯金纳为代表，二是以德国的考斯莱克为代表。对这两种不同的研究范式，英国思想史研究者蒙克教授指出，昆廷·斯金纳所追求的是聚焦于奥斯汀和塞尔的"言语行动"分析的模式，以及概念史模式。他还认为，英语世界的概念史模式与德语世界的概念史模式之间显而易见地水火不容——在英语世界里，人们强调需要有一种广阔的共时性语境，以便能辨明特定的概念；而在德语世界里，为了历时性分析的需要，人们则试图把个体概念从其共时性语境中剥离出来。在英语世界的概念史中，人们强调人的能动性；相反，在德语世界的概念史中，人们则更强调历史过程。实际上，两种不同的概念史范式可以归纳为，斯金纳借助于奥斯汀和维特根斯坦的语言哲学，从修辞和言语行为方面进行概念史研究；而考斯莱克则借助于阐释学理论，从社会史的维度来进行概念史研究，从而将概念作为社会的显示器和推进器。如果从大的学科范围来说，斯金纳是在思想史的范畴中进行概念史研究，而考斯莱克则是在社会史的范畴内展开概念史研究。但无论哪一种研究范式，它们都是仅仅聚焦英语世界或者德语世界展开的，就连斯金纳自己也坦陈，他对概念如"自由"和"国家"

等的考察都局限在英语世界，这难免偏狭。的确，如果引入空间的维度，即可突破仅仅固定与局限在某一文化区域来考察概念的历史演变，可以在更为宽广的空间里看到概念在流动中所形成的种种新的历史情形，从而丰富我们对概念的理解，以及深化对历史的理解。

辨析这些话语表达以及被这些话语所界定的帝国概念的内涵，从而理解其思想世界和价值取向就非常重要，也自然是学术研究应当要做的一项工作。本书对帝国概念的历史性考察即体现了这一研究旨趣，并期冀实现这一学术目标。同样，进入19世纪后，财产权这一现代社会的基础性核心概念也发生了变化，是依然如18世纪法国《人权宣言》所宣称的"私有财产神圣不可侵犯"，还是财产可以为了社会的"共同善"而被再分配？新的社会现实要求有新的话语表达，以及对"财产权"这一概念做出新的界定。因此，概念有自己的历史，概念也总是在流动，并被不断再定义以及再概念化。

应该看到，此书的出版并非对这一主题研究的终结，实际上它意味着我们的研究刚刚开始，还有很多值得探讨的课题。随着全球化的行进，反全球化、逆全球化的力量也日益活跃，概念在全球性的流动中会引发什么样的回响与激荡？未来是走向"文明的冲突"还是"文明的融合"？历史学特别是思想史研究应如何回应和解释这些现象？找寻未来"文明"发展的新范式，我想这是思想史研究者理应承担的历史性重任。

李宏图
2019 年 12 月 28 日

1950~2017年英国思想史：剑桥学派的贡献[*]

〔英〕约翰·罗伯逊[**] 著 关依然 译 周保巍 校

一 从观念史到思想史

本文的主题是第二次世界大战结束之后，也即自20世纪50年代以来思想史研究在英国的演进。我认为这一演进过程也就是从"观念史"（history of ideas）到"思想史"（intellectual history）的转变过程。"观念史"一词由来已久，至少从17世纪的早期"哲学史"出现以来，这个比较古老的历史门类就一直存在。尽管"观念史"与"思想史"常被当作同义词使用，但我认为二者之间还是有实质性的区别的。

"观念史"的研究对象是抽象概念，观念史学家虽然也看到了承载观念的文本和文本作者，并将所研究的观念与特定思想家联系在一起，但他们所关注的是思想本身，至于思想产生的环境和思想家的具体关切则退居次席。与此相反，"思想史"研究的是历史中的人类活动，其研究方式与政治史、经济史并无二致。这里的观念不再被当作抽象之物来对待，而是将更多的研究精力聚焦于提出观念的人以及他们所处的环境。因此，"思想史"关注的是思想家和文本作者的主体行为，即他们是谁，他们是如何论证自己观点的，以及为什么选择这些观点而不是其他观点。

我把"思想史"的研究对象定义为"人类理解他们所置身其中的世界，将其特征概念化，并进而对其做出前后融贯的论说，以说服其他人信服其论辩之合理性的系列努力"（the efforts of humans to make sense of their world, to conceptualise its features and to argue coherently about them, and to

---

[*] 本文由复旦大学历史学系博士生关依然翻译，华东师范大学政治学系副教授周保巍审校，原载于《浙江学刊》2018年第1期。
[**] 约翰·罗伯逊，剑桥大学克莱尔学院政治思想史教授。

persuade others of the plausibility of their arguments）。我专门将概念化、融贯性和论辩的合理性作为思想史的构成要素，原因在于：尽管思想史家（在有证据留存的前提下）完全可以单就论辩的简单形式做出很好的研究，但在他们眼中，这些论辩是不能和同时代的其他论辩分离开来的，而且他们不可避免地要追问，特定时期处于特定语境下的思想家如何评价那些与其相竞争的观点的融贯性与合理性。这一点我在最后还会提及。

故事还得从一个人说起。之所以二战结束后不久英国学界就认识到研究过往思想的旨趣和政治价值之所在，此君可谓做出了无人能及的贡献，他便是观念史的代表人物以赛亚·柏林（Isaiah Berlin）。

二 柏林的观念史

柏林1909年出生于里加，现拉脱维亚共和国首都，当时属俄罗斯帝国。为躲避俄国革命，柏林跟随他的犹太家庭逃往英格兰，并在那里完成了中学学业，后进入牛津大学。他才华出众，社会适应能力强，并没有因为社会上的反犹偏见而太过苦恼。

学哲学的柏林曾一度醉心于艾耶尔（A. J. Ayer）所推崇的逻辑实证主义，对这种教条式的经验主义和反形而上学的哲学兴味浓厚。但很快他就发现，虽然从周围的哲学同道身上最能收获启迪，但自己对逻辑实证主义已经不再满意，反倒是观念史更有吸引力。柏林的第一本著作有些出人意料，写的是马克思，1939年以《卡尔·马克思：生平与环境》（*Karl Marx: His Life and Environment*）为题出版。这部小传既是马克思的个人生平，也是他的思想描摹，柏林在这两方面都流露出对马克思的同情——这是又一个让人大感意外的地方。此后该书分别于1948年、1963年和1978年再版，柏林自己也从未对这本书流露出不满。

二战期间柏林的经历也很有趣，他多数时间在华盛顿担任类似大使顾问的工作，同时还是丘吉尔的私人密使，因此与白宫关系不错。柏林在英美统治集团里左右逢源的能力可见一斑。

20世纪50年代，柏林终于以政治哲学家和观念史家的身份崭露头角。面对西方阵营与苏联的对峙，他为自由主义疾声辩护，并在两场堪称经典的讲座中表达了这种立场：其一，在"历史的不可避免性"中批驳历史决定论；其二，在"自由的两种概念"中为"消极自由"相对于"积极自由"的优越性辩护。这些讲座并不仅仅讲授哲学，还以历史的方式来组织其观点，常常指涉历史上持不同意见的哲学家。比如，柏林认为卢梭就是"积极自由"的倡导者，而密尔则是支持"消极自由"的代表人物。

与此同时，50年代柏林还做过几位哲学家的专题研究，其中值得注意的包括马基雅维利和孟德斯鸠，柏林通过对他们的观点进行诠释，认为两人都是多元价值观的倡导者。在马基雅维利看来，政治所要求的那一套价值观并不必然与我们的道德价值观相重合；而孟德斯鸠则认为，世界上不同地区不同形式的社会和政府有各自不同的价值观。柏林的结论是，那种认为每个人都必须遵守某一套正确价值观的观点是极大错误的。而在研究18世纪另外两位思想家——意大利那不勒斯哲学家维科（Giambattista Vico）和德国哲学家赫尔德（J. G. Herder）——的有关作品中，柏林则清晰而自觉地体现了一位观念史学家的素养。这两位一直被忽视的思想家（尤其是维科，在英语国家几乎鲜有提及）在柏林的"发掘"下走入战后的思想界，与18世纪启蒙哲学家相比，他们的思想独树一帜，也正基于此，柏林对他们的兴趣与日俱增。柏林认同传统上将启蒙运动视为"理性时代"的观点，并不掩饰自己对启蒙价值的肯定，但他也认为启蒙运动存在一个误区，即将其所信奉的价值普遍化。维科和赫尔德从一个更具历史性的角度审视人类价值和语言的发展历程，构成了对启蒙运动普遍主义的挑战，柏林随后将之概括为"反启蒙运动"，进而又把这种说法用在19世纪对自由主义满是敌意的德·梅斯特身上（Joseph de Maistre）。

柏林对维科和赫尔德的诠释，以及由此衍生的"反启蒙运动"说法，是在50年代末期和60年代的一系列讲座中阐发的，并最终集结成两部著作出版：1976年的《维科和赫尔德》（*Vico and Herder：Two Studies in the History of Ideas*）和1981年的《反潮流》（*Against the Current：Essays in the History of Ideas*）。在这两本书中，柏林对"观念史"的理解有两个引人注目的地方：第一点是柏林对启蒙运动的看法师承何处的问题。德国籍犹太哲学家卡西尔（Ernst Cassirer）对启蒙哲学推崇有加，但他自鸣得意的著作《启蒙运动的哲学》（*Philosophy of the Enlightenment*，1932年出版，1951年译成英文）却不合柏林的胃口；反倒是支持过纳粹的德国历史学家迈内克（Friedrich Meinecke）影响了柏林，后者直接吸收了他对历史主义和维科的观点。迈内克是一位伟大的观念史家，但柏林对他的热情（和对他观点的依赖）令人有些意外。第二点是柏林本人历史思想的特色。他认为维科和赫尔德的思想超越了他们所处的18世纪，是对19世纪历史哲学的前瞻。他甚至形容维科"不属于他的时代"，在柏林看来，观念史家做出这种论断并无不妥。

换句话说，柏林的观念史允许以一种特定的方式书写历史，即对以往个别思想家及其思想的研究可以与一种无所不包的、普遍化的哲学归纳和谐共存。不过，柏林的这种研究方法在《维科和赫尔德》出版之时就已经显得落伍了，因为此时的剑桥正在进行一场革命。随着政治思想史领域内所谓的"剑桥学派"的异军突起，研究历史上思想家的方法发生了转变，一种新的"思想史"概念由此产生。

三 "剑桥学派"的诞生

理解这种新研究方法出现的重要意义需回到牛津和剑桥大学的历史中去。19世纪70年代，政府的一个委员会对这两所古老大学进行了改革，举措之一是设立单独的历史学位。两所大学新开的历史课程中政治思想都占有核心地位，直到今天还是如此。内容大体上以历史的方式讲授，以一系列经典文本为授课内容。然而到20世纪50年代，这些经典文本及其授课方式已变得过时，值此之际，有三位剑桥学者迈出了学科转型的步伐。

第一位是拉斯莱特（Peter Laslett，1915－2001）。在研究17世纪保皇党人菲尔默（Robert Filmer）的著作过程中他发现洛克1689年出版的《政府论》并不是在庆祝光荣革命的胜利。该著作写于更早的1678～1682年"排斥法案"危机期间，当时君主制的拥护者刚刚出版了菲尔默的重要作品，洛克写作《政府论》的部分目的正是对前者给予回应。因此，拉斯莱特辩称洛克这一篇最为人所知的政治作品应该是针对"排斥法案"的檄文，拥有比传统上的认识更为激进的目的，不仅仅是对1688年革命的支持。故而，它远不是一部超越时代的政治哲学著作。

与此同时，波考克（John Pocock）在巴特菲尔德（Herbert Butterfield）的指导下对17世纪的英国历史著述进行研究，也得出了相似的结论，认为洛克并不能代表彼时的英国政治思想，社会上还流传着其他可能更为重要的政治著述，相比之下洛克反倒处在边缘。比较突出的如古代宪制主义（ancient constitutionalism），这一派别从英国普通法传统中汲取思想资源，立足于历史为议会同王权的斗争提供辩护。

最后一位领军人物是剑桥克莱尔（Clare）学院的研究员福布斯（Duncan Forbes，1922–1994）。20世纪50年代，福布斯对18世纪苏格兰思想家如休谟（David Hume）、亚当·斯密（Adam Smith）以及他们的同人表现出愈发浓厚的兴趣，他们被统称为"苏格兰启蒙运动"。随后，福布斯开设"休谟、斯密和苏格兰启蒙运动"专题课程，继续发扬他对这个主题的兴趣。这门课程吸引了一批非常优秀的本科生，其中就有昆廷·斯金纳（Quentin Skinner）、约翰·邓恩（John Dunn），以及日后成为研究苏格兰启蒙运动的又一位重量级学者尼古拉斯·菲利普森（Nicholas Phillipson）。从听课的学生这一点来看，可以毫不夸张地说：福布斯的苏格兰启蒙运动课堂便是"剑桥学派"的摇篮。

正是这批年轻学生中的两位——同在40年代出生的邓恩和斯金纳——写下了确立"剑桥学派"历史观和方法论的作品。这里首先介绍两位学者在创立学派之初的贡献。邓恩的专著《约翰·洛克的政治思想》（*The Political Thought of John Locke*，1969）证实了洛克的道德和政治原则有其必然（而非偶然）的基督教根基，洛克绝不可能是一位"世俗"思想家，像近代诸多自由主义评论家认为的那样。邓恩还指出，正因为洛克的基督教背景，他也不能算是现代政治思想的鼻祖。相反，斯金纳关注到霍布斯1651年出版《利维坦》时的"意识形态语境"，并在一系列文章中指出，与霍布斯同时代的人都认为他已经不再承认自然法有什么更高的神圣渊源。也就是说，放在当时的语境中看，霍布斯才是一位"讲求实然"的思想家（a "de facto" thinker），他的观点才称得上是"世俗"

的，因而是"现代"的。

这里隐含着一个论断，即现代政治思想是世俗的，宗教信仰和神学原则都没有在其中扮演重要角色。这个论断一直被许多"剑桥学派"学者奉为根本，在他们看来，现代政治思想始于17世纪。塔克（Richard Tuck）是其中的杰出代表。他从剑桥毕业后留校任教，后来去了哈佛。塔克虽然和斯金纳一样也对那个历史时期感兴趣，但他做研究自有一套。1979年他的著作《自然权利理论》（*Natural Rights Theories*）问世，随后又有一系列独具思辨性和原创性的作品问世，研究格劳秀斯、霍布斯、卢梭和康德等人文主义和自然法思想家。在这些作品中，塔克认为，霍布斯是现代政治思想的先驱。人们或许会说，霍布斯是一位"不在场的"剑桥派政治思想家。

四 "剑桥学派"的研究方法

斯金纳和邓恩在学派创立初期也写过很多关于方法论的文章，"剑桥学派"正是以其独特的研究方法很快为人所熟知。在这一点上，邓恩和斯金纳——尤其是斯金纳——都受到了维特根斯坦（Ludwig Wittgenstein）的语言哲学的启发；此外，牛津大学哲学家、著有《如何以言行事》（*How to Do Things with Words*，1962）的奥斯汀（J. L. Austin），对他们观点的形成也有关键的影响。这种新方法论的关键词是"意图"和"语境"。借鉴奥斯汀对语言不同表达形式的解释，斯金纳认为我们不仅要弄清作者想说什么，还应该追问他在这么说时有什么具体的目的和意图。

作者想说什么这个问题，一般可以通过思想传记还原某位作者的教育和阅读经历以及政治上的立场得到解决，但若要回答作者写作文本时有什么目的，唯一的办法是重建写作时的语境。语境可以给我们揭示出很多信息，比如作者打算如何应对同时代的其他观点，他写作时采用的手法和语气（直接的或嘲讽的、使人忧虑的或给人安慰的语气）是为了达到什么效果等。从某种角度来看，这不外乎是说思想史家应该是一名历史学家——历史学家在做为他们想要研究的行动重建语境的工作。但同时有一点很清楚：对语境的强调正是思想史与柏林的观念史的关键分野所在。这样一来就绝不可能出现诸如某作者"不属于他的时代"或"属于另一个世纪"的评价，思想史转变为关于某种特定的人类活动的研究，即思想家试图理解世界时到底在"做"什么。

在随后的70年代和80年代，斯金纳的目光逐渐离开奥斯汀的概念范畴，转向其同时代的其他哲学家，其中就有美国学者罗蒂（Richard Rorty），他与斯金纳合编过《历史中的哲学》（Philosophy in History, 1984）。罗蒂承继维特根斯坦学说，将哲学视为一系列"语言"，这些语言虽然互有重叠，但它们之间并不存在什么"公分母"。在罗蒂看来，这就意味着没有哪一种语言可靠地掌握着"真理"。这种语言学视角带给历史学家最主要的好处是，拓宽了任何一个给定的思想家或著作的思想语境，扩大了我们所应研究文本的范围，也即凡我们所直接研究的文本之前的文本，以及其同时代的文本，都应纳入我们的考察范围。

对政治思想"语言"的这种兴趣在波考克的作品里也有所体现。波考克常被认为是"剑桥学派第三人"，他比斯金纳和邓恩年长16岁，但当此二人开始明确地凭借他们的政治思想史研究方法自立门户时，波考克也很乐意加入这项事业。他对"语言"的兴趣也源自维特根斯坦，只是不像斯金纳有那么大的哲学雄心。波考克多次提到思想的"语言"、"话语"和"传统"。在波考克看来，这些"语言"在历史的长河中经久不衰。我们在他的主要作品里都能看到两相对照的"语言"或"话语"。例如，《古代宪法与封建法》（The Ancient Constitution and the Feudal Law）比较了16~18世纪这200年间英国的普通法与欧陆的民法这两种话语传统，《马基雅维利时刻》（The Machiavellian Moment）暗含着15~19世纪市民人文主义（civic humanism）和自然法的对比，《野蛮与宗教》（Barbarism and Religion）则将公元4世纪到19世纪横跨1500年的圣史（sacred history）和俗史（civil history）对照起来。

依我所见，波考克用这些"语言"所编织的连贯叙事是近50年来政治思想史和历史学研究中最为激动人心的部分。当然，把思想当成"语言"来对待并非无懈可击，且问题不仅仅在于如何区分。但这种方法前景广阔，正在许多年轻学者的耕耘中继续得到完善。

五 政治思想史的研究主题

新研究方法并不是"剑桥学派"元老及其追随者的唯一特点，与之并重（也许还更为重要）的是他们有共同的关注点："国家"在欧洲世界中演变的历史（在此我再次强调"剑桥学派"的主要关切是欧洲，虽然这种情况已经出现改变的迹象）。这一特点在斯金纳身上体现最多。追溯现代国家概念的起源，从而更深地理解国家的本质特征，一直被斯金纳看作首要任务，从其第一部著作《现代政治思想的基础》（Foundations of Modern Political Thought，1978）到近年来尝试重建国家概念的"谱系"，无不是如此。对斯金纳而言，这既是一项历史事业，也是一项哲学事业，理解历史事实是从理论上认识国家何以存在、国家对统治者和民众提出什么要求等问题的最佳途径。

波考克则有所不同，可以说他从三个方面对"国家"这个研究主题做了修正，使其更为复杂。首先，他注意到欧洲国家所具有的多种形态，包括共和国与帝国。《马基雅维利时刻》书写的便是西方思想中"共和主义"理想的历史，同时涉及这一思潮可能给主权国家理念带来的挑战。而《野蛮与宗教》则是一部详尽无遗的"帝国"思想史，其中波考克提出帝国（指罗马帝国）是欧洲第一个认可教会并将其构设为公共机构的政治形态。其次，波考克认识到只谈国家形态是不够的，因为18世纪见证了作为一个独立的分析范畴的"社会的崛起"（the rise of the social，阿伦特语）。最后，也是最为根本的一点，波考克认为每一种国家形态都是通过修史构建起来的，因此历史应被视为政治思想不可分割的一个维度，中国如此，欧洲亦如此。这是他在《政治、语言与时间》（Politics, Language and Time，1971）收录的早期文章中就提出的观点，此后在《政治思想与历史》（Political Thought and History，2009）中又做了重申。他和斯金纳的思想由此形成差别，后者从未关注过历史书写对于政治的含义。

尽管"国家"依然占据"剑桥学派"研究的中心地位，一些年轻学者已经开始放眼狭义的国家概念之外更广阔的天地，他们开辟了诸多新方向，其中有四个值得一提。第一个是我现在的剑桥同事布蕾特（Annabel Brett）正在从事的研究。布蕾特在《国家的演变》（*Changes of State*, 2011）中对1500年到1650年西班牙和意大利的经院学派，以及其北欧的新教同道的道德和政治思想做了一番重估。其立论的要点在于，这些思想家并非只关注国家，他们还试图理解诸如旅行者、乞丐和美国原住民这些曾考验过政治权威之限度的群体。换句话说，如果经院学者尚未将"社会"（society）同城邦（civitas，或现代意义上的国家）区分开来，那么他们至少认识到了在城邦边缘有一个临界性的"边陲"区域（a liminal, "frontier" zone）的存在。由于布蕾特有意倡导将政治思想视为"语言"的研究方法（她支持罗蒂），其成果也表明经院学派的道德和法学概念（尤其是"权利"语言）渗透进了格劳秀斯甚至霍布斯的思想。由此她认为，不应将格劳秀斯和霍布斯默认为与经院学者对立的"现代"思想家，因为他们的论点有太多一脉相承的地方。

第二个开创"剑桥学派"新视野的研究要归功于我的另一位同事，2013年过世的洪特教授（Istvan Hont），他强调17世纪以后的现代政治思想是以政治经济学（political economy）为中心的。这个观点最初出现在他和伊格纳季耶夫（Michael Ignatieff）合编的《财富与德性》（*Wealth and Virtue*, 1984）中，这是一部专门研究苏格兰启蒙运动政治经济学的作品。随后，洪特又在一系列研究中发展了此观点。这些研究，再加上一个篇幅很长的导论，都收录于《贸易的猜忌》（*Jealousy of Trade*, 2005）中。

第三个新方向的代表是年轻剑桥学者艾萨克（Joel Isaac），研究二战以来美国现代社会科学的诞生。在《运行着的知识》（*Working Knowledge*: *Making the Human Sciences from Parsons to Kuhn*, 2012）中，艾萨克提出现代社会和政治思想史学者必须要熟悉大学的历史，了解自然科学和社会科学的相互交融，20世纪研究政治思想史绝不能够只局限于政治这一个领域。

最后一位是2015年过世的历史学家贝利（Christopher Bayly）。此君专攻亚洲的英帝国史，在其后期作品中探寻印度政治思想家从他们独特的思想基础出发如何理解应用欧洲概念，有意识地将政治思想史研究推向全球。他的作品《重振自由》（*Recovering Liberties*: *Indian Political Thought in the Age of Liberalism and Empire*, 2011）就是关于西方自由主义在印度的传播，还研究了具有完全不同的印度思想传统的学者对其进行了哪些改造。

　　这些人以及其他很多人曾努力开辟政治思想史研究的新方向，并因此不断改变着"剑桥学派"的内涵。"剑桥学派"不能仅靠元老来定义，也不能被他们的研究方法和成果所固化，相反这是一个充满活力、不断变动的学者群体，无论在研究方法还是研究对象上都勇于创新。

六　思想史的另一片疆土：瓦堡学院（Warburg Institute）

　　目前英国的思想史领域里，视野得到开阔的不只有政治思想史这一个分支。在我结束此次演讲之前，我想向诸位简短介绍伦敦的瓦堡学院。瓦堡学院创立的灵感来源于德国高雅文化史传统，与19世纪晚期瑞士历史学家布克哈特（Jacob Burckhardt）有着紧密联系。得益于逃离纳粹德国及其法西斯附庸国的犹太难民，这一学派成功传入英美。接下来又经过一次重大变动，瓦堡学院由德国汉堡转移到伦敦。如今它已是伦敦大学附属学术机构之一，有两个专门的思想史研究传统在此得到滋生繁盛。

　　学术史是其中之一，研究过去的人对古代世界、希腊、罗马和《圣经》文本及历史所做的研究。瓦堡出身或受其影响的历史学家研究过15世纪和16世纪文艺复兴的全盛时期，那时候希腊和罗马的文本拥有中心地位；最近他们转而关注17世纪，这一时期最富有创新精神的学者都投身《圣经》和古代近东与中东地区的研究。1950年之后英国从事学术史工作的先驱是一位流亡意大利的犹太人莫米利亚诺（Arnaldo Momigliano），步他后尘的是普林斯顿大学教授格拉夫敦（Anthony Grafton）。学术史现在能在剑桥、牛津和伦敦吸引到不少年轻学人中的佼佼者，很大程度上要感谢这位热情又慷慨的格拉夫敦教授。

　　另一个研究传统更显古怪，却也不失趣味：复原"逝去的"思想家及其思想——他们的思想由于跟我们差距过大，有淡出视线的危险。这个领域的拓荒者是耶茨（Frances Yates），他是一位挂靠于学院的独立学者。耶茨的专长是重建16世纪一些人的思想和其特有的思维方式，比如意大利哲学家布鲁诺（Giordano Bruno）让人捉摸不透的思绪，或者是一种被称为"记忆术"

(the art of memory)的与众不同的、在技术上相当复杂的修辞方式。耶茨的作品又转而激发了牛津大学钦定近代史教授休·特雷弗－罗珀（Hugh Trevor-Roper）的灵感，后者于20世纪60年代发现了耶茨，那时他自己的学术重心也正从社会史与政治史转向思想史。此后，特雷弗－罗珀的精彩文章源源不断地发表，涉及从文艺复兴到19世纪的各种论题，其对启蒙运动和苏格兰启蒙运动的兴趣日增。同样受到耶茨启发的，还有一位更年轻的剑桥学人——埃文斯（Robert Evans），不久后他也荣膺牛津大学钦定教授身份。埃文斯的博士学位论文由耶茨和特雷弗－罗珀审阅，写的是16世纪哈布斯堡王朝的鲁道夫二世宫廷中的知识和艺术文化。1600年前后的那段时间里，这位古怪又迷人的君王吸引了一批哲学家、艺术家到他位于布拉格的宫廷中。

除去科学史的这些可能过激的部分，思想史在英国的发展还是十分健康的，尤其激动人心的是年轻学者日趋明显的跨研究领域倾向，将学术史、科学史、宗教思想史、历史编纂学以及政治思想史串联在一起。无论在剑桥、牛津、伦敦、萨塞克斯还是圣安德鲁斯，思想史都是历史研究充满生气的一个维度，而且很可能要迎来新的转变。

七 目前英国的思想史研究之特征

那么，英国现在的思想史研究到底有何进展呢？首先，最显见的是对思想家及其文本的研究采用严格的历史方法。通过阅读各式文本——凡有的都拿来研究一番，尝试理解作者正在做的事情。我们避免先入为主（或者至少设法意识到自己的先入之见，并尽量避免），最重要的是不要自视高明、居高临下地揣度并评判作者。我们的任务是将作者置于他的时代中来理解，通过研究语境中的文本来做到这一点。这种语境可以是直接的，比如思想家对一部新书或当时紧迫的政治情势所做的回应；也可以涵盖更广，涉及往往存在已久的政治思想"语言"或传统，比如自然法学说、古典共和主义的各种变体或者不同的历史书写模式——如圣史和俗史。

但这不意味着或者说不应该意味着思想史从此置身于其所研究的哲学、政治理论、历史编纂学甚至科学之外，不再与它们进行对话，不再对它们有所贡献。从斯金纳到布蕾特，剑桥的政治思想史家仍相信：书写政治思想史在某种意义上也是在"进行"（doing）政治思考，是在从事哲学。历史学家的职责不仅在于重建昔日思想家的论辩，还要看到且讲明论辩中关乎利害的东西。

我们可以不接受那些"声称真理在握"、虚有其表的各种论辩主张，并用罗蒂的方法对任何声称代表了某种道德、政治或科学"语言"的主张加以怀疑。但我们仍可以从他们对于语言的精心选用，以及他们在使用这种精心选用的语言时所致力于解决的问题中学到很多东西。我还想加上最重要的一点，就是我们能欣赏到思想家的如下努力，也即如何使自己的论辩显得比对手更具说服力、更能站得住脚。让文本回归语境并非要把它局限在过去，相反，这样能让我们看到政治或其他任何领域的思想论辩何以发生、如何进行。毕竟正是这种想要"吵得更有理"的愿望推动了人类的思想活动，也为思想史家提供了诸多的研究素材和灵感。

思想史研究范式转换的学术路径

李宏图*

西方学术界一直有重视思想史研究的传统，这不仅因为思想观念是历史的有机组成，还因为人们在创造历史的行动过程中，既不可避免地要受到思想观念的限制，要在既定的原则和规范下进行，又不断试图进行超越，创造出新的合法性原则。因此，如果说历史是人们在既定的社会和政治环境下一种能动性的实践的话，那么，思想观念也就以自身独特的方式参与到了这一历史进程之中，并与社会和政治等要素建立起了紧密的联系。饶有意味的是，在这一过程中，思想观念本身也在创造着自己的历史。因此，为了更好地理解历史，就需要考察这些思想观念，这也就是欧洲学术界为何重视思想史研究的内在原因。

一

通过对思想史研究学术史的考察可以发现，长期以来，虽然思想史研究是欧洲学术界重点研究的领域，但还没有真正形成"历史性"的考察。从20世纪60年代开始直到80年代，"剑桥学派"的兴起才改变了这一研究范式。"剑桥学派"这一新的研究范式被学界称为历史语境主义，同时将这场思想史研究范式的转型以其代表性人物昆廷·斯金纳命名为"斯金纳式的革命"。[①] 当然作为一种思想史研究范式或一个学派，它经历了约30年的时间，并通过三代学人的努力才最终得以形成。

在这一历史性的思想史研究方法形成的同时，斯金纳将这一"历史性"的视野开拓为另外一种新的研究范式——概念史研究。斯金纳说：

---

* 李宏图，复旦大学历史学系教授。
① 凯瑞·帕罗内：《昆廷·斯金纳思想研究：历史·政治·修辞》，华东师范大学出版社，2005，第3页。

"研究不断变化着的概念作为历史研究的一种独特的形式。如果我们希望去写作这一类型历史的话，就必须特别关注我们用来描写和评价如霍布斯所说的我们的人工世界，即政治和道德世界的概念。"① 同为"剑桥学派"代表人物之一的波考克教授也说，政治思想史就是研究通常所使用的相对稳定的概念。② 由此，概念史研究的提出不仅在研究对象上，同时也在理论和方法论上推进了思想史研究的深入。其体现在概念史研究通过借鉴语言学和解释学等学术资源，打破了原先的"观念单元"，以及从思想家出发进行思想史研究的学术范式。与以往那些思想史研究的反历史性以及所体现的线性演进相比，"概念史"研究则注重从概念内涵的系谱出发，进行福柯式的"知识考古"，意图充分辨析出在历史演进过程中这些概念所呈现的丰富内涵以及变化，解构既有的理解，重建人们的认知。诚如斯金纳所说："系谱学可以让我们认知到这些概念在本质上的偶然与争议，并明白我们不可能找出这些概念的本质或自然界限。若状况如此，采取系谱学途径更进一步的价值，就是让我们在写作时不再用当前习见，但可能是错误的方式，来分析概念。这也让我们不要过于推崇这些概念当前主流的观点，并把焦点放在这些概念从过去的争论、辩论中发展出来的程度。我甚至会主张，这能让我们后退一步，与目前的认知拉开距离，重新想想，目前我们看待重要道德与政治概念的方式，是否足以反映出其丰富的内涵。"③

值得注意的是，在欧洲学术界，不单是斯金纳为代表的"剑桥学派"提出了概念史研究。在欧洲大陆，以考斯莱克为代表的一些德国学者早在20世纪50年代就已提出，并取得了一些具有影响力的研究成果，呈现思想史研究的德国风格。同样，由于包括历史学在内的整个学术界都受到了语言哲学的影响，到了80年代，历史学遂有"语言转向"这样的正式提法。因此，概念史研究的提出也就自然成为呼应这一转向的具体体现。因为概念史研究范式的要旨就是借助语言学理论，通过语义学的分析来研究

---

① Quentin Skinner, *Vision of Politics: Regarding Method*, Volume 1, Cambridge University Press, 2002, p.175.
② 凯瑞·帕罗内：《昆廷·斯金纳思想研究：历史·政治·修辞》，第16页。
③ 昆廷·斯金纳：《政治价值的系谱》，台北：联经出版事业股份有限公司，2014，第14~15页。

影响社会和政治进程的概念在时间和空间中的移动、接受、转移（翻译）、扩散，从而揭示概念是社会和政治生活运转的核心。① 从此，在思想史研究中，对政治和社会中核心概念的研究成为主流。借用一位芬兰学者的话，思想史研究今后要"从观念史转向概念史"。②

当思想史研究在其自身内部展开更新，创造新的研究范式的同时，20世纪 80 年代，随着后现代主义影响下的新文化史研究的兴起，以及对社会观念框架下的普通人的心态、观念和情感研究的展开，现有的思想史研究范式遭到了极大的冲击。一些学者开始质疑思想史研究，认为新文化史研究可以取代思想史研究，或者说两者可以合为一体，甚至也可用"社会文化史研究"来取代"思想史研究"这一称谓。由此，法国历史学家夏蒂埃才提出这一问题：是思想史还是文化史？同样，历史学家达恩顿也感叹地表达道：在过去很多年间，思想史已经渐失昔日的风采，开始变得落魄了。面对这一冲击，也如拉卡普拉等学者所说，在批判理论、解释学、结构主义和后结构主义的思想史研究中，什么研究内容是切题的？同时在思想史内部，社会和文化史方向的重新导向看来已经发生，在这种情况下，存在思想史特有的问题和方法吗？思想史、文化史和社会史的关系需要重新加以思考吗？③ 面对历史学科内部的学术竞争，从事思想史研究的学者们并未放弃，而是选择了坚守和创造。经过 20 年的发展，时至今日，学者们又惊异地发现，原先辉煌至极的新文化史研究风头渐失，思想史研究重新恢复了它固有的迷人的魅力。按照一些学者的说法，目前在历史学专业各分支学科中，思想史占据主导地位，几乎达到了自鸣得意的状态。④

在思想史研究又迎来一波新的高潮的过程中，除了继续坚持原有

---

① Quentin Skinner, *Vision of Politics: Regarding Method*, Volume 1, p. 180. 对德国和其他国家概念史研究的介绍，详见周保巍译《比较视野中的概念史》和张智译《政治和社会概念史研究》，两书均由华东师范大学出版社 2010 年出版。

② 凯瑞·帕罗内:《昆廷·斯金纳思想研究：历史·政治·修辞》，第 88 页。

③ 多米尼克·拉卡普拉、斯蒂文·L.卡普兰主编《现代欧洲思想史》，人民出版社，2014，第 1~2 页。

④ Darrin M. McMahon and Samuel Moyn, eds., *Rethinking Modern European Intellectual History*, Oxford University Press, 2014, p. 3.

的研究范式之外，学术界也在不断开拓创新。其体现为一些学者开始提出思想史的"空间转向"，并进行了饶有意义的实践。其表现为两个层面的含义：第一个层面是在民族国家范围内展开研究，打破原先的以"欧洲"或者"西方"等为整体的结构，更为关注欧洲各个国家与民族内部之间的不同特性。探讨这些不同的文化传统和社会语境对思想史研究的理论和方法所产生的影响，希冀由此形成各具特色的不同学术传统和学术进路，或者说建构起不同的"话语表达"体系。例如，达里奥·卡斯蒂廖内和依安·汉普歇尔－蒙克主编的《民族语境下的政治思想史》一书，就是在"民族国家"的空间和特性下来理解欧洲思想史研究的各种学术谱系。① "剑桥学派"代表性人物昆廷·斯金纳也一再表达，"在探讨'自由'与'国家'时，我将关注这些语汇在英语世界的论辩"。② 也就是说，他将在这一特定的文化空间中来探讨这些概念的变迁。

　　思想史研究"空间转向"的第二个层面就是，思想史向"国际史"方向拓展，或者进行思想史和全球史的结合，目前这一取向已经十分鲜明。面对全球化的飞速发展，势必要求研究者打破原先以国家为基本单位的研究框架与思维定式，如英国思想史研究、法国思想史研究等；或者以文化特征为空间范围的研究取向，如西方思想史研究等。而要从基本概念入手，进行一种跨国家和跨文化单元的"空间转向"，考察一些核心概念在不同空间的转移中如何被理解，甚至被误读式地理解，从而增添了新的含义，或者说进行了"再概念化"。一旦引入这样的视角，就会发现，思想史研究值得开拓与重新讨论的内容非常丰富。例如，当我们讨论英国或欧洲工业革命时期的"工人"与"工人阶级"概念的时候，总是以他们的历史经验来进行理解，但今天中国的工业化现实状况告诉人们，应该用"农民工"这一独特群体所形成的经验来阐释"工人"与"工人阶级"概念。可以设想，如果加入了中国的经验，势必会

---

① 达里奥·卡斯蒂廖内、依安·汉普歇尔－蒙克主编《民族语境下的政治思想史》，人民出版社，2014。
② 昆廷·斯金纳：《政治价值的系谱》，第15页。

丰富原有的"工人"或者"工人阶级"概念的内涵。① 再如，对于欧洲和中国而言，"革命"是一个重要的概念，并且从概念史研究的意义上来说，没有比"革命"这个概念既充满歧义又更具有竞争性的概念了。② 正因为此，我们需要在英国、美国、法国和中国等不同的空间中展开研究，从全球史的视角来考察各个社会空间的人们是如何对这一概念进行理解和再概念化的。因此，可以说全球性的"空间转向"将会迎来新的思想史研究成果迭出的新时期。在这一方面，国外思想史研究者已经取得了一系列研究成果。例如，对"帝国"的思想史研究，特别是对"文明"和"野蛮"这两个概念的考察。③ 同样，哈佛大学历史系教授、思想史家大卫·阿米蒂奇对《独立宣言》的全球史研究也是一则很好的示范，为此，他十分鲜明地表达道："对于《独立宣言》，每一代人都有自身时代的解读。在我们这个全球化的时代，《宣言》就需要全球史的解读。"④

值得注意的是，对于这一新的"全球史"学术取向，也有学者提出用思想史的"国际转向"来定义。大卫·阿米蒂奇就是这一提法的首创者。他在《思想史的国际转向》一文中写道：要超越或者高于民族和民族国家所界定的个别历史，而朝向历史书写中一种名为"国际转向"（international turn）的方向发展。由此，"国际转向"借由关注比国家更大的地区而出现对空间概念产生兴趣。如此大范围的地区不

---

① 在这一研究领域，例如，荷兰阿姆斯特丹社会史研究所的马塞勒·冯·德·林顿（Marcel von de Linden）教授就提出"全球劳工史"（global labour history）这一研究主题，希望在全球范围内对"劳工"这一概念进行比较性研究。尽管在一定程度上这一主题属于社会史范畴，但也可以看成概念史研究的内容。
② 例如，约翰·邓恩就说："革命"这一概念本身的某种深层特征，使它甚至比绝大多数其他政治认识中的重要现代范畴更不稳定且更具争议。详见特伦斯·鲍尔等《政治创新与概念变革》，朱进东译，译林出版社，2013，第357页，此处译文有修改。也可参考Terence Ball, James Farr and Russell L. Hanson, eds., *Political Innovation and Conceptual Change*, Cambridge University Press, 1989, p. 333.
③ Uday Singh Mehta, *Liberalism and Empire: A Study in Nineteenth-Century British Liberal Thought*, University of Chicago Press, 1999; Michael Levin, *J. S. Mill, On Civilization and Barbarism*, Routledge, 2004; David Armitage, *The Ideological Origins of the British Empire*, Cambridge University Press, 2002; Stephen Howe, ed., *The New Imperial Histories Reader*, Routledge, 2009; Sankar Muthu, ed., *Empire and Modern Political Thought*, 2012.
④ 大卫·阿米蒂奇：《独立宣言：一种全球史》，商务印书馆，2014，第7页。

受国家政治疆界的束缚，借由跨国管道与流通来联系。因此，现在的空间可能是思想史的最后疆界。① 当然也有些学者仍然坚持使用"全球思想史"这一概念。② 在笔者看来，使用何种称谓来表述并非问题之关键，更重要的是要看到思想史研究的理论和方法论的范式已经开始发生一些变化，正在不断拓展自己的新"边疆"。

实际上，目前思想史研究的"空间转向"在朝民族国家化和全球化两种方向发展，前一种是在国家成长的维度下展开，而后一种则在全球化的背景下研究思想观念的跨国传播、接受与流变。而这一转向相比于历史学内部的其他学科而言，对于思想史研究来说所遇到的困难也许更大。因为如果人们接受将思想史的研究对象看作一种思想观念性的"话语表达"的话，那么如何将全球化与民族化进行协调，处理好两者之间的关系，并找到融通的方式，将是异常困难的。正如《民族语境下的政治思想史》一书开篇所说，政治社会既塑造了自身的历史，也书写了自身的历史。在现代世界中，政治社会与在民族国家的范围内活动的各共同体之间的相契，赋予民族语境一种特殊的重要性，在某种意义上，它决定了政治思想的角色以及对于它（政治思想史）的理解。因此，在这里，最紧要的问题不在于迥然有别的民族传统对于政治思想史可能有什么贡献，而在于是否可能存在一种共享的政治思想叙述和诠释，这种共享的叙述和诠释至少可以被视为同一种政治话语。③ 也就是说，无论从研究对象还是从历史书写的视角来看，如何在全球化中定位民族性，以及基于民族性和国家单元的立场又将由此发生什么样的变化将是值得讨论的问题。也正是如此，在全球史的视野下展开在不同民族以及文化范围内的基本概念的比较思想史研究将会是饶有意义的。

---

① 陈正国主编《思想史》第1辑，2013，台北：联经出版事业股份有限公司，第221页。
② 例如，学者史茹提·卡皮拉（Shruti Kapila）提出"全球思想史"（global intellectual history）概念，见 Darrin M. McMahon and Samuel Moyn, eds., *Rethinking Modern European Intellectual History*, Cambridge University Press, 2014。
③ 达里奥·卡斯蒂廖内、依安·汉普歇尔-蒙克主编《民族语境下的政治思想史》，第3页。

二

随着思想史研究范式的转型，近年来思想史学界开始对昆廷·斯金纳所提出的"现代性"问题进行反思。这一问题最早是由斯金纳在其早期的成名作中提出的。1978 年，斯金纳出版了《现代政治思想的基础》① 一书，全书共分两卷，第 1 卷为《文艺复兴》，第 2 卷为《宗教改革的时代》。此书出版后，立刻获致好评，直到现在仍然被视为当代思想史研究的经典著作，其无论从研究内容还是"历史语境"这一研究范式方面都被看作思想史研究中的一场"革命"。正是在这本书中，斯金纳提出了思想史研究中的"现代性"问题。

最初，斯金纳应约为企鹅出版社撰写一本关于近代早期政治思想史概述这样的著作，时间为 16～19 世纪初。但是，斯金纳考虑到他对一些内容不是特别熟悉，特别是 18 世纪、19 世纪的思想演进，于是他转向自己非常熟悉的近代早期，具体为 13～16 世纪，并且以这样的书名来出版。此书出版后在获致好评的同时，也引发了对其的批评，这种批评主要集中在书名中"基础"这一提法上。因为在当时的语境中，使用这样的词很容易和美国哲学家罗蒂提出的"基础主义"混淆，导致人们认为，作者已经为现代国家设定好一种绝对性的衡量标准，或者在历史中存在一种既定的判断现代国家的依据，而这恰恰违背了"剑桥学派"所提倡的"历史语境主义"的主旨。在批评中，斯金纳认识到了自己本来想模仿其他历史学家著作的标题而使用了这样的词，而没有想到所带来的后果。后来他也坦承用错了一个概念，不应该选用这个词。因此在 1999 年的意大利文的译著中，这个词被译成"起源"（origin）。② 其实，在斯金纳看来，他的任务是要描写"国家"这个概念是如何在现代世界中"起源、基础、演变和发展的"，③ 或者说梳理"国家"概念是如何进入现代西方世界的。

---

① 中文译本为《近代政治思想的基础》（奚瑞森、亚方译，商务印书馆，2002）。笔者此处侧重讨论的是"现代性"等问题，因此译为"现代"。
② 凯瑞·帕罗内：《昆廷·斯金纳思想研究：历史·政治·修辞》，第 71 页。
③ 凯瑞·帕罗内：《昆廷·斯金纳思想研究：历史·政治·修辞》，第 71 页。

现代国家的理论仍有待构想，而这个理论基础现已完备。① 所以，一些学者认为，斯金纳在这本书中是从历史语义学出发研究"现代国家概念形成的概念史"。②

奇怪的是，很多研究者集中对斯金纳所使用的"基础"一词进行批评，但对这一书名中的"现代"以及斯金纳所阐释的"现代性"问题没有给予关注。直到 2002 年，斯金纳在访谈中还对国家概念进入"现代西方世界"做出说明，并一再使用"现代西方"这样的词语。他说："我试图确认那些最基本的概念，正是通过使用这些概念，我们构建了现代（modern）西方宣布为合法化的各种理论，这就是我们在谈及公民的各种义务和国家的各种权利时继续使用的各种理论。我的著作第一卷集中于各种关于公民美德和自治的理论；第二卷集中于专制主义的兴起和与之对立的自然权利理论的出现。我试图表明这些是我们现代西方着手构建国家理论的概念基础。"③ 可喜的是，最近几年一些学者对此提出了批评。例如，澳大利亚学者巴里·亨德斯教授就撰文质疑"现代"这样的用法。④

如何理解斯金纳所说的"现代"，其含义是什么？在 2003 年为纪念此书出版 25 周年而举行的学术讨论会上，有学者指出，传统的政治科学对于成为现代性诞生基础的国家概念投入了大量精力，并且把现代性形成的时间定位在马基雅维利和霍布斯这一时期。而斯金纳这本书的创新之一就是打破了这种一向被认为"现代之诞生"的时间界限，将此时间向前推移。因此，这本书的内容大部分是关于中世纪的，第 1 卷的最早时间是 1085 年；更为重要的是，它将历史研究的重心从学界一直关注的诸如马基雅维利、博丹、霍布斯等人转到了在思想史研究中被忽视的一些"小人物"，如巴托雷斯、马西略和但丁等。⑤

不仅如此，无论是在内容上，还是在其概念本身成为政治讨论的中心

---

① 昆廷·斯金纳：《近代政治思想的基础》，第 508 页。
② 凯瑞·帕罗内：《昆廷·斯金纳思想研究：历史·政治·修辞》，第 80 页。
③ 凯瑞·帕罗内：《昆廷·斯金纳思想研究：历史·政治·修辞》，第 70 页。
④ 巴里·亨德斯：《现代政治思想中的"国家"概念》，见清华大学法学院 2011 年 11 月国际讨论会论文集，未刊稿。
⑤ Annabel Brett, James Tully and Holly Hamilton-Bleakley, eds., *Rethinking the Foundations of Modern Political Thought*, Cambridge University Press, 2006, p.12.

等意义上，斯金纳所考察的国家概念在朝向"现代"演进的历史过程中都具有开拓性的意义。在此书中，通过对思想的历史考察，斯金纳提炼出了标志着国家概念所实现的现代转变，或者说判定"现代国家"特性的四项内容。① 如果说这是对实体性内容的考察的话，则斯金纳考察了对"国家"概念这一词语的使用，从而将研究转向了概念的历史考察。

在赞誉之后，也有学者开始质疑和批评斯金纳使用"现代"作为书名，现代的含义究竟是什么？是对隐含的现代性的追求吗？当我们说欧洲政治思想的现代性，特别是斯金纳"现代政治思想的基础"中所指的"现代"究竟意味着什么？诚如巴里·亨德斯教授所说：什么是政治思想，那么在这里，更应该问什么是现代政治思想，或者说，政治思想中的现代内涵是什么，政治思想中的现代性指的是什么。是否斯金纳所说的国家概念的现代转变就是政治思想现代性的形成，两者之间具有等同性。从历史进程来看，显然不完全一致。巴里·亨德斯教授还指出，如果斯金纳认为国家统治的技艺被看作政治思想的现代内容的话，那么如何在更为广阔的空间如"帝国"的空间中来进行讨论。因为在历史上，不同政治类型的国家，诸如"帝国"或者说"君主制国家"，都成功地发展起了"国家统治的技艺"来维护自己的统治。因此，斯金纳所指出的这一内容也就值得商榷，至少需要进一步完善。

从"空间转向"的视角来重新思考的话，斯金纳一直在谈西方政治思想的现代世界，这就涉及另外一个问题，他是在特定的历史时间和空间，也就是说，在以西方为历史依据的考察中得出的结论，是否对这一问题准确地提炼和概括。同样，西方政治思想中的现代性能否作为现代性的标准适用于其他地区，西方政治思想的现代性和非西方的现代性能否等同，也就是说，各种差异性的存在和现代性究竟是什么关系。因此，当我们在反思斯金纳所表述的"现代"政治思想的时候，实际上也是在提醒我们自身，如何在断裂和延续之间、在不同时间和空间，甚至在竞争性的不同概念和群体中来理解政治思想的"现代性"，是局限在民族国家的空

---

① 对"国家"的现代性内容的具体陈述，详见昆廷·斯金纳《近代政治思想的基础》一书的"结语"部分（第495～508页）。

间中，还是需要在更为广阔的空间中来考察每个民族和国家对政治的思考，从而提炼与概括出"现代性"的内涵。对此，正如有些思想史家所批评的那样，斯金纳所追溯的国家概念以及对它的定义，几乎完全是从其内部的、国内的或内政的角色来考虑的，很明显，国与国之间的关系尚未成为政治学或历史分析的重要对象。① 由此，政治思想现代性的边界究竟在哪里，当是一个非常有意义的学术思考路径。

在这里，我们不是要简单地质疑斯金纳关于现代国家概念的形成，或者放弃使用现代国家这样的概念，而是要更进一步地开启我们的思考。在今天，我们的确要讨论国家的现代性和政治思想的现代性的内容是什么，在这一反思中来回答什么是现代国家，以及我们需要什么样的现代国家。

对此，同为"剑桥学派"代表性人物的波考克给予了澄清。他说：我不太关心政治思想成为"现代"的时刻，也不关心不管以什么为题的"基础"。我不曾介入——我觉得斯金纳也没有对"现代性"的追求——和试图解决这一问题，虽然我注意到意义发生变化的"现代"这个词被使用的若干历史时刻。② 斯金纳自己也说道：在写作这本书时，本想有个宏大的计划，之所以放弃原先的计划，是因为认识到，在政治思想中追溯所谓的现代性的兴起，这一想法存在某种内在的问题。③ 所以，在 2010 年出版的论文集中，斯金纳从谱系学的视角来考察主权国家这一问题，而不再是简单地使用"现代国家"或"国家的现代性"这样的表达。④

---

① Annabel Brett, James Tully and Holly Hamilton-Bleakley, eds., *Rethinking the Foundations of Modern Political Thought*, pp. 219–220.
② Annabel Brett, James Tully and Holly Hamilton-Bleakley, eds., *Rethinking the Foundations of Modern Political Thought*, p. 41.
③ Annabel Brett, James Tully and Holly Hamilton-Bleakley, eds., *Rethinking the Foundations of Modern Political Thought*, p. 236.
④ Hent Kalmo and Quentin Skinner, eds., *Sovereignty in Fragments: The Past, Present and Future of a Contested Concept*, Cambridge University Press, 2010. 在这本论文集中，开篇即斯金纳所写的题为《主权国家：一种谱系的考察》(*The Sovereignty State: A Genealogy*) 这篇文章。

三

回顾"剑桥学派"对现代性的反思，实际上这也体现了目前思想史研究的一种取向，就是从思想史的维度来反思现代性的成长以及现代化的历史进程。如果从概念史的视角来看，就是着力解释欧洲现代性的要素，以及支撑其现代化的基石。在这一点上，目前学界已经从梳理和研究一些概念入手来展开研究。

在欧洲现代性的成长中，市场一直是其重要的基础，现代社会也就意味着在经济层面上构建起了市场经济体制，由此成为亚当·斯密所说的"商业社会"。那么如何理解市场？是否如一些思想家所说，这是一种自然和自发而形成的秩序，市场的运行会自动带来公正？这一问题长期伴随着欧洲现代社会的成长，在学术界，无论是支持者还是反对者，也都围绕这一核心问题而展开研究。正是在这一背景下，《历史语境中的市场——现代世界的思想与政治》一书将"市场"置于思想史的维度来考察，"设法解答政治经济文化等因素对市场的影响及相伴随的问题。在不同的时代不同的社会，各种规章和协调是如何被设想和建立起来的？政治秩序、社会凝聚力和道德规范的思想史如何影响思想家和社会运动对市场的理解的？外生于市场的甚或批判市场的思想和实践是以什么方式影响现代资本主义演进的？这本论文集转换视角，不考虑制度前提或制度信任的问题，而是考虑思想、语言及孕育其中的非主流观点，以此来推进有关市场所受影响的争论"。① 这样的考察在研究主旨上打破了原先的从国家和市场两分的研究方法，将思想观念引入作为另外一种市场形成的力量。通过思想史的考察可以发现，通常人们所说的自由市场经济远非自发形成，都是植根于一定的思想观念之中，并在其不断的博弈中形成不同的市场模式。因此，对"市场"这一概念的思想史研究，将会为人们展现出这一复杂的演进过程以及多样性的市场特质，进而改变我们对"市场"这一经济空

---

① 马克·贝维尔、弗兰克·特伦特曼主编《历史语境中的市场——现代世界的思想与政治》，人民出版社，2014，第1~2页。

间所持有的简单与偏狭的理解。

在一些欧洲学者看来,从市场出发,自然也涉及市场经济与政治体制之间的关系。它既是形成市场特性的要素,又是市场安排和运行的制度性保证。其中一个基本问题就是要去解答:"商业统治是否比美德统治更有利于发展与保护自由呢?在这两种情况下,我们会发现何种自由?商业、美德与自由是如何与政府形式,包括最重要的,即最清晰地设置了财富—美德二分法的共和主义形式产生联系的?"① 由此,20 世纪 80 年代起国际学术界开始关注"共和主义",直到今天,这一研究热潮仍方兴未艾。在复兴共和主义研究的一批学者中,应当首推"剑桥学派"的代表人物昆廷·斯金纳。他从 20 世纪 80 年代开始就展开了对共和主义思想的研究,特别是挖掘了英国革命时期的共和主义思想,这些研究成果相继反映在他的一些著作中。② 而斯金纳对共和主义的研究不仅在学理上拓展和丰富了关于"自由"的含义,更为重要的是推动了思想史研究的"共和转向",③ 不断深化了人们对共和主义类型、内容和内在价值的理解。④

和思想史研究的"空间转向"有关,在对现代性的研究中,一些学者也从社会空间的视角研究现代社会的形成。例如,英国著名历史学家帕特里克·乔易斯撰写的《自由的法则:自由主义与现代城市》一书,借鉴法国思想家福柯关于"治理"的理论,作者希望讨论和回答流行于社会之中的自由主义思想如何成为建构社会实体性内容的力量;在一个社会中,特别是一个城市中,如何将思想观念化为实践,最终得到社会的普遍接受,以及按照这一理念来进行治理,使这个社会建构起自由主义的空间体制。

---

① 戴维·伍顿编《共和主义、自由与商业社会:1649~1776》,人民出版社,2014,第 344 页。
② Quentin Skinner, ed., *Republicanism: A Shared European Heritage*, Cambridge University Press, 2002; *Machiavelli and Republicanism*, Cambridge University Press, 1990; *Milton and Republicanism*, Cambridge University Press, 1995; *Liberty before Liberalism*, Cambridge University Press, 1998.
③ Philip Pettit, *Republicanism: A Theory of Freedom and Government*, Cambridge University Press, 1997, p. 4.
④ John Maynor, *Republicanism in the Modern World*, Polity, 2003; Maurizio Viroli, *Republicanism*, Hill and Wang, 2001; Claude Nicolet, *L'idee Republicaine en France (1789~1924)*, Gallimard, 1994.

为此，作者并非从思想家的著作文本来对自由主义思想进行考察，相反，他发挥出高度的想象力，将城市空间作为一种研究的"文本"，选择19世纪工业革命时期的伦敦和曼彻斯特这两座城市进行研究。进行这一考察的意义就在于，它实现了研究"文本"的转换，这对思想史研究而言是一种新的开拓。更深层次的意义则在于通过考察这一思想观念变成一种社会治理的理念和治理实践之间的环节，可以更为清晰地知晓，自由主义的治理模式是否存在，社会的空间如何在不同的力量博弈中被建构，从而更好地反思人们自身与这一空间的关系，以及如何获得一种自由。因此，对社会空间的研究也是未来"空间转向"考察的重要内容。[1]

目前，思想史研究一方面在深化对具体内容的研究，另一方面伴随着这些研究，同时展开了对思想史研究范式本身的反思，这些新的学术动态自当引起我们的重视。这里介绍三本思想史研究的新书，也可以说是在三个不同的维度上对思想史理论和方法的反思。一是在2003年，众多学者齐聚剑桥大学，举行昆廷·斯金纳《现代政治思想的基础》一书出版25周年学术研讨会。其实这一次会议不仅是在讨论这本经典性的学术著作，还是在重新反思"剑桥学派"的研究范式。二是哈佛大学历史系教授大卫·阿米蒂奇出版的《现代国际思想的基础》一书。阿米蒂奇原在剑桥大学工作，也为"剑桥学派"的传人，他在该书中不仅从国际性视角研究了霍布斯、洛克等人的思想，而且明确提出了"思想史的国际转向"这一具有理论方法论标志的话语。三是2014年出版的汇集了众多学者文章的论文集《重思欧洲思想史》，涉及观念史、语境主义、概念史、思想史的国际转向和全球思想史等内容。该文集不仅可以看作学者们对思想史研究理论和方法进行的集体性反思，而且为未来的思想史研究指明了前行的方向。[2]

---

[1] Patrick Joyce, *The Rule of Freedom：Liberalism and the Modern City*, Verso Books, 2003. 类似对"公共空间"的研究还有 James Van Horn Melton, *The Rise of the Public in Enlightenment Europe*, Cambridge University Press, 2001。在这一研究中，除了关注"公共空间"这一主题外，与此相关的另一主题就是"公共舆论"（public opinion）的"社交性"（sociability）问题。从学术上来讲，这些主题都值得我们重视。

[2] Annabel Bretty, James Tully, Holly Hamilton Bleakley, eds., *Rethinking the Foundation of Modern Political Thought*；David Armitage, *Foundations of Modern International Thought*, Cambridge University Press, 2013；Darrin M. McMahon and Samuel Moyn, eds., *Rethinking Modern European Intellectual History*, Oxford University Press, 2014.

何谓"概念"

——对于"概念史"研究对象的几点辨析

周保巍*

作为一种新的史学研究范式,"概念史"所遇到的最大挑战是对其"合法性"的诘问:为什么是"概念史",而不是"观念史"(history of ideas)或"词语史"(history of words)?"概念史"与传统的"历史语义学"和"语言分析"有何不同?而在中国当下的学术语境下,这种诘问更显"切中要害",毕竟许多人常常将"概念史"与"观念史"和"历史语义学"混为一谈。而要回答这些诘问,我们必须要厘清作为"概念史"研究对象的"概念"及其相关的一些研究预设。

一 "概念"的历史性、偶在性、易变性

"概念史"关于"概念"的第一个研究预设是强调"概念"的历史性、偶在性和易变性(historical, contingent, and mutable)。它是直接针对"观念史"关于"观念"之非历史性、永恒性、不变性的说法。"概念史"研究的合法性在很大程度上正是基于"观念"(idea)和"概念"(concept)之间的这种区分。无论是作为德国版"观念史"(ideengeschichte)开拓者的梅尼克,还是作为英语世界"观念史"开拓者的洛维乔易,他们都是柏拉图的后裔,都是"理念论者"(idealists),将"观念"看作超越性的神秘实体,在历史之流中始终如一、亘古不变。在洛维乔易看来,恰如分析化学中的化学元素,"观念"是"恒量"(constants),尽管"意识形态"千变万化,但作为"意识形态"基本构成单位的"观念"则是永恒不变的(perennial and unchanging),故而可

---

* 周保巍,华东师范大学政治学系副教授。

称之为"观念元"(unit-idea)。观念史家的确当任务就在于透过意识形态争论之表象,去"揭示和追溯"这些为数不多但又极为重要的"观念元"(如"存在的巨链")。但是,对于"观念史"的这种预设,考斯莱克和斯金纳进行了猛烈的抨击:从来不存在永恒不变的观念的历史,所存在的只是变动不居的概念的各种用法的历史。斯金纳就曾直斥观念史家的"鲁钝"(insensitive),感受不到"不同历史时期的不同作者对于同一个概念用法上的强烈反差",以及由此所造成的"时代错置",也即将我们所熟悉的当下的概念范畴移植到过去,如分别用"virtue"和"state"来理解和诠释马基雅维利所使用的"virtù"和"lo stato"。作为"透视主义"传统的继承人,斯金纳和考斯莱克都对"概念"做了"去实(本)质化"(desubstantiation)的处理,强调概念的"偶在性",强调概念并非"稳定的实体"(stable entities),而是始终处于流变之中。正如概念史家詹姆斯·法尔(James Farr)所宣称的:"对于我们的政治概念而言,唯一不变的正是其永久的变化。"也正是在这个意义上,斯金纳强调:作为历史学家,我们不仅要承认概念变迁的事实,而且要使概念变迁成为我们的研究主题。也正是在强调概念"变迁"(transformations)甚至"断裂"(discontinuities)的层面上,"概念史"显示了与"观念史"迥异的学术旨趣("观念史"强调"延续性")。

　　正是基于这种学术取向,概念史家总是乐于援引修昔底德关于科西拉"概念剧变"的描述:"革命"使"常用辞句的意义"发生了巨变,"过去被看作是不瞻前顾后的侵略行为,现在被看作是党派对它的成员所要求的勇敢;考虑将来而等待时机,被看作是懦夫的别名,中庸思想只是软弱的外衣……猛烈的热忱是真正丈夫的标志,阴谋对付敌人是完全合法的自卫"。[①] 不仅如此,在个案研究的基础上,概念史家还标识出了概念变迁的三种常规路径:第一,概念使用标准的变化。如"prudence"(审慎),在古典道德哲学中,当一个人具有实践德性,知道如何将一般的道德原则应用到具体的环境中时,我们就说他是"审慎"的人。但在现代早期,应用"prudence"的标准发生了逆转,"审慎"的道德意涵被大大

[①] 修昔底德:《伯罗奔尼撒战争史》下册,商务印书馆,1960,第268页。

弱化，成为对那些"在自己的利益方面小心和算计"之人的指称。第二，概念它指涉范围的变化。如"interest"，在 17 世纪以前，它指涉人的全部欲求、兴趣以及偏好，如权力的扩大、威望的提高以及财富的增长等。但在 17 世纪末，它的指涉范围已经大大"窄化"为单纯的物质利益和经济欲望。第三，概念所表达的态度范围的改变。如"security"，在莎士比亚时代，它完全是一个贬义词，指粗心大意、懈怠、疏忽（源于其拉丁词源 securus，是 sine 和 cura 这两个词的复合，意为 without care, careless），《麦克白》中就有"安全是人类最大的敌人"这样的句子。但在自霍布斯以降的现代政治思想中，"security"所表达的态度由"贬"而"褒"，从"人类最大的敌人"一跃而为"人类最大的福祉"。正是基于不同时代不同行为主体在理解其周遭的世界及在解决其所面临的紧迫问题时所不断进行的概念化和再概念化，以及由此所产生的概念意义的延续、变迁、修正乃至断裂，才使"回收""过往诸种意义"（past meanings）的"概念史"事业成为可能和必要。也正是在这种意义上，我们方可以像克尔凯郭尔那样说："概念，像个人一样，有着自己的历史，并且镌刻着无法磨灭的岁月风霜。"

二 "概念"的歧义性、竞争性和政治性

如果说"概念史"关于"概念"的第一个研究预设是专门针对"观念史"的，那么其第二个研究预设，也即"概念"的歧义性、竞争性和政治性（ambiguous, controversial, and political），则是直接针对"词语史"（"词典编纂学"）和"历史语义学"（"语言分析"）的。同样，这项研究预设之所以能确立，也完全基于概念史家对"概念"和"词语"所做的区分。在考斯莱克看来，"概念"和"词语"之间的区分是"质"的区分，它们代表着不同的"符号类型"："要成为一个概念，一个概念必须维持其多义性（multiple meanings）……词语的意义可以精确地界定，但概念只能被诠释。"在考斯莱克看来，"概念"之所以优越于"词语"，即在于其拥有更强大的"语义承载能力"（semantic carrying capacity），在于其富含多歧的"用法"（usages）和"样态"（modalities），以及由此所带来的"歧义性"。概念，特别是"基本概念"（grundbegriffe），之所以

具有"歧义性",在于作为人们认知和诠释世界的一种方式聚合了多歧的意义,融入了多元的社会历史语境,并在此基础上连接了多重的经验和预期(manifold experience and expectation)。也正是在这个意义上,我们才可以说,"概念"总是高度复杂的、高度竞争性的。只要想一想在西方现代早期,思想家们围绕着"politeness"概念所展开的针锋相对的争论,便不难明白这一点。如杜克洛(Duclos)将其视为人们之间的欢洽无碍、谦恭有礼,是对人类"动物性"和"蒙昧性"的克服,它培植了宽容、人道、友爱等启蒙价值,但卢梭将其视为虚伪、势利和压迫,认为它有碍于践行率直、勇敢、坚毅的公民美德。但"概念史"对"概念"的预设并不止于此,它还会进一步追问:历史行为主体为什么会对"意义"展开"竞争"或"论辩"?他们为什么会选择使用"概念"的这个意义而不是那个意义?要回答这些问题,纯粹内部性的语义分析显然无济于事,而是必须指向与"语义斗争"相关联的社会政治实践,因为"语义斗争"往往是"政治斗争"。诚如考斯莱克所说,"围绕着'正确的'概念而进行的斗争在社会上和政治上变得具有爆炸性"。正是在这一点上,"概念史"的社会政治品性就凸显出来,从而与传统的"历史语义学"和"语言分析"拉开了距离。

正如考斯莱克所说的那样,"概念史所探讨的是'词'与'物'的关系,是以其社会政治功能来解析概念,而不是以其语言功能来解析概念"。而"概念"之所以能获得这种社会政治品性,则完全仰赖于其意义的"多歧性"。正是因为概念意义上的多歧性和竞争性,正是因为概念中所蕴含的多元的社会历史语境,正是因为概念连接了多重甚至相互冲突的经验和预期,它才能吸引并动员那些追求不同价值甚至完全处于对立状态的政治和社会群体,使他们以"概念"为工具(武器)"去说服,去协商,去战斗"。而那些为大家所共同认可、没有争议的"词语",如纯技术性和专业性的术语——注定无法成为"概念史"的研究对象:一方面是因为它保持了高度的稳定性,毫无"历史"可言;另一方面,由于它"免疫"于社会政治内容,故而既无法成为社会进程的"指示器",也无法成为社会进程的"推进器"。

概念史家对于"概念"之歧义性、竞争性和政治性的预设也塑造了"概念史"的研究实践。正因为"概念"的多义性以及其内在聚合的多重语境,"概念史"不得不聚焦于以"概念"为中心的"语义域"

(semantic field)，也即通过考察其一系列典型的同义词、反义词和关联词来诠释一个概念。如要考察"herrschaft"（统治）这个核心概念，我们就必须考察其由"macht"（权力）、"gewalt"（力量，暴力）、"autorität"（权威）、"staat"（国家）等术语所构成的"语义域"。同时，基于"概念"的社会政治品性，在"概念史"写作中，我们不仅要像考斯莱克一样追问"谁人得益"，从而探究"概念"使用者的目标群体、修辞策略和党派意图，还要探究"概念"背后所隐含的社会历史内容，也即需要反复追问：概念在什么样的社会历史状况下被首次引入或改变？它又是在什么样的社会历史条件下为大家所接受甚至流行？在现实的建构中，某个特定的概念到底扮演了何种角色或发挥了何种作用？

三　概念的能动性、批判性和实践性

概念史的第三项研究预设，即概念的能动性、批判性和实践性（active，critical，and practical），也是意有所指的，它所针对的是传统史学研究中的"反映论"。如前所述，通过重点考察"概念"的"社会政治内容"，概念史在"语言"与"现实"、"理论"与"实践"之间建立了联系。但这到底是一种什么样的关联呢？难道就像雷蒙德·威廉斯在《关键词》中所揭明的那样，"关键词"只是社会世界的镜像吗？在斯金纳、考斯莱克等人看来，事实远非如此简单：概念绝不只是被动地"反映"（reflect）现实，而且能动地"制造"（make）现实，概念本身具有"行动的维度"和"行动的禀赋"。针对"棍棒和石块可以让我皮开肉绽，但词语不会损我毫发"的说法，考斯莱克回应以爱比克泰德（Epictetus）的名言："不是行动（deeds）惊骇了人类，而是描述行动的言辞（words）惊骇了人类。"而蒙克（Iain Hampsher-Monk）则回应道，"刀斧可以砍下君主的头颅，但唯有通过语言我们才能废除君主制"。

在概念史家看来，"概念"的实践性主要体现在两个方面。一方面，通过复原和拓展"概念"的意义空间来突破"语义专制"，从而将人们与主流的概念化方式拉开距离，借以达至"批判"的目的。在概念史家看来，在人类历史上，那种如霍布斯通过垄断"概念"的定义，以及将"意义"标准化、固定化,从而实现"绝对统治"的企图不绝如缕。如乔治·奥威尔在《1984》所陈述的那样:"难道你看不出来,新闻发言人的全部目的就在于窄化我们的思想(to narrow the range of thought),最终,我们将使思想犯罪在文字上成为不可能,因为没有可以表达它的词语。每个概念……只用一个词来表达,其意义也是经过严格界定的,而其所有附属的意义都被清除和遗忘。"① 也正是在这个意义上,"概念史"才有了用武之地,因为通过"回收"历史长河中"遗失了的意义"(lost meanings),所有"清除和遗忘"意义的语言暴力企图都化为泡影。例如,弗格森正是通过复原"civilized"(文明的)和"polished"(有教养的)在词源上与"civitas"(共和国)和"polis"(城邦)的渊源,从而"打捞"起其中曾蕴含的,但已经遗失了的"积极公民"的意涵——"从词源上看,'polished'这一术语最初指的是就法律和政府而言的国家状态;'civilized'指的是履行公民职责的人",并借以实现了对现代商业社会的批判:在那里,人们虽然沉湎于自我消遣的"私领域",却"打着'文明的''有教养的'旗号沾沾自喜"。在弗格森看来,这实在是一种羞耻。正像特伦斯·保尔(Terence Ball)所说的那样:"如果我们不想沉溺于当下,除了追溯自己的足迹,我们没有其他的选择。通过复原遗失了的意义,概念史可以使我们逃离当下褊狭、乏味且又日益危险的限制。"

另一方面,通过赋予旧概念以新的意义,通过铸造新概念,新的社会政治实践得以生成。正像考斯莱克所说,"正在兴起的概念可以激发出(instigate)新的现实"。如斯金纳指出的那样,在现代早期,通过赋予"providence"和"religious"这两个宗教性术语以新的意义,早先一直受到"排斥"的谋利行为得到了"合法化",而现代商业社会在此基础上也得以顺利"分娩":"providence"和"religious"原本分别意指"天意"和"虔敬的",但是在 16 世纪后半期开始被分别赋予"深谋远虑"和"严谨的"新义,并用以描述商人的谋利实践。而考斯莱克也指出,正是通过铸造出"staatsbürger"(公民)这个新概念,作为普鲁士改革家的哈登堡在观念上为人们打开了一个新的预期空间,也即一种平面化的阶级秩

---

① George Orwell, *Nineteen Eighty-Four*, Plume, 2003, p. 36.

序（horizontal articulation of classes），一个人人平等的公民社会，从而启动普鲁士关于未来社会政治秩序的争论，使传统上的那种基于特权的垂直性等级秩序（vertical ranking of the stände）逐渐丧失了其存在的合法性。也正是在这个意义上，概念史的先行者之一麦金太尔说道："既然掌握概念涉及行为，或能够在某些情况下以某些方式改变概念，无论是通过修改现存的概念还是创制新概念或摧毁旧概念来进行，都将改变行为……理解道德世界和改变这个世界绝不是不相容的任务。"[①]

---

① 阿拉斯代尔·麦金太尔：《伦理学简史》，商务印书馆，2003，第25页。

基思·托马斯的思想史研究方法

左 敏 李冠杰[*]

基思·托马斯（Keith Thomas, 1933 - ）是当代英国著名历史学家，主要研究近代早期英格兰社会史和思想史，被认为是20世纪最具创新精神的英国历史学家之一。[①]《宗教与巫术的衰落》[②] 和《人类与自然世界》[③] 是体现其史学思想和实践的两部重要著作。前者曾获沃尔夫森历史学图书奖，一度成为畅销书，并在1994~1995年被列入二战以来西方公共话语中最具影响力的百本书；后者亦受到众多关注，在英美史学界影响很大。他被人们视为新文化史家，有人甚至认为他是西方新文化史的代表人物。但是纵观基思·托马斯的研究生涯，我们亦可以将他视为一位重要的思想史家，甚至主要是思想史家。

从思想史研究来说，基思·托马斯可谓独树一帜，既不同于传统的以诺夫乔伊为代表的观念史研究，又不同于20世纪70年代以来兴起的剑桥学派的思想史研究，同时与新文化史也保持距离。他主要受年鉴学派、英国社会人类学以及传统的辉格史学的影响，在研究主题、研究方法和写作风格方面都很有特色。本文试图探究基思·托马斯独特的思想史研究方法，以呈现其思想史研究风貌。

---

[*] 左敏，中共上海市静安区委党校、静安区行政学院讲师；李冠杰，上海外国语大学英国研究中心助理研究员。

[①] Peter Burke, Brian Harrison, Paul Slack, "Keith Thomas," in Peter Burke, Brian Harrison, Paul Slack, eds., *Civil Histories: Essays Presented to Sir Keith Thomas*, Oxford: Oxford University Press, 2000, p.1.

[②] Keith Thomas, *Religion and the Decline of Magic: Studies in Popular Beliefs in Sixteenth and Seventeenth Century England*, Oxford: Oxford University Press, 1971.

[③] Keith Thomas, *Man and the Natural World: Changing Attitudes in England 1500 - 1800*, London: Allen Lane, 1983; 中译本参见基思·托马斯《人类与自然世界：1500~1800年间英国观念的变化》，宋丽丽译，译林出版社，2009。简称《人类与自然世界》。

一 聚焦于过去时代的流行观念

基思·托马斯一生致力于研究近代早期尤其是 1500~1800 年的英格兰历史。他主要研究当时社会的流行观念，着重于普通人的情感、态度和看法，关注那些"尚未形成理论的看法，也就是人们，即使最注重实际的人也有意无意从无数种可能的事实中选择出来，在其周围环境中建立秩序的偏见或原则"。① 其目标是重构近代早期的精神世界，努力还原其本来面目。始终不渝地勾勒 1500~1800 年英格兰社会的观念变迁和精神世界，构成了他在历史研究方面的重要特征。

基思·托马斯是成长于牛津大学的历史学家，其整个学生生涯以及职业生涯都在牛津大学度过，带领他进入史学之门的是以研究 17 世纪英国革命著称的史学家克里斯托弗·希尔。同时他也受到牛津那些研究近代早期的著名史家的深刻影响，比如库珀尔（J. P. Cooper）、陶尼（R. H. Tawney）、劳伦斯·斯通（Lawrence Stone）、休·特雷弗-罗珀（Hugh Trevor-Roper）。因此，他从一开始便在他们的带领下，进入了近代早期英格兰历史的研究领域。但与这些著名史家着重关注近代早期的经济和社会领域不同，基思·托马斯更感兴趣的是当时人们的思想观念。

基思·托马斯对观念研究的兴趣主要是受年鉴学派吕西安·费弗尔的心态史研究的影响。费弗尔在《16 世纪的无信仰问题：拉伯雷的宗教》一书中提出了"心态工具"的概念，这对基思·托马斯产生了极大的影响。"当我首次阅读《16 世纪的无信仰问题：拉伯雷的宗教》时"，"心态工具的概念极大地吸引了我"。② 他认为"心态工具"是人们理解周围世界并赋予其意义的工具，"重构这种心态工具能让我们更好地理解特定时代什么想法是可能的或不可能的"。③ 这使得考察人们的精神面貌成了

---

① Peter Burke, Brian Harrison, Paul Slack, "Keith Thomas," in Peter Burke, Brian Harrison, Paul Slack, eds., *Civil Histories: Essays Presented to Sir Keith Thomas*, p. 9.
② Keith Thomas interviewed by Alan Macfarlane 5th September 2009, https://www.repository.cam.ac.uk/bitstream/handle/1810/224959/kthomas.txt?sequence=3&isAllowed=y.
③ Keith Thomas, "Ways of Doing Cultural History," in R. Sanders et al., eds., *Balans en Perspectief van de Nederlandse Cultuurgeschiedenis*, Amsterdam: Rodopi, 1991, p. 72.

令人振奋的事情。

受费弗尔影响,他把研究的重心聚焦于普通人的情感、态度和看法,关注"过去的人们行动背后的思想假设"。他"对体现在证据中的那些没有言明的态度和假设与明确表达出来的态度和假设都非常感兴趣"。① 他认为"不管是一出戏剧、一次布道或一个法律文件",不仅要看"作者打算说什么",还要看"文本经意或不经意间揭示了什么"。② 比如,近代早期的巫术信仰背后体现了新柏拉图主义的宇宙观;人类中心主义的思想其实源于上帝造人的假说;等等。而人们并非任何时候都能明确意识到自己对待事物的态度、情感和看法背后的这些假设。他的著作,尤其是《人类与自然世界》,就是要"揭示一些这些假设,这些假设支持了近代早期英格兰居民对待鸟兽、植物以及自然景观的体悟、理性和情感"。③ 但与此同时,基思·托马斯也认识到了心态史在面对观念变化时的局限性。他努力从两个方面突破其限制。

首先,与心态史学家关注较小范围内相对静态的观念不同,基思·托马斯受研究近代早期的牛津史学家的影响,仍然偏向相对宏大的主题。他的研究总是跨越1500~1800年,将1500~1800年作为一个整体,考察这300年间英格兰社会的观念变迁,从而超越了"心态工具"相对静态的特征,形成了自己独特的研究主题。他的众多论著便是从各个维度、各个层次勾勒这300年人们的情感、态度和看法的转变,重构近代早期人们的精神世界,并试图通过这种重构来说明现代世界观的兴起。

他最著名的作品《宗教与巫术的衰落》考察了宗教改革至启蒙运动前夕英格兰的大众信仰状况,详细描述了人们对占星术、妖术、预言以及各种幽灵、妖仙、预兆等形形色色的大众巫术的看法,阐述了大众信仰与宗教之间的复杂关系,着重分析了大众信仰在16~17世纪经历的兴衰变化,尤其强调1700年前后的思想氛围对巫术信仰衰落产生的影响。《人类与自然世界》是他研究流行观念变迁的代表作,试图澄清16~19世纪英格兰人对待自然的态度的变化过程。他的著作《生命的目的》认为从宗

---

① Keith Thomas, "Diary," *London Review of Books*, Vol. 32, No. 11, June 10, 2010, p. 37.
② Keith Thomas, "Diary," *London Review of Books*, Vol. 32, No. 11, June 10, 2010, p. 37.
③ 基思·托马斯:《人类与自然世界》,第4页。

教改革至启蒙时期，人们用来判断什么是美好生活的价值系统发生了很大变化，原来贵族化、等级式的价值观变得更加个人主义和世俗化。① 他的其他论著也都是从不同角度研究这一时期的观念变迁。②

其次，基思·托马斯认可心态史的主张，即每个特定时代都有其主流思想风格，但不认为同一个社会的所有人都分享同样的态度和价值，他强调近代早期观念世界内部的多样性和差异性。一方面，他认为近代早期人们往往自相矛盾，面对同样的事物常能听到大量不同的声音。在巫术指控盛行时，对巫术的怀疑始终存在于上层社会和下层民众中间；在人们认为人类取得对自然界的支配地位是毋庸置疑的奋斗目标时，却"存在庞大的反对虐待动物的布道与宣传队伍"；在人们发现未经驯化的原始自然是恐怖的，喜欢文化而非自然、田野而非森林时，相反的观念仍然存在。③ 另一方面，他认为阶层间的差异也是近代早期观念世界的重要组成部分。就巫术信仰来说，知识阶层与普通大众对巫术本身的理解有很大差别。科学革命、新技术、新思想氛围使知识阶层日益摈弃、嘲笑和鄙视大众的迷信，而民间对巫术的态度变化却是缓慢的，甚至19世纪的英格兰农民仍未放弃对巫术的信仰。对待自然也是如此，上层社会在近代早期便开始将某些动物视为宠物加以珍视，中产阶级也以"非功利的态度对待自然"，下层社会的态度却仍是实用和功利的。他们将动物当成工具，也不会去感受自然之美。所以，同一时期，知识阶层与下层民众往往具有不同的精神世界。

---

① Keith Thomas, *The Ends of Life: Roads to Fulfillment in Early Modern England*, Oxford: Oxford University Press, 2009.

② "Age and Authority," *The Proceedings of British Academy*, Vol. 62, 1976; "The Place of Laughter in Tudor and Stuart England," *Times Literary Supplement*, Jan. 21, 1977, *The Perception of Past in Early Modern England*, University of London, 1983. "Numeracy in Early Modern England," *Transactions of the Royal Historical Society*, Fifth Series, 37, 1987; "The Double Standard," *Journal of the History of Ideas*, Vol. 20, No. 2, Apr., 1959; "Work and Leisure," *Past & Present*, No. 29, 1964; "The Meaning of Literacy in Early Modern England," in Gerd Baumann, ed., *The Written Word: Literacy in Transition*, Oxford: Oxford University Press, 1986; "Cleanliness and Godliness in Early Modern England," in Anthony Fletcher, Peter Roberts, eds., *Religion, Culture and Society in Early Modern Britain: Essays in Honuor of Patrick Collinson*, Cambridge: Cambridge University Press, 1994.

③ 基思·托马斯：《人类与自然世界》，第154页。

二 跨越历史学与人类学

基思·托马斯在思想史研究上的另一独特之处是积极吸收人类学的研究方法。他是英国最早运用人类学进行观念研究的历史学家,是英格兰历史人类学的先驱。英国历史学家巴勒克拉夫在《当代史学的主要趋势》中说,"大约从1955年起,历史学研究进入了迅速转变和反思的时期",其中一个重要的方面便是历史学的社会科学化。[1] 恰从此时开始,从事历史研究的基思·托马斯也积极拥抱社会科学,寻求历史学与人类学、社会学和心理学的结合,而在历史学与人类学的结合方面,他具有开创性贡献。

基思·托马斯对人类学的兴趣缘于英格兰社会人类学家埃文思-普里查德的影响。1961年他被普里查德的演讲《人类学与历史学》深深吸引,热情洋溢地连续写了《历史学家应该是人类学家吗?》和《历史学与人类学》两篇文章,探讨历史研究中运用人类学方法的前景,奠定了他对人类学的终身兴趣。[2]

《历史学与人类学》是英国历史人类学的宣言书。它开篇便提出历史学与人类学有共同的目标和方法,随后又用大量篇幅探讨历史学家如何从人类学家的研究中获益。他认为,第一,人类学家为历史学家提供了组织材料的原则,使他们能将看似随意的事实联系起来并予以解释,从而将社会当作整体来研究。第二,人类学有助于历史学家考察文献记载不清的、社会更底层的人们的精神生活。第三,人类学能使历史学家重新审视原来习以为常的观念,产生新认识。第四,人类学有助于扩大历史研究范围。结合了人类学的技巧之后,历史研究将会出现崭新的天地,整个人类的经验领域将会展现在历史学家面前。第五,历史学家熟悉了人类学家的调查研究后,面对材料,会提出更明智的问题,也会给出更明智的答案。最

---

[1] 杰弗里·巴勒克拉夫:《当代史学的主要趋势》,杨豫译,北京大学出版社,2006,第1页。

[2] Keith Thomas, "Should Historians be Anthropologists?" *Oxford Magazine*, June 1, 1961; Keith Thomas, "History and Anthropology," *Past & Present*, No. 24, 1963.

后,他和普里查德一样,得出了激进的结论:历史学要么成为社会人类学,要么什么也不是。①

《历史学与人类学》也是基思·托马斯本人学术生涯的规划书。这篇文章不仅表明了他此后的研究方法,也列出了他将要研究的新领域,包括对待家庭、儿童教育、出生、青春期、死亡、疼痛、动物、醉酒、精神病的态度,以及服装、艺术、个人关系的历史等等。《宗教与巫术的衰落》是其将研究规划付诸实践的首部著作。他运用英国社会人类学家的理论与例证来说明巫术信仰在英国社会中的功能,并解释其衰落。该书1971年出版后影响很大,1972年美国历史协会年会专门安排了对它的讨论,并邀基思·托马斯本人出席。它是英美学界首次成功运用人类学研究历史上人们的信仰和观念的著作,具有标志性意义,改变了很多仍对社会科学持怀疑态度的历史学家的观念。②

《宗教与巫术的衰落》出版后的40年中,基思·托马斯又陆续研究了识字、计算、笑声、儿童、学校生活、年龄与权威、干净与虔诚、良心、对待过去的态度、对待自然的态度等,从各方面展现近代早期人们的精神面貌。③ 他在很多场合用"民族志"来描述他在1971年后的工作,认为自己在做非理论化、描述性的民族志。④ 他说自己就像"人类学家在非洲社会做田野工作那样,研究近代早期英格兰社会的每个维度"。⑤ 他始终认为,要实践这样的工作,必须将"主位法"与"客位法"相结合。首先要使用"主位法",即用过去时代本身的词语重构其精神世界。"当我们着手研究过去的时代时,必须假定它是完全陌生的,当我们了解了它

---

① Keith Thomas, "History and Anthropology," *Past & Present*, No. 24, 1963, pp. 6–17.
② Brian P. Copenhaver, "Review," *Church History*, Vol. 41, No. 3, Sep., 1972, p. 423.
③ "Historians Don't Have Any Ideas of Their Own," Interview with Peer Vries, *Leidschrift*, No. 2, Apr., 1990, p. 108.
④ Keith Thomas, "Ways of Doing Cultural History," in R. Sanders et al., eds., *Balans en Perspectief van de Nederlandse Cultuurgeschiedenis*, p. 78; "Historians Don't Have Any Ideas of Their Own," Interview with Peer Vries, *Leidschrift*, No. 2, Apr., 1990, p. 99; Keith Thomas interview by Alan Macfarlane, Sept. 5, 2009, http://www.alanmacfarlane.com/DO/filmshow/kthomas1_fast.htm.
⑤ "Historians Don't Have Any Ideas of Their Own," Interview with Peer Vries, *Leidschrift*, No. 2, Apr., 1990, p. 108.

的本质时,会发现很多熟悉的东西,但不能一开始就认为其全部是熟悉的。"① 所以我们需"从行动者的角度去看待行动",否则对过去的所有解释都将是时代误置。他运用"主位法"的方式就是大量阅读。当他研究某个主题时,便尽可能阅读这个主题涉及的时代里写的所有东西,以及后来人写的与此有关的所有文字。"让自己沉浸在当时的作品中……持续阅读直到听见人们在谈话为止",从而达到近距离接触这个时代,像了解朋友或家人一样了解它。② 在此基础上,再使用"客位法"将其置于更广阔的语境中与其他时期做比较。他认为,只有将"主位法"与"客位法"结合起来,才能完整地呈现和解释近代早期的观念世界。

承认社会人类学对历史想象的潜在刺激作用,是基思·托马斯学术研究中的重大突破。③ 在《宗教与巫术的衰落》出版以后,他又扩大了对人类学的关注范围,开始广泛关注法国结构主义人类学和美国文化人类学,这在他后来的著作中都有体现。比如在《人类与自然世界》中,他引用法国结构主义人类学家列维·斯特劳斯的观点来说明近代早期英格兰对动物的分类其实是社会结构向自然界的投射;他还吸收了美国文化人类学家克利福德·吉尔兹对象征和符号的重视,充分关注动植物的象征意义,如鼹鼠象征盲目的罗马天主教徒,毛毛虫象征复活,橡树象征永恒。④ 对各种人类学方法的广泛运用,使基思·托马斯成为跨学科研究的典范,也使他在思想史研究领域独具一格。

三 重新统一历史学与文学

运用文学手段研究过去的观念也是基思·托马斯思想史研究的重要特色。他虽然大量借鉴社会科学研究成果,但从未将历史当成科学,始终认为它是一门人文学科或艺术学科。所以他并不介意用文学手段支撑他的研

---

① "Historians Don't Have Any Ideas of Their Own," Interview with Peer Vries, *Leidschrift*, No. 2, Apr., 1990, p. 104.
② Keith Thomas, "Diary," *London Review of Books*, Vol. 32, No. 11, June 10, 2010, p. 37.
③ Peter Burke, Brian Harrison, Paul Slack, "Keith Thomas," in Peter Burke, Brian Harrison, Paul Slack, eds., *Civil Histories: Essays Presented to Sir Keith Thomas*, p. 8.
④ 基思·托马斯:《人类与自然世界》,第58、215页。

究，反而有意为之。

首先，他借助大量文学资料来呈现过去时代的思想观念。这在他早期的文章《双重标准》中就已初见端倪。该文引用 19 世纪诗人威廉·布朗（William Browne）的诗句说明当时人们对女性贞节的态度。随后，关于霍布斯社会思想的文章参考了历史小说作家琼斯（G. F. Jones）、沃斯顿（C. B. Waston）及巴伯（C. L. Barber）的著作。①《宗教与巫术的衰落》中引用诗人罗伯特·赫里克（Robert Herric）的诗句证明人们对巫师法力的看法，也使用了约翰·奥布里（John Aubrey）写的传记材料。1999 年编辑的《牛津工作丛书》中可以见到很多文学家、诗人的身影。② 在《生命的目的》中，诗人、哲学家、商人、政治家和牧师都表达了自己的声音。《人类与自然世界》是他运用文学资料构建近代早期精神世界的代表作，他在该书前言中说："如果我们要深入人类（至少是比较善于表达的那部分人群）的情感与思想之中，文学是最好的向导。"③

他引用的文学资料来源极广，包括诗歌、信件、戏剧、游记、小说等。《人类与自然世界》全书共六章，其中有三章以文学资料作引子，从坎特伯雷某位基督教修士的书信，到威廉·布莱克的诗，再到赫德森的《远方与往昔》。在"残忍性"这个前后仅 10 页的小节里，集中了源自游记、谚语、日记、莎士比亚的戏剧、信件、诗歌、报道、小说等多种文学形式的引文。基思·托马斯似乎有深厚的文学功底。《人类与自然世界》中最显眼的莫过于诗歌。随手翻开几页，就可看到诗歌的引文，时间横跨 14～19 世纪，有乔叟、拜伦、雪莱、济慈、华兹华斯的诗，也有菲利普·西德尼的诗，甚至还有无名氏的打油诗。丰富多彩的文学资料使其著作既是严肃的史学论著，又充满了趣味性，使人在阅读过程中获得不少的知识。

其次，基思·托马斯在某种程度上用"对话"来呈现当时人们的意见。他用大量资料将不同阶层、职业、身份、时代的人会集起来，让他们

---

① Keith Thomas, "The Social Origins of Hobbes's Political Thought," in K. C. Brown, ed., *Hobbes Studies*, Oxford: Blackwell, 1965.
② Keith Thomas, ed., *The Oxford Book of Work*, Oxford University Press, 1999.
③ 基思·托马斯：《人类与自然世界》，第 5 页。

表达自己的态度与看法，形成讨论和"对话"。在他的著作中，天主教徒、国教徒和不从国教者一起表达他们对巫术的排斥甚至憎恶；约翰·洛克与乡间民众一起讨论如何化解巫术；托马斯·霍布斯与雅各布·布克哈特同时对巫术发表看法；19世纪的中产阶级和17世纪的农民都相信招魂术、占星术和玄秘的事物。知识分子和下层民众对待动物、花卉的态度和情感得以清晰呈现。学校男孩、做园丁的妇女、宠物主人、普通工人、种子交易者面对自然的心理都展现无遗。基思·托马斯运用引文得心应手，极具天赋，每条引文都代表一个鲜活的人物。阅读他的书似乎是在阅读一部人物众多的小说，每个人物，哪怕是最小、最不起眼的人物都在他的笔下展现个性、表达想法。所以尼奥·佩林（Noel Perrin）说，在《人类与自然世界》中"可以听到一千种声音"。①

最后，重视表达方式和写作风格也是其运用文学手段的一个方面。基思·托马斯在某些方面仍非常传统，他依旧相信历史研究影响大众的功能。他重构近代早期的精神世界，就是为唤起人们对它的鲜活感知，加深人们对它的印象和情感，所以他非常重视表达方式和写作风格，他的所有作品都给人以流畅优美的感觉。他认为"历史就是表达的艺术"，②"所有事情必须写得清清楚楚，不装腔作势，不用行话俚语或隐晦的含义"。③《人类与自然世界》最能体现他的书写风格。"全书语言清新明快，奇闻轶事，妙语连珠，令人浮想联翩的比喻传达了作者的学识和文化雅趣，读者从中获得了乐趣，也了解了整个社会。"④ 整本书像"一幅色彩斑斓的挂毯，本身就引人入胜，如果再靠近点，看看其经线和纬线是如何巧妙编织的，就更吸引人了"。⑤ 所以它出版后受到学界的广泛关注，被誉为各方面都很杰出的著作。

---

① Noel Perrin, "English Nature," *The New York Times*, Books, Apr., 24, 1983.
② "Historians Don't Have Any Ideas of Their Own," Interview with Peer Vries, *Leidschrift*, No. 2, Apr., 1990, p. 106.
③ Alan Macfarlane, People Who Have Influenced Me Most, p. 2, http://www.alanmacfarlane.com/DO/filmshow/kthomas1_fast.htm.
④ L. J. Jordanova, "The Interpretation of Nature," *Comparative Studies in Society and History*, Vol. 29, No. 1, Jan., 1987, p. 196.
⑤ L. J. Jordanova, "The Interpretation of Nature," *Comparative Studies in Society and History*, Vol. 29, No. 1, Jan., 1987, p. 196.

四　有别于新文化史研究

基思·托马斯在研究主题、研究方法和写作风格方面的独特性，使他明显区别于思想史研究领域两大学派的史家，即观念史学派和剑桥学派的史家，从表面上看，似乎与20世纪70年代以来兴起的、关注普通人的心态和情感的新文化史有些类似，但实际上仍与新文化史保持着相当的距离。

20世纪以来，思想史研究领域主要有三股潮流。一是美国的观念史学派。观念史学派是美国著名哲学家亚瑟·诺夫乔伊于20世纪30年代创立的。诺夫乔伊的观念史区别于传统哲学史对伟大思想体系的追踪，它聚焦于"单元观念"。所谓的"单元观念"，就是人类在实践过程中形成的那些"先行的，既更为基本又更为多种多样起作用的观念"。[①] 它们构成了我们思维的基本要素，离开它们，我们就无法思考。这些基本的"单元观念"贯穿于西方历史，形成了自己的生命。所以观念史在某种程度上就是"单元观念"的生命史，观念史家往往考察那些经得住时间考验的基本观念，并着重于伟大的经典文本，对其中的思想进行推演比较。

二是英国的剑桥学派。20世纪60年代以后，剑桥学派的兴起给思想史研究注入了新的活力。以约翰·波考克和昆廷·斯金纳为代表的剑桥学派对以往的思想史研究方法很不满意，因为它只局限于对伟大思想家的经典文本进行抽象解释，他们要求历史地研究思想，发掘思想背后的知识和社会语境，重新定位伟大的经典文本。同时，剑桥学派史家们受语言学的影响，着重强调语言、语汇、范式等思想单位的历史，他们在剖析某个思想家的思想时，便从构成其时代的特殊语言体系入手，发现他的真实的言论、动机和表述的结果。[②] 因此在思想史研究方法上，他们把注意力从只关注经典文本或思想的连续性转移到了特定思想产生的语境。语境主义形成了他们的鲜明特色。

[①] 诺夫乔伊：《存在巨链》，张传有、高秉江译，商务印书馆，2015，第7页。
[②] 参见李宏图《译后记：在历史中寻找自由的定义》，昆廷·斯金纳：《自由主义之前的自由》，上海三联书店，2003，第122页。

三是新文化史对思想史研究的冲击。在剑桥学派方兴未艾之际，20世纪70年代兴起的新文化史又给思想史研究带来了新的冲击。新文化史与剑桥学派同样受语言学影响，但它吸收了文化人类学，强调符号、象征、仪式这些在日常生活中体现底层群众心态和情感的东西，体现了历史研究从精英到大众的转化。如此一来，便形成了思想史研究中的两条路径：一是研究知识精英的抽象理论，诺夫乔伊的观念史和剑桥学派史家即属这种；二是研究普通人的观念、情感、态度和意见等，既重视理性的思想观念，也重视非理性的和社会中流行的思想观念。于是便在思想史研究中产生了精英的"大传统"与大众的"小传统"之分，以及学者与民众的高低之分。①

基思·托马斯在思想史研究方面更倾心的是民众的"小传统"和"低级"观念，是随着历史进程发生变迁的普通人的情感、态度和观念。这既有别于诺夫乔伊的观念史学派强调的那种经久不衰的抽象观念，也区别于剑桥学派追寻精英思想的社会和知识语境的做法，无论在研究取向、研究主题还是研究方法上，都与新文化史有很多相似性。事实上，他的某些研究从广义上也可归入新文化史范畴，比如关于巫术、读写、计算、儿童的研究等。他也密切关注新文化史的动向，并做过关于新文化史的讲座，甚至被认为是新文化史的代表人物。但实际上，他的研究与新文化史仍有很大差别。

首先，他与新文化史的理论基础始终保持距离。新文化史虽是多个学科多种理论综合的结果，但其主要理论来自语言学、福柯的结构主义和克利福德·吉尔兹的文化人类学，它的根基是文化建构理论，核心概念是表象。基思·托马斯都谨慎地与这些保持距离。他的著作几乎没有语言学的痕迹，他最不喜欢福柯的著作。他是历史人类学的推动者，可他与英国人类学家一样具有根深蒂固的经验主义。他曾在著作中运用过斯特劳斯和吉尔兹的理论，却始终与其保持距离。他也继承了英国史学相对保守的特征，当新文化史席卷美国和欧洲大陆时，英国却对它不冷不热。许多实际

---

① 斯蒂芬·柯林尼等：《什么是思想史》，《思想史研究》第1辑，上海人民出版社，2006，第19~22页。

上进行文化史研究的学者没有对自己冠以文化史家之名，基思·托马斯也从未自认是文化史家。

其次，他对待"文化"概念的态度有别于新文化史家。新文化史家并不认为文化是相对政治、经济而言的概念，而是在更宽泛的层面上把政治和经济都包容在内。他们还认为文化不是被动的，而是具有"建构"功能，强调用文化概念思考和认识历史。基思·托马斯并不接受这样的文化概念，他始终强调思想变化与社会和经济变化的关系。比如，他将英格兰巫术信仰的衰落与自然科学和社会科学的发展以及形形色色技术手段的发展相联系。再比如，他认为环境因素和经济因素在英格兰的典型结合导致了人们自然观念的变化。这一方面是受他的老师、著名马克思主义史学家克里斯托弗·希尔的影响，另一方面是受英国史学传统的影响。如他所说："虽然如今英格兰历史学家中仅有少数马克思主义者，但他们仍然认为生活是由三个层次构成：最底层的是人口及其生存手段；往上是社会和政治结构；最顶层也最不具有决定性的是宗教、艺术和思想。"[1] 基思·托马斯虽然不是马克思主义者，但他对待文化概念的态度仍然是传统的，有马克思主义的影响。

最后，他对文学的重视更多是出于对传统的尊敬。基思·托马斯从未像后现代主义者或激进的新文化史家那样将历史等同于文学，模糊事实与虚构的界限。《人类与自然世界》一书充分说明了这点。该作是根据特里维廉在剑桥大学所做的讲座整理而成的。作为成长于20世纪四五十年代的英国历史学家，基思·托马斯对作为辉格史学继承者的特里维廉充满敬意，后者有20世纪麦考莱之称。他说："在1940年代后期的校园里，他（特里维廉——引者注）却无疑是所有历史学作家中最著名、最可读的一位。没有人能对他创作中流露的诗意完全无动于衷。他用动人心弦的词语……描绘了圣约翰学院的前庭……在我亲眼目睹我的学院之前，他的描述就奠定了我对它的理解。"[2] 因此他对文学手段的重视其实是有意承袭辉格史学的风格，"以特里维廉不断倡导的方式，重新统一文学与历史的

---

[1] Keith Thomas, "Ways of Doing Cultural History," in R. Sanders et al., eds., *Balans en Perspectief van de Nederlandse Cultuurgeschiedenis*, p. 68.

[2] 基思·托马斯：《人类与自然世界》，"前言"，第1页。

研究"。① 但他也并未对传统亦步亦趋，在重视文学手段的同时，并没有将重点放在叙述与描写、片段与特殊上，而是更看重分析与解释、普遍与综合。

五　争议之声

英国历史学家彼得·伯克等人认为基思·托马斯之所以有广泛的影响，"是因他在写作风格、研究主题和研究方法上结合了创新与传统"，这准确地总结了其研究特色。② 事实上，基思·托马斯的工作受到了很多赞誉。学者们普遍认为他开辟了很多历史研究的新领域；认为他的观点具有高度原创性，改变了人们对近代早期的认识；对他借鉴人类学的做法予以肯定；对他的博学及其引用大量史料展示观念变化的能力表示敬佩。但就像很多重要史学家一样，在受到赞誉的同时，争议之声也始终伴随着他。

首先，人们对他将整个近代早期作为研究时段的争议。他的大部分论著以整个近代早期为研究时段，结果"近代早期似乎成了单独的时期，事实上它却延续了好几个世纪，包括成千上万的人，体现出范围巨大的地方文化差异"。③ 他强调近代早期人们的观念发生了根本性变化，但学者们质疑他所说的变化是否发生或在多大程度上发生，以及这些变化对英格兰社会产生了多大影响。还有，强调近代早期观念的世俗化和现代化，也就意味着基思·托马斯仍认可由封建主义向资本主义过渡的基本范式，而他的学生艾伦·麦克法兰（Alan Macfarlane）却是要与这样的主流叙述分庭抗礼。

其次，他在资料的引用上招致非议。有人认为，他引用了大量文学材料，但"我们不知道文学与大众行为的关联如何，也不知道我们选用的材料在所有能被引用的文学材料中有多少代表性"。④ 他"列举不同时代、不同阶层在不

---

① 基思·托马斯:《人类与自然世界》，第 4 页。
② Peter Burke, Brian Harrison, Paul Slack, "Keith Thomas," in Peter Burke, Brian Harrison, Paul Slack, eds., *Civil Histories: Essays Presented to Sir Keith Thomas*, p. 17.
③ Keith Thomas, "Ways of Doing Cultural History," in R. Sanders et al., eds., *Balans en Perspectief van de Nederlandse Cultuurgeschiedenis*, p. 79.
④ E. L. Jones, "Review," *The Economic History Review*, New Series, Vol. 36, No. 4, Nov., 1983, p. 630.

同情况下写作且风格题材迥异的作家,好似他们持相同观点,这样做不太合理"。① 他列举了非常丰富的证据,却"几乎不去仔细审查那些观念制造者的背景,不去询问他们多大程度上表达了普通人的观点,或主要为了表达他们的观点,他几乎没有详细询问任何一个证据,没有对上下文阅读,没有调查个人的整体观点,或从各个方面考察一个事件或一次争论"。② 另外,也有人认为,他的材料不能用来证明任何观点,因为读者受到作者及作者对其观点所做解释的掌控,原则上来说,如果运用不同的例子,就可以构建出不同的画面。③

最后,人们对他只研究英格兰的做法提出质疑。基思·托马斯的所有研究都是以英格兰为研究对象,基本不涉及英国以及欧洲大陆其他地方。比如《宗教与巫术的衰落》放弃了进行比较的诱惑;《人类与自然世界》则明确宣称其"许多主题与威尔士、苏格兰、爱尔兰以及欧洲大陆国家和北美的历史情形相似,但他的研究仅限于英格兰"。④ 他的其他论著也基本上遵循了这个模式。因此,有人认为,他在研究过程中缺乏与苏格兰、爱尔兰以及欧洲大陆的比较。但彼得·伯克等人在这个问题上为他做了辩护。他们认为基思·托马斯关注的是广泛的思想和社会变革潮流,这些很可能在其他地方出现重复,而历史学家的能力是有限的,不可能将其穷尽。⑤

总之,基思·托马斯的研究受到了很多赞誉,也遭受了很多批评。然而,任何原创性的研究必然会带来许多新问题。他的批评者也意识到了这点并提出了问题,但也没有给出答案,这就给我们留下了很大的思考空间。面对已经逝去的世界,如何才能准确地呈现其精神世界,特别是那些在历史中没有明确表达自己的普通民众的精神世界,要如何才能接近?基思·托马斯的研究为我们提供了很好的范例。在诸多史学风潮过后,基思·托马斯的研究仍有重要价值。

---

① L. J. Jordanova, "The Interpretation of Nature," *Comparative Studies in Society and History*, Vol. 29, No. 1, Jan., 1987, p. 197.
② Roy Porter, "Man, Animals and Nature," *The Historical Journal*, Vol. 28, No. 1, Mar., 1985, p. 228.
③ Keith Thomas, "Diary," *London Review of Books*, Vol. 32, No. 11, June 10, 2010, p. 37.
④ 基思·托马斯:《人类与自然世界》,第 5 页。
⑤ Peter Burke, Brian Harrison, Paul Slack, "Keith Thomas," in Peter Burke, Brian Harrison, Paul Slack, eds., *Civil Histories*: *Essays Presented to Sir Keith Thomas*, p. 22.

孟德斯鸠政治思想中的海洋空间理论[*]

李汉松[**]

导　言

在海洋扩张和海洋贸易的高潮中，孟德斯鸠的政治语言里充满了将海洋作为物理空间和社会空间的表述。作为贯穿孟德斯鸠政治思想的一条显线，随着时间的推移和体裁流派的发展，孟德斯鸠看待海洋的视角不再静止，而是随着个人的发展而演变。孟德斯鸠在海外丰富的海上经历让他的思想变得成熟，这也正解释了他思想阐述的片段性特征。因为尽管在关于孟德斯鸠著作和知识遗产的大多数传统辩论中，海洋空间以各种各样的方式分到一些笔墨，但是它很少被视为一个引领分析孟德斯鸠修辞选择、历史反思和时空关怀这一整体性问题的方法。而这一方法恰恰可以揭示他各类著作中潜在的具体政治问题和动态的哲学活动。在本文中，笔者从两方面来追溯海洋在孟德斯鸠思想中的地位。一方面，从年代角度将他早年于波尔多、巴黎时期的繁杂学务，与他在意大利和英国的考察，以及他在法国的多产岁月相联系；另一方面，从论题角度将他关于海洋科学、文学和历史的著作及其对社会生活的许多影响联系起来。笔者旨在突出孟德斯鸠思想发展过程中迄今尚未得到充分的探索的一个重要主题。而笔者相信，这一主题反过来又能更好地将其政治思想的形成置于其语境之中。

最重要的是，孟德斯鸠的博杂论述，让无论是当时的欧洲思想家还是直到以赛亚·伯林时期的学者都感到困惑。而海洋这一主线则为

---

[*] 除特别注明外，文中相关引用均为本文作者翻译。
[**] 李汉松，华东师范大学全球思想史研究中心研究员。

此类繁杂的著述提供了情景性的阐释。因为孟德斯鸠的政治历史叙事，一方面出现在他早期科学和文学作品的重合之处，另一方面来自他在意大利各种特定环境下、政治活动场所中可谓即时即物的自发性观察。鉴于此，追溯他在海洋空间内具有个人及学研性质的介入便为我们开辟了一条新视线和提供了一种新范式。这一方法并不求为孟德斯鸠独特而具多样性的思考强加任何外在逻辑，却能揭示孟德斯鸠为何对海洋物理性质的政治分析产生日益浓厚的兴趣，以及这一切对于充满现代政权的世界意味着什么。概言之，这是哲学家自身的固定性和流动性、社会活动和空间介入共同在社会与政治交织的空间中创发思想的一种体现。首先，本文从孟德斯鸠关于海洋最巧妙的表达"潮汐"（flux and reflux）入手。该表述第一次在纯粹的海洋学语境下使用，是在1720年孟德斯鸠在波尔多学院撰写的论文评述中，而后来则以隐喻的方式在1721年《波斯人信札》中被用以阐释专制权力的无常，在《随想录》和1748年《论法的精神》中被用以阐释历史的变迁模式。但笔者认为，历史过渡以及两者之间的概念关系，在于《巡游记》所载之海洋考察。孟德斯鸠对自然因果关系的笛卡尔式兴趣潜移默化在社会关注中，这从他关于海洋的自然因素如何影响政治美德和公民文化的众多言论中即可见一斑。孟德斯鸠从这里衍生并发展出一系列关于海洋对沿海、岛屿及航海民风习俗直接影响的论点——正如在《论法的精神》中所阐述的那样，而《论法的精神》则直接从《巡游记》中汲取了材料和灵感。最后，这些关于单个政权的海事思想也构成了国家之间的空间理论。孟德斯鸠注意到，随着海洋贸易的兴起，政治空间的不断扩大动摇了国家之间划定边界的精确性。他立刻察觉到这种空间错位带来的危险，并意识到浩瀚大海为缓和武力提供了可能性，更为人类的社交活动提供了一个更广阔的区间。通过这些从具体到宏观的方法，孟德斯鸠赋予了海洋空间整体性和层次性的政治特征。因此，海洋不仅为我们提供了一个空间视角来解释孟德斯鸠政治思想的各个方面，也使我们能够解释，为什么在现代政治生活中，孟德斯鸠与瞬息万变的古老海洋所扮演的角色的联系是分散的、复杂的，但是一致的。

一 "潮汐"：孟德斯鸠关于海洋的隐喻用语

在孟德斯鸠后来的政治著作中频繁出现的海洋描述，于1720年在波尔多学院的海洋学演讲中首次亮相。从1709年获得学士学位到1728年开始出国旅行，孟德斯鸠把他的学术精力切割分配给了文学创作和自然科学。前者为他赢得了巴黎社交圈的诸多读者，而后者才是他在科学院大多数同事皓首穷经、辛苦钻研的领域。在自然科学界，作为研究院主任，他偶尔会在当时知识分子所熟悉的笛卡尔框架内，就他感兴趣的主题——从回声到肾腺，写一些简短的论文综述。在这一岗位上，孟德斯鸠不仅表现出了责任感，而且表现出了颇高的热情。1720年5月，孟德斯鸠在完成《波斯人信札》后在百忙之中抽出时间，撰文赞扬了某位萨巴蒂尔先生以现代天才阐释了一个"古人无法理解"的现象：大海潮汐的导因。院长先生惊叹其为"令人钦佩的事情！"，庆祝笛卡尔思想将最广阔的空间缩小为最小的单元："要解释潮汐，这浩瀚的海洋对你来说显得太渺小了。你绝不会像亚里士多德那样，一跃而入这撼动了他的想象力的浩瀚大海。这漭漭汪洋对你来说，唯一微小之原子而已。"①

在这篇热情洋溢的报道中，孟德斯鸠对潮汐的痴迷显而易见，其程度似乎超过了演讲者的科学发现本身。尽管18世纪早期是涡流研究的黄金时代，许多笛卡尔主义者竞相填补"潮汐"这一空白，争夺桂冠——几乎在同一时期，路易斯·贝特朗·卡斯特尔（Louis Bertrand Castel）——牛顿眼中最能言善辩的后笛卡尔派敌人，在专著《关于万有引力的物理

---

① Montesquieu, "Résomption de la dissertation de M. Sabatier sur le flux et reflux de la mer" (1720), MS at the Bibliothèques de Bordeaux, accessed 23/02/18. Included in *Œuvres etécrits divers*, Oxford, Voltaire Foundation, 2003, p. 234. "La cause de flux et reflux a étéimpénétrable aux anciens philosophes, elle semblait enfin avoir cédé au bonheur et à la rapidité du génie cartésien; le célèbre M. de Newton paraissait avoir achevé tous nos scrupules, mais à mesure qu'on invente les hypothèses, on trouve de nouvelles difficultés: les vôtres, monsieur, sur le système des pressions nous paraissent très solides et bien dignes de votre génie. Chose admirable! Pour pouvoir faire son flux et reflux, ce vaste océan vous parait trop petit; vous ne vous précipiterez point comme Aristote dans ces mers immenses qui révoltèrent son imagination, et qui ne sont qu'un atome pour vous."

学》(Traité de la pesanteur, 1724) 中宣称，他将彻底解开潮汐的谜团①——而我们这位主任先生和萨巴蒂尔的会议却没有取得任何实质性进展。由于篇幅短，对海洋的见解也不深，这篇有点夸张的文章在孟德斯鸠的参考文献中常常被省略或边缘化，② 不过也不无理由。如果孟德斯鸠通过夸大古人的无知和嘲笑亚里士多德溺死于尤里普斯海峡的传说，意图突出"新时代笛卡尔学"的胜利，那么不幸的是，萨巴蒂尔的论文可能并没有像这里所宣称得那样具有革命性。充其量，这算是对笛卡尔《世界论》(Le Monde, 1664) 中"压力"理论的扩展，甚至可能较卡斯特尔神父之"成就"尤有不如。③ 卡特怀特指出：一定程度上，由于这一时期笛卡尔主义者对后牛顿时代潮汐学科现状的不满（萨巴蒂尔显然是其中一员），巴黎皇家科学院于1740年决议开设竞赛，为"海洋的潮汐"最佳研究提供奖赏。最终，丹尼尔·伯努利、莱昂哈德·欧拉、科林·麦克劳林和安东尼·卡瓦列里共同得享这一殊荣。④ 但无可挽回的是，笛卡尔潮汐论的影响持续减弱。十年后，达朗贝尔在1751年出版的《百科全书》第一版中为"潮汐"所作的词条，对笛卡尔主义者进行了全面驳斥，自然并未提及萨巴蒂尔。⑤ 因此，与其说孟德斯鸠这篇文章对潮汐的成因研究起了启发的作用，不如说它更多地揭示了孟德斯鸠对潮汐的兴趣。

迄今为止，对这种兴趣的含义有两种解释：罗伯特·沙克尔顿将其解释为博学多才者旺盛的求知欲；朱迪斯·希克拉则认为是相对主义思想家

---

① Castel, Traité de physique sur la pesanteur universelle des corps, I. 559 – 560. The avowed "ample dissertation sur le Flux et Reflux," however, never came into fruition. But based on his other works, the interpretive framework would not significantly exceed the bounds of an earth-surface-pressure argument, in line, again, with the basics provided in Le Monde.

② Shackleton, "Bibliography of Montesquieu Ⅱ": "résomptions (analyses of papers read by others to the Académie de Bordeaux)" does not mention the piece under its own title; Pleiade's Œuvres complètes excludes this piece; Voltaire foundation edition (2003) includes the résomption, attached to the 1720 discours, under the collective title, "Discours sur la cause de la pesanteur des corps suivi de deux résomptions 1720 texte établi par Pierre Rétat, présenté et annoté par Alberto Postigliola."

③ Descartes, Chapitre Ⅻ "Du flux & la reflux de la Mer," in Le Monde ou Traité de lalumière, 1633 (published in 1664), On Montesquieu's Cartesianism, see Barrière, Un grand Provincial, p. 15 – 17.

④ Cartwright, Tides, p. 59.

⑤ D'Alembert, "Flux et Reflux".

对科学确定性的尊重。① 这两种思想虽各具启发性，但都强调反衬，而非探索孟德斯鸠对自然和社会的兴趣的交集。在第三种研究方法中，笔者试将孟德斯鸠自然潮汐之论述与其海洋思想相联系，加以考察。一方面，他和他的后继者于18世纪的作品中大量使用"潮汐"作为反复无常和历史循环的象征，创造了政治隐喻的传统，这将在本文的其余部分进行讨论；另一方面，在孟德斯鸠的意大利之旅中，对因果关系的笛卡尔式的探索在他的海洋政治分析中起着积极的作用，这将在下一部分进行讨论。这些受海洋启发的政治语言方式，将为孟德斯鸠后期作品中公民文化与海洋的社会性的探讨开辟一条更广阔的道路。

首先，这篇论文导言引起了人们对孟德斯鸠最具标志性的海事表述之一——在撰写《波斯人信札》时对"潮汐"的关注。② 该书两次引用这一比喻，以说明专制统治和善变思想之无常。最重要的是，这一词语让孟德斯鸠能够将专制主义的概念放大——不仅是关于"一个人"的统治，而且是关于瞬息万变的激情。比如，在掌事太监和后宫女性之间的权力动态中，就有一种"'帝国'和'臣服'潮来汐去"的感觉。后宫的"小帝国"，曾被认为只是满足太监的野心，结果却不过是给了你方唱罢我登场的权力集团暂时性的"治权"（imperium）。双方都受这种潮汐模式的约束，其中任何一方都不是自由的，更不用说是永久的权威。因此，那些把孟德斯鸠这句话翻译成"权威和臣服的潮汐"的人是不明智的。③ 首先，他势必忽略了孟德斯鸠的讽刺意味，即太监的帝国并不总是为他的"帝国"（权力）服务。其次，太监没有真正的权威。正如德赛如德指出，在这种潮汐中，自由是一种幻觉，因为只有在郁斯贝克的权威下才有规则。④ 但难道终究不是君主最易受宦官鼓动、宫妇操纵，从而沦陷在起起

---

① Shackleton, "Bibliography of Montesquieu II," 23; Shklar, Judith, "The Making of a Polymath," in *Montesquieu*, p. 27.
② Montesquieu, Lettre IX, Le premier eunuque à Ibbi. A Erzeron. *Lettres Persanes*. "Il y a entre nous comme un flux et un reflux d'empire et de soumission."
③ Such as the translation by C. J. Betts, *Montesquieu: Persian Letters*, Penguin edition, 1973.
④ Desserud, "Virtue, Commerce and Moderation in the 'Tale of the Troglodytes'", pp. 605 – 626.

落落的权力斗争中吗？① 孟德斯鸠认为，权力回流的背后是激情的暗涌，它驱使男人和女人在马基西所谓"瞬间政权"中暂时地发布命令和臣服。② 的确，这里的海事比喻相当奇特，因为激情和权力的盛衰并不意味着一个人的专制，而是在不确定的海洋里的竞争欲望。虽然在某种程度上是一种平衡，但这种"平衡"仍然依赖于反复无常的潮流，这样的潮流无法提供"制度的稳定性"，而据路易·阿尔都塞所言，制度稳定性的缺失对于孟德斯鸠来说，是专制统治的基本特征。③

通过对专制政权和狂暴灵魂的类比，这种隐喻的力量得到了进一步的发展。孟德斯鸠在第 75 封信中讽刺了许多基督徒信仰和怀疑的"潮汐"，"而且，他们的怀疑难道不比他们的信仰更坚定吗？他们生活在潮汐之中，不断地从一个信仰到另一个信仰"。④ 正如一个帝国受制于人类情感的起起落落时更容易面临不稳定和不公正，那些随波逐流选择"相信"和"不相信"的人因其虚伪、变色龙般的性格而受到鄙视。但是，信仰上的反复无常不仅是个人的私事，还会在公共领域的道德实践中产生矛盾。例如，郁斯贝克指出，信仰在个人层面上的"潮汐"导致了基督教王国在奴隶制问题上令人不安的政策：过去，奴隶被解放是政治上的权宜之计，而现在，他们却为获取利益被束缚在新世界的枷锁中。因此，因个人缺点而产生的"有时是真理，有时是错误"⑤ 的荒谬变成了一种公共罪恶。

孟德斯鸠开创性地使用"潮汐"这一表达，但此举并非没有丰富的语境。孟德斯鸠早年在瑞伊利最早的资料来源是对潮汐的经典引用。⑥ 尽

---

① Rosow, *Montesquieu and Early Liberal Thought*. The master knows about the reversible "master-slave" dynamic between the eunuch and the wives, but he is for the most part blind to the intricacies of harem politics.
② Makdisi, "Immortal Joy".
③ Althusser, *Montesquieu, la politique et l'histoire*.
④ Montesquieu, Lettre LXXV, Usbek à Rhédi, à Venise, *Lettres Persanes*. "Aussi ne sont-ils pas plus fermes dans leur incrédulité que dans leur foi; ils vivent dans un flux et reflux qui les porte sans cesse de l'un à l'autre."
⑤ Montesquieu, Lettre LXXV, Usbek à Rhédi, à Venise. *Lettres Persanes*. "vérité dans un temps, erreur dans un autre".
⑥ For classical education at Juilly, see Barrière, *Un grand Provincial*, 12–13; Adry, *Noticesur le collège de Juilly par un ancien élève de cette académie*, 25–26.

管在希腊文学中,"潮汐"(ἄμπωτις τε καὶ ῥηχίη)对于希罗多德、亚里士多德、普林尼和阿里安等作家来说基本上在他们的自然意识范围内,①而普鲁塔克只采用了有限的隐喻含义,②但是罗马人的盛衰观念具有与孟德斯鸠更为接近的社会和历史意义。③首先,fluxus 一词将它的含义从潮汐扩展到移动,进而扩展到历史的运动,从而表达人类事务的短暂性。④但更接近"潮汐"的现代法语意思的词语是 aestus,⑤该词意味着思想的动摇和不安。这让我们想起孟德斯鸠对无常的心灵的描述——这些心灵的"信仰"在某一时刻出现,在另一时刻消失,以及那些被激情统治的专制政权。但孟德斯鸠自身思想形成的最直接背景是 17 世纪詹森主义语境下"潮汐"的表达。对孟德斯鸠来说,这既是思想的来源,也是反驳的对象。⑥帕斯卡尔在《思想录》(1670)中对 itus 和 reditus 的使用,除了大量引用海浪作为不确定因素的象征外,最后还把自然发展的曲折过程与海潮的涨落进行了比较。⑦尤其是詹森主义者把当时对人类生活无常的争论

---

① Herodotus, 2.11, 7.198, 8.129, Aristotle, *Meteorology*. For all citations in classical texts, see corresponding texts in the Loeb Classical Library, Cambridge, Mass., Harvard University Press.

② E. g. "ebb" (ἄμπωτις), used to describe a loquacious man's temporary withdrawal of words; its opposite is not a metaphorical use of "flow" (ῥηχίη), but a non-maritime term αυταποδίδωμι - repaying back [the words]; Plutarch, *Moralia*, on loquaciousness, 502D; ῥηχίη, when used metaphorically, only means a tide or wave of people, a throng. Its synonym πλημυρίς, also meaning sea-rise, extends only to floods or tears.

③ Montesquieu had sufficient, though less exposure to ancient Greek than in Latin at Juilly, where French and modern languages are also studied. See Barrière, *Un grand Provincial*, 14; Adry, *Notice sur le collège de Juilly par un ancien élève de cette académie*, 18; Compayré, Gabriel, *The History of Pedagogy*, no. 160, "The Oratorians," Boston, 1886.

④ Cicero, *Letters to Atticus*. 4.2.1; Sallust, *Bellum Iugurthinum*. 104.2; Livy. *Ab UrbeCondita Libri*. 40.50.5

⑤ In its physical sense: Varro, *De lingua Latina*, 9, 19; Mel. 3, 1. "aestus maris accedere et reciprocare maxime mirum, pluribus quidem modis, sed causa in sole lunaque," Pliny. *Naturalis Historia* 2.97.99; in metaphorical sense of perturbation of mind, see: Cicero Div. in Caecin. 14, Vergil. Aeneid. 12.486, id. ib.4, 532, id. ib.8, 19, Horace. S. 1.2.110, "hiscine versiculis speras tibi posse dolores/atque aestus curasque gravis e pectore pelli?"

⑥ See Maire., "Jansenisme".

⑦ Pascal, *Les pensées*, No. 355. "La nature agit par progrès, itus et reditus. Elle passe et revient, puis va plus loin, puis deux fois moins, puis plus que jamais, etc. Le flux de la mer se fait ainsi, le soleil semble marcher ainsi."

聚焦在谴责潮汐般的"自尊"(amour-propre)上。这场争论引发了一场复杂的辩述,其中拉罗什富科发表了著名的评论:"这是一幅自尊的画像,所有的生命不过是一场伟大而漫长的躁动;大海是生命的一个感性的形象,而我们的自尊心在浪潮不断的涨落中发现它动荡不安的思想和永恒运动的忠实表达。"①

最后,接近17世纪末时,由于人们对潮汐生活的比喻愈感不安,便将其消融在《基督辞典》(*Dictionnaire chrétien*,1691)神学和大众宗教的论述中。在这一表述中,海洋扩张和退缩的巨大幅度象征着"自然和恩典的创造者即上帝的宏伟和无边无际",被比作"上帝所爱的灵魂中不可言喻的神圣潮汐"。如此,圣灵便是吹过大海引起潮汐的风。②

从孟德斯鸠之前对海事隐喻的谨慎和忧虑语气看,18世纪潮汐意象的政治语言有着明显的差异。大卫·休谟很快将孟德斯鸠的观察结果与他自己在18世纪四五十年代的观察结果进行了对比,并在其《人类理解研究》(1758)中指出:"值得注意的是,宗教的原则在人类的头脑中有一种类似潮汐的变化。这是一种自然的倾向,从偶像崇拜到有神论,然后又从有神论堕落到偶像崇拜。"③ 这是对孟德斯鸠的"信仰与怀疑之潮汐变化"的明确借鉴和进一步发展。不久之后,吉本(1776)引用了这句话,通过回溯到神话将其作为对"简单而崇高"的早期基督教堕落的哲学解释。④ 在休谟的其他论文中,"潮汐"被抽象地用作"不断变化"的同义

---

① duc de La Rochefoucauld, *Maximes suivies des Réflexions diverses*. No. 1: "Voilà la peinture de l'amour-propre, dont toute la vie n'est qu'une grande et longue agitation; la mer en est une image sensible, et l'amour-propre trouve dans le flux et le reflux de ses vagues continuelles une fidèle expression de la succession turbulente de ses pensées, et de ses éternels mouvements."

② See the entry for "Mer" in *Dictionnaire chrétien ou sur différents tableaux de la nature*; *l'on apprend par l'écriture et les saints pères à voir dieu peint dans tous ses ouvrages*: *à passer des choses visibles aux invisibles. A Paris, chez Elie Josset, rue saint Jacques, à la Fleur de Lis d'or. M. DC. LXXXXI. Avec approbation et privilège du Roy* (1691). "lagrandeur infinité & l'immensité de Dieu, auteur de la nature & de la grâce... reflux ineffables & divins dans les âmes qu'il aime."

③ Hume, *Essays, Moral, Political, and Literary* (1758), London; see. VIII, reference to new Ed: *Essays and treatises on several subjects: In two volumes / By David Hume, Esq. Vol. I. Containing Essays, Moral Political, and Literary*, London, 1768.

④ Gibbon, *The History of the Decline and Fall of the Roman Empire*, Vol. 3.

词,这与今天英文中"不定"(flux)一词的含义相近。因此,毫不夸张地说,即使仅从潮汐这一比喻来看,孟德斯鸠也应该被认为是科学、文学、政治和神学领域的博学家,这一比喻贯穿于启蒙运动关于人性模式和流动辩论的整个过程。

同样值得注意的是,随着孟德斯鸠政治思想愈渐成熟,他对"潮汐"的运用进一步发展,呈现出越来越明显的历史特征。在《随想录》和《论法的精神》中,孟德斯鸠通过人类社会所处时代和空间,赋予"潮汐"一定的历史精神。孟德斯鸠认为,虽然一个国家可能会在一段时间内主导世界,但从长远来看,所有国家都将遵从"帝权和自由的兴衰更迭"这一规律。① 因此,"为捍卫自由而斗争"无过于一种暂时性的解决办法。甚至有一天,英国也将屈服于历史潮汐,吸入最后一口自由的空气。在对历史循环的另一种解读中,孟德斯鸠对商业从专制政权向更偏远但更自由地区扩散的现象提供了时空上的解释。孟德斯鸠认为,通过商业在时间和空间上的迁移,人类开始接触并参与更大范围的社交活动,因为"商业的历史就是民族之间的交流"。至于那些变化,包括在"人口兴衰和毁灭"影响下的国家兴亡,② 就成为历史中最重大的事件。

简而言之,孟德斯鸠将"潮汐"这一海洋学语言作为包含自然和政治含义的海洋隐喻,可谓展现了他的独创性。但是,要解释海洋表述的演变,从严格的科学性到文学隐喻,最后到政治历史,仍然是困难的——除非我们也通过一场大巡游来追溯这位哲学家的思想发展。在意大利期间,孟德斯鸠在计划写一篇关于地理科学论文的同时,还探索了"水文学"和国际政治。这种做法既符合17世纪流行的水文学流派,又比之更进一步。比如乔治·富尼耶的《水文地理学》(1643)——梅森曾向贝特林高度赞扬这本书,书中认为水文学与航海、海军和政军事务

---

① Montesquieu, *Pensées*, 100. "flux et reflux d'empire et de liberté".
② Montesquieu, *l'esprit des lois* (hereafter EL, followed by book and chapter, thus: EL21.5) "l'histoire du commerce est celle de la communication des peuples... leurs destructions diverses, & de certains flux & reflux de populations & de dévastations."

之研究密切相关。① 在孟德斯鸠的代表作发表后不久，一些水文著作如圣安东尼·普鲁什颇有牛顿主义色彩的《自然奇观》（1732~1742）就因其将所有自然因果律归于人类之终因这一缺乏平衡性的观点而受到伏尔泰在《哲学辞典》（1764）中的指责。② 孟德斯鸠似乎借助身在威尼斯的雷迪（《波斯人信札》）之口，通过这种社会科学方法为我们提供线索：除了自然科学，雷迪还在一个"本应除了游鱼之外一无所有"的地方学到了"商业秘密、君主们的利益以及他们政府的形式"。③ 事实上，很多时候，孟德斯鸠的自然和社会洞察力在他自己的大巡游中融合在了一起。在国外，孟德斯鸠细致地观察了海洋的自然地形如何塑造社会的政治空间。

二 海洋空间与政治生活空间：孟德斯鸠的大巡游

事实上，对孟德斯鸠来说，他的海洋研究既没有以文学隐喻结束，也没有以格言和小说中的名言形式保留隐喻本身。他在确定海洋现象原因方面纯粹的科学兴趣，开辟了一个政治分析的新世界，在他的海外旅行中萌芽并最终将他对海洋和社会的各种观察提升到《论法的精神》的高度。孟德斯鸠的航行，尤其是在意大利的航行，激发了他探索地形即港口、潟湖和海洋，以及社会即法律、贸易和战争之间的联系。而在"潮汐"的表述

---

① Fournier, *Hydrographie, contenant la theorie et la practique de toutes les parties de la navigation*. See also, Malcolm. "Six Unknown Letters from Mersenne to Vegelin," 95 – 122. Two letters speak to the prevalent interests back then in the cause of ebb and flow, and their link to other topics of oceanic, naval and social concerns: Letter 5: 13 September 1642 & Letter 6: 22 January 1644, "Ce Livre est de 8 livres pour le prix, ou 9 tout au plus, & contient tout ce que vous scauriez vous Imaginer des Navires, de la navigation, des armées navales, Arcenaux, longitude, flux & reflux, proprietez de l'aimant, enfin Omnia, sans exception: si vous ne l'avez pas encore, vous devez le faire voler à vous."

② Voltaire, *Dictionnaire Philosophique*, "Il ne faut pas sans doute abuser des causes finales. Nous avons remarqué qu'en vain M. le prieur, dans le *Spectacle de la nature*, prétend queles marées sont données à l'Océan pour que les vaisseaux entrent plus aisément dans les ports, et pour empêcher que l'eau de la mer ne se corrompe. En vain dirait-il que les jambes sont faites pour être bottées, et les nez pour porter des lunettes."

③ Montesquieu, *Lettres persanes*, Lettre XXXI, Rhédi à Usbek: "un peuple innombrable dans un endroit où il ne devrait y avoir que des poissons... je m'instruis des secrets du commerce, des intérêts des princes, de la forme de leur gouvernement..."

中，孟德斯鸠将自然语言转化为政治隐喻，在《巡游记》中，他将海洋空间与政治空间交织、重叠。① 因此，海洋科学成为政治学的一部分。通过现场的见证人和从当地收集来的逸事，孟德斯鸠对威尼斯衰落的讨论做出了显著的贡献。威尼斯衰落是 18 世纪早期欧洲流行的话题。通过一系列叙述，孟德斯鸠阐明了海洋环境如何受到社会活动的影响，进而反过来又决定了政治事件的进程。鉴于阿姆洛·德·拉·乌赛的《威尼斯政府的历史》（1677）等作品，② 孟德斯鸠对威尼斯可怜的贵族进行了严厉的批评："贵族没有任何高贵或荣耀的情感，也没有野心，除了主要的目标——保有他们的懒惰和特权。"③ 然而，这些概括性的评论是基于对威尼斯海事活动及其物理环境的具体观察。在讨论贵族的走私、对共和国的债务和对法律的普遍忽视时，孟德斯鸠特别关注了威尼斯潟湖日益恶化的局势："然而，潟湖正在被填满。不幸的是，当大海涨潮的时候，贵族永远不会及时离开，所有的贵族宁愿死于不正之风，也不愿离开他们的城市。"④ 在其他地方，孟德斯鸠也重复了他对贵族惰性的谴责：

> 然而，地方法官只关心他们的选票，眼看着他们自己没有把选票整理好就灭亡了。因为他们的潟湖每天都在涨水，而且底部在上升。十年前没有发现的东西现在每天都被揭露出来。⑤

---

① Montesquieu's journals in Italy and Austria are preserved; the tragic loss of *Voyage en Angleterre*, is somewhat compensated by our access to his *Notes sur l'Angleterre*. That the bulk of Montesquieu's journal and the strongest of his feelings are devoted to Italy, and especially Venice, see Barrière, *Un grand Provincial*, pp. 153 – 160.

② For examples of Montesquieu's use of Abraham Nicolas Amelot de la Houssaye (1634 – 1706) 's work, see EL5. 8. which relies on Amelot de la Houssaye's arguments in *Histoiredu gouvernement de Venise* (1677).

③ Montesquieu, *Voyage*, 273. "Nobles, sans aucun sentiment de grandeur et de gloire, n'ont d'autres ambition que de maintenir leur oisiveté et leurs prérogatives."

④ Montesquieu, *Voyage*, 25. "Cependant, les lagunes se remplissent, et on ne peut être absent dix ans sans avoir remarqué que la mer s'est retirée. Ce qu'il y a de malheureux, c'est que, lorsque la mer aura rempli, ils ne prendront jamais leur parti à temps, et tous les nobles crèveront plutôt, par le mauvais air, que d'abandonner leur ville."

⑤ Montesquieu, *Voyage*, 40. "Or les magistrats ne songent qu'à leurs ballottages et se voient périr sans y mettre ordre; car leurs lagunes se remplissent tous les jours, et le fond hausse; et ce qui n'étoit pas découvert il y a dix ans se découvre tous les jours."

但孟德斯鸠也指出，他以大篇幅描述的"自然灾难"——封闭的运河低到船只可以通过，但比利多海还深，从而导致垃圾堆积——实际上部分是人为的，且仅从十年前开始。在最后一次奥斯曼－威尼斯战争期间（1714～1718），威尼斯人不敢加深马拉莫科海峡，以免敌人舰队进入。① 在这个例子中，体现出海洋的物理特征、海上防御和政治文化都决定了历史的进程。

另一个潟湖——科马乔潟湖，则激发了孟德斯鸠对教皇和威尼斯之间争端的兴趣。据称，当时还是威尼斯受保护国的基奥贾船只在罗马教皇控制的科马乔港附近投入石块，进行海底勘测。② 孟德斯鸠说，堆积的岩石抬高了潟湖的海床，导致进入科马乔潟湖的海水减少，并诱发了导致许多人死亡的疾病。孟德斯鸠赌誓要去一探潟湖，但他对这种神秘的海洋疾病只字未提。相反，他做了一个政治评论：以钓石入海之法刺探垂涎已久的潟湖，威尼斯人"不再有伟大君主的嫉妒心，现在却生出了小君主的嫉妒心"。③ 他讽刺的矛头直指威尼斯。在最近失去摩里亚（伯罗奔尼撒半岛）后，威尼斯把目光转向了意大利境内的小港口，而附近的两个潟湖却陷入了困境。通过这些表述，潟湖在孟德斯鸠的整个日志中被视为一个物理和政治空间。

孟德斯鸠在其更为公开的政治言论中直接谈到了威尼斯人的堕落。"至于商议的秘密"，孟德斯鸠用他惯常的讽刺口吻说，"威尼斯是如此颓败，似乎没有更多的秘密要保守"。④ 这种颓败，孟德斯鸠将其与边境内的懒散状态以及海上力量的衰落联系在一起。⑤ 事实上，孟德斯鸠注意到

---

① Montesquieu, *Voyage*, 40. "Ils n'osent pas approfondir leur canal de Malamocco, de peur que les flottes ennemies n'y entrent. Voyez, je vous prie, si, par un canal de 60 pieds, une flotte ira passer."

② The background to this dispute stretches from Venetian acquisition of Comacchio in 1508 to Clement VIII's claim of the port city in 1597 as a vacant fief, which the papacy would maintain from 1598 until the Italian reunification in 1866.

③ Montesquieu, *Voyage*, 51. "Incapables d'avoir des jalousies de grands princes, en ont à présent des petites."

④ Montesquieu, *Voyage*, 22. "Quant au secret des délibérations, elle est dans une telle décadence, qu'il paroît qu'elle n'a guère plus de secret à garder."

⑤ Montesquieu, *Voyage*, 38.

圣马可教堂的人行道上展示了一只在陆上的瘦弱之狮,还有一只在海里的健壮之狮。他说:"威尼斯只有把持大海,才能保持强大。"① 孟德斯鸠推测,只要拥有少量的海军,哈布斯堡王朝的君主就可以封锁海洋,就像来自克罗地亚的乌斯考克(Uskok)海盗做过的那样,摧毁威尼斯的商业,迫使其屈服。② 威尼斯和奥地利之间海上力量的动态变化以1728年查理六世在的里雅斯特停留的那一段时间为代表,正如孔蒂在给凯洛斯伯爵夫人的信中写道:"是为了参观这个港口,以及整顿海上部队和商业秩序。"③ 为了避免在的里雅斯特——这个过去的竞争对手、曾经的领土以及14世纪以来亚得里亚海的"眼中钉"——陷入尴尬境地,威尼斯人很可能在桑特岛上传播有关瘟疫的谣言,但事与愿违,功败垂成。④ 后来,查理六世要求威尼斯派遣大使觐见。经过激烈的辩论后,他们决定派一个代表团费力走陆路,而不走海路,以避免他们的战舰在的里雅斯特需要首先向政府发礼炮致敬。因为海事协议规定,"海洋总是向陆地敬礼"。⑤ 威尼斯为了免于羞辱而放弃海上航行,却无法阻止奥地利皇帝为进一步削弱威尼斯日渐式微的影响力而建立一个海军和商业港口,孟德斯鸠详细记录了这一标志性时刻。通过这种方式,孟德斯鸠在《巡游记》中发表了大量的海事地理政治言论。在他开始思考国家兴衰的时候,海洋空间在他的政治权力和国际关系思想中占据着重要地位。如果传说——他因诽谤威尼斯半夜潜

---

① Montesquieu, *Voyage*, 67, "Venise ne sera puissante que lors qu'elle conservera la mer."
② Montesquieu, *Voyage*, 22.
③ Dated to 13 March 1728. See S. Mamy, 2003, Antonio Conti, Lettere da Venezia à Madame la Comtesse de Caylus 1727 – 1729, con l'aggiunta di un discorso sullo stato della Francia (Linea Veneta, 17), Venise, fondation G. Cini, Florence, Leo S. Olschki, 2003; sur le voyage de Vivaldi à Trieste, see L. Cataldi, 2010; Antonio Vivaldi, Sylvie Mamy, *Librairie Arthème Fayard*, 2011.
④ 这与孟德斯鸠有关,但被孔蒂否认。See Mammy, 2003; Montesquieu, *Voyage*, 50.
⑤ Montesquieu, *Voyage*, 50. "On a accusé ces gens-ci d'avoir fait courir le bruit de la peste de Zante pour empêcher l'empereur d'aller à Trieste, écrit-il. l'empereur seul a fait dire (sic) qu'allant à Trieste il comptoit qu'on lui rendroit les mêmes honneurs qu'a ses prédéciseurs, et qu'on enverroit des ambassadeurs, quoique ce ne fut le cas... d'abord, ils avoient dit que les ambassadeurs iroient par mer jusqu'à Trieste; mais ils eurent, ensuite, difficulté sur ce qu'il faudroit que leurs galères saluassent les premières le château et ville de Trieste; la mer saluant toujours la terre. Mais ils ont craint que cela ne préjudiciât à la seigneurie du golfe; de façon qu'ils ont résolu que les ambassadeurs iroient par terre."

逃，眼看贡多拉船追来，畏惧警察搜查，便将满箱文稿一股脑丢进了潟湖——属实，那么他对大海的关注就更加个人化，也一定会更令人难忘。①

事实上，在孟德斯鸠《巡游记》的许多故事中，地形和社会是不可分割的。而海洋空间的这种双重性质，又为孟德斯鸠的法律应符合社会在物质和人为因素的多重影响下自然发展的特征这一观点增添了微妙的色彩。② 对于孟德斯鸠来说，纯粹的自然因素和纯粹的人为因素都是抽象的。然而，一旦环境条件和人类活动在时空中交融，在历史中被观察，就会交织在一起，在相互影响下不断演变。③

当然，有不止一种方法可以将孟德斯鸠在《巡游记》中关于海洋空间的思想置于语境中研究。孟德斯鸠对技术和科学分析的运用，作为"《巡游记》最显著的特点"，④ 或许既符合18世纪以自然和人文为主题的旅行文学传统，⑤ 也是18世纪20年代孟德斯鸠自己的科学研究。⑥ 但它们叠加在一起，只构成了孟德斯鸠空间思想的一小部分知识背景。更重要的部分无疑是他沿着海岸和跨越海洋空间的活动，以及他与精通治国之道和国际关系的外交官们的交往。特别值得注意的是，这位哲学家与著名的博纳瓦尔伯爵有着密切的交往，孟德斯鸠承认："我们几乎从未分开过。"⑦ 博纳瓦尔辉煌的职业生涯始于皇家海军陆战队，孟德斯鸠从博纳瓦尔那里获得了很

---

① Shackleton, "Bibliography of Montesquieu Ⅱ", 93. This is very unlikely to be true.
② Berlin, *Against the Current*, 170; Montesquieu, EL. 19. 4.
③ Montesquieu, EL. 1. 3.
④ Desserud, "Reading Montesquieu's Voyage d'Italie as Travel Literature".
⑤ E. g. Dampier's, *New Voyage*, which advertises such subjects as "Soil, Rivers, Harbours, Plants, Fruits, Animals... Inhabitants... Customs, Religion, Government, Trade, & c." Chardin's and Tavernier's influences on the *Lettres persanes* are well-known. Jean Chardin (1643 – 1713), *Voyage en perse et aux indes orientales* (1686), the first complete edition dates to1711; Jean-Baptise Tavernier (1605 – 1689), *Six Voyages*, 1676 – 1677.
⑥ Montesquieu, *Discours sur les motifs qui doivent nous encourager aux sciences* (1725), see Œuvre complètes, read out to Académie de Bordeaux, 15november, 1725; the *Essai d'observations sur l'histoire naturelle* (1719 – 1721); the unfulfilled plan to write *Histoire de la terre ancienne et moderne* (title announced 1719): his intention to write it is announced in a notice published in 1719 in the *Mercure and the Journal des Savants*, announcing an *Histoire de la terre ancienne et modern*, which never came to fruition.
⑦ Montesquieu, *Voyage*, 77, "Nous ne nous sommes presque pas quittés." Claude Alexandre, Comte de Bonneval (1675 – 1747), then in exile in Venice and soon to become Ahmet Paşa.

多"水上知识"。他们都被环境科学的社会和政治影响吸引。① 以力学理论和水生现象的原因为基础,他们不仅讨论而且试验各种机械(喷沙、清理运河、点炮装置等),以便有朝一日付诸实施时,或许可以治愈社会弊病。他们的谈话促使孟德斯鸠在独自旅行时也做出了类似的观察。② 综观之,以上这些就是孟德斯鸠将海洋地形作为政治知识来源的背景。诚然,海洋只是《巡游记》中所呈现的空间视角之一,但它对孟德斯鸠政治思想发展的意义不容低估。在某种程度上,孟德斯鸠在他的旅行中尝试了自然科学和人文科学的结合,约翰逊称之为"与事件相关的科学",③ 德·科特隆称之为"所有其他科学的来源"。④ 尽管后人有理由将这门科学视为过于不可靠、不系统、形而上的"一系列奇闻逸事",⑤ 但是同样有理由赞扬这位"大领主"在思考社会与其环境的复杂关系方面的创造性,尤其鉴于此种思考方式在当今日益趋显。⑥ 此外,《巡游记》直接为《论法的精神》提供了参考,这种影响得到了孟德斯鸠同时代人的证实,也得到了学者们的肯定。⑦ 因此,旅行为孟德斯鸠的政治思想提供了一个空间维度,也为我们研究他后期的作品开辟了新的空间。孟德斯鸠以批评书籍中缺乏语境、仅仅积累一般性命题而闻名,⑧ 他转而寻求理解人类活动的不同空间中的社会模式。事实上,从航行期间

---

① Montesquieu, *Voyage*, 49, 34, 36, 51 – 52, 72 – 73. In order: Cardinal de Polignac (1661 – 1742) 's theory that rotten water breeds diseases in Naples; devices to clean canals and lagoons in Venice; installations to diffuse excessive sand from the ebbs and flows; re-designing ships to enlarge the size of the cannons; the rise of Papal seaports Comacchio and Sinigaglia that undermined Venetian trade.

② Montesquieu, *Voyage en Italie*, 36, 38: Venice's geographical location in a marsh surrounded by the sea, the city's reliance on constant flow of sea into the lagoon, its vulnerability to inundations.

③ Samuel Johnson, "Advertisement to John Newberry's The World Displayed (1759)", cited in Curley Samuel, *Johnson and the Age of Travel*, p. 159.

④ Denis de Coetlogon, *An Universal History of Arts and Sciences*, "Travelling", cited in Howse, Derek (edit) *Background to Discovery: Pacific Exploration from Dampier to Cook.* p. 156

⑤ These words are related by Berlin, *Against the Current*, p. 166.

⑥ A most recent example is the *Oceanic Histories*, eds. by David Armitage, Alison Bashford, Sujit Sivasundaram, Cambridge, 2017.

⑦ For Montesquieu's contemporaries, see Shackleton on Marquis D' Argenson; see Desserud, p. 19. who reponds to *De l'esprit des lois* as an'enfant sans mère' that the masterpiece's mother was the writer's *Grand Tour*.

⑧ Montesquieu, *Mes Pensées*, 30 (549).

到后期作品，孟德斯鸠在海洋方面不断发展的思想表明，他的知识之旅，用彼得·盖伊的话来说，"无论是在船上还是在图书馆里"，都在继续。①

三 海岸与岛屿：海边的风俗、法律与政治文化

孟德斯鸠早期作品中以海洋为主题的善恶隐喻，以及回到法国后对航海兴衰的因果关系分析，使他形成了一种敏锐的政治文化意识，而这种意识是由自然环境塑造的。虽然《巡游记》中丰富的海洋视角在后来的作品中有时只是一种潜在的趋势，但海洋地形的概念对《论法的精神》中一些最重要的思想脉络至关重要。首先，他从海事例证中建立了地理和政治传统之间的联系。孟德斯鸠认为，靠近大海既丰富也限制了风俗习惯。海洋生活要求国内制定更多的法律以预防"海浪"所带来的外来人口以及随之而来的混乱贸易和多样传统，从而维护国家稳定。在这一点上，孟德斯鸠引用了柏拉图的《法律篇》，认为海边的城市相较于陆地需要双倍数量的法律。② 不过，柏拉图和孟德斯鸠之意，都不是主张增加法律只为提高商品和服务交易的技术性。相反，在广阔的海洋中孕育和融合各种思想的商业，在软硬实力方面对一个国家的社会和政治秩序都提出了挑战。由此，孟德斯鸠得出了他著名的观点：海上贸易不仅是一个复杂的因素，而且是一种可以降低专制统治风险的缓和力量。关于这一点，孟德斯鸠引用了普鲁塔克（因而也是亚里士多德）的说法，独自在海边生活的雅典人就要求一个兼及贵族和民主的混合制政府。③ 根据孟德斯鸠的观点，海洋活动的增强与缓和作用不是不相容的，而是紧密相连的。事实上，他把马赛的繁荣归结为两个主要原因，一是"海民"（gens de mer）都来避难的多元文化城市中对节制和正义的需求，二是在海洋生活的许多危险中维

---

① Peter Gay, *The Enlightenment: An Interpretation*, Ⅱ, 319, p.149.
② Montesquieu, EL. 20.18.
③ Montesquieu, EL. 18.1. See also Aristotle, *Athenian Constitution*, 13.4; Plutarch in *Life of Solon*, 13.

持生活所必需的节俭。①

特别是孟德斯鸠对该岛政治空间特征的思考，尤其是对近代英国与其古代先驱者的对比，编织了对安全、稳定和公民自由的思考的网络。事实上，孟德斯鸠空间思想的潜台词是关于陆地、海岸和岛屿政治特征的长期辩论传统。孟德斯鸠通过巴贝拉克对格劳秀斯和普芬多夫的翻译，② 从自然法思想家那里继承了这一传统；他对古希腊、迦太基、罗马和近代英国的评论，就是以这些思想家一些最有争议的辩论为背景的。例如，正因为一半在海上的迦太基无法像忒米斯托克勒斯的雅典人在面对波斯人入侵时所采取的措施那样，将整个国家（civitas）重新安置到舰队中，真提利斯在《战争法》(De iure belli, 1589) 中才会批判博丹所认为的尽管迦太基的城市（urbs）遭受破坏，它仍然以一个国家形式存活下来的观点。③ 这一指责很快在 18 世纪得到了更多的回应，其中最著名的是卢梭对资本市镇（bourgois-ville）和公民城市（citoyens-cité）的区分（1762）。④ 在真提利斯后不久，早期的格劳秀斯试图通过协调陆地、海岸和海洋来建造他想象中的古代巴塔维亚共和国。特别是他在《巴塔维亚共和国古代史》(De

---

① Montesquieu, EL. 20. 5.
② Montesquieu came across Barbeyrac's translation of Pufendorf's *De officio hominis*, *Devoirs de l'homme et du citoyen* (1673), after which Montesquieu modelled his own *Traité de devoirs* (1725). Through this encounter he acquainted himself with the largerwork, *De iure naturae et iure gentium* (1672) and the larger school of natural law-we have evidence of Montesquieu acknowledging his debt to both Pufendorf and Grotius in his notes, in Montesquieu, *Mes Pensées*, No. 1537.
③ Gentili, *De iure belli*.
④ Rousseau, *Contrat Social*, I. vi, n. 1: "Le vrai sens de ce mot s'est presque entièrementeffacé chez les modernes: la plupart prennent une ville pour une cité, et un bourgeois pour un citoyen. Ils ne savent pas que les maisons font la ville, mais que les citoyens font la cité. Cette même erreur couta cher autrefois aux carthaginois... les seuls français prennent tout familièrement ce nom de citoyens, parce qu'ils n'en ont aucune véritable idée, comme on peut le voir dans leurs dictionnaires... quand Bodin a voulu parler de nos citoyens et bourgeois, il a fait une lourde bévue, en prenant les uns pour les autres. M. d'Alembert ne s'y est pas trompé, et a bien distingué, dans son article Genève, les quatre ordres d'hommes... qui sont dans notre ville, et dont deux seulement composent la république. Nul autre auteur français, que je sache, n'a compris le vrai sens du mot citoyen." See both Bodin, *Les six livres de la république*, Paris, 1576, I. vi: "Du citoyen, et la différence d'entre le sujet, le citoyen, l'estranger, la ville, cite et république." "La ville ne fait pas la cité, ainsi que plusieurs ont escrit, no plus la maison ne fait pas la famille." See D'Alembert, "Genève" in vol. vii, *Encyclopédie* (1772).

Antiquitate Batavicae，1610）中对著名的国家先祖的描绘，具有两栖动物的特征：巴塔维亚人在陆地和海洋之间不知疲倦地放牧、耕种、捕鱼和进行海上贸易。① 不过，是约翰·塞尔登声明要全盘继承古代海洋帝国的遗产，其中著名的是他将英国的海洋统治权（dominio maris）追溯到米诺斯时期的克里特岛文明（Mare clausum，1635）。② 在本节中，通过表明英国传统在更广阔的图景中被英国政治文化的元素覆盖，而这些元素是由海洋带来的，并不断受到海洋的制约，我旨在复杂化传统上我们对孟德斯鸠就英国风俗解释的认知；孟德斯鸠的思想受塔西佗的影响，认为英国的风俗习惯"发源于丛林"。③ 在"一系列偶然历史事件"中，英国以温和共和国的形式出现，④ 尽管是披着君主制的外衣，但其中很多与孟德斯鸠所认为的现代岛屿政权形成过程中的独特政治力量有关。

一个岛国四面环水，却向全世界开放。孟德斯鸠认为，一个岛国的特点是专注于维持国内秩序，同时将其活动扩展到海外。⑤ 鉴于它的小面积排除了长期暴政的可能，其商业利润和海军的威慑赢得了国外对这个国家的尊重。⑥ 据此，他推测雅典由于部分区域可通过陆路进入而遭受了许多磨难。最有趣的是，孟德斯鸠将色诺芬对雅典超级大国在岛上的想象重新引向现代，"你会以为色诺芬所指的是英国"。⑦

的确，当谈到岛屿帝国时，孟德斯鸠谈到了古代海洋活动的局限性，因为它们的海洋空间与现代海洋世界是不匹配的。对他来说，米诺斯充其量只是一个海盗，而雅典，尽管它有航海壮举，却只在希腊和少数蛮族国家内进行贸易。⑧ 他心目中的现代孤岛是英格兰，是"唯一能够将商业与

---

① Grotius，*De Antiquitate Batavicae*，Ⅲ.
② Selden，*Mare Clausum*.
③ Montesquieu，EL. 11. 6. See also Sonenscher，*Before the Deluge*，43 - 44.
④ Sonenscher，*Before the Deluge*，43.
⑤ Montesquieu，EL. 19. 27.
⑥ Montesquieu，EL. 18. 5，19. 27.
⑦ Montesquieu，EL. 21. 7. "Vous diriez que Xénophon a voulu parler de l'Angleterre."
⑧ Montesquieu，EL. 21. 7. "Les premiers Grecs étoient tous pirates. Minos，qui avoit eu l'empire de la mer，n' avoit eu peut-être que de plus grands succès dans les brigandages；son empire etoit borné aux environs de son isle."

帝国统一起来的民族"。① 孟德斯鸠对英国自由的兴趣可以追溯到《波斯人信札》。② 他在英国逗留期间参加了威斯敏斯特的议会会议，其中包括一场关于如何正确应对法国在敦刻尔克港口设防的辩论。③

还有一场是关于英国应该在多大程度上依靠军队来维护其自由，对此孟德斯鸠给出了否定的回答。在孟德斯鸠看来，英国作为一个超级海军大国的愿景——在国内温和，在国外受到尊重——是一个通过商业和文化影响而不是武器来统治世界的愿景。④ 这种对海上强国的看法与他不愿将英国与古罗马做类比密切相关，而当时一些英国贵族曾使用这一类比。在与于埃特就罗马商业及其对法国重商主义商业政策的影响展开的辩论中，⑤ 孟德斯鸠坚称，在罗马，"我们从未注意到对贸易的嫉妒"，这与近代英国正好相反。⑥ 他对迦太基的态度更为开放：布鲁克指出，孟德斯鸠的理论框架，即道德的罗马和商业的迦太基之间的对比，是对现有传统中将现代英国人与古代迦太基人进行比较的一个补充。不过后来伏尔泰和史密斯对这一框架提出了异议。⑦ 根据色诺芬的引用，似乎除了迦太基，孟德斯鸠还在英

---

① Shackleton, p. 78, this is to Michael Clancy, a young Irishman visiting Bordeaux.
② Montesquieu, *Lettres persanes*. Usbek, Lettre CXXXVIII; Rica, Lettre CXXXVI.
③ Montesquieu, *Notes sur l'Angleterre*, also in Shackleton, "Bibliography of Montesquieu Ⅱ," 129. The second debate, in the commons on 27 February 1729 – 1730. Montesquieu: "Je n'ai jamais vu un si grand feu. La séance dura depuis une heure après midi jusqu'à trois. heures après minuit. Là, les français furent bien mal menés; je remarquai jusqu'où va l'affreuse jalousie qui est entre les deux nations. M. Walpole attaqua Bolingbroke de la façon la plus cruelle, et disait qu'il avait mené toute cette intrique."
④ Montesquieu's *notes sur l'Angleterre*, also in Shackleton, "Bibliography of Montesquieu Ⅱ," 128; see also Egmont's diary: "in England a king who should propose to govern by an army was a tyrant."
⑤ Catherine Larrère, pp. 353 – 354, *Montesquieu's Science of Politics: Essays on the Spirit of Laws*, Oxford, 2001.
⑥ See Montesquieu, EL. 21. 14. "Onn'a jamais remarqué aux Romains de jalousie sur le commerce"; a similar comment in 21. 15; Hont's discussion in *Jealousy of Trade*, p. 9; for England, see Montesquieu, EL. 20. 7.
⑦ Brooke, Christopher. pp. 116 – 124. "Eighteenth Century Carthage" in Kapossy, Béla; Nakhimovsky, Isaac; Richard Whatmore (edit.) *Commerce and Peace in the Enlightenment*, Cambridge, 2017. "Thinking about Britain as being a sort of non-dysfunctional modern version of Carthage." Brooke cites Rahe, "The Book that Never Was"; Rahe, *Montesquieu and the Logic of Liberty*, ch. 2; Hont, "Politics in Commercial Society," lecture 4: "Histories of Government: Republics, Inequality and Revolution."

格兰和虚构中以岛屿为基础的雅典之间做了一个不完美的类比。这不仅是因为真正的雅典"扩大了嫉妒而不是影响力,更专注于扩张自己的海上帝国而非善用之",从而无法与英国进行类比,① 也是因为对于孟德斯鸠所认为的海事活动的影响,想象中的雅典是一个更好的模型:它丰富了法律,调和了内部的风俗习惯,并向外部展现了城市的声望。这样一来,孟德斯鸠可能促成了英国与希腊的比较,这种做法也将逐渐变得更加普遍。②

与此同时,孟德斯鸠提出了与这种温和的海上强国模式相反的理论:一个在海上达到极限的专制沿海政权。孟德斯鸠众多关于君民的海事比喻之一即是把"威胁淹没整个地球"的浩瀚海洋比作一位雄心勃勃的海事君主。③ 事实上,人对海洋的接触、认知和利用在一定程度上助长了君主般的傲气,"海洋帝国总是给那些从中获益的人一种天生的自豪感,因为他们自以为能随心所欲地抵达世界任一角落去侮辱别人,想象自己的力量也如海洋一样无边无际"。④ 但另一方面,这种海上野心,就像海洋一样,可能会被岸边"杂藻和卵石"这样小的障碍物阻挡,他所说的"杂藻和卵石"指代威胁专制统治的微小事件。此外,另一个制约因素是海洋的物理性质。因为就像专制政权在国内要受到制约一样,国际舞台上的暴君也要受到海洋的制约。⑤ 海洋空间的广阔性对专制者提出了一项挑战:迅速有效地将其意志扩展到其国土内外的最边远地区。孟德斯鸠认为,对于一个庞大的帝国来说,时间必须弥补空间:

---

① Montesquieu, EL. 21. 7. "Athenes qui augmentoit la jalousie, au lieu d'augmenter l'influence; plus attentive à éteindre son empire maritime, qu' à en jouir. . . "

② See Scott, *When the Waves Ruled Britannia*; Benton, *A Search for Sovereignty*; Armitage, *Foundations of Modern International Thought*; Warren, *Literature and the Law of Nations, 1580 – 1680*.

③ Montesquieu, EL. 2. 4. "Comme la mer, qui semble vouloir couvrir toute la terre, est arrêtée par les herbes & les moindres graviers qui se trouvent sur le rivage; ainsi lesmonarques, dont le pouvoir paroît sans bornes, s'arrêtent par les plus petits obstacles, &soumettent leur fierté naturelle à la plainte & à la prière."

④ Montesquieu, EL. 19. 27. "L'empire de la mer a toujours donné aux peuples qui l'ont possédé une fierté naturelle; parce que, se sentant capables d'insulter partout, ils croient que leur pouvoir n' a pas plus de bornes que l'Océan."

⑤ Montesquieu, EL. 2. 4. "Les monarques. . . s'arrêtent par les plus petits obstacles." EL. 2. 3. "le principe du gouvernement arrête le monarque." 2. 4. "Où en seroient l'Espagne & le Portugal depuis la perte de leurs lois, sans ce pouvoir qui arrête seul la puissance arbitraire?"

"君主的决定必须迅速,以保证这些决定能被及时传达到远距离的地方。"① 但这还不够。具有讽刺意味的是,在用武断的意志统治一个庞大的帝国时,唯一不变的,恐怕正是法律的不断变化。这即使不是由于法院动态权力或专制者思想的"潮汐",至少也是由于"一个国家里按程度比例不断增加的事故"。② 根据这位"程度哲学家"的观点,③ 大规模会导致多样性和不稳定性,从而抑制专制者措施的有效性。这是事实,特别是当空间的广阔性与地理的多样性相交叠的时候。对专断权力的第三个制约因素是在国内的君主与在公海上的臣民之间的距离。君主正式地代表国家,但他的臣民在公海上非正式地代表国家。在公海上,君主苦于难以迅速准确地传达其意志。孟德斯鸠认为,对海洋贸易施加一定的限制是不可避免的,但只要整体商业文化不受侵损,便尚可以接受:英国对商人经营有所限制,但依旧推崇商业。④ 商品、人民和文化的流动本身就是对任意强加意志的一种平衡,既可以使人民的生活自由,又可以使其生活范围扩大到国家以外。概言之,公海赋予君主权力和骄傲,但也因其不可预测性、地理复杂性以及社会行为在愈渐超越专制管控的广阔时空范围里无边界流动而受到相应限制。

一方面是温和的海上强国,另一方面是反对海上暴政,鉴于上述原因,孟德斯鸠对英国的整体思考采取了现代海岛强国的个案研究的形式。因为尽管它确实"伪装成君主政体的共和国",但是一旦它的宪法失败,就会陷入最糟糕的专制统治,⑤ 维持这样一个专制政权的困难,以及从周围到海洋世界外部的各种力量,继续影响着该岛国的政治氛围。孟德斯鸠更为详尽的说法是,他认为,即使是英国,也有一天只能呼吸最后的自由空气——但暴政也不会永远存在,即使是面对新的浪潮和潮流。

---

① Montesquieu, EL. 8. 19. "Il faut que la promptitude des résolutions supplée à la distance des lieux où elles sont envoyées."
② Montesquieu, EL. 8. 19. "... qu'elle change sans cesse, comme les accidents, qui se multiplient toujours dans l'état à proportion de sa grandeur."
③ Clark, "Montesquieu on the History and Geography of Political Liberty".
④ Montesquieu EL. 20. 12
⑤ Michael Sonenscher, *Before the Deluge*, p. 43.

四 海洋空间的社交性

到目前为止，我已经阐释了孟德斯鸠早期对海洋学的热情如何发展出两个分支——一是用潮汐隐喻德与恶，二是在政治解释中寻找水的物理因果律，二者继而融合在对城市及其海洋政治文化的描述中。此类关于单个政体古今典例异同之论述，终究不是相对的、孤立的、拼接而成的观察，而是进一步汇入了《论法的精神》对人类社会的宏观视域。于孟德斯鸠而言，海洋为人类提升社交性提供了一个潜在的空间。伯林注意到，孟德斯鸠关于人类社会性属性的断言，以及对霍布斯式社会契约必要性的驳斥，似乎缺乏详尽的论证。① 伯林对此的猜想是，孟德斯鸠发现人类的社会性与牛群、羊群形成的生物学规律是一样的，且只有在群体形成之后，才会产生对权力的渴望。值得注意的是，人类社会性的"生物学规律"并不像它所暗示的那样具有决定性。虽然动物行为应主要置于特定的自然生态中予以解释，但人类在选择和穿越空间的能力上与动物有所不同。所以，《论法的精神》对人类社区的追踪研究也理所应当地在他们自身的区域中开展，而非困锁在固定的位置上。毕竟，在那片自然生态里本应只有活鱼的空间内，孟德斯鸠做出了针对社会生活最为杰出的观察。

孟德斯鸠相信人类具有更强的社交潜力。他以其敏锐的经济思维而闻名，并对人类交往的本质提出了诸多创见。例如，对他来说，人类的欲望和需要远不是固定的，而是根据外部因素相应增加或减少。因此，针对当时某些主流观点，即过于拥挤的街道会拉近人与人之间的距离，从而不可避免地阻滞商业发展、妨碍社会生活，孟德斯鸠反驳说："当人们生活在一起时，他们会有更多的欲望、更多的需求、更多的幻想。"② 人际纽带愈加紧密，必将促使社会生活繁荣。如此，孟德斯鸠既主张全球贸易距离

---

① Berlin, *Against the Current*, p. 175.
② Montesquieu, EL. 7. 1. "Quelques gens ont pensé qu'en assemblant tant de peuple dans une capitale, on diminuoit le commerce; parce que les hommes ne sont plus à une certaine distance les uns des autres. Je ne le crois pas; on a plus de désirs, plus de besoins, plus de fantaisies, quand on est ensemble."

的延长，又赞扬人与人之间距离的缩短。这两种观点在两个方面是协调一致的，第一，长距离贸易的增加缩短了居住在不同地区的人们之间的距离；第二，通过促进商品和文化的流动，出国旅行给国内社会带来了更多的活力。与此同时，国内文化和道德的衰落玷污国家声誉，有损其国外商业活动，也势必减少本国与异国公民之联系。在孟德斯鸠看来，海洋时代的社会边界不再局限于国家的领土边界。①

尽管如此，孟德斯鸠还是谨慎地限定了他的社会生活距离论。他尤其警惕于人类自由之限制，譬如个人隐私几乎消没在人际距离太近、接触过频的社区。事实上，这便是他自己在闭锁的威尼斯居住时的哀叹。正如他自己所言："隐埋在一个庞大国度的昏暗之中，也要好得多。"② 孟德斯鸠判断社交性的主要标准不是领土的大小，而是一个城市与世界其他地方联系的程度。有时，社区的地理位置限制了这种联系。例如，海洋将非洲海岸上适宜居住的沿海土地分割成小块、孤立的区域，阻碍了文明的繁荣；③ 印度小领土和岛屿之间的隔离导致了小范围的专制。④ 但在许多其他情况下，与世界隔离并不是自然的力量造成的，而是统治者的意志造成的。就像那一位埃及统治者修建防御工事以阻止外国人入城一样，亚历山大大帝从印度洋归来后，在同样的地界开设了一个商埠。⑤

此外，在航海方面，海洋空间本身就是一个受法律和习俗支配的社会和政治空间。例如，在遥远的古代，威尼斯妇女的自由活动仅限于潟湖上的贡多拉船舶，这对于她们来说即是一个社交空间。⑥ 在这种情况下，陆与海是由不同律法约束的两个社会场景。但更普遍的情况是，船就是一个政治空间。因为船员在驾航期间，远在天边，但并非不受市政法律之约束。孟德斯鸠问道："如果规定海员决议承担的一切民事义务在航行中概

---

① Montesquieu, *Voyage*, 24.
② Montesquieu, *Voyage*, 29, 108. "Il n'y a point de lieu dans le monde où l'on soit si espionné qu'à Vienne. On y sait absolument tout. La raison en est qu'ils en ont besoin pour savoir tous les moyens de corrompre les petits ministres des princes, et ils font le reste tout d'un temps."
③ Montesquieu, EL. 21. 2.
④ Montesquieu, EL. 16. 10.
⑤ Montesquieu, EL. 21. 8.
⑥ Montesquieu, *Voyage*, 33. Women otherwise restrained from visiting shops and walking on St. Mark's Square, "in their gondolas go with whoever they want, and wherever they want."

属无效，这会是一条好法律吗？"他的结论是：航海中，尽管海员与陆地社会存在物理距离，但是"船的公民"应履行那些维持公民生活的基本义务。① 例如，依据《罗得岛法》，在暴风雨期间，自愿留守船内的水手应该拥有货物，而离船而去者则视为放弃货物拥有权。② 这是对船员行为的一种远程节制，即使他们远在城市边界之外。但空间流动的海洋社会也有其时间限制，因为特定的海员群体只能在短期内形成有效的法理联系。因此，他们无法参照市政厅立法模式，在甲板上进行立法。③ 除了民法，水手们还要考虑命运和自然的变化无常。④ 的确，在海洋中，一个人如果不观察自然，就不能履行职责、追求财富。因为一个人在海上的迁移受许多偶然因素和环境因素的影响，航行的时间及其所有社会后果和政治影响是无法预测的，因此航行时间并不总是与船的正常速度成比例。驾船渡海的"德性"在于，即使指南针有了长足改进，航行仍依赖于人心之审慎。⑤

简而言之，孟德斯鸠认为事物是相互联系的：时间和地点，自然条件和社会生活。孟德斯鸠面对海洋这一混杂空间中的繁复因素并无畏惧，而是由它们导航，寻求社会规律，以图解释此中不尽相同的法则与习俗。也许正是基于此种胸怀，他才说道："我所探讨的，其实根本不是法律，而是法的精神；这种精神在于法律与各种事物之间的不同关系。"⑥ 孟德斯鸠的这一观点，即使没有否定，也至少复杂化了他所谓的"相对主义"

---

① Montesquieu, EL. 26. 25. "Est-ce une bonne loi, que toutes les obligations civiles passées dans le cours d'un voyage entre les matelots dans un navire, soient nulles? ... qui ne sont plus dans la société, mais citoyens du navire, ne doivent point contracter de ces obligations qui n'ont été introduites que pour soutenir les charges de la société civile."

② Montesquieu, EL. 26. 25, "Ceux qui, pendant la tempête, restaient dans le vaisseau, eussent le navire et la charge, et que ceux qui l'avaient quitté, n'eussent rien." In EL. 11. 5. Montesquieu says that the essential purpose of Rhodian government is navigation and commerce.

③ Montesquieu, EL. 26. 25. "Des gens qui ne sont ensemble que pour peu de temps; qui n'ont aucuns besoins, puisque le prince y pourvoit; qui ne peuvent avoir qu'un objet, qui est celui de leur voyage..."

④ Montesquieu, EL. 20. 17.

⑤ Montesquieu, EL. 21. 6.

⑥ Montesquieu, EL. 1. 3. "Comme je ne traite point des loix, mais de l'esprit des loix; & que cet esprit consiste dans les divers rapports que les loix peuvent avoir avec diverses choses."

民族分离观。① 倘若孟德斯鸠真的是一位"人类社会的植物学家",那么他不仅用"生物体"的术语概念为它们分类,更描述了分裂的群体和个体如何在跨越未分裂的空间中相互作用。

结　语

就像大海的波浪和语言的流动使用一样,社会和政治生活跨越空间边界而延展,并且伴随着海洋扩张规模扩大,复杂程度增加。孟德斯鸠当时的写作背景正处于自然环境愈渐与人类社会交织,政治与商业愈加相互依赖的时期。正如洪特所指出,这一情形"成为当时政治理论的核心话题"。② 在孟德斯鸠的政府科学中,"特定人类社会生活的整个制度框架"随着时间和空间的变化自然发展。③ 本文追溯了孟德斯鸠对其中一个方面不断演进的思想,即自然与政治特征紧密相连的海洋空间。作为一位自然哲学家,孟德斯鸠在学术生涯伊始乃至全部历程中,提出了一系列关于海洋的问题。而这些关怀应依时序梳理详录,并与他更为显要的政治问题重新统一。从他使用"潮汐"作为一种政治语言的表达,到实地探索自然环境与政治活动之间的相互影响;从他对海洋城市特有政治风俗的描述,到最终认定海洋空间本身为跨越空间以及邦际社交提供了巨大的潜能,孟德斯鸠的海洋概念无疑是流动的,却始终占据其政治思想的重要地位。因此,尽管他对海洋政治空间各式各样的提法呈现出时断时续的特点,但文字之下的思潮暗涌却一以贯之。所以,这一贯穿孟德斯鸠学术发展的主题勾勒出一个现代社会愿景:它以地形为基础,但同时超越了空间边界的限制。

---

① Berlin, *Against the Current*, p. 176.
② Hont, *Jealousy of Trade*, p. 4.
③ Berlin, *Against the Current*, p. 169.

承认的几个维度*

——以科耶夫与福山为中心的探讨

肖 琦**

承认是反思当今国内外政治与社会的一个重要角度。在查尔斯·泰勒、哈贝马斯那里，对承认的需求是一种政治实践，是移民问题、民粹主义、民族主义背后的驱动力。在科耶夫、霍耐特、福山那里，承认的需求更多体现为一种哲学关怀，是推动社会历史发展的原动力。在一个世俗时代，在宗教、理性、情感、道德等价值都无力说服彼此，陷入冲突甚至虚无的时候，对承认的需求或许能让我们更好地观照我们所生活的世界以及我们自身。科耶夫与福山这两位"历史终结论"的巨擘，通过对"为了承认的斗争"、"贵族风尚"（snobbery）①、"激情"（thymos）②、"优越意识"（megalothymia）、"平等意识"（isothymia）的阐释，为我们揭示了承认的几个维度。而这种意义上的承认在他们思想中的重要性，又因为他们对历史终结的判断而凸显出来。已有的研究大多着眼于对科耶夫与福山的历史终结论的比较，对他们在承认理论上的继承关系没有给予足够

---

* 本文原刊于《浙江学刊》2017 年第 5 期。
** 肖琦，华东师范大学历史学系讲师。
① snobbery 又译势利者、附庸风雅。该词最早出现在中世纪晚期或近代早期，意为修鞋匠的学徒。从近代早期开始，该词指低阶层的人对高阶层的人生活方式的效仿和学习。萨克雷的研究将该词极端化，专指势利者，即认为自己在某种程度上要优越。而在现代社会中，snobbery 发展到仅仅是主观上对高等阶层的喜爱。科耶夫用该词来描述一种在艺术中追求否定性的纯粹的形式价值。因而笔者认为该词更宜译为"贵族风尚"（威廉·梅克庇斯·萨克雷：《势利者的脸谱》，刘荣跃译，中国社会科学出版社，2009；陈西军：《Snobbery 一定是指"势利"吗？》，《语言教育》2004 年第 1 期；John Adams Wettergreen, "Is Snobbery a Formal Value? Considering Life at the End of Modernity," *The Western Political Quarterly*, Vol. 26, No. 1, Mar., 1973, pp. 109 – 129）。
② thymos 又译血气、血性、气魄，它与欲望、理性一起是柏拉图笔下灵魂的三个组成部分。

的关注。① 科耶夫与福山是在什么意义上谈论承认？他们的承认与历史终结论之间有什么关联？二人的承认思想之间有着怎样的继承关系？对我们今天又有着怎样的启示？本文试图对这些问题做一探讨。

一 "历史终结了"：从黑格尔到福山

20世纪90年代初，日裔美国学者弗朗西斯·福山出版《历史的终结与最后的人》一书，在学术界引起强烈反响。在书中，福山频繁提及并大段引用了俄裔法国学者亚历山大·科耶夫关于历史终结论与为了承认的生死斗争的理论思考，毫不避讳地尊其为自己重要的反思资源。对科耶夫和福山来说，为了承认的生死斗争是推动历史走向终结的动力，历史正终结于普遍的承认。

历史终结论是关于世界历史的一种哲学、政治与历史的思考。这种观点认为，世界历史具有普世性，会遵循一定的规律发展演进，最终达到某一"目的"或"历史的终结"。福山指出，持历史终结论的思想家中，以黑格尔和马克思为代表，认为人类社会的发展是有终点的，会在发展到一种能够满足人类最深切、最根本愿望的社会形态之后，停止前进。对黑格尔来说，这个终结是自由国家，而在马克思那里，共产主义社会才是最后的目标。当然，这里所说的历史是大写的"历史"，即把全人类所有过往纳入解释范围，并将之理解为唯一的、连续的、不断进化的过程的历史。②

如果我们把考察的范围稍做拓宽，不难发现，孔多塞、孔德等人的进

---

① 见刘小枫《"历史的终结"与智慧的终结——福山、科耶夫、尼采论"历史终结"》，《贵州社会科学》2016年第1期；何怀宏《承认的历史之维与道德之维》，《中国人民大学学报》2005年第3期；陈启能《历史终结了吗？——评福山的历史终结论》，《史学理论研究》1997年第3期；仰海峰《〈精神现象学〉中的主人-奴隶的辩证法——科耶夫〈黑格尔导读〉的核心理念》，《现代哲学》2007年第3期；张尧均《科耶夫论历史的终结》，《政治思想史》2015年第3期；高全喜《论相互承认的法权》，北京大学出版社，2004；Michael S. Roth, "A Problem of Recognition: Alexandre Kojève and the End of History," History and Theory: Studies in the Philosophy of History, Vol. 25, No. 3, 1985；等等。

② 福山：《历史的终结与最后的人》，陈高华译，广西师范大学出版社，2014，第10页。

步主义的叙述已经将其理论的终点指向了一种完善的乌托邦，即历史的终结。更早一些，沃格林的研究表明，中世纪基督教神学家约阿希姆通过对三位一体的研究发现了一种线性的历史观念。耶稣出生标志着圣父阶段的结束，而我们正处在从圣子阶段到圣灵阶段的过渡中。① 约阿希姆的这一发现与念神学出身的黑格尔历史观念的联系我们不得而知，按照科耶夫对三位一体的解读，"三位一体的辩证实在事物的正确描述是在三个时段中运作的一种辩证语言，正题先于反题，接下来是合题，然后合题表现为一个新的正题"。② 这个合题就是一个终结和新的起点。

科耶夫的历史终结论直接源于黑格尔。1933~1939年，他在巴黎高等实践研究院的黑格尔导读讲座上教授黑格尔的《精神现象学》。正如很多科耶夫的评论者所说的，他的黑格尔导读并不是一个施特劳斯意义上的忠实于文本的阅读，甚至"几乎不顾对某段文本的理解"。③ 在这个导读课上，科耶夫将主奴斗争和承认的欲望这一主线着重指出，并以此来解释世界历史的三个阶段。在古典时代，是主人的社会，但主人的境遇是一种存在的绝境。人不同于动物之处在于，在动物性之外，人有被承认的需要，他们需要得到他们承认的人的承认。在古希腊城邦里，虽然有城邦国家的公民和奴隶之分，但关键是作为主人的公民并不承认奴隶也是人，后者并不为前者所承认，这就是"精神"汩没于"自然"之中的或者说单纯的自在的意识的存在的阶段，也是主人存在的绝境。罗马以来直至法国大革命前是第二个阶段，在这个阶段中特殊性或曰个体性被发掘出来，无限拔高。在超越的上帝面前，所有人都成为平等的存在，换句话说，所有人都成了上帝的奴隶，所以这是一个奴隶的社会。在这两个阶段，意识要么是作为单纯的普遍性存在，要么是作为单纯的特殊性存在。只有在第三个阶段，也就是在大革命之后的国家中，奴隶推翻了主人的统治，作为普遍均质国家的公民，人将神投射到自己身上，才达到了普遍性和特殊性的统一，才完成了自我意识实现的过程。

科耶夫通过解释黑格尔表明，历史在拿破仑时代就已经终结了，拿破

---

① 刘小枫：《历史终结了？——从约阿希姆到柯耶夫》，《浙江学刊》2002年第3期。
② Alexandre Kojève, *Introduction à la lecture de Hegel*, Paris: Gallimard, 2008, p. 480.
③ 科耶夫：《科耶夫的新拉丁帝国》，邱立波译，华夏出版社，2008，第146页。

仑后的社会消除了一切阶级，主人和奴隶为了承认的斗争也不复存在，因为所有人都能在完全的意义上相互承认，这就是人类历史发展的终点。所以，历史的终结有两层含义：一是强意义上的人的行动的终结，即不再有主奴斗争，人类将迎来一个无差别的无阶级社会，即普遍均质国家；二是将历史作为一个整体来认识的过程结束了，太阳底下再无新鲜事。

据此，科耶夫的历史终结论并不能被个别具体的历史事件所反驳。他认为，黑格尔也知道完善的国家尚未形成，但是并不能据此否定其出现的可能性。这是一个理想状态的东西，需要通过否定性的行动将其转变为真理。① 如果黑格尔与拿破仑只是在西欧实现了历史的终结，那么到了20世纪30年代，苏联就代表了普遍的历史的终结。科耶夫承认："在我讲课的那段时间（即，在战争之前），我私底下一直在念的不是'拿破仑'而是'斯大林'，但同时我又在解说《精神现象学》[……斯大林＝'我们这个世界的亚历山大'＝'工业化的拿破仑'＝世界（＝国家）帝国]。"②

在这个意义上，无论是美国内战、俄国革命或中国革命都是法国革命的重演，甚至两次世界大战都是法国革命在欧洲的落后大陆的延伸。所有这些革命的目的是建立一个新的无阶级的社会，以美国社会最为典型。所不同的只是俄国和中国较其他已建立的无阶级的社会而言更贫穷一些。③ 甚至，普遍均质国家最后会消除民族国家的边界。当然在后来的一项"新拉丁帝国"计划中，科耶夫提出，帝国可以成为民族国家向普遍均质国家过渡的一个中间形态。历史终结后，人获得完全的满足，不再需要通

---

① Alexandre Kojève, *Introduction à la lecture de Hegel*, pp. 290 – 291. 事实上，科耶夫1946年曾经在发表的文章中进一步辩论说："我并不想细述拿破仑倾落后黑格尔在其思想中不得不作的重要修正。诸如他在某个特定时刻认为，可以以奥地利大公来替代他的'拿破仑'，以及他最后假装相信由拿破仑开始的完满且最终的国家为普鲁士王国（然而它既不'普遍'也不追求普遍性）所实现（等事实），则并不重要。重要的乃是，照他的说法，拿破仑消失了，因为他已（事实上）完成了自己的工作，这一工作最终完成了严格意义上的历史（即作为）新的历史'诸世界'之创造力（的历史）。"（见科耶夫《黑格尔、马克思和基督教》，李利、徐卫翔译，《驯服欲望——施特劳斯笔下的色诺芬撰述》，华夏出版社，2002，第23页）

② 科耶夫：《科耶夫的新拉丁帝国》，第162页。

③ Alexandre Kojève, *Introduction à la lecture de Hegel*, pp. 436 – 437.

过流血斗争去争取承认，人重新回归了人的自然性或动物性，在艺术、爱情、游戏中走完一生。这就是1959年前科耶夫的历史终结论。1959年的日本之行让科耶夫对此前的结论做了一个很大的修正，得出了另一层承认的维度——贵族风尚，我们在后面还要专门论及。

福山虽然深受科耶夫的启发，但是正如很多科耶夫的研究者所指出的那样，福山对科耶夫的理解是片面的，甚至是颠倒的。① 福山认为主奴斗争的结果，是历史必将终结于资本主义和西方的民主自由模式。而在科耶夫那里，历史的终结并非一方战胜了另一方或一个主义战胜了另一个主义，历史的终结是一种辩证的综合。②

二 "为了承认的斗争"：寻求普遍承认

"为了承认的斗争"是科耶夫解读黑格尔《精神现象学》的一条最重要的主线，也是其历史终结论的主线。"科耶夫只有一个夏季用来准备他的讲座，他要面对的是一个受到科瓦雷的习性熏陶的高素质的听众群，而且通常年龄都比他大（他才刚刚31岁）。他并非不知道，他的成功和失败都取决于这样一个听众群。这是双重的挑战，因为他同时还想通过对黑格尔最难的作品的评论确立起他的威信……科耶夫把《现象学》读了再读，力图发现这种线索。灵光来了：'当我读到第四章时，我明白，拿破仑就是这根线索。'"③ 因为拿破仑意味着法国大革命，意味着主奴斗争的终结与普遍承认之社会的实现。

在诸多人类历史发展的动力论中，为了承认的斗争是极为重要的一种从道德维度进行解释的理论。这个命题又可以进一步分解为两个子命题：承认与斗争。

根据黑格尔，主体间的相互承认是人的自我意识产生的关键。在海德格尔和黑格尔的基础上，科耶夫认为人根本上不同于动物的地方就在于人

---

① 见 Shadia B. Drury, *Alexandre Kojève: The Roots of Postmodern Politics*, Basingstoke: Palgrave Macmillan, 1994。
② 科耶夫：《科耶夫的新拉丁帝国》，第191页。
③ 科耶夫：《科耶夫的新拉丁帝国》，第249页。

能够用语言指称"我","我"即被语言揭示了的人的存在,对动物而言,没有"我",只有外在的、自然的物的存在,只有对物的"外部"意识。纵然沉思也和意识一样,但在沉思里只有物没有"我",所以笛卡尔不能回答"我"是什么。要实现人性的存在必须有对自我的意识,"人是自我意识"。"我"在对自然的关系中可以体会到自在的意识的存在,然而"我"为何是"我",而不是其他任何人,就只有通过别人的承认后生成的"自为"的意识来完成了。可以说在人的自我意识的产生阶段,主体间的承认是不可或缺的。

为了更好地理解科耶夫的承认理论,我们不妨将之与霍耐特的承认理论进行对照。科耶夫与霍耐特的区别在于,霍耐特止步于主体间的承认,从道德的方面给人类社会发展和进步的动力提供了一种可能的解释,或者说斗争的根本目的也在于达成一种特殊性之间的和解和承认,而不在乎这种特殊性的具体内容是什么。

科耶夫则从黑格尔那里多继承了一点"否定性",给特殊性注入了普遍性的内容。他认为人性区别于动物性的地方在于人可以为了那种超越给定物的承认,或说荣誉,放弃生命。这种为了承认的生死斗争理论的逻辑结果是,人的自我意识一经产生,为了保持其人性的存在,就必须进行不懈的生死斗争。在现代意义上的国家中,朋友之间的承认是互相的,但并不能满足人,因为他排除了个体性。这就是人们为何不满足于停留在支配奴隶的主人阶段,也不满足于主人间的政治友谊,而是继续通过对敌人的斗争寻求真正的承认。① 而既然是斗争,就必须冒生命危险,那么主奴斗争中必须有一方杀了另一方,不可能达到双方的相互承认,其结果就是奴隶全部战胜了主人,并作为主人生活在普遍均质的国家当中。在这一点上,正如黑格尔研究专家路德维希·希普所言,黑格尔本人在更高的阶段上对隶属于这种斗争的相互否定和自我克服的意愿的要素做了抽象理解。但自我否定和他人否定的要素结构性地隶属于自我意识通向自主性和整合到理性国家的共同体中的目标的发展,这一点还是根本性的。②

---

① Alexandre Kojève, *Esquisse d'une phénoménologie du droit*, Paris: Gallimard, 2007, p. 263.
② 路德维希·希普:《为承认而斗争:从黑格尔到霍耐特》,罗亚玲译,《马克思主义与现实》2010年第6期。

所以在霍耐特看来，斗争是手段，相互承认是目的。而在科耶夫那里，某种意义上，斗争和相互承认都是人性存在的题中之义。因而在国家是社会斗争的产物这个意义上，科耶夫式的国家是去工具性的存在。在对"斗争"一词的使用上，霍耐特是在法理性权威的框架下使用，强调其合法律性；而科耶夫则因为从一开始就反对将法理性权威作为人类社会唯一的权威和权力来源，并且从《精神现象学》讲座时开始就将主奴斗争作为人类历史发展的主要动力和人性延续的根本来看待，这就让人不难理解科耶夫在批评现代国家过于宽厚而失去了政治的意味方面和施米特有着如此众多的相似之处。

与将为了承认的斗争作为历史发展的主要甚至唯一动力的科耶夫不同，福山将获得承认的渴望视为推动历史前进走向终结的动力之一。在福山看来，最终使人类历史走向并终结于自由民主制的原因首先是科学技术的进步及其带来的经济发展。现代自然科学的展开导致所有正在进行经济现代化建设的国家日益相似。"但是，历史的经济解释并不完备，而且不能令人满意，因为人不仅仅是一种经济动物。尤其是，这种解释无法真正说明为什么我们是民主主义者，即为什么我们信奉人民主权及法治下的基本权利保障的原则……为此，我们要回到黑格尔和马克思以'寻求承认的斗争'为基础而对历史所说的非唯物论解释。"①

福山指出，寻求承认的欲望实际上与西方政治哲学一样古老。"几千年来，一直没有一个统一的词用以描述'寻求承认的欲望'这一心理现象：柏拉图用的是激情，马基雅维利把它说成是人追求荣耀的欲望，霍布斯则说这是人的骄傲或虚荣，卢梭说这是人的 amour-propre（自尊），亚历山大·汉密尔顿说这是对声名的爱，而詹姆斯·麦迪逊则说这是野心，黑格尔说这是承认，而尼采则把人说成是'红脸颊野兽'。"② 柏拉图在《理想国》第 4 卷中将灵魂分为欲望、理性和激情三个部分。人的大部分行为可以用欲望和理性来解释。欲望引诱人们追求自身没有的事物，理性或计算则提供人们获取自身没有事物的最佳方法。但是在这之外，人还希望别人承认自己的价值，或承认他们认为有价值的人、物或原则。赋予自我以一

---

① 福山：《历史的终结与最后的人》，第 14 页。
② 福山：《历史的终结与最后的人》，第 178~179 页。

定价值,并要求这一价值得到承认,这种倾向用今天通俗的语言来说,就是我们所谓的"自尊"。① 然而,福山非常明确地承认自己在书中所提及的,是科耶夫意义上的为了承认的斗争。他写道:"科耶夫确实吸收了黑格尔学说的某些成分,比如寻求承认的斗争和历史的终结,并且以黑格尔本人可能没有的方式,把它们置于黑格尔学说的中心位置。尽管揭示原本的黑格尔对于我们的'当前论证'的目的而言是一项重要任务,但是,我们感兴趣的并不是黑格尔本身,而是科耶夫所解释的黑格尔,或者可以说是一个名为黑格尔-科耶夫的全新综合的哲学家。"②

在福山看来,黑格尔与科耶夫把历史当作"寻求承认的斗争"来理解,实际上是非常有效且非常有启发性的看待当代世界的方式。他认为,黑格尔对自由主义的理解比现代自由主义的鼻祖——霍布斯与洛克要高明得多。因为霍布斯与洛克主要关注的是个人的利益,那里的个人既没有公德心,也不善良,更不会为包括他或她自己在内的更大的共同体效力。黑格尔提供的则是自由社会的自我理解,它基于人的个性的非自私部分,并且试图把这部分当作现代政治方案的核心加以保护。③ 福山甚至认为,现在除了天主教保守主义者之外,很少有欧洲人继续将尊严根植于宗教。人们不像康德一样相信人类尊严能建立在其对自由意志的追求能力上;人们也不再像霍布斯、洛克和那些美国建国之父一样,普遍认为人类权利源于人类天性。当代的自由主义者罗尔斯甚至认为,权利是用来保护个人选择的,不过这并非康德意义上的道德选择,更多的是经济学家所说的个人偏好或功利性。④

综上所述,在将"为了承认的斗争"作为历史发展的动力方面,科耶夫认为这是主要的甚至唯一的动力,福山继科耶夫之后,将"为了承

---

① 福山:《历史的终结与最后的人》,第14页。福山在"自尊"这个词的使用上并没有做严格的区分,他将尊严、激情、自尊、追求荣耀的欲望、虚荣、野心等混在一起使用。而霍耐特在其承认理论的结构中,明确区分了荣誉观念、社会尊重及自信、自尊和自豪等概念。
② 福山:《历史的终结与最后的人》,第160页。
③ 福山:《历史的终结与最后的人》,第161页。
④ 福山2010年12月在上海复旦大学的演讲"Dignity, Equality and Justice: Normative and Institutional Roots"。

认的斗争"视为推动人类历史发展的两个原动力之一（另一个主要的动力来自经济与科技）。而这种寻求承认的欲望指向的是普遍平等的承认，是基于后来福山所说的两种承认形式的一种——"平等意识"。福山也指出，在寻求承认的欲望转变为普遍平等的承认之前，会呈现为多种不同的不合理形式，比如以宗教和民族主义之名呈现的那些形式。这种转变从来就不是一帆风顺的，事实上，在现实世界中，合理的承认与不合理的承认共存。另外，一个体现了合理承认的社会的出现和持续，似乎要求某些不合理承认的存在。福山说科耶夫对这一悖论没有详加阐述，①然而福山本人似乎也并未对此有深入阐释。在与此相关的移民问题、宗教问题方面，他甚至认为：我们可能永远无法消除恐怖主义，恐怖主义是弱者使用的武器，如果没有强大的武装，他们只能诉诸恐怖主义来逼迫反对力量改变。只要存在力量不对等，恐怖主义就不会消失。这种普遍性的问题会一直存在。至于那种极端的屠杀式恐怖主义，福山认为它是以错误意识形态为基础的，是特殊时代的产物，会在20年后终结。②

三　后历史时期：从贵族风尚到追求优越意识

前已提及，1959年前，科耶夫认为历史将终结于普遍均质国家，普遍均质国家里的人们将获得完全的满足，不再需要进行为了承认的流血斗争，人重新回归到自然性或动物性，那是一个充斥着个人主义、享乐主义与消费主义的美国化社会。但是随后的日本之行使他发现了进入后历史时代的另一条不同于美国方式的道路。科耶夫观察下的日本，在历史终结时与美国社会截然不同。在丰臣秀吉及德川家康之后，日本成为一个统一的、闭关锁国的国家，直到1853年黑船来航，维系了两百年的国内外和平。在这期间，日本的贵族们不再进行生死斗争（也不决斗了），不再劳动，确实回到了动物性的状态。日本甚至没有欧洲意义上的宗教、道德或

---

① 福山：《历史的终结与最后的人》，第221页。
② 《福山——我们可能永远无法根除恐怖主义》，《文汇报》2011年9月7日。

政治。然而，日本社会中有一种纯粹的贵族风尚，它是对自然性或动物性的否定，而这种否定有效地超越了那种战斗、革命或强意义上的劳动。虽然作为这一风尚发展顶峰的能剧、茶道和花卉艺术仍然是贵族和富人们的特权，虽然日本社会尚处于经济和社会不平等的境况中，但日本人已经在依照一种完全空洞的形式价值生活。这种价值发展的极致是原则上日本人可以通过一种纯粹的贵族风尚自杀，正如传统武士剖腹自杀，只不过现在被类似神风突击队的行为所取代。日本的贵族风尚与为了具有社会或政治内容的历史价值而进行的生死斗争没有任何关联。它也是去等级化、去历史化的，每个人都可以平等地成为贵族风尚的崇尚者。这正是在后历史时期人能成为人而非动物的关键所在，即虽然否定性行动不再出现，但人仍然是那个对立于客体的主体，他从内容中脱离出形式，形式的目的不再是改造内容，只是成为与自己相对立的纯形式。① 根据科耶夫，风格或"生活方式"变成了人性的最后一个理性的避难所。

　　福山再一次注意到科耶夫在普遍承认之外，为承认所开辟的又一新的维度——贵族风尚。他理解茶道不可能为任何明确的政治目的或经济目的服务，甚至它的象征意义也已经随着时间而消失。然而，它仍是优越意识的竞技场，只是表现为纯粹的贵族风尚：茶道和插花存在不同的竞争流派，分别有自己的师父、弟子、传统和清规戒律。正是这种活动的形式主义——就像体育中毫无功利目的的新规则和新价值的创造——让科耶夫觉得，甚至在历史终结之后仍可能有人所特有的活动。换句话说，在一个为之斗争的所有重大问题都已得到解决的世界中，一种纯粹形式的贵族风尚，将成为优越意识以及人寻求高于同级的地位被承认的欲望的主要表达形式。福山进一步联想到美国的功利主义传统，在这种传统下，艺术家认为自己除了忠诚于审美价值之外，也对社会负责，所以美术难以成为纯粹形式的东西。但是，历史的终结意味着所有被认为具有社会效用的艺术的终结，因此，艺术活动也回到日本传统艺术的那种空洞的形式主义。②

---

① Alexandre Kojève, *Introduction à la lecture de Hegel*, p. 437.
② 福山：《历史的终结与最后的人》，第 329 页。

在此，我们看到了在历史终结之后，承认的欲望或激情、自尊何处去的问题。事实上，对这个问题的最早反思来自尼采。尼采把黑格尔和马克思意义上历史终结后的人描绘为最后的人。尼采对现代人的平等的斗争并不感兴趣，他认为法国大革命是奴隶的叛乱，他感兴趣的是高贵和伟大。现代性并不意味着人类伟大性的衰退，民主也可以为人类的伟大提供条件，伟大的个体也是能够幸运地出现的。紧张和纪律是创造高等的有强有力意志的个体的必要条件，这些在现代人那里是欠缺的。如果对于尼采而言，人的生活可以被归为激情，那么他的观点是，作为现代道德后果或民主精神，激情将会消失。因此，唯一保存的办法就是创造一个基于纪律、紧张和力量的单独的阶级。在这个背景下，尼采发展出他的大政治的计划。①

尼采对伟大激情的讨论分析，经由列奥·施特劳斯-科耶夫争论传给了福山。② 科耶夫被认为是唯一以理性的方式抓住了重新被海德格尔阐述的尼采的问题的人，同时他又避免了回到虚无主义和激进的历史主义。③ 而施特劳斯对历史终结后的国家能满足承认或伟大的需求持怀疑态度，所以他试图回到前苏格拉底的传统。在这场争论中，无疑福山更多地站在了科耶夫一边。他们都拥抱历史终结论，认为人在历史终结之后还能拥有激情。只不过，福山区别了现代社会的两种激情：优越意识和平等意识。平等意识是奴隶对被同等承认的要求，是一种对同等承认的欲望，是尼采笔下的奴隶道德与平庸。优越意识是对努力被承认为高等的渴望，与平等意识形成对比。在平等意识得到实现的民主社会中，对优越性的追求主要集中在三个领域。

---

① 〔德〕尼采：《善恶的彼岸》，朱泱译，团结出版社，2001，第213、221页。
② Haroon Sheikh, "Nietzsche and the Neoconsertives, Fukuyama's Reply to the Last Man," *The Journal of Nietzsche Studies*, No. 35/36, 2008, pp. 31 – 32. 不过福山认为，在尼采那里，"在贵族社会之外，不可能有什么真正的人之卓越、伟大或高贵。换句话说，真正的自由或创造性只能源自优越意识，即被承认比他人更好的欲望"。见福山《历史的终结与最后的人》，第313页。
③ 海德格尔认为："日本的前景中世界是欧洲的，或者你愿意的话是美国的。背景世界，则是你体验到的能剧里的那个世界本身。"转引自 John Adams Wettergreen, "Is Snobbery a Formal Value? Considering Life at the End of Modernity," *The Western Political Quarterly*, Vol. 26, No. 1, Mar., 1973, pp. 109 – 129。

首先是经济领域。企业家并非为了财富，"这些钱更多是他们显示作为企业家能力的标志或象征，而不是获得个人消费品的手段。他们无需冒生命危险，但是他们以财富、地位和声誉为赌注，来追求一份荣耀；他们为了更大的无形的快乐，而非常努力地工作……"① 这份更大的无形的快乐就是承认，是一种"节制且高尚的优越意识"。② 在这一点上，类似的还有科学家们所从事的工作。

其次是政治领域。"选举政治就是一种充满激情的活动，因为候选人基于彼此在对与错，正义与不正义的冲突观点相互竞争，以寻求公众的承认。"当然在绝大多数发达民主国家，与共同体管理有关的重大问题已得到解决，美国和其他国家政党之间的政策差异变得越来越小。民主国家的政治家主要在外交政策领域还能获得一定程度的承认（例如乔治·布什与海湾战争）。③

最后一种是形式活动，包括体育竞技场、纯粹的冒险活动和科耶夫强调的贵族风尚。由于战争或斗争这种方式不再可能，而物质繁荣又使经济斗争毫无必要，这种冒险活动能使参与者摆脱布尔乔亚的安逸生活。竞技体育，比如世界杯，对于绝大多数后历史的欧洲国家而言，已经取代军备竞赛成了民族主义者竞逐第一的渠道。④ 而对艺术的坚持也是一种纯粹形式的活动，并不服务于任何政治或经济目的。⑤

当然，福山对优越意识可能产生的负面影响也十分清楚，承认它是一把双刃剑，一方面可以成为勇敢、爱国心和正义这些美德的心理学基础，另一方面也是暴政、帝国主义和支配欲望的根源。⑥ 他指出，在现在的民主国家中，唯一不被容许的优越意识形式就是那些导致政治上专制独裁的

---

① 福山：《历史的终结与最后的人》，第325页。
② 福山：《历史的终结与最后的人》，第324页。
③ 福山：《历史的终结与最后的人》，第326~327页。
④ 对于竞技体育在集体行为和心理方面的影响，让我们想到了古斯塔夫·勒庞在《乌合之众》中所进行的论述。
⑤ 福山：《历史的终结与最后的人》，第328~329页。
⑥ 福山：《历史的终结与最后的人》，第177页。

形式。①

科耶夫与福山关于承认的思考都是建立在历史终结论的基础上，他们认为"承认的斗争"（平等意识）推动人类历史走向一个普遍主义的终结。这个终结在科耶夫那里是一种调和主义的普遍均质国家，在福山那里是自由民主的发展模式。后历史时期的人是不是尼采意义上的最后的人？科耶夫曾经以为，历史终结后人将像幼小动物那样出于本能地欢爱或玩耍。然而通过对日本社会的观察，他对自己的观点进行了修正，指出贵族风尚是后历史时期的否定性的延续，这是一种可以使人摆脱动物性归宿的形式价值。不同于尼采也不同于传统社会之处在于，这种贵族风尚并非基于血缘或门第，而是一种无阶级的、同等地对所有人存在的生活方式。福山在科耶夫提出的贵族风尚的基础上，进一步拓宽了形式价值的涵盖内容，指出形式价值还包含体育竞技和冒险活动。它们与企业家对荣誉的追求、政治家的激情一起构成了现代民主社会中优越意识的三个抒发渠道。

科耶夫的承认，无论是基于平等意识的主奴斗争，还是对贵族风尚的追求，都有一种哲学人类学的坚持。在他那里，"正义的理念和承认的满足欲望是紧密相连的，与功利主义没有任何关系。但是如果说社会产生于承认的满足，那么它的最高目标是满足而非它的成员的幸福"。而福山的承认之所以没有走向虚无，是因为他相信传统的激情，包括权威、责任等都保留在现代社会中。一同保留下来的还有宗教、种族等价值体系。所有这些被福山列入了对他的历史终结理论的严重挑战。②

当然，无论是科耶夫还是福山意义上的普遍承认与优越意识，跳出历

---

① 福山：《历史的终结与最后的人》，第329页。许多评论者基于福山对优越性的论述，认为福山是特朗普现象的真先知。见保罗·塞格尔《历史终结被误读，福山是特朗普现象的真先知》（https：//aeon.co/essays/was-francis-fukuyama-the-first-man-to-see-trump-coming，2017年5月2日）。而福山本人则将特朗普视为民粹主义和独裁主义的代表者，他的当选可能造成美国完全放弃其全球领导地位，导致自由主义的世界秩序分崩离析。见福山《美国已成为失败国家》，http：//www.guancha.cn/america/2017_01_17_389834_s.shtml，2017年5月2日。

② 福山在2006年版《历史的终结与最后的人》中列出了四个对他的理论的严重挑战，即伊斯兰教、国际层面的民主、政治权威和技术的可能后果。

史终结的框架，都不同程度地存在于现实社会。只不过在每个社会中，又因具体情境的不同，对这两种承认的渴望表现出不同程度的迫切性。对于那些已经解决普遍承认问题的社会来说，贵族风尚或优越意识就显得尤为重要。对于那些尚未实现普遍承认，或者存在大量不合理承认的国家来说，也许基于平等意识的承认才是当务之急。

观念旅行：《史学原论》在中国的接受[*]

李孝迁^{**}

在全球历史学的专业化过程中，1897 年法国朗格诺瓦（Ch. V. Langlois）、瑟诺博司（Ch. Seignobos）合著的《史学原论》（*Introduction to the Study of History*）① 风行欧美，被誉为"英文中讨论史法之唯一名著"，② 译介到世界各地，对各国史学专业化起到积极的推动作用。此书 300 余页，简要阐述治史之步骤，使治史者有法可依，不仅是"法国几代学生学习史学方法的标准教材"，③ 而且被中国各大学选作教材，在中国风行了近半个世纪。借助法文本、日译本、英译本、中译本、改编本以及课程、演讲、语录等途径，20 世纪上半期中文世界有关史学方法的论述，具有浓重的 *Introduction* 痕迹。*Introduction* 确立的规则，沉淀在专业史家的日常实践中，构成了中国现代史学的方法论基础。不论国际学术界还是中文学界，既有研究对此书关注很不够，不仅对它成书的学术背景缺乏了解，而且对 *Introduction* 史学思想特质没有全面的认识，往往陷于一孔之见。本文拟从接受史角度，通过钩沉相关史料，集腋成裘，呈现此书在民国史学界受与拒的具体情形，④ 以说明此书与中国现代史学的思想关联。

---

* 本文原刊于《天津社会科学》2019 年第 1 期。
** 李孝迁，华东师范大学历史学系教授。
① 法文书名 *Introduction aux Etudes Historiques*，1898 年 G. G. Berry 译成英文，下文简称 *Introduction*。中译本书名《史学原论》（商务印书馆，1926），系李思纯译，今从旧。本文引用的是余伟的新译本《史学原论》（大象出版社，2010），以下简称余伟译本。
② 何炳松：《历史研究法》，商务印书馆，1928，"编者导言"，第 8 页。
③ 伊格尔斯：《欧洲史学新方向》，赵世玲等译，华夏出版社，1989，第 52 页。
④ 笔者与德国华裔学者胡昌智教授合作研究 *Introduction*，分工清楚，他负责撰写《〈史学原论〉的缘起及其思想》（《历史教学问题》2018 年第 6 期），而笔者撰写此书在中国的接受部分，故本文涉及胡教授所处理的内容，从略，请读者参阅胡教授论文。

一 文本与读者

20世纪初，*Introduction* 译介至日本，先后有两种日译本：（1）《历史研究法纲要》，村川坚固、石泽发身合译，东京专门学校出版部1901年出版；（2）《历史学入门》，高桥巳寿卫译，东京人文阁1942年出版。在中国，史学专业化起步比日本晚，*Introduction* 至五四前后始引起中国史学界注意。彼时在西方学术的刺激下，以科学方法整理国史的呼声甚嚣尘上。时人普遍强调整理国史需要科学方法，而他们心目中的所谓科学方法，大体是指"西法"，而不是"土法"。诚如1920年陈衡哲所说，"现在中国的学界对着西洋历史和研究历史的方法，有一种十分诚切的要求"，希望用"最新的历史方法来研究我们本国的历史"。① 对史学方法的自觉需求，是近代中国史学专业化刺激的结果。陆懋德曾说："今人欲修史学，自当以史学方法为始"，"史学家必须经过一种专门技术之训练"，②"凡作史者必如此而后为专业化，凡历史必须专业化，犹如一切科学皆须专业化"。③ 民国时期各大学历史系普遍开设"史学方法"课程，该课程被教育部定为专业必修课，④ 多以 *Introduction* 为教材，甚至到20世纪70年代，此书中译本仍是台湾地区各大学历史系的史学方法教科书。

民国史坛关于史法知识来源大体有三端：*Introduction*、坪井九马三《史学研究法》、伯伦汉（E. Bernheim，1850-1942）⑤ 史学方法著作。但只有 *Introduction* 具备得天独厚的条件，使它拥有大量的读者，其他西人著作不能与之比肩。首先，它很早就有英译本（1898）、中译本（1926），

---

① 《陈衡哲先生演说词》，《北京大学日刊》1920年9月18日。
② 陆懋德：《西方史学变迁述略》，《师大史学丛刊》第1卷第1期，1931年。
③ 陆懋德：《史学方法大纲》，独立出版社，1947，第9页。
④ 教育部编《大学科目表》，正中书局，1940，第49页。
⑤ 伯伦汉关于史学方法著作有两种：《史学方法论》（*Lehrbuch der Historischen Methode*，1889，下文简称 *Lehrbuch*）和《历史学导论》（*Einleitung in die Geschichtswissenschaft*，1905，下文简称 *Einleitung*）。关于伯伦汉《史学方法论》内容、各种版本修订及其在中国的影响，参见胡昌智、李孝迁《伯伦汉〈史学方法论〉及其在东亚的知识旅行》，《中华文史论丛》2018年第3期。

其后又有何炳松选编本（1928），读者取阅方便；相反，虽然伯伦汉作品名望最高，但由于系德文著作，长期没有英译本，中译本又较晚出版，等到 1937 年中译本问世后，读者寥寥，反响甚微。同样，坪井九马三《史学研究法》虽最早传入中国，但一直处于隐性传播状态，受众面也不如 Introduction 广。① 其次，Introduction 300 余页，篇幅适中，行文简洁，面向普通大众，被中国史家广泛采为教材用。而伯伦汉著作增订之后长达 800 余页，"繁重难读"，② 不免曲高和寡。Introduction 作者批评"它撰述所用的语言和它的编排形式，使得它对绝大多数法国读者来说，是难以明白的"，③ 对中国读者来说更是困难。最后，就内容来说，Introduction 将治史程序做了简约化处理，重史料搜集批判，拒斥历史哲学、社会科学，契合民国史坛非考据不足以言学术的风气，后者为 Introduction 流行提供了适宜的学术环境。

  Introduction 在民国史坛的流行文本主要有三种：其一，英译本。法文本出版的翌年，1898 年 G. G. Berry 译成英文出版，五四前后传入中国，许多中国史家读过英译本。其二，中译本。商务印书馆 1926 年出版李思纯译本，题名《史学原论》，此后多次再版。李译本采用文言，删除原著注释，译文虽略有小疵，④ 然大体可读，讲授者不以李译本为课本，即以之作参考教材。⑤ 金陵大学开设"历史研究法"，讲授历史之重要原则、编纂方法，尤注重史材之分析，研究史学家之理论，并选读其名著，所用教科书即李译本。⑥ 再如，洪业在燕京大学历史系开设"初级历史方法"课，要求学生细阅李译《史学原论》、何炳松《通史新义》、梁启超《中国历史研究法》。⑦ 其三，英文本《历史研究法》（"社会科学名著选读丛

---

① 关于坪井九马三《史学研究法》对中国的影响，参见李孝迁《坪井九马三与中国现代史学》，《中华文史论丛》2017 年第 4 期。
② 何炳松：《历史研究法》，"编者导言"，第 8 页。
③ 余伟译本，第 6 页。
④ 参见王绳祖《评李思纯译〈史学原论〉》，《斯文半月刊》第 2 卷第 2 期，1941 年；第 2 卷第 4 期，1942 年。
⑤ 王绳祖：《评李思纯译〈史学原论〉》，《斯文半月刊》第 2 卷第 4 期，1942 年。
⑥ 《学程纲要》，《私立金陵大学一览》（1933 年度），第 182 页。
⑦ 《燕京大学一览》（1936 年度），第 115 页。

书"之一，商务印书馆，1928），系何炳松据英译本选编而成。全书共十章①，首附何氏所撰中文导言，说明史学之性质、中外史学之异同，正文难解字句加中文注释，以便读者。

中国读者通过阅读 Introduction 法文本，或英译本，或中译本，或何炳松选编本，对他们的史学思想产生了不同程度的影响。徐炳昶回忆说："民国成立以后，我又到法国留学。当民国四年，我才读到法儒 Langlois 和 Seignobos 合著的《史业导言》（Introduction aux Etudes Historiques）及其他历史方法论的书，才晓得对于史料必须要用种种方法，慎重批评和处理才可以达到科学的历史的目的。在此以前，我觉得我对于历史的事实知道的颇多，自此以后，我才感觉到毫无所知！因为这些全未经批评的史实，尚未足以言历史知识也。我今日对于各家的历史、历史方法及历史思想的著作，虽然也读过一些，但是对于我个人影响之大，再没有超过于《读通鉴论》、《宋论》、《史业导言》以上者。"② 徐炳昶回国之后，曾翻译 Introduction。③ 十年之后，青年学人曹聚仁在上海读到中译本《史学原论》，跟徐氏有相同的阅读感受，谓"这正是先获我心"。④ 1932 年夏鼐在清华大学认真研读 Introduction 中译本和英译本，谓："这书原文是名著，值得一读，但译文殊生硬，借得英译本作对照，略改几字。"⑤

齐思和毕业于燕京大学历史系，他事后追忆："在大学的史学方法班上，我又读了法国资产阶级历史家朗古鲁和赛尼保二人合著的《历史研究导言》。这部书是资产阶级历史学方法论的基本读物。当时我感觉到这书中所讲的研究历史的方法，如搜集史料、研究版本、校勘文字、考证事

---

① 分别为：史料之搜罗 "The Search for Documents"；史料考证之重要 "General Conditions of Historical Knowledge"；版本之考证 "Textual Criticism"；撰人之考证 "Critical Investigation"；史料之诠释 "Interpretative Criticism"；撰人之是否忠实 "The Negative Internal Criticism of the Good Faith and Accuracy of Authors"；史事之断定 "The Determination of Particular Facts"；史事之编比 "The Grouping of Facts"；历史之著作 "Exposition"；结论 "Conclusion"。
② 徐炳昶：《中国古史的传说时代》，中国文化服务社，1944，"叙言"，第 1~2 页。
③ 徐炳昶 1921 年在《哲学》第 4 期发表《搜集证据（历史上的）的方法》一文，即 Introduction aux Etudes Historiques 第一章，未完。
④ 曹聚仁：《听涛室人物谭》，三联书店，2007，第 277 页。
⑤ 《夏鼐日记》（1），华东师范大学出版社，2011，第 131~132 页。

实的方法，和清人的考据方法也差不多，但是比清人讲的更加透辟，更加有条理。因此，一方面我对于书中所讲的很容易接受，以为是分析入微，一方面把这洋考据学和自己所学到的中国旧日的考据学结合起来了。这书中的第一句就说：'历史学是研究史料的科学，没有史料就没有历史学。'下面又着重说明外文对于研究历史的重要性。读了这本书以后，使我对于外文和史料更加重视起来。"① 齐氏当年所修史学方法这门课，讲授者是洪业，他要求学生阅读《史学原论》、《通史新义》、梁启超《中国历史研究法》，对学生产生了莫大的影响。但齐思和只是把上述诸书作为入门，并非奉为颠扑不灭的真理，主张要了解西洋史学，必须细心研究他们的史学名著，"绝不是仅看一两本鲁滨逊《新史学》……朗古鲁和塞尼卜二氏合著《史学方法导言》……便可轻谈，更何况这两种书的内容已经陈旧，不能代表现代西学呢"。②

至于何炳松选编本，流传似不及李译本广，但也有不少读者。胡道静回忆说："法国朗、瑟二氏《历史研究法》的英文本，经柏丞先生加以选录，并作注释……这对于我们不是外国史专业的学习者带来一个很大的方便。朗、瑟二氏之书着重论述了历史研究上的方法问题，概括了前人的经验以及他们自己的见解，平正朴实地阐明了历史学家在进行工作时所必须遵循的一些原则和方法，从搜集资料起步，进入'外证'（鉴别资料版本的真伪）和'内证'（推敲原材料作者的处境和心态，辨别他所提供的材料是否属实）的探索，然后综合历史事实，写成史书。对这一系列的工作都作出了严格的方法论上的规定，列举事实，条分缕析，论点鲜明，说理透彻。使人读之，启益甚大。对于我们从传统的考证学问钻出来的人，总是感觉'身影相随'，这些方法多多少少是从事历史考证工作中所经常使用的，参稽比附，十分亲切。可是也发现了我们没有系统的方法论的论述，零敲碎打地在胡同里转圈子，知其然而不知其所以然，到此才占领了高地，一览辽廓，而且也深刻地体会到

---

① 齐思和：《批判我自己的资产阶级学术思想》，《北京大学批判资产阶级学术思想论文集》，高等教育出版社，1958，第205页。
② 齐思和：《近百年来中国史学的发展》，李孝迁编校《中国现代史学评论》，上海古籍出版社，2016，第237页。

方法论的指导意义。"① 这些读者的阅读体验，生动说明了史料学的训练是培养职业史家的必备条件。

二 接受与重组

Introduction 在中国的接受情形，可从以下四方面加以说明。

第一，中国青年学人随瑟诺博司治史者不少，且以 Introduction 为教材，积极推广师说。中国史学界早期对瑟诺博司②所知不多，但五四以后不少青年学生如李璜、李思纯、周谦冲、陈祖源、黎东方等赴法留学，从他治史，大多缘于 Introduction 后来在中国史学界声誉盛隆。瑟氏的中国学生先后回国，执教于各地大学历史系，并把老师的许多历史作品译成中文出版，③ 多被选为大学教材，扩大了瑟氏在中国的影响，而伯伦汉、坪井九马三皆无此良缘。

李璜 1909 年入成都英法文官学堂，1918 年 8 月在北京发起"少年中国学会"，年底赴法留学，跟随瑟氏研究史学，获巴黎大学文科硕士学位。1922 年他在法读书期间写成《法兰西近代历史学》一文，发表在国内杂志《少年中国》上，叙述 19 世纪以来法国史学发展概况，尤其对瑟氏等人的"写实派"多有着墨。1924 年李璜回国，先后任教于武昌大学、北京大学，祖述师说。1925 年他在北大开设"历史学"一课，讲述近代欧洲的历史研究法，使治史者了然历史材料的搜集、批判及综合等功夫，

---

① 胡道静：《柏丞先生学恩录》，刘寅生等编《何炳松纪念文集》，华东师范大学出版社，1990，第 345~346 页。
② 瑟诺博司著作最早译成中文的是商务印书馆 1903 年出版的《泰西民族文明史》（Histoire de la civilization，系沈是中、俞子彝译自野泽武之助的日译本），著者译为"塞奴巴"。文明书局 1903 年出版《欧洲列国变法史》（Seignobos, A Political History of Europe Since 1814），许士熊据美人 MacVane 本重译，著者译为"赛那布"。《百年来西洋学术之回顾（续）》（《学报》第 1 年第 11 号，1908 年）说法国现存史学大家有三人，即拉维斯（Lavisse）、朗波德（Rambaud）、塞纽波（Seignobos），"皆以著述名于世者"。1915 年陈独秀在《青年杂志》（第 1 卷第 1 号，1915 年）译刊《现代文明史》，著者署名"法国薛纽伯"。陈独秀说瑟诺博司是"法国当代第一流史家，本书乃欧土名著之一"，指出著者乃法国文学博士、巴黎大学教授，出生于 1854 年。
③ 李孝迁：《西方史学在中国的传播（1882~1949）》，华东师范大学出版社，2007，第 320~321 页。

着重阐述史学与社会科学之间的相互影响。① 从现存当年讲义来看，他以参考法人著作为主，尤其是《历史学方法概论》一篇可视为 Introduction 之"导读"，简而得要，颇能反映原著核心观点。李思纯为少年中国学会会员。1919 年 9 月 18 日，他偕同李劼人、何鲁之、胡助四人赴法留学。② 李思纯在巴黎大学攻读历史学和社会学，从瑟氏学习史学方法。1923 年夏回国，历任东南大学、北京师范大学、成都师范大学、四川大学、浙江大学教授，讲授宋辽金元史和史学方法等课程。黎东方毕业于清华大学史学系，1928～1931 年留学巴黎大学，随瑟氏研习史法。他回忆说：

> ……我在巴黎大学图书馆找出塞诺波先生与朗格罗瓦先生所合著的《历史研究入门》的法文原本，仔细地重新体会一番。此书的英文译本，我早就在清华念过一遍（是在北京饭店的西书柜台上买的）。
>
> 我作了塞诺波先生的极少数的忠心学生之一。他老人家名满天下，而课堂中的学生寥寥可数，主要的原因是：他的徒子徒孙多半已功成业就，散在各方，这一代的后生小子反而对他颇为陌生，有眼不识泰山。另一个原因是：他老人家年逾古稀，牙齿脱落了不少，发音不甚清楚，又喜欢旁征博引，一段一段的拉丁文、德文、英文、意大利文，背诵如流，颇有"六经皆我注脚"之概。有根底的，当然越听越佩服；没有根底的，听了一次，下次便不敢再来。于是，课堂中很少满二十人。③

黎东方接受瑟氏史学，是受了清华大学西洋史教授孔繁霱④的影响。孔氏曾留学欧美，专治史学，在清华向学生讲授 Lehrbuch 和 Introduction。⑤ 周谦冲 1928 年赴法留学，1929 年获巴黎大学硕士学位，1931 年以《爱尔

---

① 《国立北京大学史学系课程指导书》（1925～1926 年度），第 6 页。
② 李思纯等人赴法留学，《少年中国》有专门的报道，参见《少年中国学会消息》，《少年中国》第 1 卷第 4 期，1919 年。
③ 黎东方：《平凡的我——黎东方回忆录》，中国工人出版社，2011，第 150～151 页。
④ 孔繁霱，1917 年留学美国，1920 年毕业于格林奈尔大学（Grinnell College），1922 年获得芝加哥大学硕士学位，1923 年赴德国柏林大学研究院深造，1927 年回国后被清华大学聘为历史系教授。
⑤ 《史学讲话》（修订新版），台北：中国文化大学出版部，1984，"序"。

兰独立运动》一文获得博士学位，导师为瑟诺博司。回国后历任东北大学、武汉大学、光华大学、四川大学史学系教授兼主任，讲授西洋史学史、西洋近代史、历史方法等。1931 年，他在武汉大学史学系开设"史学名著选读"，学程之目的"在选读西洋史学家对于史学方法及史学之名著，俾学者得知研究史学之方法，并了解世界名史家之生平及其著作"，选其师 Introduction 为主要课本。① 陈祖源北京大学肆业，1926 年毕业于东南大学史学系，1929 年赴巴黎大学留学，师从瑟氏，获博士学位，专长西洋古代史与中古史。1932 年回国后任武汉大学史学系教授，所讲课程多以瑟氏著作为教材，如"西洋文化史"，选《古代文化史》《中古及近世文化史》《现代文化史》英译本作为参考书；② "史学研究法"课程分为二编："一阅读法，略述中外史籍之源流及读时应注意之点；一编纂法，讨论史题之选择，史料之搜集、鉴别与综合诸法。"参考书除了 Introduction，还有 F. M. Fling 之《历史方法概论》（*The Writing of History*, 1920），瑟氏之《历史学方法于社会科学之运用》（*La méthode historique appliquée aux documents des sciences sociales*, 1901）。③

不仅瑟诺博司的中国学生把 Introduction 作为教科书用，其他学者也推崇此书。1929 年清华正式改制大学，历史系开设"史学方法"一课，请孔繁霱和雷海宗来讲授。孔繁霱在清华开设"西洋史学史"和"史学方法"等课。他的"史学方法"课主要介绍德人 Lehrbuch 和法人 Introduction，④ 凡重要的历史辅助科学、目录学及"治史必具之常识"，均择要讲授，"示学生以治史之正确方向及途径"。⑤ 雷海宗的"史学方法"，讲述历史研究法的基本原则，"旨在训练读书，搜集史学、批评、鉴别、综合、叙述各种能力"，⑥ 以 Introduction 和克罗齐 *Theory and Practice of Historiography* 为参考书，前者注重考据，后者注重性质。⑦ 据学生回忆，雷海宗要求学生"必定

---

① 《各学院概况学程内容及课程指导书》，《国立武汉大学一览》（1931 年度），第 16 页。
② 《各学院概况学程内容及课程指导书》，《国立武汉大学一览》（1934 年度），第 26 页。
③ 《各学院概况学程内容及课程指导书》，《国立武汉大学一览》（1932 年度），第 25 页。
④ 《史学讲话》（修订新版），"序"。
⑤ 《大学本科学程一览》，《国立清华大学一览》（1930 年度），第 67 页。
⑥ 《文学院历史学系学程一览》，《国立清华大学一览》（1935 年度），第 5 页。
⑦ 王敦书：《雷海宗 1932 年史学方法课程笔记》，《江西师范大学学报》2011 年第 2 期。

全读"Introduction，用一学期的时间讲史学的分析工作，另一学期讲史学的综合工作和历史的艺术。① 王绳祖在金陵大学读书的时候，他的老师贝德士（M. S. Bates, 1897 – 1978）用 Introduction 讲授史学方法，让他得窥史法的基本原理。嗣后王绳祖比较研读法文本、英译本、中译本，他的史学观念多源于此书。② 从 1934 年开始，留美博士郭斌佳接替陈祖源在武汉大学开设史学方法课程，"讲治史之根本原则，其目的在指示学者如何用科学方法，阐明史事之真相。凡研究一问题必经之步骤，如史料之搜集、真伪之甄别、事实之编比，以至最后著成史文，皆依次讨论，辅以例证"。③ 虽然没有明示所用教材，但所讲与 Introduction 并无二致。1937 年方壮猷（留学巴黎大学）又代替郭斌佳讲史学方法，明确以 Introduction 英译本为参考书。④

第二，Introduction 成为中国史家建构史学方法论范本之一。Introduction 较早出现在中文世界，可追溯到 1919 年胡适《中国哲学史大纲》。第一篇导言末尾所附参考书举要：《论史料审定及整理之法》，参看 Introduction。胡适认为写作一部可靠的中国哲学史，必须要用这几个方法："第一步须搜集史料。第二步须审定史料的真假。第三步须把一切不可信的史料全行除去不用。第四步须把可靠的史料仔细整理一番：先把本子校勘完好，次把字句解释明白，最后又把各家的书贯串领会，使一家一家的学说，都成有条理有统系的哲学。"⑤ 这不仅是做哲学史的方法，也是治史的一般途径。齐思和尤为突出西法在胡适成书中的意义，"他很简单的介绍了西洋史学方法的理论，尤其以塞恩卜氏的《史学原论》为主……结果他这书刊落群言，成了崭新的一部中国哲学史。出版之后，风行一时，数年之中，翻版十余次，对于当时哲学思想、史学思想，影响极大"。⑥ 无独有偶，同时代其他学者也持类似的看法，认为胡适《中国哲学史大纲》之所以有价值，并不

---

① 卞僧慧：《缅怀伯伦师——在雷海宗先生百年诞辰纪念会上的发言》，《文献与记忆中的清华历史系（1926~1952）》，清华大学出版社，2016，第 372~373 页。
② 王绳祖：《说史》，《斯文半月刊》第 1 卷第 21 期，1941 年；王绳祖：《读史方法》，《世界学生》第 1 卷第 4 期，1942 年。
③ 《各学院概况学程内容及课程指导书》，《国立武汉大学一览》（1934 年度），第 26 页。
④ 《各学院概况学程内容及课程指导书》，《国立武汉大学一览》（1937 年度），第 37 页。
⑤ 胡适：《中国哲学史大纲》，上海古籍出版社，1999，第 22~23 页。
⑥ 齐思和：《近百年来中国史学的发展》，李孝迁编校《中国现代史学评论》，第 141 页。

是因为沿用清儒治学方法，而在于采用西洋史学方法，他的方法论跟何炳松《历史研究法》所讲者无大差别，皆脱胎于 Introduction。①

胡适因充分接受 Introduction 而成就一部名著，Introduction 也因胡适的宣扬在中国知名度大为提升，开始在学界迅速流传。应当说，近代中国史学界方法意识的觉醒，大半受胡适此书的影响，稍后李泰棻《史学研究法大纲》和梁启超《中国历史研究法》留意参考 Introduction，跟胡适的提示不无关系。李泰棻《史学研究法大纲》初版于 1920 年 5 月，是中国首部现代意义上的史学方法著作。② 李著融合了当时所能见到的各种旧学新知，对日人著作多所参考，尤其对坪井《史学研究法》取鉴之处颇多，Introduction 亦被列为参考书。③ 在时人看来，李著仅次于梁启超《中国历史研究法》，"直到这几年来，有李泰棻先生编的《史学研究法》和梁任公先生编著的一部在中国史学界照耀万世的《中国历史研究法》出世，然后中国人脑里才有比较明了的一个史学的轮廓"。④ 同样，Introduction 也是梁氏《中国历史研究法》（商务印书馆 1922 年版）理论来源之一。早在 1924 年，陈训慈便发现梁著的秘密，"西史家于内校雠中此点考审甚精，如朗格罗之书详列十条及二十事，梁任公《中国历史研究法》中所举之若干条多有取于西说而加以融通者"。⑤ 1980 年杜维运再审梁著，与 Introduction 进行细致的文本比对，发现若干段颇为相似的文字，从而坐实梁著参考此书，但没有提供确证说明梁氏获知渠

---

① 张好礼：《中国新史学的学派与方法》，李孝迁编校《中国现代史学评论》，第 91~92 页。按，今人江勇振将胡适的史学方法与 Introduction 做细致比较，认为胡适史法的基本假定，都可在 Introduction 找到雏形，此书是认识胡适史学方法的"一把钥匙"[江勇振：《舍我其谁：胡适（1917~1927）》，浙江人民出版社，2013，第 190~199 页]。

② 《史学研究法大纲》分三部分：第一原史，论述了文字起源、史之定义、史之起源、史之进化、史学之目的、史之界说、史与科学。其中，史之进化分五个阶段，即口碑时代、史诗时代、说部时代、史鉴时代、史学时代；而史学之目的，则在明变、探原、求例、知来。第二读史，讨论了史识、史料、史料选择、史料选择之法、史料整理之法。第三作史，阐发了家法、编体、史病、重事实、务贯通、明因果、作表解。

③ 李泰棻：《史学研究法大纲》，武学书馆，1921，第 17 页。

④ 杨鸿烈：《史地新论》，晨报社出版部，1924，"自序"，第 4~5 页。

⑤ 陈训慈：《史学蠡测》，《史地学报》第 3 卷第 1 期，1924 年。

道。① 笔者以为梁氏从日文本吸收西学新知的可能性最大。*Introduction* 日译本《历史研究法纲要》由东京专门学校出版部 1901 年出版，彼时梁氏正热心建构新史学理论，阅读了大量日文史书，而他所读之书大部分出自东京专门学校出版部，《历史研究法纲要》或是其中之一。只是 20 世纪初他热衷于"玄理问题"，而此书又恰恰排斥哲理，所以在早年文字里没有留下蛛丝马迹。然而到 20 世纪 20 年代，在方法热的影响下，梁氏"衰理旧业"，② 对史料整理方法产生兴趣，或让他重拾旧忆，发现法人之书的价值，从中有所取材。

五四前后，*Introduction* 英译本和中译本已经在中国史学界十分流行，各地大学讲史学方法性质课程以及数量颇多的相关论著，多以之为根据，不外乎讲如何搜集史料、审定史料、综合史料等方法，内容日趋标准化。中国公学大学部历史系开设的历史研究法，讲授搜罗、鉴别、整理史料的重要方法。③ 河南大学史学系开设史学研究法，讲授"史料之认识、史料搜集及整理、史料编纂"。④ 大夏大学历史社会学系开设历史研究法，讲"史料之种类、史料之搜集、史料之鉴别、史事之比较"。⑤ 厦门大学历史社会学系开设历史研究法，先讨论怎样收集材料及其他预备工作，再讨论怎样进行分析的工作，如考订版本、调查作者、类分史料、解释文句、辨别诚伪程度、断定个别事实，然后讨论怎样进行综合的工作，如编比之条件、推论之方式以及著述之标准。⑥ 中国学者所撰写与史学研究法有关的论著，其论述架构及主题次序、术语等，皆仿 *Introduction*，难怪朱谦之抱怨国人讲史法"大半是从法 Seignobos 和德 Bernheim 名著抄译下来，而加以中国史实的解释的，所以仍然没有多大发明"。⑦

第三，改编本的流行。英国史家鲍威尔（F. Y. Powell）为 *Introduction*

---

① 参见杜维运《梁著〈中国历史研究法〉探原》，台北《中央研究院历史语言研究所集刊》1980 年第 2 期。
② 梁启超：《中国历史研究法》，上海古籍出版社，1998，"自序"，第 2 页。
③ 《各院科目及预科课程》，《中国公学大学部一览》（1930 年度），第 43 页。
④ 《文学院一览》，《河南大学一览》（1930 年度），第 90 页。
⑤ 《文学院课程》，《私立大夏大学一览》（1933 年度），第 46 页。
⑥ 《私立厦门大学文学院一览》（1936～1937 年度），第 51 页。
⑦ 朱谦之：《现代史学概论》，《朱谦之文集》第 6 卷，福建教育出版社，2002，第 113 页。

英译本所写的"致读者"指出，Introduction 不了解其他国家的历史，并不妨碍其他国家读者从中获得教益，"比照他们定下的规则"，研究者可从本国历史读物中找到例子，"通过变换本书的例证，修改本书的卓越谋篇，此处或彼处的删削雕饰，'改编'这本书将会是很容易的"。① 鲍威尔的预言在中国实现了，改编之作确实产生，这方面最突出的例子是何炳松。他的《历史研究法》和《通史新义》皆属"改编"之作。前者自谓："意在介绍西洋之史法，故关于理论方面，完全本诸朋汉姆、郎格罗亚、塞诺波三人之著作。遇有与吾国史家不约而同之言论，则引用吾国固有之成文。书中所有实例亦如之。一以便吾国读者之了解，一以明中西史家见解之大体相同。初不敢稗贩西籍以欺国人，尤不敢牵附中文，以欺读者。"② 后者亦承认："至于本书所述之原理十九，采自法国名史家塞诺波所著《应用于社会科学上之历史研究法》一书。著者虽略有疏通证明之功，终未敢掩袭他山之美。"③ 这两本改编之作均带有一种主动性，将瑟诺博司史学引入中国，并以"西方标准"激活传统史学资源中不谋而合的言论，重新组合成新的文本，反而更能适应中国史学界的需要，流通更广，影响更大。何炳松由此在中国现代史学中获得一席之位，作为"当代介绍西洋史学最努力的一位学者，他在中国现代史学有不可磨灭的贡献"。④

何炳松虽然没有直接师从瑟诺博司，却是他最忠实的信徒和推销者，不仅积极宣扬其史学思想，而且身体力行，将瑟氏"著史"思想落实在他所主编的《中国历史丛书》。1930 年 1 月，他说明编丛书的缘起云："中国史籍，浩如烟海，体例纷纭，要领莫揽。在今日欲求一完善之通史，诚有苦索无从之叹。炳松承乏此间，窃不自揆，颇有理董国史之念。顾兹事体大，断非一人之心力所可几，因与同好友人王云五、胡适之、王伯祥、傅纬平诸先生商拟草目，先立主题百余则，数经往复，然后写定。每一主题，自成一册，略就时代先后及史实联贯为比次。区区之意，端在

---

① 余伟译本，"致读者"，第 4、9 页。
② 何炳松：《历史研究法》，商务印书馆，1927，"序"，第 7 页。按，此序写于 1927 年 1 月 16 日，英文本《历史研究法》"编者导言"写于 1927 年 4 月 18 日，两文颇多雷同，后文应该是前文的扩写。
③ 何炳松：《通史新义》，商务印书馆，1930，"自序"，第 19 页。
④ 齐思和：《近百年来中国史学的发展》，李孝迁编校《中国现代史学评论》，第 143 页。

作彻底之研究，将以为通史之嚆矢，故重在经纬纵横之精神，不取分类排纂之义例。爰特商请专家，分门撰述。既不偏于某一时代任何事物之一端，亦不仅类叙某一时代各种活动之琐屑，务使览者对于中国社会演化之某一阶段得一完整之观念，并审知其在全史上相当之地位，是用通史之所有事也。"第一集上古期（先秦时代）17 种，第二集中古期（秦初至五代之末）38 种，第三集近古期（宋初至明末）34 种，第四集近世期（清初至清末）32 种，合计 121 种。① 此计划规模庞大，实际并未完成，就已出版的若干种如王钟麒《三国之鼎峙》、陶希圣《辩士与游侠》、王志瑞《宋元经济史》、宋云彬《王守仁与明理学》、陈功甫《义和团运动与辛丑条约》来看，均为百余页的小册子，离"彻底之研究"甚远。何炳松所选定的主题应参考了 Introduction "历史事实的一般性分类表"，他跟瑟氏一样，坚信透过综合各种专著可以重建人类历史演化，产生一部理想的通史。不过，何氏的计划不算成功，《中国历史丛书》在中国现代史学上并无地位，他个人的学术成就也颇有争议。即使齐思和对他甚为赞许，但也批评他"所译的都是些通俗的教科书，他对于当代西洋第一流的史家的著作并不曾介绍，而且似乎未曾考察西洋史家如何依据史料而写成专题的研究，深博的著述。因之，他所提倡的仍是通史的革新，而不是高深的研究"。②

西史东渐过程中，为了适应各国各时代的需求，改编文本现象颇为普遍。改编本往往比原本更能适应接受地的需要，有时会反过来冲击原本的接受程度，甚至令原本被遗忘。在民国史坛，Lehrbuch、Introduction、坪井九马三《史学研究法》、何炳松《历史研究法》、梁启超《中国历史研究法》是相当受认可的五种文本，从争取读者角度来说，它们之间存在竞争关系。外人著作名望虽高，但被接受程度不一。上述五种文本被中国读者接受程度大体是递升关系，梁启超《中国历史研究法》最受欢迎，何炳松《历史研究法》次之。梁、何二氏作品事实上属改编之作，理论框架来自外人，实例取自本土。从认识西洋史法深浅

---

① 参见王钟麒编《三国之鼎峙》（何炳松主编《中国历史丛书》，商务印书馆，1931）"目次"前所附之《中国历史丛书全目》。

② 齐思和：《近百年来中国史学的发展》，李孝迁编校《中国现代史学评论》，第 143 页。

来看，梁氏不如何氏，①"长于阐述旧闻，而短于介绍新知"。②罗家伦甚至讥讽道："梁先生看外国书的范围和了解程度，实在使我怀疑。我的怀疑或者错误，但是近来看他几种著作——如《历史研究法》——实使我增加这种印象。其实梁先生在中国学问方面，自有他的地位，不必有时带出博览西洋群籍的空气。并且有许多地方，若是他公认不曾看过西籍，我们只是佩服他的天才。若是说他看过此类的西籍，则我们不但以另一副眼光批评，而且许多遗误不合，或在西方早已更进一步之处，梁先生至今还以'瑰宝'视之，则我们反而不免笑梁先生西洋学问之浅薄。"他认为与其读梁著，还不如直接去读伯恩海姆（Bernheim）、肖特韦尔（Shotwell）等关于历史方法的名著所得更多。③罗氏是从内容立论，然从接受方看，伯恩海姆的著作根本敌不过梁著。梁著的魅力在于"适合本国"，④"其举例之精巧、亲切而富于启发性，西方史法书中实罕其匹"，⑤被何炳松改造得相当本土化的《历史研究法》也不及之。当年罗尔纲做学生时读 Introduction 中译本"味同嚼蜡"，相反，梁启超《中国历史研究法》文笔佳，事例多取自中国，读来生动有味，"开拓胸襟，心旷神怡"。⑥史法虽无中西之分，但 Introduction 所归纳出来的原理是基于西洋史的经验，许多例证来自西方，对西方读者来说或许耳熟能详，但对中国读者而言则颇为隔阂，难有亲切之感，阅读趣味大减。Introduction 基本原理之所以能深入"史心"，成为中国治史者习焉不察的日常学术准则，端赖大量的改编和转译行为。如果没有胡适、梁启超、何炳松等将 Introduction 所定规则借助各种渠道（改编本、课程、演讲、语录等）层层渗透，最终形成新的风气，"中国七七抗战以前的史学界，无疑乎均受兰克派和瑟诺博司（Seignobos）等考证学派的影响"，⑦仅凭借原本和译本的流通，其效果则将大打折扣。

---

① 齐思和：《近百年来中国史学的发展》，李孝迁编校《中国现代史学评论》，第143页。
② 齐思和：《史学概论讲义》，第126页。
③ 《罗志希先生来信》，《晨报副刊》1923年10月19日。
④ 《史学蠡测》，《史地学报》第3卷第5期，1925年。
⑤ 张荫麟：《近代中国学术史上之梁任公先生》，《大公报·文学副刊》第57期，1929年2月11日。
⑥ 《罗尔纲全集》第20卷，社会科学文献出版社，2011，第474页。
⑦ 朱谦之：《考今》，《读书通讯》第31期，1941年，后又发表于《现代史学》第5卷第1期，1942年。

第四，*Introduction* 思想被分化重组。中国史家接受外来思想常受个人思想状态、时代风向的转变而取舍有别，而且外来思想理论在接受过程中往往被分解成各个思想单元，接受者根据需要重新组合，甚至性质根本对立的思想也可整合到一起。近代中国史家思想大多具有多元性，通常不会只接受一家一派之说，博采众说，成一家言，梁启超、胡适、傅斯年等都不是 *Introduction* 思想的简易翻版。瑟氏的中国学生也没有亦步亦趋盲目整体接受他的思想，同样也采取拿来主义，有选择性地吸纳。以何炳松为例，时人便讥讽何氏是"综合研究底学生，并不固执于'门户之见'，所以他虽当了新史学派底媳妇，还可以和瑟诺波（Ch. Seignobos）结婚生子"。[①] 应当说，美国鲁滨逊（J. H. Robinson, 1863 – 1936）新史学派正是批判 *Introduction* 所代表的史学传统而兴起，但这两种对立异质的资源却可在何氏思想中并行不悖。

Introduction 的"文献崇拜"倾向相当明显，提出"没有文献就没有历史"（no documents, no history），[②] 给中国史家留下了深刻印象，许多学人祖述之。蔡元培主张："史学本是史料学，坚实的事实，只能得之于最下层的史料中。"[③] 胡适也说："史家若没有史料，便没有历史。"[④] 缪凤林《中国通史纲要》指出："史学由史料构成，无史料斯无史学。"[⑤] 齐思和强调："史料者，乃历史知识之来源也。史家之需要史料，犹工业家之需要原料，化学家之需要药品，生物家之需要标本。'无史料则无历史'。"[⑥] 中国现代史学各派对史料表现出前所未有的高度重视，甚至傅斯年提出了极端的口号"近代的历史学只是史料学"，[⑦] "史学便是史料学"，[⑧] 不能不说跟

---

① 刘静白:《何炳松历史学批判》，辛垦书店，1933，第20页。
② Ch. V. Langlois and Ch. Seignobos, *Introduction to the Study of History*, New York: Henry Holt and Co., 1904, p. 17; 余伟译本，第3页。
③ 蔡元培:《明清史料档案甲集·序》，高平叔编《蔡元培全集》第5卷，浙江教育出版社，1988，第513页。
④ 胡适:《治学的方法与材料》，《胡适全集》第3卷，安徽教育出版社，2003，第138页。
⑤ 缪凤林:《中国通史纲要》第1册，南京钟山书局，1932，第10页。
⑥ 齐思和:《史学概论讲义》，第102~103页。
⑦ 傅斯年:《历史语言研究所工作之旨趣》，《傅斯年全集》第3卷，湖南教育出版社，2003，第3页。
⑧ 傅斯年:《史学方法导论》，《傅斯年全集》第2卷，第309页。

Introduction 有一定的渊源关系。不过，*Introduction* 所强调的史料主要是指书面文献（written documents），几乎不讨论非文本史料（no-documentary materials）。① 然而近代中国史学界不仅要求扩充文字史料，而且对实物史料兴趣尤浓，考古学受到普遍重视，提出"地下二十四史"之说。② 此种取向显然与 *Introduction* 异趣。或者说，时人接受 *Introduction* "文献崇拜"思想，并扩大了史料范围，就此而言，两者又是同调。

Introduction 强调历史研究的起点是史料，辨析史料真伪需要怀疑精神，从史料中揭示事实，拒绝一般抽象的概括，否定法则，排斥社会科学。*Introduction* 这一思想被以胡适、傅斯年为首的新历史考据派承袭，落实在北京大学历史系、"中央研究院"史语所，形塑了此派基本的学术面相。当时的一个事件即能反映此派对社会科学普遍轻视，乃至充满敌意。1931 年夏，江绍原在北京大学讲授"中国礼俗迷信之研究"一科，无故被取消。他抱怨道："古今生活思想中神怪方面之史的研究，虽能够帮助解放人的心灵……中国官学却尚不知提倡或至少容忍之。"③ 1936 年杨堃调侃江氏，"官学"对民俗学、神话学、人类学的态度有所改变了。因为英国人类学家布郎（A. R. Brown，1881 - 1955）来北大讲学时，胡适曾言："北大历史系课程，过于正经，无左道斜门之设，如人类学等。如同学要听人类学等课程，现在很希望布朗［郎］博士之讲演，使我们学一学左道斜门。……使北大历史系对此项学术加以注意。"④ 北大历史系主任陈受颐亦说："人类学、人种学、风俗学，都是历史的补助科学，同时也就是研究历史学应当注意的。"⑤ 在胡适眼中，人类学等社会科学都是"左道斜门"，言外之意，唯独考据才是"正统"学问，怎能容得江氏讲"中国礼俗迷信之研究"。据胡适弟子罗尔纲回忆，其《清代士大夫好利

---

① *Introduction* 作者在注释中说明："我们不专门讨论实物文献（物体、纪念碑等）批判，尽管实物文献批判在很多方面不同于书面文献批判。"（余伟译本，第 35 页）
② 马衡语，参见《傅振伦学述》，浙江人民出版社，1999，第 74~79 页。
③ 江绍原：《中国古代旅行之研究》，商务印书馆，1935，"导言"，第 4 页注二。
④ 《布郎昨在北大讲"历史与社会科学"》，《世界日报》1935 年 12 月 5 日。
⑤ 《学人访问记：历史学家陈受颐》，《世界日报》1935 年 12 月 18 日；杨堃：《江绍原著〈中国古代旅行之研究〉》，《社会学刊》第 5 卷第 2 期，1936 年。

风气的由来》一文只是做了一个局部性的概括论断，胡适看了非常生气。① 强调"通式"的社会科学被胡适排斥在历史研究之外，乃情理中事。

三 傅斯年与 *Introduction*

在近代中国史家群体中，唯傅斯年的个性与瑟诺博司颇为相似，皆好辩，有走极端的倾向，而且两人在史学思想方面同大于异。1929~1933年，傅氏在北大讲授"史学方法导论"课，凡七讲：第一讲论史学非求结论之学问、论史学在"叙述科学"中之位置、论历史的知识与艺术的手段；第二讲中国及欧洲历代史学观念演变之纲领；第三讲统计方法与史学；第四讲史料论略；第五讲古代史与近代史；第六讲史学的逻辑；第七讲所谓"史观"。② 既有研究表明，他的藏书中有伯伦汉 1920 年版 *Einleitung*，阅读痕迹明显，1937 年他重装了封面，③ 说明他对此书的爱护，他的史学思想或从中能寻找到一些渊源。然而，傅氏思想与伯伦汉分歧又相当明显，如反感历史哲学，"历史哲学可以当作很有趣的作品看待，因为没有事实做根据，所以和史学是不同的"，④ 对考古学兴趣浓厚，轻视社会科学。相比较而言，傅斯年史学主张与 *Introduction* 更若合符节。目前虽无直接证据表明傅氏读过 *Introduction*，但以此书之流行、胡适对它的推崇，加之傅氏讲史学方法课程，他若对此书毫无了解，则不可思议。

傅斯年的某些表述与 *Introduction* 很接近，除了"史学便是史料学"之外，尚有多处。傅氏说："历史是上句不接下句，东摇西摆，乱七八糟的偶然的不成体统的东西"，⑤ "历史本是一个破罐子、缺边掉底，折把残嘴，果真由我们一整齐了，便有我们主观的分数加进了"。⑥ *Introduction*

---

① 余英时：《重寻胡适历程：胡适生平与思想再认识》，广西师范大学出版社，2004，第 213 页。
② 傅斯年：《史学方法导论》，《傅斯年全集》第 2 卷，第 307 页。
③ 王汎森、杜正胜编《傅斯年文物资料选辑》，台北：傅斯年先生百龄纪念筹备会，1995，第 51 页。
④ 傅斯年：《考古学的新方法》(1930)，《傅斯年全集》第 3 卷，第 88 页。
⑤ 马鸿昌：《评现在之中国史学界》，李孝迁编校《中国现代史学评论》，第 178 页。
⑥ 傅斯年：《评丁文江的〈历史人物与地理的关系〉》，《傅斯年全集》第 1 卷，第 428 页。

就有类似的论述，如"我们所得到的事实是乱七八糟的，没有任何本质的区别……文献作者们所给出的事实却是杂乱无章的""对文献的批判性分析，已经提供了历史建构的素材——即那依然处于散乱状态的历史事实""批判所提供的事实是孤立的和散落的"。① 这些或许就是傅氏所言的理论依据所在。傅氏强调"史学非求结论之学问"，Introduction 多处反复申说结论需谨慎，"极少有结论是被坚实确证了的，除非是依赖于大量详尽数据的那些结论""尝试得出某些一般性结论之前，核查全体事实和整个传统""在历史中，经常出现的是：写得最好的专著没有提供任何别的结论，只是证明了知识是不可能的。……一部优秀专著的正确结论，是其所获成果与尚有疑问之处的资产负债表"。② 傅氏又谓："我们反对疏通，我们只是要把材料整理好，则事实自然显明了。一分材料出一分货，十分材料出十分货，没有材料便不出货。两件事实之间，隔着一大段，把他们联络起来的一切涉想，自然有些也是多多少少可以容许的，但推论是危险的事，以假设可能为当然是不诚信的事。"③ 这正是 Introduction 第十三章"建设性推理"所讨论的问题，瑟氏认为"推理是最难被正确运用的，而且还已引发了许多十分严重的错误"。④

瑟诺博司的历史解释诉诸偶发事件和个别原因（personal causes），拒斥"通则原因"（general causes）。他认为："与其他科学不同，历史更善于确定特殊事变的原因，而非那些一般性变化（general transformation）的原因。"⑤ 此种思维取向在胡适、傅斯年身上表现尤为显著。陈独秀认为白话文运动是应"中国近年产业发达，人口集中"需要而发生的。胡适很不以为然，他说："独秀这番议论是站在他的经济史观立场说的。我的《逼上梁山》一篇虽然不是答复他的，至少可以说明历史事实的解释不是那么简单的，不是一个'最后之因'就可以解释了的。……其中各有多元的、个别的、个人传记的原因，都不能用一个'最后之因'去解释说

---

① 余伟译本，第 127、128、136、191 页。
② 余伟译本，第 157、169、183、184 页。
③ 傅斯年：《历史语言研究所工作之旨趣》，《傅斯年全集》第 3 卷，第 9~10 页。
④ 余伟译本，第 152 页。
⑤ Langlois, Seignobos, *Introduction*, p. 292；余伟译本，第 175 页。

明。……这个思想不是'产业发达,人口集中'产生出来的,是许多个别的、个人传记所独有的原因合拢来烘逼出来的。……这种种因子都是独一的、个别的。……治历史的人,应该向这种传记材料里去寻求那多元的、个别的因素,而不应该走偷懒的路,妄想用一个'最后之因'来解释一切历史事实。"① 胡适所谓"最后之因"跟 general causes 几乎是同义词。当然,胡适强调个别的、个人传记的作用,也有可能受德国温德尔班(Wilhelm Windelband,1848 – 1915)《哲学史教程》(*A History of Philosophy*,1893)的影响。他在《中国哲学史大纲》第一篇导言末尾所列参考书举要,论哲学史、论哲学史料,明示参考温德尔班《哲学史教程》英译本(1898)。温氏跟瑟氏一样,他在《哲学史教程》中也认为历史进程中多元(multiplicity)、个别因素(individual factor)的决定性作用,"历史是一个充满个别人事(individualities)的王国,里面每个细节都不会重复发生,并各有其自身的价值。在哲学史里也正如此,大思想家展现着他们深远以及无限的正面影响"。②

傅斯年的历史解释同样反对"通则原因",他认为没有两件相同的史事,"历史上件件事都是单体的,本无所谓则与例"。在他看来,历史不存在因果律,因果解释是有宗教意味的,历史事件不能做抽象的概括,"以简单公式概括古今史实,那么是史论不是史学,是一家言不是客观知识",③ 所以"史学非求结论之学问"。他曾在北大"史学方法导论"课上举元朝伐日失败的例子:"元朝成吉思汗把欧亚许多国家都征服了,单单伐日本的时候,因为忽然之间起了大风,把他底兵舰都卷沉海底。若不是忽然之间大风作祟,也许元朝会完成了统一的大帝国,也许世界的历史会是另一个面目了。"④ 此例无异于瑟氏在 Introduction 提到埃及艳后 Cleopatra 的鼻子也许会影响到罗马帝国。⑤ 胡、傅二氏身体力行,前者自

---

① 胡适:《〈中国新文学大系·建设理论集〉导言》,《胡适全集》第 12 卷,安徽教育出版社,2003,第 273 ~ 276 页。
② Wilhelm Windelband, *A History of Philosophy*, London: Macmillan Co., 1898, p. 14. 感谢美国罗文大学历史系王晴佳教授提示。
③ 傅孟真:《闲谈历史教科书》,《教与学》第 1 卷第 4 期,1935 年。
④ 马鸿昌:《评现在之中国史学界》,李孝迁编校《中国现代史学评论》,第 178 ~ 179 页。
⑤ Langlois, Seignobos, *Introduction*, p. 248;余伟译本,第 149 页。

称有"考据癖",后者热衷讨论谁是明成祖的生母,或许在傅氏看来,明成祖生母是谁的问题会引发蝴蝶效应,产生一系列重大的历史变动。正因为以胡适、傅斯年为首的新历史考据派重视个别因素,恰如瑟氏强调事实不分大小,细因(small causes)或许会产生巨响(great effects),历史不应该牺牲任何一件事实,① 从而为考据工作的正当性做了理论说明。

傅斯年在《历史语言研究所工作之旨趣》末尾高呼"把那些传统的或自造的'仁义礼智'和其他主观,同历史学和语言学混在一气的人,绝对不是我们的同志","要把历史学、语言学建设得和生物学、地质学等同样,乃是我们的同志"。② 如果结合 *Introduction* 所论,不难发现两者存在学缘关系。*Introduction* 第十五章批评 19 世纪下半叶之前的历史著作,或为愉悦,或为训诫,历史只是文学的分支,而历史解说的科学原则是"历史的目标不是愉悦,亦非给予行动的实践箴言,更不是促发情感,而是纯粹而素朴的知识"。③ 所以傅氏强调"历史学不是著史,著史每多多少少带点古世中世的意味,且每取伦理家的手段,作文章家的本事"。④ *Introduction* 谓:"历史必须去研究那些独一无二的事实,但这却使得人们说历史不可能是一门科学,因为每一门科学都把普遍性的东西作为它的目标。历史在此是与宇宙学、地质学、动物物种学处境相同的:换言之,历史不是关于诸种事实间普遍联系的抽象知识,它是一种旨在解释实在的科学。世界、动物和人类都只是单维的演化。在每次演化中,连续出现的事实并不是抽象法则的产物,相反每一刻都是好几种具有不同本质的情况巧合而成的结果。这种巧合——有时候被称作偶然——引发了一系列的偶然事件,而这些事件决定了演化所采取的特殊进程。演化只有通过研究这些偶然事件才能被理解;历史在此处与地质学或古生物学具有同等的地位。"⑤ 傅氏之所以把生物学、地质学作为历史学建设目标,正是基于这三种学科都具有共通的演化性质,他的主张无疑跟 *Introduction* 有密切关

---

① Langlois, Seignobos, *Introduction*, pp. 248, 262.
② 傅斯年:《历史语言研究所工作之旨趣》,《傅斯年全集》第 3 卷,第 12 页。
③ 余伟译本,第 182 页。
④ 傅斯年:《历史语言研究所工作之旨趣》,《傅斯年全集》第 3 卷,第 3 页。
⑤ 余伟译本,第 147~148 页。

系。Introduction 思想包含两块异质又共存的部分，在方法学层面要求纯粹为知识而知识，但又强调历史学的教育功能。傅斯年在这两方面也有类似的表现，既凸显史学是客观知识，又看重"与近代生活相干"部分：首先把历史知识当作"人学"，其次是国民的训练，最后是文化演进之阶段。① 与瑟诺博司观点很接近。

同时，傅斯年思想又表现出与 Introduction 的分野。瑟氏的史学方法论包括文献批判（考史）和历史建构（著史），而且前者是手段，后者才是目的，他的主要史学作品大部分是综合性的历史建构作品，文献批判不是他最主要的工作，故瑟氏是 Historian 而不是 Critical Scholar。然而，傅氏公开的方法论述，时常停留于考史阶段，著史并没有显著地位，甚至偏激地说"历史学不是著史"。就史家形象来说，傅斯年近于 Critical Scholar，而与 Historian 颇有距离，他本人治史取向以及对其他人的学术要求，皆不在综合的历史撰写，而在分析的专题研究。近代中国史学界主流趋向考据，故 Introduction 文献批判学受到普遍关注，而其"著史"思想反受冷落，除了何炳松之外，其他人似乎更多彰显 Introduction 在史料学方面的贡献，事实上偏离了此书凸显"撰写历史"的方向。有趣的是，20 世纪 30 年代以来中国史学界不时听到没有理想中国通史的忧虑之声，有些学者归咎于 Introduction 的负面影响，殊不知瑟诺博司其实是反对那种与现实脱节的烦琐考据的，恰如 1881 年他在《德国大学的历史教育》一文中批评德国历史教育缺乏专史和通史的写作训练，主张以通史写作沟通历史与现实社会的两者关系。

余 论

20 世纪 40 年代中国史学界有两股"畸形"力量，即琐碎考订的掌故派（antiquitarians）和研究中国整个社会进展的社会史派。② 掌故派的发达，与中国史学界对 Introduction 片面接受当不无关系，或者说此书相关

---

① 傅孟真：《闲谈历史教科书》，《教与学》第 1 卷第 4 期，1935 年。
② 齐思和：《现代中国史学评论——掌故派与社会学派》，李孝迁编校《中国现代史学评论》，第 237~242 页。

论述为掌故派提供了理论支撑。因此，近代学者对新历史考据派的不满，往往牵连 Introduction。批判者来自以下两方面。

其一，体制内史家的不同声音，以南方中山大学朱谦之的批判尤力。早在 1933 年，朱氏在《什么是历史方法》一文中肯定伯伦汉、瑟氏在史料搜集与批判方面的贡献，但对史料综合"未免失却史家之明敏的精神"，批评 Introduction 反对历史哲学的，反对在"史料综合"中建立历史的根本法则，"则其结果当然不能建立伟大的历史方法学了。……前人著历史方法学的，事实上都只是'历史学的历史学家'，而不是'社会学的历史学家'，故他们所谓历史方法，也是多半为'历史学的历史方法学'而不是'社会科学的历史方法学'，却不知历史学乃社会科学之一，若不晓得社会科学所公同采用的'历史方法学'，那么历史方法学，又从何讲起呢？固然 Seignobos 也有《应用于社会上科学的历史学方法》一部名著，未尝不给我们以许多的暗示……却是在一个未完全明了历史学为社会科学之一的'历史学的历史学家'，无论如何说法，总未免有一层隔膜"。① 朱谦之的学生陈啸江受其师的影响，猛烈抨击新历史考据派，同样连带批判瑟诺博司。1940 年清华大学历史系西洋史教授俄裔噶邦福（J. J. Gapanovich，1891 - 1983）在商务印书馆出版英文著作《历史综合法》（*Methods of Historical Synthesis*），多次论及 Introduction，尤其不认可瑟氏所提出的"历史事实的一般性分类表"，他说被分类的历史事实之间好像孤立的盒子，然而历史是活的，不是一个抽屉组成的柜子，它本质上是有机的、不可分割的。他批评在 Introduction 影响之下，许多一般著作就用这种毫无生气的方式处理材料。②

其二，左派史家不满 Introduction 否定法则，片面批判 Introduction 所提出的历史乃推理的科学、间接的科学、主观的科学之说。左派刘静白著《何炳松历史学批判》（1933）一书，专批何氏，关于史学方法论，由于何氏完全承袭 Introduction，所以刘静白否定何氏自然也意味着无法认同 Introduction。虽然刘氏批判不无刻薄，未必能让何氏称服，但也得到体制

---

① 朱谦之：《什么是历史方法》，《现代史学》第 1 卷第 1 期，1933 年。
② J. J. Gapanovich, *Methods of Historical Synthesis*, The Commercial Press, 1940, p. 14.

内学者的声援，认为何氏"咎由自取"。① 甚至到了1956年，胡绳《社会历史的研究怎样成为科学》② 一文批评胡适、何炳松、傅斯年等人否定规律，进而也一并祸及 Introduction。总体而论，民国史学界各派对 Introduction 认识甚为偏颇，往往断章取义，曲解作品原意，所评难以令人信服，故并未真正动摇 Introduction 的根基。直接或间接受此书影响的学者仍然众多，它所立下的规则似已脱离作者而沉淀为治史者最基本的行规。

---

① 张好礼：《中国新史学的学派与方法》，李孝迁编校《中国现代史学评论》，第82页。
② 胡绳：《社会历史的研究怎样成为科学》，《历史研究》1956年第11期。

世变与学变下的传统思想[*]

——近代学者对"道家出于史官说"之阐释

王 锐[**]

近代以来,中国遭遇前所未见的世变,在思想领域,由于西学的传入,以及传统学术内部的变迁,出现了新的"道术将为天下裂"之局面。许多传统思想与学说在时代的激荡之下,被文化立场与学术取向各异的学者赋予了许多新的阐释,使其先前所蕴含的各种面向被重新阐扬或表彰,成为构建近代知识体系的一部分。特别是一些古代学说,由于本身辞约旨远、言简意赅,加之年代久远,书缺有间,难以一一将其确切实证,因此更是赋予了人们足够多的阐释可能性。而这些阐释背后,也显现出近代中国知识分子面对世变与学变之时所做出的各种思考甚至焦虑。

本文所欲讨论的问题,便是近代学者如何对古人关于学术源流的认识进行阐释。众所周知,近代诸子之学复兴,子学研究成为近代学术研究中的一大热门,不少学界名流皆曾涉足其中。或是依循清人门径,踵事增华,董理子书;或是别出心裁,根据自己对于时代的认识来诠释禹域旧章,从子书当中抽绎出古所未闻的"义理"。特别是后者,时贤或是基于强烈的民族自尊心,或是为了让眼界初开的中国人更易接受西方新说,因此多借助泰西各种学说来重新解读诸子著作,将诸子遗言视为各类西学在中国古代的遥远知音。同时诸子的学术源流与流变也成为一个热门话题,对这一问题的解释,《汉书·艺文志》(以下简称《汉志》)中所言长期被奉为圭臬。对于道家学说,《汉志》云:

---

[*] 本文原刊于华中师范大学中国近代史研究所编《章开沅先生九秩华诞纪念文集》,华中师范大学出版社,2015,第621~644页,题目未变。此次刊登在原文基础上做了些许修改。

[**] 王锐,华东师范大学历史学系讲师。

> 道家者流，盖出于史官，历记成败存亡祸福古今之道，然后知秉要执本，清虚以自守，卑弱以自持，此君人南面之术也。①

这一段话至少包含了三个层次，首先说明道家之学出于上古史官；然后展开论述，认为道家学者因此对历史变迁深有心得，能透过历史表象总结出规律；最后指出由于有着这些学术渊源与思想特点，故而道家之学乃是统治者的南面之术，对于治国大有帮助。这一段话，在近代引起许多学者从不同角度进行阐释。

当然不容忽视的是，自新文化运动以来，随着胡适的地位与知名度迅速上升，他的《诸子不出于王官论》影响学界甚大，许多年轻一辈的学者对于诸子起源的讨论，不再以《汉志》所言作为准的。② 不过正如论者指出的，在中国近代思想史的研究当中，应关注到近百年来被新思潮所压制的学术论述，拨开由各种现代性话语传播而造成的史实遮蔽，重访许多被忽略的面向与问题，重视彼时的"潜流"与"低音"，以此更为多元地展示近代历史的纷繁图景。③ 本文即着眼于近代学者对于"道家出于史官说"这一观点所做的各种阐释，以此彰显某一古代思想在近代可能扩散出的引申意涵，同时力求梳理出诠释者背后关于近代中国学术、文化，甚至是世变的各种思考。

一 史官地位的提升

"道家出于史官说"之所以能引人瞩目，被不少学者展开阐释，其背后的原因除了诸子学在近代中国重新被关注之外，④ 另一个就是清代以来对于上古中国文化的解释，开始强调史官这一角色的重要性，这一点值得详论。对史官这一职位之沿革的梳理，唐人刘知几在《史通》一书的

---

① （汉）班固：《汉书》第6册，中华书局，1962，第1732页。
② 刘巍：《中国学术之近代命运》，北京师范大学出版社，2013，第155~206页。
③ 王汎森：《执拗的低音——一些历史思考方式的反思》，三联书店，2014，第1~66页。
④ 关于这一点，学界已有众多讨论，故本文只是将其作为一个历史背景进行简要提及，而不再具体详论。

《史官建置》篇中已经着手进行。不过他所强调的，乃是史官作为王朝中载笔之士的重要性，在他看来，"苟史官不绝，竹帛长存，则其人已亡，杳成空寂，而其事如在，皎同星汉"。正因为"史之为用，其利甚博，乃人生之急务，为国家之要道"，所以"史官之作，肇自黄帝，备于周室，名目既多，职务咸异。至于诸侯列国，亦各有史官，求其位号，一同王者"。① 刘知几对于上古史官的论述，基本是将其作为历史记录者的角色进行定位，而且只是从历史编撰本身展开立论。然而到了清代，人们对于史官的认识，较之前人，已出现极大的不同。

章学诚的"六经皆史"说，早已为人所熟知，尽管这一观点并非他最先提出，② 但是他对此进行了许多具体讨论，其中也包括对史官角色的论述。他指出上古之时，"有官斯有法，故法具于官；有法斯有书，故官守其书；有书斯有学，故师传其学；有学斯有业，故弟子习其业。官守学业皆出于一，而天下以同文为治，故私门无著述文字"。③ 所以图书载籍，具备于官守。"即如六典之文，繁委如是，太宰掌之，小宰副之，司会、司书、太史又为各掌其贰，则六典之文，盖五倍其副贰，而存之于掌故焉。其他载籍，亦当称是。是则一官失其守，一典出于水火之不虞，他司皆得借征于副策，斯非记注之成法详于后世欤！"④ 因此在史书编撰方面，"官礼制密而后记注有成法，记注有成法而后撰述可以无定名。以谓纤悉委备，有司具有成书，而吾特举其重且大者笔而著之，以示帝王经世之大略。而典、谟、训、诰、贡、范、官、刑之属，详略去取，惟意所命，不必著为一定之例焉。斯《尚书》之所以经世也"。⑤ 在这里，章学诚对于史官的论述，主要是突出其作为王官之一员，所以掌握了丰富的官书典籍，因而能够达到著史的理想境界，后世官师分离，著史成为私家之事，撰述有成法而记注无定名，所以"伪乱真而文胜质，史学不亡而亡矣"。⑥

---

① （唐）刘知几著，（清）浦起龙通释《史通通释》，上海古籍出版社，2009，第280~281页。
② 汪荣祖：《史学九章》，台北：麦田出版，2002，第311~312页。
③ （清）章学诚著，王重民通解《校雠通义通解》，上海世纪出版集团，2009，第1页。
④ （清）章学诚著，仓修良编注《文史通义新编新注》，浙江古籍出版社，2005，第20页。
⑤ （清）章学诚著，仓修良编注《文史通义新编新注》，第21页。
⑥ （清）章学诚著，仓修良编注《文史通义新编新注》，第20页。

在章学诚看来，官师是否合一，为学术兴衰一大关键，是故两相对比，史官的重要性于焉凸显。

到了龚自珍那里，史官的地位与作用被更进一步抬高。他指出："周之世官大者史。史之外无有语言焉；史之外无有文字焉；史之外无人伦品目焉。史存而周存，史亡而周亡。"①视史官为一切文化之所出，同时其地位与国之兴亡休戚相关。他继承章学诚的"六经皆史"之论，认为"六经者，周史之宗子也。《易》也者，卜筮之史也；《书》也者，记言之史也；《春秋》也者，记动之史也；《风》也者，史所采于民，而编之竹帛，付之司乐者也。《雅》、《颂》也者，史所采于士大夫也。《礼》也者，一代之律令，史职藏之故府，而时以诏王者也。小学也者，外史达之四方，瞽史谕之宾客之所为也"②。此外，在他看来，"诸子也者，周史之小宗也"，具体言之，道家祖为"任照之史"，农家祖为"任天之史"，法家祖为"任约剂之史"，名家祖为"任名之史"，杂家祖为"任文之史"，阴阳家祖为"史之任讳恶者"，墨家祖为"任本之史"，小说家祖为"任教之史"。③他将《汉志》所言的"道家出于史官"之论进一步扩大，强调诸子各派，皆源于上古史官，这无疑使得史官在学术传承上的重要性更为凸显。至于龚氏何以认同章学诚之言，或许正如钱穆所论，二人学说大体上皆为乾嘉朴学之反动，是故有相通之处。④

然而龚自珍对史官的论述，不是单从学术渊源角度着眼。他指出："王者，正朔用三代，乐备六代，礼备四代，书体载籍备百代，夫是以宾宾。宾也者，三代共尊之而不遗也。夫五行不再当令，一姓不再产圣。兴王圣智矣，其开国同姓魁杰寿考，易尽也。宾也者，异姓之圣智魁杰寿考也……王者于是芳香其情以下之。玲珑其诰令以求之，虚位以位之。"⑤"故夫宾也者，生乎本朝，仕乎本朝，上天有不专为其本朝而生是人者在也。是故人主不敢骄。"⑥在龚自珍看来，上古的政治结构，"宾"的地

---

① （清）龚自珍：《古史钩沈论二》，《龚自珍全集》，上海古籍出版社，1999，第21页。
② （清）龚自珍：《古史钩沈论二》，《龚自珍全集》，第21页。
③ （清）龚自珍：《古史钩沈论二》，《龚自珍全集》，第21~22页。
④ 钱穆：《中国近三百年学术史》下册，商务印书馆，1997，第595页。
⑤ （清）龚自珍：《古史钩沈论四》，《龚自珍全集》，第27页。
⑥ （清）龚自珍：《古史钩沈论四》，《龚自珍全集》，第28页。

位可以与"王者"相匹敌,虽然身为臣子,但是受到"王者"的极度礼遇,以此显示后者对文化传承的重视与尊重。而"史之材,识其大掌故,主其记载,不吝其情,上不欺其所委赘,下不鄙夷其贵游,不自卑所闻,不自易所守,不自反所学,以荣其国家,以华其祖宗,以教训其王公大人,下亦以崇高其身,真宾之所处矣"。① 强调史官因具备各种华美之质,所以在王朝政治结构中,也应为"宾"。可见,依龚自珍之见,史官之地位,已绝不仅仅是载笔之士或文化的传承者,而且是具有极高的政治地位,使得"人主不敢骄"。这一论述,实则与龚自珍对当时清廷政治文化之批判息息相关,他认为当时朝中"左无才相,右无才史,阃无才将",② 而清朝君王对于有识之士尽力束缚,百般屈辱,使大臣长期处于战战兢兢的状态,同时制造各种牵制之术,让臣工难有作为,稍不慎即触犯律例,如此使得朝政弊病丛生,士大夫廉耻丧尽。③ 他对古代史官的阐扬与表彰,其意即通过道古事以讽谏当下,希图让统治者有所警醒。

晚清以降,章学诚的学说受到人们极大的关注。康有为在1920年代颇为气愤地说:"近世学术之谬,圣教之衰,大抵自章学诚为最甚矣。"他的"六经皆史"之论致使"人心败坏,风俗陷溺,一至于此"。④ 这一批评的背后,正显示出章学诚学说影响之广泛。同样的,龚自珍亦备受时人青睐。梁启超回忆:"光绪间所谓新学家者,大率人人皆经过崇拜龚氏之一时期。初读《定庵文集》,若受电然。"⑤ 在这样的思想背景下,章、龚二人关于史官的论述,进一步被人们所吸收并阐释。

晚清国粹学派对于中国传统思想与学术多有阐扬。邓实、黄节等人借鉴当时日本学者的"国粹论",极力鼓吹中国"国粹"。他们区分"国

---

① (清)龚自珍:《古史钩沈论四》,《龚自珍全集》,第28页。
② (清)龚自珍:《乙丙之际箸议第九》,《龚自珍全集》,第6页。
③ (清)龚自珍:《明良论四》,《龚自珍全集》,第34页。
④ 康有为:《与支伟成》(1926年),张荣华编校《康有为往来书信集》,中国人民大学出版社,2012,第24页。
⑤ 梁启超:《清代学术概论》,朱维铮校注《梁启超论清学史二种》,复旦大学出版社,1985,第61页。

学"与"君学",认为中国学术自晚周诸子以降,多被"君学"所笼罩,学术思想成为帝王专制的工具,堪称真"国学"者寥寥无几。① 在这种诠释思路下,其所极力鼓吹的"国粹",名为复古,实则暗含许多古所未闻的思想种子。② 他们对于史官,也在这样的诠释思路下有所论述。邓实强调:"史官者,神州学术之微也。"③ "夫史为古今天下学术一大总归,文书之库,而知识之府,故史之权于通国为独重,而史之识,亦于通国为独高。"④ 不但六艺皆为史,诸子九流亦同出于史,上古学术之兴盛,皆赖有其史官传统。在这里邓实对史官如此阐扬,乃是为了突出后世专制政治下中国已无史,借提倡某种"国粹"来批判其眼中中国传统文化的弊病。他痛陈:"悲夫!中国之无史也,非无史,无史材也。非无史材,无史志也。非无史志,无史器也。非无史器,无史情也。非无史情,无史名也。非无史名,无史祖也。呜呼!无史祖、史名、史情、史器、史志、史材,则无史矣。无史则无学矣,无学则何以有国也?诸夏飘飘,神州莽莽,中区鱼烂,道术将裂。"⑤ 可见在邓实眼中,史官为"国粹"的体现,有史或无史,关乎文化兴衰。

与邓实一样,刘师培也极力表彰史官的重要性。他说:"予思书契以降,君权、史权互为消长……魏晋以上,史臣操监督政府之权;魏晋以下,政府操监督史臣之权。"所以后世"中国之所谓历史者,大率记一家一姓之事耳"。⑥ 在他看来,史官是上古之时足以与君权相抗衡的人物。此外,他申论章学诚的相关观点,认为古代学术出于史官,如六艺、诸子、术数、方技等皆是。因此,"史为一代盛衰之所系,即为一代学术之总归"。⑦ 不过依刘师培之见,史官掌握学术,亦有弊端存焉,一为上级

---

① 邓实:《国学真论》,桑兵等编《国学的历史》,国家图书馆出版社,2010,第91~93页。
② 王汎森:《从传统到反传统——两个思想脉络的分析》,《中国近代思想与学术的系谱》,台北:联经出版事业股份有限公司,2003,第123页。
③ 邓实:《国学微论》,桑兵等编《国学的历史》,第27页。
④ 邓实:《国学微论》,桑兵等编《国学的历史》,第28页。
⑤ 邓实:《国学微论》,桑兵等编《国学的历史》,第32页。
⑥ 刘师培:《陈去病清秘史序》,邬国义、吴修艺编校《刘师培史学论著选集》,上海古籍出版社,2006,第7、8页。
⑦ 刘师培:《古学出于史官论》,邬国义、吴修艺编校《刘师培史学论著选集》,第10页。

有学而下级无学,一为有官学而无私学,这些因素导致了古代"学术专制"。① 即便如此,刘师培仍极其看重史官的地位,认为其对古代政治与学术具有巨大影响。

通过以上的梳理,可以看到从清代中期开始,上古史官的地位被许多论者抬高与放大,先是从历史编撰的角度来论述,再到视其为古代学术的中枢,及至认为其与政治文化兴衰息息相关。在这一学术背景下,《汉志》既言道家学说出于古之史官,那么就使其重要性亦因之提高,进而产生了对《汉志》这一论点的各种阐释。

二 道家、史官与六经

前文谈到,晚清以来,章学诚学说受到许多学者的重视,张尔田即是其中一位代表人物。钱基博梳理近代史学流派,指出其中"言史例史意者一派,绍明章学诚之绪论,如张尔田、何炳松是也"。② 张氏自己也承认"余之服膺实斋者也"。③《史微》一书,为张氏学术代表作,他自言著书目的:"《史微》之为书也,盖为考镜六艺诸子学术流别而作也。"④ 同时自诩"盖六艺诸子自向歆校书后,今日始一理董也"。⑤ 其继承向、歆遗业与实斋之学的意愿甚为明显,是则书中对道家出于史官说便多有阐释。

在张尔田看来,正如章学诚所言,六艺皆为史,百家道术乃是六艺之支与流裔。因而太史一职,在上古地位非常重要。他说道:

> 太史者,天子之史也。其道君人南面之术也,内掌八柄以诏王治,外执六典以逆官政,前言往行无不识,天文地理无不察,人事之纪无不达,必求博闻强识疏通知远之士,使居其位,百官听之以出治焉。故自孔子以上,诸子未分以前,学术政教皆聚于官守,一言以蔽

---

① 刘师培:《补古学出于史官论》,邬国义、吴修艺编校《刘师培史学论著选集》,第 16~17 页。
② 钱基博:《古籍举要》,上海古籍出版社,2011,第 77 页。
③ 张尔田:《汉书艺文志举例序》,《亚洲学术杂志》第 2 期,1921 年。
④ 张尔田:《史微·凡例》,上海世纪出版集团,2010,第 1 页。
⑤ 张尔田:《史微·题辞》,第 1 页。

之，曰史而已矣。①

在这里，他基本上继承了龚自珍的观点，认为史官的地位非常重要，是王朝政治与文化的中枢。不过他并非只绍述前人观点，而是对此有进一步的阐释。既然张尔田明言《史微》一书乃是远祧向、歆遗业，那么在以其《七略》为本节略而成的《汉志》中，明确指出了道家之学出于史官，加之这一观点书中并未详细论证，这便给了张尔田足够的阐释空间。他指出，东周以降，天子蒙尘，王官四散，百家之学开始勃兴，诸子各派各得王官学之一端，而"史官之大宗独降为道家"，因此"六艺皆王者之史，根据于道家"。② 如此一来，依张氏之见，甚至章学诚的"六经皆史"说亦存缺憾，他认为："实斋阐史，有宗周祧孔之论，皆可谓知二五而不知一十也。"③ 总之，道家的地位与重要性，在张尔田那里便随着史官地位与重要性的彰显而水涨船高。

因此张尔田指出："百家者，六艺之支与流裔也。六艺本古史，史之大宗属道家，故百家莫不祖史，而以道为之原。昔者黄帝正名百物，得君人南面之术，百官以察，万民以治，首立史官，于是乎有六艺，道家守之以进退百家，百家禀道家以修其职，如众星之拱北辰也……道家实已兼百家之所长矣，故百家皆上承道家，以为出治之本，此三代政教所由备哉灿烂欤？"④ 诸子各派，其思想皆与道家相同，因而道家的地位便成为百家之首。"闲尝论之，道家为君人南面之术，君道也，百家皆出于官守，臣道也，臣道不能独治，必上禀君道而统之，此古帝王设官分职之遗意也。故诸子立言虽歧，合其要归，未有不原于道家者，即其闲异户同门，互相诋謷，此乃辩生于末学，岂九师之道本然哉？"⑤ 而后世六艺尽属儒家，使得史官正宗降为九流之一，导致学术日渐衰微，百家之言归于泯灭。张尔田对道家出于史官说的阐

---

① 张尔田：《史微·原史》，第1页。
② 张尔田：《史微·原史》，第2页。
③ 张尔田：《史微·史学》，第6页。
④ 张尔田：《史微·祖道》，第115页。
⑤ 张尔田：《史微·祖道》，第118页。

释，将道家抬到了非常高的位置，这恐怕绝非刘向、刘歆、章学诚等人所能想象。

张尔田虽然极力表彰道家，但是他依然以儒者自居，视孔子为教主，力陈孔教应为国教，① 认为"我孔子之制六艺也，盖示后王以明治天下之道而已"。② 那么他在视道家为百家之首的论述里，如何安置儒家，就成为一个颇费心思的问题。他指出："孔子之道，君人南面之术也"，所以"孔子实兼道家也"。③ 但是这并非降低孔子地位，因为道家宗旨为明天，儒家宗旨为明人，"孔子之道则不然，道家先法天道，孔子则修人道以希天；儒家先尽人道，孔子则本天道以律人"。④ 所以"惟其兼道家之统，故高出乎儒家；惟其兼儒家之统，故又不纯乎道家"。⑤ 因此在张尔田看来，孔子兼得儒道两家之长，已非一派所能涵盖，单单视孔子为儒家，并非突出道统，实乃卑视孔子，故而他感慨后世儒者"致使夫子由司徒一官上承君人南面之统，以为万世帝王师表者，屈在臣邻之列，而无一人智足知圣焉"。⑥ 言下之意，他的这番诠释，堪称发千古未发之覆。

张尔田对于《汉志》论道家之语的阐释，实话说来已非完全根据遗世载籍立论，而是有不少流于主观之处，这一点他早有认识。他不满于古文经学"言必有据"的治学路数，认为"自章枚叔（按：即章太炎）辈出而古文又弊矣"。相较于今文经学，"古文之弊难见"，是故"难见其患深"，进而"患深且将灭种"。⑦ 而在他看来，学问之道，"有一种不能及时示人证据，必待事变之来而吾言方验"，他名之曰"纵的考据"。⑧ 因此他在《史微》中对道家出于史官说的阐释，便是其治学方法的体现。他自认为这一解释并未降低儒家地位，而是愈发彰显孔子的伟大，但是将道家的地位抬得如此之高，承认所谓"异端之学"的巨大价值，此举已然

---

① 张尔田：《为定孔教为国教事敬告两院议员》，《庸言》第1卷第20号，1913年。
② 张尔田：《论六经为经世之学》，《亚洲学术杂志》第1期，1921年。
③ 张尔田：《史微·原儒》，第42页。
④ 张尔田：《史微·征孔》，第62页。
⑤ 张尔田：《史微·征孔》，第65页。
⑥ 张尔田：《史微·征孔》，第65~66页。
⑦ 张尔田：《屠守斋日记》，《史学年报》第2卷第5期，1938年，第366页。
⑧ 张尔田：《致王国维》，马奔腾辑注《王国维未刊来往书信集》，清华大学出版社，2010，第259页。

喧宾夺主，使孔子的独尊地位受到极大冲击，开启后来反传统之人借诸子以批孔的"洪水闸门"。因此张氏的挚友孙德谦后来在《诸子通考》一书中对此回应道："儒家以仲尼为祖，仲尼在庶，虽未得天子之位，而其删修六经，固有王者起，必来取法者也……若是孔子者，万世帝王之师表也。儒家一流，远承其统，则道家虽为君道，其不能与儒家争长也，亦可悟矣。"① 极力强调儒家地位远在百家之上，以此防微杜渐，以防世人小看孔子。

与张尔田相似，江瑔也颇受章学诚、龚自珍等人的影响。关于六经的定义，江氏指出："六经者，古代之史也。《尚书》记言，为唐虞三代之史。《春秋》记事，为春秋列国之史。《易》为上古羲农之史。《诗》为商、周、十五国之史。《礼》、《乐》尤为一代制度之史。古代声名文物，咸萃于此。"同时他特别强调："六经皆史，李卓吾、章实斋、龚定庵诸人力持其说，颠扑不磨，殆成定论。"② 但是章学诚的"六经皆史"之说，乃是为了彰显上古之时官师合一，政教不二，因而突出周公的地位，然而江瑔却把老子也置诸有功于上古经典形成的圣人系谱当中。在他看来，"大氏古代之六经，昌明于周公，世掌于老聃，而集大成于孔子"。③ 在这里，他很明显是认同了司马迁在《史记》里对老子生平的记载，即其人为"周守藏室之史"，而"孔子适周，将问礼于老子"。④ 这与《汉志》所言的道家出于史官说在内容上相辅相成，因此江瑔在梳理诸子流别时遂对此进行阐释。

江瑔认为上古之时，巫、史并重，各自掌管天下学术，渐渐地史盛而巫衰，史官的职权与作用日益扩大，最终夺巫之席。"百官庶职皆史掌之，巫之所司不逮万一。惟政事日繁，而设官亦因以日多，虽名目纷歧，实皆由史氏递变而来。然则谓诸子百家之学尽出于史官非诬语也。"⑤ 可见他也非常强调史官的重要性。所以依江氏之见，《汉志》中对道家之学的论述可做这样的引申：

---

① 孙德谦：《诸子通考》，岳麓书社，2013，第 104 页。
② 江瑔：《新体经学讲义》，华东师范大学出版社，2014，第 10 页。
③ 江瑔：《新体经学讲义》，第 15 页。
④ （汉）司马迁：《史记》第 7 册，中华书局，1959，第 2139、2140 页。
⑤ 江瑔：《读子卮言》，华东师范大学出版社，2012，第 28 页。

> 《六经》之书为古人之史，世为道家之所守，在古代以之教人，谓之"六艺"。既入于道家，则以己之箸〔著〕书专号以名之，故称曰《六经》。及孔子从老子传其业，更从而删订修纂以行于世。孔门之徒溯源寻委，故复起《六经》之名，以符其渊源之所自，木本水源，固可按而寻也。是可见《六经》之名实源于道家，非出于孔氏。①

在这里，江瑔不但强调因道家出于史官故传六经，甚至认为其皆为道家所著，他对道家地位的抬高，较之张尔田更胜一筹。

循此思路，江瑔认为不但六经传自道家，诸子各派也是各得道家之一端。他指出："道家之学，无所不赅，彻上彻下，亦实亦虚，学之者不得其全，遂分为数派。其得道家之玄虚一派者，为名家，为阴阳家，及后世之清谈家，神仙符箓家。得道家之实践一派者，为儒家。得道家之刻忍一派者，为法家。得道家之阴谋一派者，为兵家，为纵横家。得道家之慈俭一派者，为墨家。得道家之齐万物、平贵贱一派者，为农家；得道家之寓言一派者，为小说家。传道家之学而不纯，更杂以诸家之说者，为杂家。是春秋、战国之世，百家争鸣，虽各张一帜，势若水火，而其授受之渊源，实一一出于道家。"② 因此"道家之学，秉要执本，以为即治天下之要术，后世当共遵循之而不可易"。③

不过值得注意的是，虽然江瑔引申《汉志》之言，极力表彰道家的重要性，但是他绝非借此贬低长期处于官学地位的儒家，而是依然对孔子甚为尊崇。他对"经"的解释，视其与"简""册"同意，为古代书籍的通称。④ 这一点很明显受到章太炎《国故论衡》一书关于"经"的定义的影响。⑤ 不过章氏反对从经书当中申论所谓"微言大义"，视"通经致用"为妖妄之谈。但江瑔出于尊孔的目的，却强调："六经虽为往古之

---

① 江瑔：《读子卮言》，第46页。
② 江瑔：《读子卮言》，第64页。
③ 江瑔：《读子卮言》，第47页。
④ 江瑔：《新体经学讲义》，第5页。
⑤ 章太炎：《国故论衡·文学总略》，上海古籍出版社，2011，第53~54页。

陈迹，而实为后来所取资；虽为事实之记载，而实为学理所隐寓。自孔子删订修纂以后，一字一句，莫不有深意存乎其间。有大义焉，有微言焉。"所以"六经之为学，大之可以求典章制度之宏，小之可以为广见博闻之助，显之可以致家国天下之用，微之可以获身心性命之益。其道至广博而无涯，为万世学术所从出焉"。① 只是与张尔田一样，江瑔将道家的地位抬得如此之高，使得孔子"万世师表"的地位遭受极大动摇，且既然儒家与诸子各派皆出于道家，各得道家学说之一端，那么诸子各派的地位实则与儒家旗鼓相当，与其尊孔，何如尊老，凡此种种，皆显现出对于正统学术极强的冲击力。或许正是认识到了这点，胡适在《中国哲学史大纲》一书里特意将江瑔的《读子卮言》列为参考书之一。

三 道家与史学

近代以来，中国许多知识分子面对西学的涌入，以之作为参照，开始反思传统学术体系，许多传之已久的学问其合理性开始受到严重质疑，史学便是其中之一。王国维在清季明言："自近世历史为一科学，故事实之间不可无系统。抑无论何学，苟无系统之智识者，不可谓之科学。中国之所谓历史，殆无有系统者，不过集合社会中散见之事实，单可称史料而已，不得云历史。"② 所以当时许多学者开始极力引进并建构"新史学"，以期能回应世变与学变。在这样的思想背景下，《汉志》中对道家出于史官的论述，给予了试图在史学上有所建树的学者不少灵感。

谈及近代新史学，梁启超之外，章太炎亦为要角，③ 他在晚清之时尝试用新的体例与见解撰写一部《中国通史》。在与好友吴君遂的信中，章氏谈到对中国古代史家的评价，在他看来，"太史知社会之文明，而于庙堂则疏；孟坚、冲远知庙堂之制度，而于社会则隔；全不具者为承祚，徒知记事；悉具者为渔仲，又多武断。此五家者，史之弁髦也，犹有此失"。虽说如此，但"前史既难当意，读刘子骏语，乃知今世求史，固当

---

① 江瑔：《新体经学讲义》，第1、2页。
② 王国维：《东洋史要序》，《王国维全集》第14卷，浙江教育出版社，2010，第2页。
③ 汪荣祖：《史学九章》，第181~218页。

于道家求之。管、庄、韩三子,皆深识进化之理,是乃所谓良史者也。因为求之,则达于廓氏、斯氏、葛氏之说,庶几不远矣"。① 在那一时期,梁启超的《新史学》发表于《新民丛报》,其中对中国历代史学与史家严厉抨击。章太炎读罢此文,专门致函梁氏,视其为自己改造旧史的同志。② 但是与梁启超对传统思想的决绝态度不同,先秦道家学说,在章太炎看来有与近代西方的进化论相契合之处,故而他对《汉志》中的论述极力表彰。在所译日人岸本能武太的《社会学》一书的序言中,他具体谈道:"余浮海再东,初得其籍,独居深念,因思刘子骏有言:道家者流,出于史官,固知考迹皇古,以此先心,退藏于密,乃能斡人事而进退之。考迹皇古,谓之学胜;先心藏密,谓之理胜;然后言有与会,而非夫独应者也。"③ 章太炎曾自署"刘子骏之绍述者",并视刘歆为孔子之后的又一"良史",对大体上继承《七略》的《汉志》自是甚为认同。④ 同样也是在那一时期,他复对社会进化论广泛吸收,于其论著中多有体现。⑤ 他心目中的新史学,正是以社会进化论为指导思想,具体叙述中国历史变迁,所以应以"新思想为主观"。⑥ 在这样的思想背景下,《汉志》之言与道家学说遂成为他构建新史学理论的重要本土资源。⑦

章太炎撰写《中国通史》的宏愿,出于各种原因,未能将其实现,但建构新史学的工作,却依然被近代学者所向往,刘咸炘就颇致力于此。他自言:"咸炘于史学,服膺会稽章氏。"⑧ 他梳理章氏学术渊源,指出:"所谓浙东史学者,远始南宋之婺学,吕东莱开之,吕氏称中原文献之

---

① 章太炎:《与吴君遂》(1902 年),马勇编《章太炎书信集》,河北人民出版社,2003,第 63 页。
② 章太炎:《与梁启超》(1902 年),马勇编《章太炎书信集》,第 42 页。
③ 章太炎:《社会学自序》,汤志钧编《章太炎政论选集》上册,中华书局,1977,第 170 页。
④ 章太炎:《訄书(重订本)·订孔》,《章太炎全集》第 3 册,上海人民出版社,2014,第 133 页。
⑤ 姜义华:《章太炎思想研究》,中国人民大学出版社,2009,第 120~121 页。
⑥ 章太炎:《訄书(重订本)·哀清史》,《章太炎全集》第 3 册,第 133 页。
⑦ 当然,章太炎后来在《俱分进化论》《四惑论》等文章中反思西方进化论,较之先前的广泛汲取,已有不同。
⑧ 刘咸炘:《复宋芸子书》,黄曙辉点校《刘咸炘诗文集》,华东师范大学出版社,2010,第 171 页。

宗，盖即北宋大老厚重一派之遗，后至黄梨洲，史学始成，而梨洲之学则出于其乡先生王阳明、刘蕺山，兼采南宋朱、吕、叶、陈之学，王派圆通广大之风遂为史学之本，章实斋之态度与其所持原理皆出于此。"而今日"欲复宋学，必并复此学，然后本末具备，可以光大"。况且在他看来"宋一代之史学实在蜀"，因此"绍述浙东正是中兴蜀学，非吾蜀学者之当务乎？"① 而在他的史学思想体系里，道家学说有着不容忽视的地位。

关于道家与史学的关系，刘咸炘认为："六经皆史，而经孔子手订，器殊而道一，一以贯之，并行不悖，执其两端而用其中。官失道裂，而为诸子，道家最高，出于史官，秉要执本，以御物变，亦不偏于一端，特不能中，故或流于放。后世良史之识，即见始知终之术也。"② 值得注意的是，刘咸炘虽然也宗尚章学诚之学，同时认可《汉志》中对道家之学的论述，但并未像张尔田与江瑔那样抬高道家的地位，而只是称道循其道者为"良史"，依然视道家为九流之一。他强调："不论其世，无以知言，故读子不读史则子成梦话。不知其言，无以知人，故读史不读子则史成账簿。"世间书籍"无出史、子二者之外者也"。但是"不见全，不知偏，不见天地之纯，古人之大体，何以解蔽而见始终哉？故必先明统，统莫大乎六经，知六经之形分神一则知两矣"。③ 可见他将史学置于经学之下，既然六经乃由孔子所订，那么出于史官的道家自然不能与儒家匹敌。因此他批评："今人有江瑔者，略读刘、章之书而未明其要，谓六艺当属儒家，九流皆出于史，则皆出于道家，其说甚悍。"④

因此刘咸炘对于《汉志》之言与道家学说的阐释，基本是从史学角度展开立论。他说道："吾常言吾之学，其对象可一言以蔽之曰史，其方法可一言以蔽之曰道家。"因为"观事理必于史，此史是广义，非但指纪传、编年，经亦在内，子之言理，乃从史出，周、秦诸子，亦无非史学而

---

① 刘咸炘：《重修宋史述意》，黄曙辉编校《刘咸炘学术论集（史学编）》下册，广西师范大学出版社，2007，第595~597页。
② 刘咸炘：《学纲》，黄曙辉编校《刘咸炘学术论集（哲学编）》上册，广西师范大学出版社，2010，第6~7页。
③ 刘咸炘：《学纲》，黄曙辉编校《刘咸炘学术论集（哲学编）》上册，第7页。
④ 刘咸炘：《本官》，黄曙辉编校《刘咸炘学术论集（哲学编）》上册，第53页。

已。横说谓之社会科学，纵说则谓之史学，质说括说谓之人事学可也"。①在这里，刘咸炘将章学诚的"六经皆史"说与近代西方史学理论相结合，视史学为一种社会科学，可以借之以明变观理，正如他后来所说的，"先生（章学诚）议论既出以后，西方史书输入，则又觉先生有先见之明"。②当然，章氏本意中的"先王之政典"云云，刘咸炘并未多做引申，而是从历史学本身角度进行探讨。

基于这样的认识，刘咸炘指出："《七略》曰：'道家者流，出于史官，秉要执本，以御物变。'此语人多不解，不知疏通知远，藏往知来，皆是御变，太史迁所谓'通古今之变'，即是史之要旨，吾名之曰察势观风。此观变之术，道家所擅长，道家因出史官，故得御变之术，史家因须有御变之识，故必用道家之术，老子为守藏史，马迁家学本道家，其明证也。"③加之道家贵无为、明天道、尚自然，因而更与历史之学的相关要素若合符契。"盖天道之显然者为四时，史本根于时间，变本生于时间，变乃自然，道家之所谓道即是自然，自然即是天，孟子曰：'莫之为而为者天也。'道家、史家之所谓天即指莫之为而为者，迁所谓天人之际即是古今之变耳。四时即天道之变，而人事该焉，人事之变，不能逃天道，《易》之数与史之风，实相同也。"④总之，在刘咸炘看来，道家既出于史官，且其学说明于变化之道，能够体察人事变迁之大势，因此其能提供史学许多思维上的借鉴，可以凭之以"察势观风"。

这里所谓的"察势观风"，堪称刘咸炘史学思想之主干。他强调："史本纪事，而其要尤在察势观风，所谓《春秋》家而有《诗》教，《诗》亡然后《春秋》作者也。事实实而风气虚，政事、人才皆在风中。"⑤"事势与风气相为表里，事势显而风气隐，故察势易而观风难。

---

① 刘咸炘：《道家史观说》，黄曙辉编校《刘咸炘学术论集（哲学编）》上册，第46页。
② 刘咸炘：《重修宋史述意》，黄曙辉编校《刘咸炘学术论集（史学编）》下册，第597页。
③ 刘咸炘：《道家史观说》，黄曙辉编校《刘咸炘学术论集（哲学编）》上册，第46页。
④ 刘咸炘：《道家史观说》，黄曙辉编校《刘咸炘学术论集（哲学编）》上册，第47页。
⑤ 刘咸炘：《治史绪论》，黄曙辉编校《刘咸炘学术论集（文学讲义编）》，广西师范大学出版社，2007，第224～225页。

常人所谓风俗,专指闾巷日用习惯之事,与学术、政治并立,不知一切皆有风气,后史偏于政治,并学术亦不能详,故不能表现耳。风之小者止一事,如装饰之变是也。风之大者兼众事,如治术之缓急,士气之刚柔是也。"① 他所谓的"风气",大致所指,乃是一个时代的总体面貌与趋向,这已与近代西方史学所提倡的"文化史"非常接近。他写过许多关于历代"风"的文章,涉及学风、政风、下层社会的民风等。同时他批评中国旧史,指出:"夫史之材广矣,即使私书甚富,直笔犹存,以之为史,亦未足也。盖史以全文化为内实,不当限于政治,而唐以来私家传记多止留意官曹仪制、贤士大夫言行,而罕及文化风俗,盖史识之日隘也。"② 可见其改造旧史、创建新史的强烈意愿。③ 而在他的思想理路中,有着史官传统的道家之学,这无疑给予了他颇为丰富的理论资源,使其史学思想能够吸收中国传统思想要素,熔古铸今,以成一家之言。

四　南面之术

《汉志》论诸子蜂起之原因,认为彼等"皆起于王道既微,诸侯力政,时君世主,好恶殊方,是以九家之术蜂出并作,各引一端,崇其所善,以此驰说,取合诸侯"。④ 即强调诸子各派对现实政治的极大热情,指出诸子立言万千,皆以致用为旨归。所以讨论道家之学,溯其渊源,认为出于上古史官,论其要义,归结为"君人南面之术",这一观点,也引起了身处近代世变当中的中国知识分子之瞩目。

1904 年,严复致信门生熊季廉,谈道:"前者在都,蒙以《道德经》示读,客中披览,辄妄加眉评。"⑤ 在这些眉批中显示了严复对道家学说

---

① 刘咸炘:《治史绪论》,黄曙辉编校《刘咸炘学术论集(文学讲义编)》,第 229 页。
② 刘咸炘:《史病论》,黄曙辉编校《刘咸炘学术文集(史学编)》下册,第 582 页。
③ 关于刘咸炘对史学以及"风"的具体思考,参见王汎森《执拗的低音——一些历史思考方式的反思》,第 169~205 页。
④ (汉)班固:《汉书》第 6 册,第 1746 页。
⑤ 严复:《致熊季廉·二十七》,《严复合集·严复未刊诗文函稿及散佚著译》,辜公亮文教基金会,1998,第 47 页。

的认识。老子曰"能知古始,是谓道纪",严复对这句话点评道:"'执古'二语,与孟子'求故'同一义蕴。科、哲诸学,皆此事者也。吾尝谓老子为柱下史,又享高年,故其得道,全由历史之术,读'执古御今'二语益信。"① 强调老子身上的史官性格,并称其道术皆由历史而来。而依严复之见,"夫黄老之道,民主之国之所用也。故能长而不宰,无为而无不为。君主之国,未有能用黄老者也。汉之黄老,貌袭而取之耳。君主之利器,其惟儒术乎?而申韩有救败之用"。② 在他看来,老子学说与民主政治甚为相合,中国历史乃是"专制政治",故而治国未曾采用老子之道。然而严复既已指出道家学说由历史而来,但又强调漫漫国史纳其术者百不一见,那么所谓历史云云,又将何指?

这一点严复似已注意到。在对《老子》中"道常无为而无不为"以下一段话的眉批中,他说道:"老子言作用,辄称侯王,故知《道德经》是言治之书。然孟德斯鸠《法意》中言民主乃用道德,君王则用礼,至于专制乃用刑。中国未尝有民主之制也,虽老子亦不能为未见其物之思想,于是道德之治亦于君主中求之,不能得乃游心于黄、农以上,意以为太古有之。盖太古君不甚尊,民不甚贱,事与民主本为近也,此所以下篇八十章有小国寡民之说。夫甘食美服,安居乐俗,邻国相望,鸡犬相闻,民老死不相往来,如是之世,正孟德斯鸠《法意》篇中所指为民主之真相也。"③ 在严复看来,尽管中国历史上未有民主之制,但上古世态,与近代西方民主政治相比,其各种面向,庶几近之,所以老子称道上古,其意便是借此申论自己的民主思想。质言之,道家的"南面之术",在严复那里,乃是近代的民主政治。

严复之所以做此诠释,与他当时对世局之感观息息相关。他自甲午中国败于日本之后,痛惜国步艰难,开始对中国传统政治大加抨击,认为:"秦以来之为君,正所谓大盗窃国者耳。国谁窃?转相窃之于民而已。既已窃之矣,又惴惴然恐其主之或觉而复之也,于是其法与令猬毛而起。"④而周公孔子之教,使得中国民众"所以同海滩石子,毫无聚力",致使近

---

① 《严复合集·侯官严氏评点老子》,第15页。
② 《严复合集·侯官严氏评点老子》,第10~11页。
③ 《严复合集·侯官严氏评点老子》,第40~41页。
④ 严复:《辟韩》,《严复合集·严复文集编年(一)》,第74页。

代国势衰微。① 凡此种种，使得严复在那一时期对近代西方的政治体制颇为推崇。从思想史角度看，道家之学，在著史"先黄老而后六经"的司马迁看来，其所主张的治术乃是"善者因之，其次利道之，其次教诲之，其次整齐之，最下者与之争"。② 本身与19世纪欧洲自由主义者所提倡的放任政策甚为相似。加之在中国历史上，逢王朝衰微之际，便时有些许崇尚道家者对帝制进行严厉批判，甚至高唱无君之论。③ 这些因素，或许都是严复在当时以民主政治来诠释道家"南面之术"之缘由。④

严复在清季以传播新知而著称，但在章太炎看来，其解读中西文化的方法谬误甚多。他批评严复"其所译泰西群籍，于中国事状有毫毛之合者，则矜喜而标识其下；乃若彼方孤证，于中土或有抵牾，则不敢容喙焉"。⑤ 称其为"知总相而不知别相"。⑥ 章氏自1906年东渡日本之后，开始强调从中国历史发展本身来认识中国问题，突出中国文化的独特性，力言治学"应从自国自心发出来"，极力反对用某一种域外理论来诠释中国历史与现状，这一认识及至晚年依然未变。⑦ 因此针对严复对道家"南面之术"的诠释，章太炎批评道："老子论政，不出因字，所谓'圣人无常心，以百姓心为心'是也。严几道附会其说，以为老子倡民主政治……凡尚论古人，必审其时势。老子生春秋之世，其时政权操于贵族，不但民主政治未易言，即专制政治亦未易言。"⑧

章太炎对《汉志》所言的诸子起源说甚为认同，于其论诸子的代表作《诸子学略说》一文里广为征引，以至于后来胡适撰写《诸子不出于

---

① 严复：《致夏曾佑·一》，《严复合集·严复未刊诗文函稿及散佚著译》，第82页。
② （汉）司马迁：《史记》第10册，第3253页。
③ 萧公权：《中国政治思想史》上册，商务印书馆，2011，第355~393、411~435页。
④ 当然，严复到了辛亥革命前后，已经不再对西方政治体制汲汲向往，而是主张立国之道必须根植于本国的历史发展脉络，国情不同，不可将域外制度轻易移植。因此他对中国政治中的儒法传统也不再肆力抨击，而是提倡其值得发扬借鉴之处。这一转化，实为理解严复一生思想脉络之关键。此非本文所能涉及，故只是在此点到为止，而本文所讨论的他对道家的评价，也只举其思想转化之前的言论为例证。
⑤ 章太炎：《〈社会通诠〉商兑》，《章太炎全集》第4册，第337页。
⑥ 章太炎：《菿汉微言》，虞云国整理《菿汉三言》，上海书店出版社，2011，第50页。
⑦ 汪荣祖：《章太炎对于现代性的迎拒与多元文化思想的表述》，《中央研究院近代史研究所集刊》第41期。
⑧ 《章太炎国学讲演录》，中华书局，2013，第257页。

王官论》,专门针对章氏进行反驳。关于道家出于史官说,章太炎在《国故论衡》中进行了阐释,他指出:

> 老聃为周征藏史,多识故事,约金版六弢之旨,箸[著]五千言以极其情,则伊、吕亡所用。亡所用故归于朴,若墨翟守城矣。巧过于公输般,故能坏其攻具矣。谈者多以老聃为任权数,其流为范蠡、张良。今以庄周《胠箧》、《马蹄》相角,深黜圣知,为其助大盗,岂遽与老聃异哉!老聃所以言术,将以撢前王之隐慝,取之玉版,布之短书,使人人户知其术则术败。会前世简毕重滞,力不行远,故二三奸人得因自利。及今世有赫蹏雕镂之技,其书遍行,虽权数亦几无施矣……以是知去民之诈,在使民户知诈。①

在章氏看来,道家之所以为君人南面之术,其目的并非为君主张目,而是将彼辈的驭下之术告知众人,使人们知晓其内容,这样君主便无法巧行诈术,肆虐于上。章太炎在《国故论衡》中直斥"人君者,剽劫之类,奄尹之伦"。② 所以他对道家之学的阐释,一个主要的面向便是表彰其区分政俗,保障一般民众的利益。③

《国故论衡》一书,主要为章太炎辛亥前夕在东京讲学的讲稿之结集。④ 在那一时期,他一度对无政府主义颇为热衷。在为张继所译的《无政府主义》作序时,章太炎强调:"荡覆满盈之器,大庇无告之民,岂弟首途,必自兹始。虽有大智,孰能异其说耶?"⑤ 对无政府主义颇为欣赏。他在东京时,曾参与聚集了不少无政府主义者的社会主义讲习会,并曾做关于国家问题的发言。在根据其讲演而撰写的《国家论》一文里,章太炎指出:"若夫国家之事业者,其作料与资具,本非自元首持之而至,亦非自团

---

① 章太炎:《国故论衡·原道上》,第 108 页。
② 章太炎:《国故论衡·原道上》,第 114 页。
③ 章太炎后来的《齐物论释》,某种程度上就是对《国故论衡·原道》篇中所言的进一步阐释。
④ 朱维铮:《〈国故论衡〉校本引言》,《求索真文明——晚清学术史论》,上海古籍出版社,1996,第 284~285 页。
⑤ 章太炎:《〈无政府主义〉序》,《章太炎全集》,上海人民出版社,2014,第 404 页。

体持之而至，还即各各人民之所自有。"① 坚持普通民众才是国家真正的主人。而道家之学在当时醉心无政府主义的学者（如刘师培）看来，堪称此主义在中国古代的先声。章太炎虽然未完全以无政府主义来格义道家，但是在对《汉志》道家出于史官说的阐释当中，却很明显地体现出从民众角度申论的倾向。只是道家的君人南面之术，是否真的像章氏所声称的那样，乃是将统治者的统治术向民众和盘托出，考察一下中国政治史，特别是有后来出土的马王堆黄老帛书作为佐证，恐怕真相不尽如章太炎所言。他对《汉志》之言的解读，实则与严复相似，也深受时代思潮之影响。

借助西方新说解读诸子遗言，乃是近代诸子学兴盛的一个主因，但亦有学者力图在子学研究中摆脱这一风气，与张尔田治学路数甚为相近的孙德谦便是其中之一。② 在《诸子通考》一书里，孙氏自言其书是"为古人洗冤辨诬、来学析疑而作也"，③ 试图从诸子著作本身出发，探其本旨。同时他强调："夫诸子为专家之业，其人则皆思以救世，其言则无悖于经教，读其书者要在尚论其世，又贵审乎所处之时，而求其有用。"④ 其着眼点是从致用角度表彰诸子。所以他强调："儒家如荀、孟，道家如庄、列，兵家如孙武，法家如韩非，皆思用其学术有裨于治。非徒发明其理，终其身竭力以殉者也。"因此"诸子之书，使得善读者神而明之，则正治理所资也"。⑤ 循此思路，他也对《汉志》中所说的道家为君人南面之术进行阐释。

对于《汉志》之言，孙德谦如是阐释："史书论其当然，不能识其所以然，致使一代兴衰之故，茫然莫辨。"⑥ 所以道家身上的史官性格，正是能让居上位者了然于古今兴亡，进而从中得到教训，因此其致用之效，于此处亦能体现。而在近代中国影响极大的《劝学篇》中，张之洞将道

---

① 章太炎：《国家论》，《章太炎全集》，第 489 页。
② 据孙德谦自己回忆，清季民初名盛一时的沈曾植，时常在许多场合称许他为"今之章实斋"（孙德谦：《跋陈柱尊所藏沈子培先生与康长素手札》，《学术世界》第 1 卷第 8 期，1936 年）。
③ 孙德谦：《诸子通考》，岳麓书社，2013，"自序"。
④ 孙德谦：《诸子通考》，"自序"。
⑤ 孙德谦：《诸子通考》，第 89 页。
⑥ 孙德谦：《诸子通考》，第 117 页。

家视为中国国势衰微的祸首。他批评道："老子见道颇深，功用较博，而开后世君臣苟安误国之风，致陋儒空疏废学之弊，启猾吏巧士挟诈营私、软媚无耻之习，其害亦为最巨。功在西汉之初，而病发于两千年之后。是养成顽钝积弱，不能自振中华者，老氏之学为之也。"① 而孙德谦则不这样认为，他指出："君者，心也；百官者，耳目手足也。百官俱有执守，人君则南面出治，以庶事任之百官，而不必躬亲也。此犹人之一身，耳目手足各尽其劳，心焉者非处之甚逸，无所动作而以思虑为之主乎？老子曰：'圣人云我无为而民自化，我好静而民自正，我无事而民自富，我无欲而民自朴。'若是道家言无为，专就君道言之，盖可见也。"② 所以道家清静无为，并非引导世人不图进取、因循苟安，乃是向统治者说明如何不耗费精力却能收经国驭民之效。而从另一角度看，道家者流，有感于晚周之世，君臣上下，纷扰不堪，故而更要提倡无为。且道家典籍中关于养生之语，"盖欲使为人君者尽其年寿，无夺于声色货利，以自贼其身而已。今曰：'不先定其神，治天下何由然？'则君临万国，治乱所关，岂可蔽精劳神，而不崇道家之学哉？"③ 总之，依孙德谦之见，道家的君人南面之术，对治国极有帮助，其史官性格，并非体现在居于诸家之上，为九流所从出，而是让统治者能吸取丰富的治国经验。身处近代变局，孙氏同样希望中国能够振衰起微，出于这样的心愿，他对被正统儒者视为异端的诸子之学极力表彰，但同时并不对远西新说青睐有加，而是强调诸子之学本身即蕴含着丰富的治国之道，苟善于师法，则于国事助益良多，他对道家君人南面之术的阐释，便是由此而生。④ 后来张舜徽长期强调上古"道

---

① （清）张之洞：《劝学篇·宗经》，吴剑杰编《中国近代思想家文库·张之洞卷》，中国人民大学出版社，2014，第294页。
② 孙德谦：《诸子通考》，第115页。
③ 孙德谦：《诸子通考》，第26页。
④ 据王蘧常所述，孙德谦"晚年为弟子讲从衡家言，常叹中国无外交，以从衡家学言之，道在弭兵，而不能不通兵法，长于舆地。凡列国之风俗物产，及其君臣贤否，人民众寡，邻邦之亲疏，士卒之强弱，无不明察，及有事起，则肆其辩议，知彼知己，乘间抵隙，观其微而掸其隐，庶足制人，而不见制于人"（王蘧常：《清故贞士元和孙益堪先生行状》，卞孝萱、唐文权编《民国人物碑传集》，凤凰出版社，2011，第546页）。可见在孙氏眼中，诸子遗言对解决当前国难极有助益，所以他虽服膺儒学，但对被孟子视为"妾妇之道"的纵横家亦极力表彰，其背后对国事的焦虑感于焉可见。

论"实为治国之术，其要义在于"人主不要显露自己之聪明才智，而尽力发挥臣下之聪明才智去办事。臣下所取得之成绩，即成为自己之成绩，此乃无为无不为之真谛"，① 古代王朝之所以能在技术手段有限的条件下进行政治治理，就是由于统治者深谙此道，将治理成本大大降低。此论无异于对孙德谦子学思想的进一步阐扬。②

五　结语

王汎森教授曾言："在思想史研究中，除了留心重建思想的面貌外，应当留意思想传统如何被以形形色色的方式在'使用'，以及在不同的时代脉络之下，不同的'使用'所发生的历史作用。"③ 道家之学，"因阴阳之大顺，采儒墨之善，撮名法之要，与时迁移，应物变化，立俗施事，无所不宜，指约而易操，事少而功多"。④ 其本身即具有丰富的诠释空间。本文即对近代学者对《汉志》中的"道家出于史官"说所做的各种阐释进行分析，以期展现某一古代学说在近代变局当中如何被不同立场的学者所引为己用，成为构建自己思想体系的一部分，进而凸显出传统思想本身所蕴含的丰富内涵，以及在近代可能呈现出的不同面貌。

近代学者对"道家出于史官"说的阐释，由于章学诚之学在近代中国的盛行，不少学者将史官在上古文化史中的地位抬高与放大，因而道家学说也随之水涨船高，被认为六经赖其以传世，并且诸子百家皆出于道家，使之居百家之首，虽然诠释者并非因此而有意降低儒家的地位，但是随着道家的重要性被彰显，儒学的正统地位便很容易被冲击，后来新文化运动以降的借诸子以批孔，在思想脉络上与之紧密相连，这恐非张尔田等

---

① 张舜徽：《爱晚庐随笔》，华中师范大学出版社，2005，第131页。
② 在撰写于1940年代的《壮议轩日记》中，张舜徽常对孙德谦、张尔田的学术主张颇表赞许，由此可见他的治学倾向。
③ 王汎森：《中国近代思想中的传统因素——兼论思想的本质与思想的功能》，《中国近代思想与学术的系谱》，第159页。
④ （汉）司马迁：《史记》第10册，第3289页。

人所料及。此外，近代不少学者，对于新史学孜孜以求，由于《汉志》之言，一二学者认为道家之学与治史之道息息相通，进而从良史的角度对之表彰。然其表面上是发古人未发之覆，实则体现了阐释者本人对近代西方史学思潮的汲取，道家之学，成为他们接受西学，并与传统相结合，进而熔古铸今构建自己史学思想的重要津梁。而随着近代中国在东西列强面前一败再败，有识之士开始思考新的治国之术。道家的"君人南面之术"因之进入其视野，或被阐释为暗合于近代民主政治，或视老子为古代为民众立言的先驱，古代的治术被刻画成近代世变之下的新良方。而孙德谦则坚持道家本为君主立言，其主张皆有助于肉食者治民经邦，但诸子遗言是否能对这"非驴非马"的时局有所助益，从历史的后见之明来看，答案着实不甚乐观。总之，《汉志》所言的"道家出于史官"说，在近代受到的阐释可谓五花八门，古代学说与近代思潮交相碰撞激荡，各种思想因子排列组合，其样态绸缪缱绻、离合无常，俨然是这纷纷扰扰、不古不今的世道之缩影。同时也印证了马克思的那个著名论断："人们自己创造自己的历史，但是他们并不是随心所欲地创造，并不是在他们自己选定的条件下创造，而是在直接碰到的、既定的、从过去承继下来的条件下创造。一切已死的先辈们的传统，像梦魇一样纠缠着活人的头脑。"①

最后，近代诸子学与章学诚在彼时的影响，实为理解这一时期思想与学术的关键点。如何对之进行研究，不但关系到能否全面认识近代中国学术的流变，更与未来的文化建设密切相连。关于前者，过去已有不少"学案"式的研究，即分析某人对于诸子某派的某种主张为何，归纳要点，总结得失。这种方式虽不无贡献，但极易使研究对象与时代思潮脱离，忽视了某种具体观念形成背后所可能接收的传统资源与所要回应的时代议题，并且难以将其思想主张与同时代进行同一工作之人的思想主张相联结，显现其中或明或暗的互动，展示学术流变的全景。关于后者，由于新派学者在当时具有广泛影响力，后人对于近代实斋之学的关注，也往往多注意胡适、何炳松、姚名达等人。其实章学诚虽主张"六经皆史"，但

---

① 马克思：《路易·波拿巴的雾月十八日》，人民出版社，2018，第9页。

是这背后乃显示出他对于上古官师合一图景的深深向往，实斋的经世之旨，于焉可见。而此一方面，张尔田等人对之深有体会，在他们的著作当中时常进行阐释。因此，这些不那么居于"主流"① 的学者对章学诚的接受与诠释，同样值得进一步研究。

① 本来何谓主流，观察角度不同，结论往往各异，这里所论，只是从新文化运动以来扬名学界的新派学者的角度来谈。

论古代帝国的衰亡*

王加丰**

世界历史上无数的帝国如流星一样划过历史的长空,尽管有一些曾经星光灿烂,但所有的帝国最终都将走向衰亡,只不过时间上有快有慢而已。为什么会这样,有可能不这样吗?

帝国的历史长期以来是一个让人着迷的题材。2005年3月10日,有人在亚马逊网和巴诺网(Barnes and Noble)上寻找书名中有"帝国"二字的图书,各有10513部和10210部。① 帝国的衰落,总让许许多多自认为是帝国后裔的人不断扼腕长叹。正如刘易斯所说的,今天,对已消逝的帝国曾经有过的伟大,有的人为之欢欣,有的人为之而哭泣,但都怀有一种"新的辛酸"(new poignancy)。② 中国人何尝不是如此!当然,为什么所有的帝国都要衰亡,这是一个难以解答但又必须认真加以研究的问题。历史上的帝国存在时间长短不一,其崛起、解体或崩溃的原因、方式多种多样。比如,亚述帝国是由于"王权在内战中被逐步削弱,并且极有可能是在地方势力过度扩张之后",在外来入侵下解体的;"这是一种与哈里发帝国完全不同的终结,后者是在一个又一个边远省份宣布独立之后才宣告解体的"。③ 但无疑,历史上所有的帝国都因一些类似的或相异的原因而瓦解或消失了。

各种历史著作对历史上各大帝国的衰落过程虽然都有粗细不一的描述,但综合性的论述比较少见。帝国的衰亡其实也有许多共性。比如,我

---

* 本文原刊于《创意城市学刊》2019年第2期。
** 王加丰,浙江师范大学历史系教授。
① Alexander J. Motyl, "Is Everything Empire? Is Empire Everything?" *Comparative Politics*, Vol. 38, No. 2, Jan., 2006, p. 229.
② Bernard Lewis, "Some Reflections on the Decline of the Ottoman Empire," *Studia Islamica*, No. 9, 1958, p. 111.
③ 芬纳:《统治史》卷1,马百亮、王震译,华东师范大学出版社,2010,第108页。

们的历史教科书在讲到中国历史上一些王朝的灭亡时，总会出现腐败、涣散、无能、守旧，以及土地兼并、百姓流离失所、盗贼和义兵蜂起或外族入侵等惨状的描述。了解这些共性及其产生的原因，无疑会加深我们对帝国衰落问题的认识。

古代帝国与近现代帝国的成长和衰落有诸多不相同之处，本文着重讨论古代帝国的衰落问题，分析其中的一些共同现象，以及它们为什么终将灭亡。至于近代时期在东方建立或存在的一系列帝国，如奥斯曼、莫卧儿帝国等，本文也把它们纳入研究范围，因为它们虽然受到了近代资本主义发展的某些影响，但在性质上依然是封建性的。

一 帝国寿命的主要决定因素

我们先看看决定古代帝国寿命的主要因素是什么。世界历史上的帝国，有的如昙花一现，有的能延续相当长的时间。帝国的维护和延续，像帝国的开创一样，既需要一定的天时地利，也依赖有雄才大略的人物。大规模扩张帝国的能力和实施全面治理的才华也不一样。有能力"奋六世之余烈，振长策而御宇内"的秦始皇，就不懂"攻守之势异也"（贾谊《过秦论》）的道理，在扩张接近极限后继续滥用民力，导致帝国迅速灭亡。历史上的明君，一般都不仅懂得如何扩张，还懂得如何治理广袤且境况多种多样的领土。延续时间较长的帝国，都能比较好地做到以下几点。

第一，在扩张过程中不断采取措施，应对日益扩大的帝国出现的各种新情况；在扩张基本上达到极限后，及时从军事扩张转到安民，建立起治理帝国广袤领土的制度框架，稳定统治秩序。如果各项措施贯彻得当，帝国会走向全盛。这里的"安民"，不仅要让普通百姓安居乐业，还要让各统治阶级成员也相对满足或感到相对平衡。对普通百姓来说，谁当皇帝都无所谓，关键是要让他们安居。对中上层人士而言，很重要的是要平衡各地区、各民族或部落、各统治阶层或其重要成员的利益。这里，帝国在追求同质化的同时如何兼顾不同地区、民族或部族的差异，并在这中间取得一个平衡点（帝国衰落的重要表现之一就是这些平衡的失效及难以恢复），是一个实践或经验的问题。大流士改革、阿育王在征服羯陵伽国后的政策变化、刘邦的约法三章及汉初的无为而治等，都是这方面的著名例子。

上述政策的实施，意味着庞大帝国的形成需要征服民族对自己的传统做出重大修改，包括废除其中部分内容。这当中即使族内许多部属不理解，也要拥有坚决贯彻到底的能力。亚历山大在征服波斯后，"为了表示天下一家"，在宫廷内"采用波斯的礼节和服装"，以便"争取被征服者的好感"，使波斯人不把马其顿人当作敌人。当时马其顿人中能理解他这种做法的意义的，其实非常少。①

安民政策涉及广泛的范围，如礼节、服装的采用或生产工具的推广。帝国的建立都曾有过大规模的屠杀和镇压，但如芬纳所言，"有些帝国通常会有意无意地给被征服地区的臣民带来一些附带性益处"，如波斯人、罗马人和中国人的帝国都是这样，而"亚述人只是纯粹的掠夺者，除此之外他们什么也不是"。他把前者的行为称为"尽责义务"（duty of care）。② 一般而言，如果国内外面临的其他条件类似，那么前一类帝国的延续时间会更长一些。

第二，继续拥有一支强大的军队。古代建立帝国最主要的手段是军事扩张，任何时候保持强大的军力应该是帝国统治集团的主要目标。要保持帝国稳定，军事组织、兵力动员、指挥系统、武器装备必须始终追踪前沿，保持一流。这其中一个极为重要的问题，是如何在和平条件下保持将士的斗志和牺牲精神。在古代，国家的衰落，首先表现在军事力量的衰弱。如果无法保持一支强大的军队，即使经济发达也不一定能长久维持统治；反之，即使经济不太景气，如果能靠掠夺等手段维持一支强大的军队，帝国也能维持较长时间。

在太平盛世，统治阶级容易贪图享乐、鄙视劳动、丧失斗志、争权夺利、军力涣散，这是通常有的现象。不过，在一定时间内，帝国荣光普照，生存不至于受到太大威胁，因为在崛起过程中，对帝国有威胁的力量大都被毁灭或受到打击，在一定时间内没有能力向帝国发起进攻。

---

① 富勒：《亚历山大的将道》，李磊、琚宏译，广西人民出版社，2006，第89页。
② 芬纳：《统治史》卷1，第115页。

第三，建立起比较有效的皇位继承制度。一般而言，帝国的瓦解或崩溃起于多种原因的综合，其中皇位继承是一个很重要的因素。进行大规模扩张的魅力领袖去世后，如果继位者缺乏向心力，帝国中最有权势的部属就会走向内讧或各自为政，帝国也会因此而瓦解。当然，继承问题与帝国瓦解的关系，有时不易确定。比如蒙古帝国的瓦解，到底是因为它侵占的地方过于广阔，帝国难以进行整合，无法应对各地千差万别的情况，还是因为它没有建立起比较有效的继承制度，这是不容易论证的问题。西方有学者曾说，"王室中各种各样敌视的扩散"无疑发生了作用，但这个帝国解体的主要原因肯定是实践上的困难：在13世纪的条件下，一个中央集权的机构"不可能管理如此广袤的帝国"。① 尽管如此，不容否认的是，继承问题在某些帝国的崩溃过程中起了特别重要的作用。亚历山大帝国在亚历山大突然去世后迅速瓦解，可认为这主要是继承人问题造成的。阿提拉（406~453）建立的帝国在他英年早逝后，其属下的东哥特人和吉别达伊人"立刻反叛"，次年他的长子也在一次战争中被杀，帝国由此不复存在。② 其崩溃之快，继承问题应该是主要的原因。实际上，这是游牧帝国的一个特点："纵然是以前君主的嫡长子成为新的君主，但如果没有能力，就没有人会服从他。兄弟间不断的争夺是游牧民的命运。"③

皇位继承引起时局动荡是古代帝国经常碰到的大问题，即使一些有长期继承传统的帝国也在所难免。胡亥继位加速了秦帝国的灭亡。印度历史上的帝国似乎特别经受不起继承问题的折磨：阿育王死后孔雀帝国就瓦解了，奥朗则布（1618~1707）死后也因四个儿子争位而导致莫卧儿帝国瓦解。拜占庭帝国历史上有许多动乱，与皇位继承密不可分。近代早期，不仅亚洲的帝国继承存在这个问题，欧洲也是这样，西班牙王位继承战争（1701~1714）、奥地利王位继承战争（1740~1748），皆因王位继承引起

---

① David Morgan and David O. Morgan, "The Decline and Fall of the Mongol Empire," *Journal of the Royal Asiatic Society*, Third Series, Vol. 19, No. 4, Oct., 2009, pp. 429, 430.
② 格鲁塞：《草原帝国》，蓝琪译，商务印书馆，1999，第114页。
③ 宫脇淳子：《最后的游牧帝国——准噶尔部的兴亡》，晓克译，内蒙古人民出版社，2005，第162页。

大规模的国际冲突，深刻影响相关国家的历史。

第四，帝国外部是否存在强大的敌人，或两者的关系如何，也是影响帝国寿命的重要因素。波斯帝国若不是碰到亚历山大这么一个可怕的对手，即使它此时内乱严重，但也许仍有很长的路可走。亚历山大东进途中，所经历的四大会战中的三次，就是与波斯军队打的，① 可见波斯军队此时并非完全失去战斗能力。阿拉伯帝国侵占了拜占庭帝国的许多土地，但如果不是奥斯曼帝国在 15 世纪中叶强势崛起，拜占庭帝国也不会在 1453 年灭亡。近代的西班牙和葡萄牙帝国虽然在 16 世纪末或 17 世纪初开始走向衰落，但长期以来都是殖民大国，只是敌不过荷兰和英国等国的竞争而已。而像西罗马帝国、莫卧儿帝国等之所以长期得以苟延残喘，是因为当时其周边缺乏强大的力量。奥斯曼帝国长期衰而不亡的原因，拿马克思和恩格斯在 1853 年写的一篇文章的话说，就是"对土耳其怎么办"在当时成为"无穷尽的困难之源"，或一个"无法解决的问题"，② 欧洲列强只得维护"奥斯曼遗产"的现状。

值得注意的是，除了像蒙古帝国这样跨越地区特别广泛的帝国，一般而言，帝国的复杂性与帝国的迅速瓦解并无必然联系。比如，构成波斯帝国各地区的地理环境、语言、民族都极为复杂，用大流士一世自己的话说，他的领土包括"波斯行省，米底行省，其他语言的、山区的、各地的、海这边的、海那边的、沙漠这边的、沙漠那边的行省"，③ 但大流士改革使这个帝国建立起了比较稳固的统治。它与希腊的战争虽然使它元气大伤，但当代西方学者对它的评价似乎都比较好，认为它在世界历史上第一次发展起一套治理这样一个帝国的方法。也就是说，帝国的治理方式会影响它的寿命。

芬纳提出古代帝国有四种组织方式：（1）中央集权的、标准化的行政机构，统一的文化、语言和法律，如晚期罗马帝国、拜占庭帝国、中国历史上的帝国；（2）标准化的中央行政机构，文化、语言和法律没有统一，或很少统一，如波斯帝国、奥斯曼帝国；（3）没有中央集权的行政

---

① 富勒：《亚历山大的将道》，第二篇第六章。
② 《马克思恩格斯全集》第 9 卷，人民出版社，1961，第 6 页。
③ 奥姆斯特德：《波斯帝国史》，李铁匠等译，上海三联书店，2017，第 154 页。

机构，有统一的文化，如中世纪的神圣罗马帝国；（4）没有中央集权化的行政机构，没有统一的文化、语言和法律，如查理曼帝国、蒙古帝国。① 很难说上面四种治理方式中哪种是好的，哪种是不好的，必须视其是否符合帝国所处的环境（虽然某种治理方式一旦形成，对后代就会成为一种路径依赖）。比如，神圣罗马帝国可说是最松散的帝国，但它的寿命却异常地长（962～1806）。但并不是说帝国的组织方式或帝国结构对帝国的统治不重要，因为从后来的结果看，其实它与帝国寿命密切相关。比如阿拉伯帝国，芬纳认为那是一种"简易、粗糙、破败不堪且四分五裂"的帝国结构，由于其法律缺乏对普通民众生命、财产的保护，这一法律"真空"成为"帝国衰落的实质性根源"，因为它造成可怜的顺从，谋杀和起义交替出现，"在停止扩张之时，它就已经分崩离析"。②

二 土地制度的瓦解和权力的转移

所有的帝国最终都要衰亡，不管它采用什么治理方式，也不管它的历任统治者如何努力或做过什么改革！为什么会这样？从社会发展史的角度看，是因为生产关系阻碍了生产力的发展；但从历史学的角度看，这样解释过于简单，尚不能说明具体的历史过程。特别是在农业社会里，生产力发展缓慢，从中国历代王朝的更迭来看，很难说后一王朝的生产力比前一王朝有多少先进之处——虽然会有一些，但不一定很明显。

帝国的瓦解或衰亡，有的是由继承等问题造成的，大多是由于长期享受各种特权的统治阶层为维护这些特权而采取种种愚昧和抱残守缺的举措。他们对帝国原有的利益分配体系或国家治理体系及相关的种种平衡遭受破坏熟视无睹，致使这些破坏在某种程度上变得不可修复，由于所有的修复或改革都以保持既有特权为基础，也就是说这些改革大都属于修修补补，其作用至多只是延缓帝国的衰亡而已。特权阶级之所以不情愿通过改

---

① 芬纳：《统治史》卷1，"概念性序言"，第11页。
② 芬纳：《统治史》卷2，王震译，华东师范大学出版社，2014，第128～129页。

革来消除社会危机,是因为那会严重损害他们已经拥有的利益,或者担心他们可能因此失去一切。越到帝国后期,这种情况越严重。一般说来,一个王朝初建之时,特权体系并非十分完善,尚为各阶层的流动或能力的自由发挥留下某种空间,而经过反复改革后,这种空间越来越小,使体系外的人士或某些体系内的人士越来越绝望,甚至认为只有彻底摧毁这个体系,才能解决问题。帝国由此在此起彼伏的抗议、革命或外部入侵的打击下走向灭亡。

从某个角度看,帝国的衰亡就是其一整套管理制度及与之相应的特权体系的衰亡,是某种治理体系及与之相关的种种平衡被彻底破坏并难以修复的过程。西方有学者指出,罗马帝国的结构"想必依赖于某些相当复杂的平衡"。在这些平衡的作用下,一方面,帝国各个中心的收入想必足以支撑上层建筑的运行;另一方面,从边缘地区流出的财富不会多到使那里的人民感到难以承受的程度,不至于产生使政府难以处置的冷漠和反叛。[1] 帝国的衰落,其实就是其在全盛时期形成的制度的瓦解和失效,是众多政策互相制衡下达成的各种平衡受到破坏,在这些平衡的基础上形成的大体上能为各阶层接受的分配制度,渐渐演变成少数统治阶级对绝大多数底层民众更加赤裸裸的盘剥,以及中央大贵族对地方中小贵族更公开化的欺压和双方斗争的极度尖锐化。

在衰亡过程中,特权阶级日益放肆专横,这是因为帝国原有制度的瓦解意味着对他们的约束日益淡化,同时他们的人员却在增加,而且随着商品经济的缓慢发展及其生活方式的精致化,他们的花费越来越大,需要越来越多的金钱,只能更多地利用特权谋取私利。所以,一个帝国从建立到灭亡,其特权阶级的贪婪、无耻和守旧是一个不断深化的过程,战争或改革等会使他们略加收敛,但无法阻挡这一总的演变趋势。

在古代,最重要的财富形式是土地,帝国制度中首先被破坏的,往往也就是原有的土地制度。在前工业社会里,土地既是税收的基本来源,又是士兵的主要来源。在一套健全的帝国制度的治理下,土地能够源源不断

---

[1] Johan Galtung, Tore Heiestad and Erik Rudeng, "On the Decline and Fall of Empires: The Roman Empire and Western Imperialism Compared," *Review (Fernand Braudel Center)*, Vol. 4, No. 1, Summer, 1980, pp. 100 – 101.

地提供税收和兵员。古代最重要的治理机构，一个是主管和使用税收的财政部门，另一个是维护正常社会秩序和收税系统的司法部门。这两个部门的运行均与土地制度息息相关。所以，土地的持有方式及其权利和责任是整个帝国制度的基础，正是在这个意义上，帝国衰落的主要表现就是原有土地制度的瓦解及与之相关的兵源、军费的减少，军队战斗力的衰微。

换言之，以农耕为基础的帝国的最终归宿都是原有土地制度的解体和大地产的畸形发展，或者说它们是被大地产所吞没的。这就是为什么我们的历史教科书在讲到中国历史上每个王朝末年的动乱时，总不忘强调土地兼并和百姓流离失所。古代和中世纪欧亚和北非的重要文明区都曾建立过以分封土地为基础的兵役制度，或称军事采邑制。西欧中世纪的封土制非常典型，阿拉伯帝国的"伊克塔"（Ikta）、奥斯曼帝国的"蒂玛"（Timar）都属此类制度。接受封地的贵族或军人必须在战时提供相应的武装或自带武器出征。古代希腊和罗马的公民兵制也把土地持有与服兵役紧密地捆绑在一起，其土地制度的瓦解就是军力的削弱。

亚述帝国被称为人类历史上"第一个系统地长期统治被征服地区的帝国"，或"第一个有据可考的帝国"，[①] 其灭亡就是其土地制度瓦解的结果。国洪更指出："土地私有化是亚述帝国灭亡的根本原因。"亚述帝国晚期出现的财政赤字、军事实力下降、频繁的叛乱等问题，"都根源于土地私有化"。因为土地私有化使大地产不受政府管辖、不负担任何赋税，依附于这些土地的劳动力不服兵役，于是政府财政收入和兵源锐减，地方分离势力乘机膨胀，挑战王权。[②] 查理曼帝国的瓦解，是查理·马特（688～741）着手建立的采邑制瓦解的结果，封臣受封的土地从不能世袭变为世袭。帝国扩张的动力来自贵族们对获得土地的期盼，国王（皇帝）把从教会和反抗的贵族手中夺来的土地封给有功的贵族，这些贵族追随皇帝，目的是得到更多的封赐。帝国越扩张，夺取的土地越多，贵族得到的封地也越多。卡尔·汉普（Carl Hampe）曾指出，这种扩张以"反哺"（fed on itself）为基础。但扩张总有地理上的限度，结果是扩张的"任何

---

① 芬纳：《统治史》卷1，第92、113页。
② 国洪更：《土地私有化与亚述帝国晚期的危机》，博士学位论文，东北师范大学，2003，第 iii 页。

停滞都马上会导致不满"。① 不满导致内争和反叛，帝国扩张的动力成了它崩溃的基本原因，所以帝国的迅速瓦解是必然的。

其实，古代希腊人和罗马人已经清晰地把政府收入和人力看成一个国家力量的体现。② 正是土地制度的瓦解使本来由政府控制的人口转归大地产控制，这些人口既不服军役，也不纳税。虽然人和土地依然在这个国家内，但政府能调动的税收和兵员日益减少，地方分裂势力却借此坐大。在这个意义上，我们也可以说，帝国的衰亡是由于特权阶级中的许多重要成员不希望帝国继续存在下去，因为帝国的强大会削弱他们手中的财富和权力。

三　各种改革只能延长帝国的寿命

一个帝国在全盛到衰亡的过程中，会出现各种各样的改革，改革或多或少能使帝国出现一些新的气象，但不久又会继续走下坡路。任何改革的作用都是有限的（这里暂不包括那种从一种社会形态转向另一种社会形态的改革，比如拜占庭帝国从奴隶社会向封建社会过渡时期的那些动荡和改革），不可能改变衰落的总趋势，改革只能延缓但不能阻止帝国的衰落。

改革的原因主要有两个。一个是经济社会的发展变化导致原有的种种平衡遭到破坏。古代社会虽然总体上变化缓慢，但还是会不断出现新的情况，旧的阶层会趋于衰落，新的阶层也会从中产生，导致一些规章制度明显不符合新的形势。比如，唐代晚期两税法的推行取得较好成果，正是因为它"反映了当时社会政治、经济和军事的发展变化，具体而言，反映了封建社会商品经济的活跃、直接生产者人身依附关系的相对减轻、社会生产力的提高、封建国家财政税收政策的成熟、封建社会内部自我调整功能的加强等等"。③ 另一个是原有制度的瓦解使旧的或新生的特权阶级趁机大肆榨取，因为他们有能力使所发生的各种变化向有利于自己的方向倾

---

① Timothy Reuter, ed., *The Medieval Nobility*, North-Holland Publishing Company, Amsterdam, 1979, pp. 174-175.
② Roald Dijkstra, Sanne van Poppel, Daniëlle Slootjes, eds., *East and West in the Roman Empire of the Fourth Century*, Brill, 2015, p. 26.
③ 宁可主编《中国经济通史·隋唐五代经济卷》，经济日报出版社，2000，第660页。

斜，由此加剧社会矛盾。斯坦福·肖就是从这两个方面说明奥斯曼帝国废除"作为军事力量基础的蒂玛制度"的原因的：一方面，通货膨胀使饲料和武器都在涨价，那些拥有较小的蒂玛（份地）的西帕希（士兵）无力承担出征费用，因而经常不参战，导致政府没收他们拥有的蒂玛，而他们则要么通过贿赂有关官员继续保持蒂玛，要么加入歹徒团体甚至领导辖区内的起义；另一方面，农产品价格上涨使土地成为投资对象，于是"那些得到被没收的蒂玛土地的人，无论是来自蒂玛的持有者或者是包税人，形成了一个拥有大量地产的新的乡间贵族阶层"。① 土地关系的这些变化意味着阶级分化、税收和兵员的减少。如果帝国要生存下去，就必须通过改革以遏制上述趋势。

但改革是否发生，并非只取决于客观的经济政治因素，还要看统治阶级对形势的判断。列宁曾讨论过革命形势的形成问题，指出"光是'下层不愿'照旧生活下去，对革命的到来通常是不够的；要革命到来还须'上层不能'照旧生活下去"。② 只有这两者互相响应，革命才会发生。改革何尝不是如此！只有统治阶级也感到难以照旧生活下去，改革才会发生，因为改革多少要损害他们的利益。许多改革之所以胎死腹中或成效甚小，关键就在于统治集团中要求实行改革的人太少，他们中许多人意识不到危机的严重性，死抱住既得利益不放。有一则寓言，讲的是大洪水来临时，一个人把钱袋子绑在身上泅水出逃，在体力不支后有人劝他扔掉钱袋子，他舍不得，最后沉入水底。宁愿与帝国同归于尽也不愿放弃部分特权，这种人在各个帝国的晚期可以说比比皆是。

政治家都明白，国家遇到天灾或外敌威胁时最容易推动改革，因为只有此时特权阶级才会考虑放弃自己的部分利益，支持改革，渡过难关，因为害怕社会动荡导致全面崩溃。改革的目标主要是消除社会动乱和强军；在改革的具体措施中，最重要的莫过于清点帝国的人口和土地（当然也包括改革工商业税收和货币政策等），使其重新处于政府的控制之下。一句话，就是建立新的土地和税收制度。这既是一个重新安民的过程，让农

---

① 斯坦福·肖：《奥斯曼帝国》，许序雅等译，青海人民出版社，2006，第224页。
② 《列宁选集》第2卷，人民出版社，1972，第620页。

民劳有所得；也是一个根据新形势，使各种关系恢复某种平衡的过程。

但历史上比较成功的或可称为"中兴"的改革只是少数，而且这少数比较成功的改革的作用，也只是在较长时间内延长帝国寿命，帝国的衰亡终究是不可避免的。其根本原因是特权阶级的利益框架不可能通过改革而改变，任何改革都只有在充分或比较好地保障他们已有利益的基础上才能进行。在某种程度上可以说，任何改革都是掌权者的一场自我革命，而统治阶级中具有这种精神的人永远是少数，其大多数人总是千方百计在保护既有利益或略做牺牲的前提下才支持改革，少数坚决主张改革的人如果不充分考虑他们的要求，就无法推动改革。罗马共和国后期的格拉古兄弟（提比略·格拉古，前168~前133；盖约·格拉古，前154~前121）都为改革献出了生命，就很能说明问题。提比略曾说："意大利的野兽都有用来休息和避难的巢穴，可是那些执干戈以卫社稷和愿意牺牲生命的人，除了空气和阳光却一无所有。他们无处安家立业，带着妻子儿女到处流浪飘泊。"① 这两兄弟怀着伟大的理想从事改革事业，但趋势难以遏制。吴于廑先生曾分析过这场改革的成就及其回天乏力的情况："许多被占的公地受到清查，超额的部份被国家收回；许多贫穷的公民得到了小块份地。根据公元前125年的公民登记，人数增加到394736人，比公元前131年增加了约七万六千人，扭转自公元前164年以来一直下降的趋势。从这些现象看，不能说提比略毫无成就。然而这些现象毕竟是暂时的，建立在小块份地基础上的兵农合一制并不因此就能复活。广泛使用奴隶的大田庄，不会放松对小农经济的排斥，让它获得长期的稳定。为奴隶制度所腐蚀了的自由民，视劳动为贱业，也不会安心做终岁劳苦而衣食不给的农民；他们宁愿流向罗马，做接受廉价粮食的流氓无产者。……公元前119年，格拉古土地法案废止，公地不许再分。"② 公民兵制的破坏与长期困扰罗马帝国的流氓无产者问题，是一种谁也无法摆脱的趋势，它们是随着西罗马帝国的衰亡而消失的。

前些年我国学术界一度热议的"黄宗羲定律"，讲的就是统治阶级在

---

① 普鲁塔克：《希腊罗马名人传》（3），席代岳译，吉林出版集团有限责任公司，2009，第1479页。

② 吴于廑：《格拉古改革》，《历史教学》1964年第3期，第30页。

改革中略做收敛后会更加疯狂地敛财,使农民的负担升到更高水平。随着帝国衰落,统治阶级为了维护特权,其贪婪和守旧也会发展到不可思议的地步,把所有外来的好东西或自己文化中的创新精神均视为异端邪说,不斩草除根决不罢休。即使到了近代,这种情况依旧没有太大变化,看看我国清末的情况便可知悉。为了推动改革,改革与反改革的斗争极为惨烈。1826年,奥斯曼帝国素丹马赫默德二世用新军手中的大炮炸死了数千反对改革的近卫兵团,接着宣布废除这支阻止改革的最大的军事力量,并"趁这次机会消灭了最后一批采邑封建骑兵部队";又以煽动近卫兵团叛乱为借口,宣布几个世纪来与近卫兵团保持密切的政治关系的贝克塔希斯派托钵僧为非法宗教团体,没收其财产,毁掉其寺院,还将它的三名主要首领公开处死,其余成员则全部被流放到外地。① 类似的举措还见之于埃及,穆罕默德·阿里为了推动改革以巩固政权,于1811年以庆祝儿子受命率大军出征为名,邀请"包括所有重要的马木路克头目在内的达官显贵到撒拉丁城堡出席盛大的仪式和宴会",在仪式进行中,他事先埋伏的武士把马木路克头目及其随从共470人全部杀害。接着又在全国各地搜捕并处死数千马木路克头目,彻底铲除了这个横行埃及几个世纪的军事封建势力。② 俄国彼得大帝的改革,以残酷的手段处死了许多射击军,还把受守旧派影响的儿子也处死了。但所有这些手段,并不意味着这些人推行的改革是"彻底"的,土耳其、埃及和俄国以后的历史发展都证明了这一点。以彼得大帝的改革而言,其整个改革表面上倾向于模仿资本主义,但根子里以加强农奴制为基础,俄国最终并没有走上彼得大帝所想象的道路。他推行改革的决心虽然极为坚决,但不可能真正漠视特权阶级的利益。特别是,改革的力量中还很快就出现强大的特权阶级,这个阶层与旧特权阶级有千丝万缕的联系,为了维护自己已经得到的利益,他们很快就会成为国家进一步发展的障碍。至少,工业革命前的改革,除了少数例

---

① 黄维民:《中东国家通史·土耳其卷》,商务印书馆,2002,第128页。按,有时特权阶层不一定是很有钱的人,比如罗马帝国晚期的流氓无产者或奥斯曼帝国后期的近卫兵团。后者不允许素丹建立新军(晚清的中国还能名正言顺地建立新军),把素丹处死,是彻头彻尾的反动阶层。

② 艾周昌、郑家馨主编《非洲通史·近代卷》,华东师范大学出版社,1995,第344页。

外,情况大都如此。

历史上一些所谓的中兴,也只是改革取得较大成就而已,但一般不能真正斩断旧、新利益集团的关联。像晚唐推行的两税法,虽然取得了较好的成效,但它仍是"唐中央政府面对藩镇割据不得不进行的权衡和让步"的产物,"亦是其与地方政府、特别是安史之乱后藩镇之间的博弈结果。……迫于地方节度使势力强大,中央政府不得不在两税法中明确将两税规定为中央和地方的共享税"。① 历史上所有改革的基本目标就是抑制大地产或地方独立势力的发展,以便建立起一支强大的军队,但上述发展趋势是无法真正受到抑制的,最后概以帝国灭亡为最终结果。这样讲,不是否定古代世界改革的作用,它们在一定时间内使当时的政府渡过难关,使普通民众再度得到某种安居乐业的机会。但归根结底,它们只能对帝国弊病起某种修补作用。

当然,我们知道,通过农民起义(即我们通常所说的革命)建立新的王朝,也不意味着这个王朝能永远存在下去;历史上有些改朝换代,并不比原有王朝好多少。另外,有些改革还是解决了不少问题,使帝国延续了很长时间,如罗马帝国晚期君士坦丁的改革。也就是说,所谓革命与改革也没有鲜明的界限。而且,不管是革命还是改革,其所形成的特权阶级或迟或早都会成为经济社会进一步发展的障碍。这里的问题是相同的:在古代社会里,一个新的特权阶级或一种新的利益分配制度一旦形成,就会慢慢产生自我封闭倾向;如果没有强有力的冲击,这种封闭性会延续下去。冲破它的力量,一是经济社会的发展变化,二是政治上的改革或"革命",但即使经过"革命"建立起来的新帝国,也总是会重复类似的盛衰过程。

四 进取精神的衰退和"帝国的负担"

促使帝国衰亡的还有两个很重要的因素:进取精神的衰退和"帝国

---

① 王珏、何富彩:《唐代两税法的经济效果——基于双重差分模型的实证分析》,《中国经济史研究》2017年第6期,第55页。

的负担"。

　　古代的进取精神,在很大程度上表现为尚武的风气。这一风气的消退,与帝国的衰落息息相关。不论是农耕民族自己建立的帝国,还是游牧民族入主农耕地区建立起来的帝国,在扩张到某种极限后,战争减少和掠夺广袤地区所带来的物质繁荣,使统治者很快转向追求享受、丧失斗志,这是历史上任何帝国无法从根本上解决的问题,也是任何帝国都必然要衰亡的一个基本原因。我们常说的八旗子弟,是这方面的一个典型例子。在这方面,家族是帝国的一面镜子。

　　进取精神的衰落,一般也可称为文化的衰落。但这里的文化不包括基督教文化、儒家文化、伊斯兰文化等"大文化"的概念,而只指"小文化",如唐文化、宋文化或18世纪的荷兰文化、德意志第三帝国的文化等。

　　关于帝国衰落时期文化上的败象,古代和现代的学者都非常重视。比如波斯帝国,人们通常把希波战争看成它衰落的原因,但近来有人提出是公元前449年签订的卡里亚斯条约,离它灭亡还有很长时间。除了统治集团内讧和国内叛乱,它的灭亡,其文化上的腐化也难辞其咎。皮尔·白里安(Pierre Briant)认为:波斯帝国的衰落是不可避免的,因为财富和奢侈正腐蚀着他们强壮的体魄和灵魂,公元前4世纪的波斯人已经不是希罗多德笔下视骑马、射箭和说老实话为原则的波斯人了。财富与奢华的生活摧毁了波斯人。如罗马人一样,波斯人也是在简朴中建立帝国,在奢侈中败落。① 柏拉图这样描述他那个时代的雅典人:"他们天天以享乐为生活,饱食终日,游手好闲,空谈哲学。他们也常常喜欢谈论政治,顿足高呼说出他们的意见。他们想到什么就说什么,毫无任何的顾忌。"狄美西尼斯也有类似的指责:"在过去,雅典的人民有行动和战斗的勇气,他们控制着政客。现在反过来,政客控制着钱袋并管理一切,而你们这些人民,被剥夺了神经与肌肉,财富与同盟,降到了走狗和乞丐的地位。每当政客们给你们一点小惠,你们就会格外乞怜,高呼万岁了。"② 出于对罗马社会

---

① 吕乔:《希波战争与波斯帝国的衰落》,《内蒙古民族大学学报》2010年第3期,第15页。
② 富勒:《亚历山大的将道》,第15页。

日益盛行奢靡享乐思想的批判，塔西佗这样夸奖日耳曼人："我个人同意把日耳曼尼亚的居民视为世界上一种未曾和异族通婚因而保持自己纯洁血统的种族，视为一种特殊的、纯粹的、除了自己而外和其他种人毫无相似之处的人"；"他们具有……既不受声色的蛊惑，也不受饮宴的引诱"的高贵品质。①

意识上的守旧也可归结为一个文化问题。耽于昔日的荣耀，对新的东西缺乏热情，因为特权阶级担心任何变革都会危害他们已有的利益。罗马帝国后期的公民轻视劳动，恩格斯认为那是罗马帝国陷入绝境的主要原因，因为"奴隶制在经济上已经不可能了，而自由民的劳动却在道德上受鄙视"。接着他把西欧之所以得到新生，进入封建社会，归之于日耳曼人的"野蛮状态，他们的氏族制度"，即日耳曼人的"个人才能和勇敢，他们的自由意识，以及把一切公共的事情看作是自己的事情的民主本能"。②

帝国衰落的因素往往出现在帝国扩张到接近极限的时候，斯坦福·肖说：奥斯曼帝国"甚至在苏莱曼大帝最辉煌的统治时期，衰落的征兆就已经出现了"。③ 伊兹科维兹也说，苏莱曼去世（1566）时，一些外国驻伊斯坦布尔的使节和奥斯曼帝国的有识之士就意识到，"帝国的黄金时代不知怎么已经结束了"。④ 一个帝国在大规模扩张结束后，难以保持尚武精神，一些父辈希望通过教育来培养接班人，往往不尽如人意，因为无法真正模仿自己成长过程中那种艰难的环境。如果真的设计了那样一种环境，很可能只有极少数人能成长为传人，因为穷人或困境中的人面临的机会极少，长大后出类拔萃的是极少数。

文化衰落如帝国的衰落，也是不可阻挡的，这样讲有点神秘。一些民族只在从原始社会进入文明社会的那段时间才显得不可战胜，古代历史上许多帝国就是由这些向文明社会过渡时期的民族建立的。通常认为，向文

---

① 塔西佗：《阿古利可拉传·日耳曼尼亚志》，马雍等译，商务印书馆，1985，第57、64页。
② 《马克思恩格斯选集》第4卷，第150、156页。
③ 斯坦福·肖：《奥斯曼帝国》，第220页。
④ 伊兹科维兹：《帝国的剖析——奥托曼的制度与精神》，韦德培译，学林出版社，1996，第39页。

明社会过渡时期，身份自由的小生产者的扩张欲望和战斗力都异常强烈。但一进入文明社会，阶级对立和统治者的好逸恶劳很快就会重挫他们的战斗精神。一个帝国在从全盛走向衰亡的过程中，各种各样的改革能在一定的时间内在某种程度上恢复尚武风气，但像整个改革的命运一样，振兴的时间不会长，因为特权阶级的后代很难长时间放弃骄奢淫逸的生活方式，尤其是在缺乏外敌威胁的情况下。

导致帝国衰落的还有其他一些原因，如西方人常说的"帝国的负担"，指的是帝国维护帝国统治或和平的费用。广义上讲，这是帝国治理工作的一部分，但它有特殊性。古代帝国没有近代民族国家那样的边界意识，其统治地区和势力范围可大体上分为核心区、非核心区、藩属国等几个层次，这方面中国历史提供了非常典型的例子。非核心区和藩属国最容易发生动荡，帝国的收入主要来自核心区，而大量财政收入却被用于维护非核心区和藩属区的和平。我国历史上16世纪末的万历朝鲜之役、1894年的甲午战争，皆与对藩属国的义务有关，耗费了大量钱财和人力。世界历史上的帝国在这方面的花费都非常大。在一个帝国的晚期，这一负担常常成为压垮帝国财政的最后一根稻草。这里举一个近代西班牙帝国的例子，我们虽然把它纳入近代帝国的范畴，但这时它与古代帝国的区分不是那么明显，在许多方面还是相同的。16世纪中期西班牙帝国处于全盛时期，众所周知，那时它从美洲得到了大量金银，但据历史学家的研究，"即使是在高峰时期，皇家从新大陆得到的收入也只及卡斯提尔及其600万居民身上得到的收入的1/4到1/3"，① 可见这个帝国花费之浩大。也就是说，西班牙帝国与奥斯曼帝国、法国的长期战争的费用，主要压在卡斯提尔的600万居民身上，而在查理五世（1519~1556年在位）时代，这个帝国是由西班牙、意大利、德国、尼德兰等组成的。查理五世统治时期战争不断，他几乎是在马背上度过的。

当然，一般而言，一个帝国在其全盛时代，对所控制的地区拥有巨大权力，可以搜括大量钱财以装点首都和核心区，这时它的收入大于它的帝国警察的费用。但在度过全盛期后，有两方面的因素会逆转这种情况。一

---

① 保罗·肯尼迪：《大国的兴衰》，梁于华等译，世界知识出版社，1990，第71页。

方面，走下坡路的帝国往往面临以下困境：在"经济实力开始减弱"时，外部对其地位的挑战却"日益增多"。发展不平衡是人类历史的通常现象，外部挑战的增加只是一个时间问题。结果是帝国被迫"把越来越多的资源用于军事部门，这反过来又挤占了生产性投资，久而久之就会导致一种盘旋下降的趋势：增长速度放慢，纳税负担加重，国内对开支重点的分歧加深，以及承担防备义务的能力减弱"。① 另一方面，帝国国力的下降也正是国内问题增加的时候。在周边国家不断蚕食帝国边缘地带时，帝国内部矛盾，特别是帝国边缘地区与中央政府的矛盾也不断尖锐化，内讧、起义和反叛时有发生，从属地区之间互相争夺，政府为了履行自己帝国警察的责任，派兵到处镇压，于是兵源和财政越来越捉襟见肘。这些是帝国灭亡前常有的景象。这种情况迫使帝国在入不敷出或寅吃卯粮的情况下履行"职责"，常常还因此在因乱局而生产不景气的情况下加重居民税负，是典型的"战略透支"。以罗马帝国为例，公元1世纪和2世纪时地中海各地的财富都往意大利和罗马集中，但是在3世纪中期的危机爆发后，收入减少的同时花费在增加，利用帝国身份获得的好处远不能弥补维护"罗马式和平"（pax romana）的消耗。淘空国库、榨干居民收入也难以解决帝国的军事费用，帝国西部的城市首先在重税的压榨下趋于萎缩或消失，然后是西部帝国本身在蛮族的打击下走向灭亡。

"帝国的负担"还包括心理负担，即自以为是"天下第一"，不愿向其他民族学习优秀的东西，这也是一个文化问题，这里就不展开了。

五 余论：近现代与古代帝国衰落的异同

近代以来的帝国发生了很多变化。这里所说的近代以来的帝国，指西班牙、葡萄牙、荷兰和英国等，不包括奥斯曼、莫卧儿等在时间上存在于近代的帝国。古代和近现代帝国衰落的原因，有些是相同的或基本相同的，如"帝国的负担"，就"负担"本身来说，这两类帝国并没有什么区别。还有一些特点在人们的眼中变化不大。如古代帝国一般以被征服或被

---

① 保罗·肯尼迪：《大国的兴衰》，第598页。

推翻而告终，而近现代如德意志第二帝国、第三帝国及日本帝国，也是以激烈战争的形式被推翻的。葡萄牙、西班牙帝国因美洲独立战争而大为削弱，荷兰则因17世纪中后期与英国的几次战争而被削弱。制度或文化上的腐败也有类似之处：守旧和不思进取，不论古代或近代，在衰落的帝国中普遍存在，至多只是程度有所不同。一般而言，近代早期，两类帝国衰落的相似之处更多一些。西班牙帝国在16世纪末或17世纪初就开始衰落，衰落的许多特点与古代帝国很像。不过，赫伊津哈对18世纪荷兰文化的"衰落"有不同的看法，他似乎把这看成走向理性和进步的代价。比如，他说："尼德兰是否太平和？我们是否失去了尚武的勇气？这是两个危险的问题，有可能使我们陷入玩弄辞藻的泥潭。"接着他强调两点："我们倾向于贬低18世纪荷兰生活里枯燥的理性主义和过分冷静的观点"，但使荷兰人民显示出伟大的是他们的"活力、坚毅、公正、公平、善举和虔诚"，"我们没有失去这些品格"。①

近现代和古代帝国衰落的不同之处，主要有以下几点。

第一，经济竞争力在国家强盛的过程中拥有前所未有的重要性，成为帝国维持自己生命力最重要的因素，老的帝国并不放弃经济竞争，衰落因而变成相对的事情。比如，大英帝国的衰落已经讲了100多年，它虽然失去了当年世界第一的风光，但在今天仍然是世界上最发达的国家之一。近代早期，由于商业和市场的竞争渐成为重要的战争根源（如18世纪欧洲各国的商业战争），帝国扩张从比较单纯的军事、政治占领，转为着眼于获取市场和原材料的武力占领。二战后，军事政治直接占领的作用也日益衰微，市场占领成为主要目标，强大的军事力量主要起威慑作用。当然，只有当发达国家无须通过武力就能比较好地实现扩张的目标（如通过跨国公司的扩张方式），也就是现代生产力发展到相当高度时，它们才会这样做。

第二，科学技术成为经济发展的龙头和风向标，是国家拥有竞争力的基本标志，这一态势导致新旧利益集团的取代一般无须依赖大规模的暴力。近现代帝国在相对衰落过程中的政权更迭，可以通过和平的方式进行

---

① 赫伊津哈：《17世纪的荷兰文明》，何道宽译，花城出版社，2010，第83、84页。

(除了出现法西斯统治之类的情况)。这是由于各国发展不平衡的情况虽然依旧存在,但各大国都把占领科技制高点当作自己的努力目标,这一发展趋势强烈要求打破旧利益集团的垄断与守旧倾向,因为它关乎国家的竞争力,旧利益集团很难抗拒。又由于社会上的人员、知识、资本和技术流动比以往大为通畅,旧利益集团中的许多人进入新的利益集团也较为容易,所以新利益集团的崛起往往比较顺利。当然,这主要也是发达国家工业化以来的事情。

第三,以尊重人权为基础的价值观成为帝国合法性的重要标准,反对这一标准的帝国难以在世界上生存。西方的现代价值观虽然是从15世纪和16世纪以来的文艺复兴开始发展的,18世纪末和19世纪上半叶开始在非西方国家中传播,但把价值观作为衡量帝国合法性的基本标准,却主要是在20世纪30年代和40年代世界人民反法西斯战争中形成的。在某种意义上,各法西斯帝国的灭亡,是由于它们的价值观为世界人民所不容,这在古代帝国是难以想象的。虽然从那以来,东西方在人权问题上的争论始终没有停止过,但至少在理论上,各方都把1948年联合国通过的《世界人权宣言》作为立论的基础,说明把尊重人权的价值观作为帝国合法性的标准得到了普遍认可,已经成为习惯。

由治权到帝国：从拉丁文"帝国"概念的衍生看罗马人的帝国观*

王　悦**

　　罗马帝国不仅是古代西方世界统治疆域最大、延续时间最久的大帝国，更是后世西方人提振民族精神、壮大国家实力时常效仿的对象。从查理大帝到俄国沙皇，从近代的西班牙到19世纪末的英国，所有的欧洲帝国都不断从罗马帝国获取榜样的力量乃至词汇的力量。古罗马的许多词和象征成为近代以来帝国主义国家宣示个人或党派权威、彰显国家权力的重要来源。正因为近现代对帝国统治采取与古代颇为相似的表达，又因为这些表达词在近代以来风云变幻的国际局势中意义重大，论者多会有意无意地将古代和近代的帝国混为一谈，混淆古今帝国的独特性格。古今观念差别甚远，古今帝国分野极大，罗马帝国有专属于自己的帝国本质和历史变迁。[①]

　　罗马帝国的建立，与传统上罗马帝制时代（公元前27年至公元476年）的划分无涉。帝制时代的罗马帝国无非在政体上完成了从隐蔽的君主制即元首制向绝对君主制的过渡。但帝国无关乎政体，判定是不是帝国与罗马是否确立起帝制没有多少关联，共和制也不是断定共和国时代的罗马不是帝国的理由。历史学家在谈罗马国家向帝国转型时，往往强调国家政体结构由共和向帝制的变迁，而实际上罗马在由皇帝当政之前就已经是一个帝国了。共和国时代的对外战争风起云涌，罗马人在对外战争中追逐国家安全与个人荣誉。战场在古代乃至近代世界永远是赢得荣耀的主要场合，战争最直接的受益者元老贵族，利用身为统治阶层的各种便利合法占

---

　　*　本文原刊于《古代文明》2016年第2期。
　　**　王悦，华东师范大学历史学系讲师。
　　[①]　J. S. Richardson, "Imperium Romanum: Empire and the Language of Power," *The Journal of Roman Studies*, Vol. 81, 1991, pp. 1-9; A. Erskine, *Roman Imperialism*, Edinburgh University Press, 2010, pp. 3-5.

有或非法侵占国家资财，又通过军功让个人声名显赫，为家族增光添彩。普罗大众投身战争，抵御外敌，他们也从国家的公众福利和公共设施中获益。罗马在共和国时代已经是一个体量庞大的帝国了。

在拉丁文中，帝国表述为 imperium，而且围绕该词又产生了一系列与帝国相关的表述。这些表述的演变，恰好见证了罗马帝国的缔造过程，也反映了罗马人帝国观念的变化。因此，通过梳理这些表述的语义变迁，可以深刻理解置身其中的罗马人眼中的帝国样貌，有助于辨明罗马帝国的属性，也会对罗马"帝国主义"有更清晰的判断。[①]

一 imperium 释义

现代西方语言中表达"帝国"的词语多源自拉丁语 imperium，可解作"治权、最高权力"。[②] imperium 的词根来自动词 imperare，意即"指

[①] "防御性帝国主义"的论点首先在 19 世纪下半叶由德国学者蒙森提出，20 世纪早期经法国学者奥洛 [（Maurice Holleaux, *Rome, la Grèce et les monarchies hellénistiques au IIIe siècle avant J. - C.* (273–205), Paris: E. de Boccard, 1921] 和美国学者腾尼·弗兰克（T. Frank, *Roman Imperialism*, New York: The Macmillan Company, 1914）的深入论证，成为罗马史学界的主流观点。从 20 世纪 70 年代起，该观点却饱受质疑。著名古代史学者芬利和霍普金斯都驳斥了防御性帝国说，见 M. I. Finley, "Empire in the Greco-Roman World," *Greece & Rome*, Second Series, Vol. 25, No. 1, Apr., 1978, pp. 1–15; E. Hopkins, *Conquerors and Slaves: Sociological Studies in Roman History*, Vol. 1, Cambridge: Cambridge University Press, 1978. 罗马史学者哈里斯的论述影响最为深远（W. V. Harris, *War and Imperialism in Republican Rome 327–70 BC*, Oxford: Oxford University Press, 1979）。他们强调罗马社会具有浓厚的军事氛围，通过战争追逐荣誉，通过扩张取得潜在的经济利益。此后，扩张性帝国主义的观点在学术界成为主流，几乎无人再否认罗马的扩张性。但一直有学者对这一观点进行修正，认为罗马的军事活动往往是非理性的恐惧心理作祟，或是罗马人把国家安全摆在与胜利的荣耀同等重要的地位，他们在行动上富于侵略性，同时仍坚信是以自身安全为重（J. Rich and G. Shipley, eds., *War and Society in the Roman World*, London & New York: Routledge, 1993; S. P. Mattern, *Rome and the Enemy: Imperial Strategy in the Principate*, Berkeley and Los Angeles: University of California Press, 1999）。

[②] 关于 imperium 的汉语表述素不统一：如"治权"，见 M. I. 芬利《古代世界的政治》，晏绍祥、黄洋译，商务印书馆，2013；如"谕令""统治权""号令权"等，见特奥多尔·蒙森《罗马史》（第 1~5 卷），李稼年译，李澍泖校，商务印书馆，1994~2014；如"治权""权力"，见朱塞佩·格罗索《罗马法史》，黄风译，中国政法大学出版社，2009。

挥、命令"。① imperium 是罗马官员的至高权力,包括军事指挥权、解释和贯彻法律的权力等。按照古罗马文献传统记载,治权最早属于统治罗马的诸王,王的权力简称为治权。在最后一位王高傲者塔克文被驱逐后,这一权力转由共和国的最高行政官员行使。

罗马历史上曾握有治权的官员有执政官、拥有执政官权的军事长官(公元前 445~前 367)、大法官、独裁官和骑兵长官。治权按其词根的含义"指挥、命令",可以看作下命令、要求个人听从的权力,代表着国家在处理与个人关系中的绝对权威,被授予治权的官员代表着国家行使这一权力。后来,治权也由代行执政官和代行大法官等任期延长的官员执掌。他们在担任执政官和大法官的任期结束时被赋予新的使命,手中的治权也相应延长。罗马历史上拥有治权的还有获得特别指挥权的个人(privati cum imperio)以及一些领有专门使命的人士,如负责土地分配的委员会成员等。

原则上,治权至高无上,实际上受到的制约却越来越多。共和国初期,王被逐,由两名被称为"司法官"(praetor)的最高行政和军事长官执政官取而代之,他们的权力因为同僚协议和任期一年的规定而受到制约。在民事领域,同一时间内仅一名执政官有独立行动的能力,另一名执政官的治权和占卜权处于休眠状态,只有在出面阻止同僚的行动时他的治权才发挥作用。国家处于紧急状态下,两名执政官的权力可能同时处于休眠状态,听命于一名独裁官。独裁官没有同僚,获得 6 个月的治权,6 个月在理论上正是一个作战周期的时长。上诉权也制约着官员的治权。根据《瓦莱利乌斯法》(lex Valeria,文献传统中记载此法曾于公元前 509 年、前 449 年和前 300 年多次颁行)的规定,对于官员的判决,公民有权上诉公民大会要求审判(provocatio),官员不经审判不得在罗马处决公民。也许颁行于公元前 2 世纪初的《波尔奇乌斯法》(lex Porcia)对《瓦莱利乌斯法》做了进一步延伸,公民的上诉权扩展到罗马之外,身居国外的罗马公民可以针对官员的死刑裁判进行上诉。另外,任期延长的代行官员在

---

① John Richardson, *The Language of Empire: Rome and the Idea of Empire from the Third Century BC to the Second Century AD*, Cambridge: Cambridge University Press, 2008, p. 57.

行使治权方面也受到明确的限制。他们的治权仅能在指定的战区或行省（provincia）内行使。如无特别批准，一旦步入罗马城界，其治权自动失效。代行官员的治权往往只在一年内有效，或者至其完成使命时终止。当然，也出现过授予几年治权的情况，但仅出现在共和国末年，传统的共和政体趋于瓦解之时。

帝制的开创者屋大维也拥有治权，他曾在公元前43年先后担任代行大法官和执政官，公元前42年至前33年间是"三头同盟"之一，公元前31年至前23年为执政官，从公元前27年起担任多个行省的代行执政官，这些身份都有治权作为坚强基石。公元前23年，他辞去执政官职务成为代行执政官。这时，代行执政官的治权转变为大治权，不仅可以在罗马城内行使，而且囊括意大利。于是，代行官员的治权在罗马城界内自动失效的规定到此已经废止。在公元前27年、公元前8年、公元3年、公元13年已获得"奥古斯都"尊号的屋大维，屡次获得为期10年的治权；在公元前18年和公元前13年，他还获得为期5年的治权。也就是说，从公元前27年到奥古斯都辞世时止，他每一年都掌有治权，之前也几乎连年拥有治权。治权在实际上几乎成了奥古斯都一人的专属品，其他人的治权期限和实际权利实难望其项背。[①] 皇帝的权力源于治权，治权对皇权的重要意义不言而喻。通过在实践中取消对治权的各种限制，皇帝确立起个人的绝对权威。

治权是古罗马政治、军事、司法领域最重要的概念。前文已经提及其囊括军事指挥权、行政管理权和司法裁判权，涵盖广泛。古罗马史家多把共和国官员的治权看作王权的延续，官员在某一领域的职权只是这一绝对权力的具体体现。而现代学者则多把国王的治权和授予官员的权力截然分开，认为后者受到诸多制约，与国王的权力存在本质区别。譬如在德拉蒙德（A. Drummond）看来，古代作家之所以把共和国官员的治权看作王权的延续，不过是受到希腊政治理论的影响，急于强调罗马政治发展的连续性而已。然而，不论官员的权力承继自王权，还是官员的权力远不及王权，都有一个共同的预设，即假定治权从一开始便完整

---

① R. Syme, *The Roman Revolution*, Oxford: Oxford University Press, 1960, pp. 313–316.

无缺、至高无上。他认为，并不存在如此完整统一的治权，所谓明确定义的治权概念完全出于人们的想象，也许直到晚后，当官员离任后治权延长而成为代行官员时，治权才首先被清楚地认作是一个独一无二的整体。①

另一位学者贝克（H. Beck）对治权的属性提出了独到见解。他对治权的完整性是因还是果没有直接表明立场，反而独辟蹊径地指出两者之间存在共通之处。他指出，尽管共和国官员增多似乎使治权的威力较比王权大打折扣，但官职的增加反而强化了治权的普遍性。治权从完全的国王权力演变成罗马共和国公民所普遍接受的权力坐标，以此为基础奠定了具有等级性的共和国政治制度。从前有学者把治权看作从最初完整统一的权力分解出的各项权力，抑或看作随时间发展不断充实的统治权，在他看来，虽然这两种思路并不相容，但其价值在于两者都相信治权是存在于共和制度中最核心的一种衡量力量。② 各个官职是否拥有治权，或者所拥有的治权权限高低，决定了官员的上下级关系。治权的不断演变塑造了共和国的权力机制，共和国的政治稳固与发展崛起有赖于这一权力机制的良好运作，罗马公民也普遍接受治权对国家安定所发挥的突出作用。

在罗马共和国时代到帝国早期的文献资料中，对治权至高无上性的称颂及理想或现实中治权的描绘屡见不鲜。治权之所以深入人心，其原因之一在于其神圣性。治权在实践中是元老院授予官员的权力，宗教上则是神赋予的权力。罗马人认为治权来源久远。在传说中，公元前753年4月21日建城之日，罗马的建立者罗慕路斯进行占卜，由天神朱庇特放送12只秃鹫的"鸟占卜"，这象征着他的权力得到确认，此后他的权力在王政时代历任国王间传承。治权与占卜权紧密联系在一起，"国事占卜"（auspicia publica）的传统一脉相承，事关国家利益的重大行动均

---

① F. W. Walbank et al., eds., *The Cambridge Ancient History*, 2nd ed., Vol. 7, Pt. 2, Cambridge: Cambridge University Press, 1989, pp. 188 – 189.
② H. Beck, "Consular Power and the Roman Constitution: the Case of Imperium Reconsidered," in H. Beck et al., eds., *Consuls and Respublica: Holding High Office in the Roman Republic*, Cambridge: Cambridge University Press, 2011, pp. 77 – 96.

需占卜神意，请示神的意旨、解释神的朕兆成为国王执掌权力以及共和国官员获得权力的必要条件。①

治权贯穿于罗马历史发展的始终，从罗马建城时起便生生不息，它也成为罗马最为核心的力量。治权至高无上、无所不容，行使治权者则大权在握、发号施令。但诸如一年任期制、同僚协议制和对公民上诉权的保护等措施规定，使得共和国官员的治权必须服膺于共和政制的结构框架，即便拥有继承自罗马王权的权力，作为罗马的公职人员也必须服务于国家和人民。随着罗马国内外形势的日益复杂，管理事务和统兵之责日益增多，增设新官职在所难免，治权在重要的职能部门中广泛分布，具有了更为普遍的意义。到帝国早期元首制确立之后，也从未切断与共和传统之间的联系，治权的重要地位无可替代，于是皇帝选择打破对治权的各种约束，从根本上确立起个人的绝对权威。

治权伴随着罗马历史的变迁而打上了鲜明的时代烙印，其演进呈现出共和期与帝国期两分的特征，折射出两个时代的本质区别。治权的权限不断变化，而不变的是治权在罗马国家中举足轻重的作用。在长期的发展演变中，治权观念深入人心，每个罗马人都深知治权重大而神圣，拥有治权意味着可以在国家的军政舞台上大展拳脚，怀揣仕途抱负的罗马人无不把成为握有治权的高级官员作为奋斗目标。拥有治权并担任高级官职是个人乃至其家族的无上荣耀，是个人积累政治资本的绝好机会。拥有治权的军事将领驰骋沙场、建立战功，也为罗马开疆拓土、建立广阔帝国开辟了道路。

二 帝国观念的衍生

imperium 本指官员所行使的权力，而由官员行使权力的空间范畴视之，它又具有了地域空间的内涵，所反映的是治权在不同地理范围内的实践。古代文献提及治权时常加一限定语"domi militiaeque"（国内的和战场

---

① T. Corey Brennan, "Power and Process under the Republican Constitution," in H. I. Flower, ed., *The Cambridge Companion to the Roman Republic*, Cambridge: Cambridge University Press, 2004, pp. 36 – 41.

的),将治权分为国内治权和军事治权两类。在罗马城内行国内治权,在罗马城外行军事治权,由此可见治权在民事领域与军事领域并置的特点。此即治权在空间上最基本的对分。然而,这种将治权按行使区域一分为二的传统做法近来受到某些学者的挑战。德罗古拉(Fred K. Drogula)认为,在正常情况下治权并不存在于城界之内,没有国内治权一说,治权纯属外向型的军权,军事性是治权的唯一属性。[1] 这一解释凸显了治权在罗马崛起中释放的军事能量,在实践中统兵权是治权最重要的体现。领衔治权的官员在经库里亚权力法批准后,穿过罗马城的神圣边界,成为统帅。随着与外邦战事的展开,治权也行于国外。统兵权与将领停驻地之间建立起关联是治权在实践中的突出特征,甚至在广义上成为罗马号令世界的反映。[2]

自公元前3世纪,罗马已跨出意大利半岛,通过战争在海外拓展霸权,官员下达命令和使人服从的治权也扩展到海外。[3] 从公元前3世纪到公元1世纪,罗马帝国蓬勃发展并最终确立,在该时期 imperium 的用法也经历变化,含义延展,出现与之连用的新词。imperium 的词义随历史发展沿着两条轨迹演变,首先是本义,即罗马官员的权力,该词的基本用法保持不变,表示官员权力的内涵一直沿用到帝国时代;[4] 再则是新衍生出的空间含义——imperium 行使的空间即为罗马帝国。

追溯"帝国"一词的用法,需参照官方文献以及修辞学读本中该词的使用情况。在实际使用中,该词还出现在异族和文学的语境中,尚有其他内涵。在这里,本文仅就对罗马崛起至关重要的政治军事内涵加以讨论。虽然 imperium 含义演变的情况颇为复杂,既有意涵上的差别,也有时间上

---

[1] Fred K. Drogula, "Imperium, Potestas, and the Pomerium in the Roman Republic," *Historia*, Bd. 56, H. 4, 2007, pp. 419 – 452.

[2] H. Beck, "Consular Power and the Roman Constitution: the Case of Imperium Reconsidered," in H. Beck et al., eds., *Consuls and Respublica: Holding High Office in the Roman Republic*, pp. 91 – 94.

[3] "在53年时间里罗马权力取得进展。罗马的权力现在已被世界接受,所有人必须服从罗马人,听从他们的命令",见 Polybius, "The Histories," 3.4.2 – 3, in Polybius, Vol. II, trans. by W. R. Paton, in The Loeb Classical Library, Cambridge M. A.: Harvard University Press, 1989, p. 10。

[4] Richardson, *The Language of Empire: Rome and the Idea of Empire from the Third Century BC to the Second Century AD*, p. 44.

的交错，但从对其各类用法的梳理中可以获知其含义演变的大体趋向。

　　Imperium 的空间内涵出现于海外行使治权之后。罗马帝国的官方表述首见于公元前2世纪60年代罗马与色雷斯的马罗涅亚（Maronea）签订的条约，条约文本为希腊文，上面提到了"罗马人和他们治下的人"；这一概念的拉丁语表述见于罗马与卡拉提斯（Callatis）有关黑海的条约，"罗马人民和在他们治下的人民"［（…Poplo Rom）ano quei（ve）sub inperio（eius erunt…）］。① 这些异族被置于罗马的治权之下，意味着罗马实现了对相关地区的统治。公元前167年，在一次元老院演讲中，老加图为罗马与马其顿国王佩尔修斯交战时罗德岛人的行为辩解，他称罗德岛人不想见到罗马人完全打败佩尔修斯，因为害怕"处在我们独一无二的治权之下"（sub solo imperio nostro）。② 在这里，"我们独一无二的治权"指的是罗马人民的权力，此处罗马人民的权力等同于罗马的统治，因为罗马可以简称为"SPQR"（Senatus Populus que Romanus），意为罗马元老院和罗马人民，罗马人民的权力也就可以理解为罗马国家的权力或罗马国家的统治。鉴于治权是罗马国家要求罗马人民服从的权力，罗马人民的权力也便可以看成罗马人民要求外族服从的权力，即对外族的统治权。

　　前文提及 imperium 已具有"罗马人民的权力"的内涵，但"罗马人民"与"治权"两个拉丁单词连用的短语 imperium populi Romani，直到公元前1世纪初才在拉丁文献中出现，首见于公元前1世纪80年代的修辞学作品中。在这篇托名西塞罗所作的修辞学作品中提到："谁会相信，有人会如此愚蠢，打算不依靠军队来挑战罗马人民的权力？"③ 此处"罗马人民的权力"仍遵循前文提及的用法，指罗马对外族的统治权，挑战罗马人民的权力意味着挑战罗马的统治。另外，这本书里还有一个划时代的用法，不仅把罗马人民的权力指向其他地域和民族，而且涵盖整个世

---

① *The Oxford Classical Dictionary*, 3rd edition, Oxford: Oxford University Press, 1996, pp. 751 – 752, "imperium" 词条。
② Aulus Gellius, "The Attic Nights," 3.6.16, in Aulus Gellius, *Attic Nights*, Vol. I, trans. by J. C. Rolfe, in The Loeb Classical Library, Cambridge M. A.: Harvard University Press, 1983, p. 254.
③ Cicero, "Rhetorica ad Herennium," 4.13, in Cicero, Vol. I, trans. by H. Caplan, The Loeb Classical Library, Cambridge M. A.: Harvard University Press, 1981, p. 260.

界:"所有族群、国王、国家一方面出于武力强迫,一方面出于自愿,都接受罗马对整个世界的统治,当世界或被罗马的军队或被罗马的宽厚征服时,让人不大相信的是,有人会以孱弱之力取而代之?"① 罗马依恃军威和外交政策所向披靡,所有国家都服膺罗马,罗马的统治不限于一方之地,广纳整个世界。当然,这里提到的"世界"是指罗马人居住其间的整个地中海世界。西塞罗在另一段演说词中同样表达出罗马统治世界的态势。他提到了独裁官苏拉,称苏拉是共和国唯一的统治者,统治着全世界,并以法律巩固了通过战争恢复的伟大权力。② 在西塞罗的演说词里,有大量把罗马人民的权力延伸到全世界的表达。这些用法绝大多数属于抽象意义上的,而西塞罗唯一一处可能是对罗马人民的权力扩大到世界之边的实指,见于《论共和国》篇末的西庇阿之梦。在梦境中,小西庇阿被已故的养祖父西庇阿·阿非利加努斯引领上天,在繁星苍穹下,他既欣喜又不安。星空广瀚、地球渺小,他为罗马的统治(imperium nostri,直译为"我们的统治")感到遗憾,因为那触碰到的只是世界的一小块。③ 这无疑暗示了罗马人对统治广阔世界的无限憧憬。这种宣称罗马统治世界的表达方式在公元前1世纪首次出现,此时对 imperium 的理解已不再局限于官员的权力抑或罗马人民的权力,而是罗马对世界的统治和世界性帝国。在共和国末叶,关于罗马的权力无远弗届的认识已经司空见惯。④

现今可见的资料呈现出 imperium 语义发展的整体趋势:直到公元前2世纪末,该词在官方文本中最主要的用法一直是赋予官员的权力;到公元前1世纪,该词的含义更为宽泛灵活,官员权力之意仍广为使用,新见短语 imperium populi Romani 也用以指代罗马人民对他者的权力和统治,这种权力被看成世界性的权力,可以控制整个世界,近似于 orbis terrarum(意为世界)的用法。尽管 imperium 的词义演变仍表现在权力扩展上,但

---

① Cicero, "Rhetorica ad Herennium," 4.13, in Cicero, Vol. I, p. 258.
② Cicero, "Pro Sexto Roscio Amerino," 131, in Cicero, Vol. VI, trans. by J. H. Freese, The Loeb Classical Library, Cambridge M. A.: Harvard University Press, 1967, p. 238.
③ Cicero, "De Republica," 6.16, in Cicero, Vol. XVI, trans. by C. W. Keyes, The Loeb Classical Library, Cambridge M. A.: Harvard University Press, 1977, p. 268.
④ Richardson, *The Language of Empire, Rome and the Idea of Empire from the Third Century BC to the Second Century AD*, p. 56.

已有空间意义的构想，认为罗马的权力无远弗届，即将罗马想象为一个无边无际的世界帝国。此时 imperium 的领土意涵尚不明确，但随着罗马世界的扩展和时人对这个世界认识的加深，imperium 增添了某种"帝国"的含义。这一含义后来也愈发确切，逐渐具有了领土国家的意味，最高权力演变为权力运行的地域，成了领土意义上的帝国。①

罗马史家李维称，"公元前 191 年在亚细亚，不久后将发生安条克与罗马人在陆上和海上的战争，要么正在寻求统治世界的罗马人失手，要么安条克失去自己的王国"。② 另一处，"路奇乌斯·西庇阿曾征服世上最富庶的王国，将罗马人民的权力扩展到陆地最远的边际"。③ 从中可以看出，此时的罗马已经放眼世界，寻求世界性的统治。这也是公元前 1 世纪下半叶的文献中对罗马统治的普遍用法。李维在另一处还记载，"安条克致信比提尼亚国王普鲁西亚斯，信中抱怨称，罗马人正在前来亚细亚的途中，他们是来摧毁所有的王国，以便世上除了罗马帝国（Romanum imperium），其他帝国荡然无存"。④ 此处，Romanum imperium 的地域意义十分明确，因此理解为罗马帝国更为妥当。李维指出，罗马已经有了统治世界的抱负，愿将罗马的统治扩展到世界之边，他们的目标是摧毁所有帝国，唯我独尊。生活在共和与帝制之交的李维虽在追述古人言论，反映的却是同时代公元前 1 世纪到公元 1 世纪人们的普遍想法。因此，可以说，最迟从公元 1 世纪起，imperium Romanum 已由罗马的权力引申为罗马的帝国，成为罗马帝国的指称。老普林尼和塔西佗的著作都使用了 imperium Romanum 一词。老普林尼在描述美索不达米亚时说，"特巴塔（Thebata）和从前一样仍在原位，这个地方也同样标示出在庞培领导之下罗马帝国（Romani imperi）的边界"。⑤ 塔西佗称"巴塔维人（Batavi）曾是卡提人

---

① Andrew Lintott, "What was the 'Imperium Romanum'?" *Greece & Rome*, 2nd Series, Vol. 28, No. 1 (Apr., 1981), pp. 53 - 67.
② Livy, "Ab Urbe Condita," 36.41.5, in Livy, Vol. X, trans. by E. T. Sage, The Loeb Classical Library, Cambridge M. A.: Harvard University Press, 1989, p. 274.
③ Livy, "Ab Urbe Condita," 38.60.5 - 6, in Livy, Vol. XI, trans. by E. T. Sage, The Loeb Classical Library, Cambridge M. A.: Harvard University Press, 1983, p. 208.
④ Livy, "Ab Urbe Condita," 37.25.4 - 7, in Livy, Vol. X, p. 362.
⑤ Pliny, "Natural History", 6.30.120, in Pliny, Vol. II, trans. by H. Rackham, The Loeb Classical Library, Cambridge M. A.: Harvard University Press, 1989, p. 428.

(Chatti) 的一个部落，他们为了自身发展渡河，那将使他们成为罗马帝国的一部分（pars Romani imperii）"。① 这两处，imperium 指代的无疑是领土意义上的帝国。

帝制时代前后，在罗马人心目中，罗马的统治区域无边无际。公元前 75 年，罗马的钱币已铸上权杖、地球、花环和舵的图像，象征罗马的权力散布到全世界的陆地与海洋，象征着没有边界的罗马帝国。奥古斯都掌权时，"帝国"（imperium）的概念已与"世界"（orbis terrarum）的所指别无二致。1 世纪的罗马政治家、哲学家塞内加写道："我们应该认识到有两个国家，其中之一是广阔而真正公众的国家，神与人被怀抱其中，我们看不到它的这一端，也看不到那一端，但可以用太阳来丈量我们公民的边际。"② 2 世纪，皇帝安敦尼·庇护接受"全世界的主人"（dominus totius orbis）的徽号，鼎盛时期的罗马延续着罗马人主宰世界的梦想。

罗马形成帝国的领土空间概念较晚，原因之一可能在于罗马人的思维方式与希腊人一样，多谈民族，少谈地区。这种思考方式使得他们对权力帝国的理解早于对领土帝国的理解。相较于建立领土意义上的帝国，外族外民受制于罗马的权力，服从于罗马的统治，才是罗马人真正关心的问题。有时候，在移译拉丁文的过程中，对民族而非地域的考量往往会被忽略，用一个地名取代一个民族的名称，统治一个民族被译作统治一个地区，实际上在微妙处曲解了古人思考国家及国际关系的方式。比如罗马人统治希腊人截然不同于罗马统治希腊，前者表示希腊人对罗马人的服从关系，后者则加入了不见于早期拉丁语的领土和地理维度。③

在 imperium 词义拓展的过程中，还涉及一个重要的词语 provincia，英文中"行省"（province）一词即由此而来。provincia 起初为元老院分配给下年度掌握治权者的职责。由元老院分配官员职责的惯例一直延续到奥古斯都时期。到公元前 1 世纪初，provincia 已具有了地理上的隐含意义，

---

① Tacitus, "Germania," 29.1, in Tacitus, Vol. I , trans. by M. Hutton, The Loeb Classical Library, Cambridge M. A.: Harvard University Press, 1980, p.174.
② Seneca, "De Otio," 4.1, in Seneca, *Moral Essays*, Vol. II , trans. by J. W. Basore, The Loeb Classical Library, Cambridge M. A.: Harvard University Press, 1996, p.186.
③ Andrew Erskine, *Roman Imperialism*, Edinburgh: Edinburgh University Press, 2010, p.6.

指代指挥官行使治权的作战区域,即战时官员行使强制性治权的地区,此后又演变为帝国海外领地的行政单位——行省。① 从官员的职责到行政制度,provincia 也同样经历了类似 imperium 的含义变迁。provincia 的本义不是治理国家的行政管理方式,而是对拥有治权者职责的界定。元老院往往将据信对罗马安全构成威胁的地区连年指定为战区,指派拥有治权的官员赴任。② 元老院在战区的择定上具有主动权,在每个任职年的年初指定战区,分派握有治权的官员。倘若元老院确有拓展边疆的意图,则焦点在于扩展个人的治权及所在战场或行省的治权行使上。③ 在连年作为战区或是罗马的权力想要在此牢固扎根、常态化管理的地方,渐渐设立管理政府和行省总督,行省的建制渐趋成熟。

与 imperium 相关的各个词义有时叠加,有时混用,但这些词义都在不断丰富和细化,新衍生出的词义没有取代古老的含义,各个词义杂糅并存。从罗马官员的权力到皇帝的权力,从罗马人民的权力到国家的统治权,从对其他民族和地域的统治到对整个世界的统治,imperium 词义的演变说明了罗马在地中海世界大展拳脚的蓬勃态势,这种扩张态势使罗马人的国家观念不断更新。不论称霸地中海所催生的帝国观念,还是罗马早在建立之初就具有尚武好胜的民族雄心,帝国的不断成长与帝国观念的更新这两个因素相互作用,使罗马人怀揣世界性抱负不断扩张帝国。从权力到统治,再到统治的地域,imperium 词义的变迁见证了罗马帝国的成长,更激发着罗马人向远方进发。有历史进程中的罗马帝国,也有罗马人想象中的帝国,二者共同成长。

三 罗马"帝国主义"

尽管"帝国主义"首先用于描述 19 世纪末 20 世纪初欧洲列强的殖

---

① Richardson, *The Language of Empire*, p. 49; J. S. Richardson, *Hispaniae: Spain and Development of Roman Imperialism, 218 – 82 BC*, Cambridge: Cambridge University Press, 1986, pp. 3 – 10. 以西班牙行省为例,从其建立过程说明 provincia 内涵的变迁。
② Richardson, *The Language of Empire*, pp. 15 – 17.
③ Richardson, *The Language of Empire*, pp. 43 – 45.

民帝国，但该词现在也经常出现于罗马征服意大利及公元前3世纪到公元1世纪罗马建立地中海帝国和欧洲帝国的语境中。

在共和国早期和中期（公元前5~前2世纪），罗马是一个军事性社会，官员的权力具有突出的军事特征。在仕途起步期，需列身行伍十年，① 唯有在战场上树立卓越功勋才能赢得凯旋式的殊荣。公元前5世纪和前4世纪早期，罗马与埃魁人、沃尔斯奇人及埃特鲁里亚人交战；前4世纪中期与拉丁人和坎帕尼亚人交战，并与萨谟奈人和南部意大利人交战；之后波河以南意大利的绝大部分地区被罗马控制。一些共同体融入罗马人民中，余者被归入同盟者，有义务提供军事援助。所有纳入罗马控制的意大利地区中，唯有具有罗马公民权的地区可以恰如其分地称为罗马国家的一部分。

在两次布匿战争期间（公元前264~前241年和公元前218~前202年），罗马在同盟者的支持下经过海外战事，建立了意大利之外的罗马帝国。罗马的将领由元老院授以兵权，分驻海外战区。这种战区主要不是领土意义上的，也不是永久性的，但在想要通过驻军落实长期控制的地方，元老院定期指定战区或行省。公元前2世纪上半叶，在与地中海东部的希腊化国家交战的背景之下，罗马帝国采取了不同的统治形式，不直接设立行省，而是远程遥控。在战事结束时，罗马没有在这里建立长期的行省，而是通过条约和外交手段，以一种远程的方式对这些地区加以控制。对于在公元前2世纪下半叶撰写《通史》的波利比乌斯来说，这代表着罗马霸权从地中海西部扩展到地中海东部，世界服从于罗马，"谁会无动于衷或是不想知道罗马人在不到53年的时间里，以何种方式并以何种政治制度使几乎整个世界服从于罗马一个政府？这是历史上绝无仅有的事。谁会兴致勃勃于其他的场景或研究，而认为有比获得这一知识更伟大的时刻？"② 尽管在自称佩尔修斯之子的安德里斯库斯（Andriscus）夺取马其

---

① "除非已经完成十年的服役期，否则不能获准担任政治职务"，见 Polybius, "The Histories," 6. 19. 4, in Polybius, Vol. I, trans. by W. R. Patton, The Loeb Classical Library, Cambridge M. A.: Harvard University Press, 1972, p. 310。

② Polybius, "The Histories," 1. 1. 5 – 6, in Polybius, Vol. I, trans. by W. R. Paton, The Loeb Classical Library, Cambridge M. A.: Harvard University Press, 1979, pp. 2 – 4.

顿王位的尝试失败后，马其顿在公元前149年才成为一个长期的行省，而在波利比乌斯看来，罗马人对地中海东部的统治与对地中海西部更为直接的统治相差无几。

在公元前1世纪，庞培打败本都的密特里达提六世（公元前66~前62年），之后平定东方，吞并了大片领土，恺撒在高卢征战（公元前58~前49年）也兼并了广阔领土。奥古斯都统治时期，他不仅完成了对伊比利亚半岛的征服，也增设了沿多瑙河一线的新行省莱提亚、诺里库姆、潘诺尼亚和默西亚。只是因为公元9年瓦鲁斯在日耳曼前线的惨败，才停止了进一步征服莱茵河和易北河之间的日耳曼地区的脚步。此后除了克劳狄在公元42年征服不列颠南部，唯有图拉真一人在97~117年间开疆拓土，其继承人哈德良又回归战略守势。

罗马帝国主义的图景十分清晰，从台伯河边的小邦逐步发展为地中海帝国和欧洲帝国，但罗马人的扩张动机却是一个聚讼纷纭的话题。自蒙森以来，人们相信罗马人的扩张主要是防御性的，只是偶然成了扩张主义者。现代学者则驳斥该观点，认为有其他的动机，包括对经济收益和领土扩张的期望等。① 罗马帝国的建立过程异常复杂，也许任何单一的解释都不会是全然正确的。

就分析罗马扩张的实质而言，从扩张结果出发要比从动机出发更切合实际。譬如，公元前264年罗马入侵西西里是罗马扩张历史中的重要转折点。不管罗马元老院的预期目标如何，这都引发了罗马与迦太基的首场战争，此后，罗马迈开了建立海外帝国的步伐。罗马迈出这一步的动机难以捉摸，元老院表现得左右为难、迟疑不决。波利比乌斯的史书从该时期开始记载，整部史书都有一个先入之见，认为罗马早已把统治世界当作自己的奋斗目标。"无论统治者自身还是评论他们的人士都不会把行为的结束仅仅看作征服或使他人屈服于自己的统治，因为有识之人不会仅仅为了打败一个对手而与他的邻居为敌，就像没有人漂洋过海就只为渡过海洋。事实上甚至没有人仅仅为了学知识而从事艺术技艺的研究，所有人做事情都

---

① 参见本文第153页注释1。

是为了取得快乐、好处或用途。"① 罗马的征服举动背后一定隐藏着明确的动机。虽然，在叙述罗马犹豫是否出兵墨西拿时波利比乌斯也会犯难，但他从不怀疑罗马创建首个海外行省是入侵西西里的重要结果，罗马善于利用战争带来的丰厚收益。

此后数世纪中，西西里行省给罗马带来诸多收益。西塞罗在状告西西里前任总督维列斯（Gaius Verres）时指明西西里行省的重要地位："西西里是第一个成为罗马忠诚朋友的海外国家，第一个得到行省之名者，帝国王冠的第一枚宝石，第一次教会我们的祖先统治外族是件大好事。"② 统治外族、建立世界帝国使罗马获益良多，无论第一步的动机为何，罗马抓住时机加以利用，卓有成效地取得进展，这正是西塞罗所说的好事。

第一次布匿战争结束后的3年间，罗马又攫取了撒丁岛。撒丁岛和西西里被罗马掌握后，被要求每年向罗马交付贡金，接受罗马官员，容许罗马在当地建立至少一个海军基地。罗马在拓展治权行使区域和管理海外属地方面踏出了重要一步。从重组意大利所采用的同盟制度到未来的行省制度，面对局势的变化，罗马灵活应对。不管罗马是否早已预见到帝国的益处，他们在军事行动上无疑毫不妥协，当机会出现时，他们绝不放过。

公元前264年后的两个世纪中，和平变得异常珍贵，没有超过十年的和平时期。就参战人员而言，据布伦特（P. A. Brunt）估算，从汉尼拔战争到第三次马其顿战争的半个世纪中，约有10%甚至更多的意大利成年男性年复一年地投身战场，③ 这一比例在公元前1世纪增加到每3名男性中就有1人置身战场。当时士兵入伍没有规定的服役年限，一场战事延续多久，他们就要服役多久。军队的规模也根据战事的危急程度而有变动。

---

① Polybius, "The Histories," 3.4.10 – 11, in Polybius, Vol. II, p. 12.
② Cicero, "Against Verres," 2.2, in Cicero, Vol. VII, trans. by L. H. G. Greenwood, The Loeb Classical Library, Cambridge M. A.：Harvard University Press, 1978, p. 296.
③ 参见 P. A. Brunt, *Italian Manpower 225BC – AD14*, Oxford：Oxford University Press, 1971, p. 425, 公元前200年至前168年意大利陆海军人数图表。E. Hopkins, *Conquerors and Slaves：Sociological Studies in Roman History*, Vol. 1, Cambridge：Cambridge University Press, 1978, p. 4.

公元前 2 世纪早期，所有公民中有超过一半的人在军中平均服役 7 年。① 共和国最后两个世纪战事连年，这时，罗马公民列身行伍的比例颇高，服役时间在前工业时代的所有国家中也是最长的。② 这些都说明在对外战争的问题上，绝大多数罗马人表示赞同，文献中也鲜见反对意见，即使偶有异议，也只存在于战略战术等细枝末节上，而不是对战争的合理性存有异议，他们觉得以武力建立帝国理所应当。

罗马史学起步于公元前 3 世纪末，中期共和国的文献资料相对匮乏。由于文献资料付诸阙如，无法根据同时代的相关论述分析当时罗马人的帝国观。但由全民动员、同仇敌忾视之，罗马人的扩张精神是毋庸置疑的。这些鲜活的事实比文字论述更具说服力，更利于洞察罗马人对国家扩张的支持程度。罗马社会各阶层都决心让其他国家服从罗马的统治，他们认为对周边地区的控制才是罗马图存强大的最佳途径。罗马的战事之所以旷日持久，就在于民众的坚持，在于民众对光荣的向往。③

从公元前 3 世纪到公元前 1 世纪早期，罗马的影响力突破了意大利半岛，逐渐覆盖整个地中海地区。如公元前 2 世纪波利比乌斯在《通史》开篇中所言，几乎整个世界都收归罗马的统治之下。④ 这一发展首先被看作是权力的扩展，而不是领土的扩张。的确，罗马有时把某地长期指定为行省的做法要比罗马士兵首次踏入该地区的战事晚得多，譬如罗马在公元前 241 年从迦太基人那里攫取西西里岛，公元前 238 年攻取撒丁岛，但罗马的大法官从公元前 227 年才被定期派驻到那里。西班牙的情况类似，尽管公元前 218 年第二次布匿战争一开始，西班牙便是一个 provincia，但从公元前 196 年开始大法官才定期被派驻到此行省。⑤

理查德森（J. S. Richardson）认为，从罗马人用以描述自己军事活动和政府结构的语言来看，他们所谓的统治与对其他国家或民族的兼并和殖民没有关联，他们最为关注的是如何控制其他国家或民族，或者说他们的

---

① Hopkins, *Conquerors and Slaves: Sociological Studies in Roman History*, Vol. 1, p. 30.
② Hopkins, *Conquerors and Slaves: Sociological Studies in Roman History*, Vol. 1, p. 11.
③ P. A. Brunt, "Laus Imperii," in P. D. A. Garnsey and C. R. Whittaker, eds., *Imperialism in the Ancient World*, Cambridge: Cambridge University Press, 1978, pp. 161 – 164.
④ Polybius, *The Histories*, 1.1.5, Vol. I, pp. 2 – 4.
⑤ Richardson, *Hispaniae: Spain and Development of Roman Imperialism*, 218 – 82 BC, pp. 1 – 2.

帝国要从利用权力施加控制的角度来认识。这并不意味着元老院和罗马人民不是帝国主义者，抑或他们对其他国家或民族采取防御性政策。但是，他们所看重的是罗马人的权力或统治，尤其是以将领开展战事为突破口壮大国家实力，因此帝国的形成也并非以兼并领土的方式实现的。这种帝国主义和随之产生的帝国在公元前 1 世纪早期这个阶段还迥异于以建立一片世界性领土为目标的帝国，或者说不同于帝制时代罗马皇帝所统治的帝国。①

罗马人在很长时间里体认到的是一个权力帝国。在这个权力帝国中对其他地区和族群的统治主要体现在控制力上，而控制方式又有直接与间接之分。公元前 396 年攻破维伊后将之归入罗马土地（ager Romanus），这属于直接统治。罗马利用公元前 338 年后重新组建的拉丁同盟对拉丁人进行间接统治，从前的同盟者一些并入其中，一些仍在法律上保持独立。罗马以这种拼凑的统治方式实现了对邻邦的控制，获得了所需的兵力资源，从而有能力在公元前 3 世纪中期征服意大利其他地方。

以强制弱是古代国家生存竞争的通则。罗马人在对外战争问题上团结一心，这才能解释何以有如此众多的罗马人投身战争，却没有发生重大的军事哗变。恰如一名雅典使节在斯巴达人面前的讲话所言："如果我们接受一个献给我们的帝国不放手，我们没做与人性相背的异乎寻常的事，因为我们将受到恐惧、对尊重以及收益的期待的强力驱使。我们也不是这一做法的首创者，强者应该统治弱者，那是永恒的法则。我们理当强大，在你们看来也一样，至少在你们把私利和正义的言辞合而为一之前。"②

四 余论

罗马的治权隐含着让其他国家和人民归附罗马，将世界纳入罗马统治中的意味。罗马对外征服带来的后果不仅是形成了一个地域意义上的帝

---

① Richardson, *The Language of Empire: Rome and the Idea of Empire from the Third Century BC to the Second Century AD*, pp. 61 - 62.
② Thucydides, "The Peloponnesian War," 1.76.2, in *Thycydides*, Vol. I, trans. by C. F. Smith, The Loeb Classical Library, Cambridge M. A.: Harvard University Press, 1998, p. 164.

国,而且罗马人也获得帝国带来的收益,他们觉得建立帝国是制服对手、维护国家安全的有效手段。尽管在领土扩张和建立行省的过程中不一定总能带来诸多的经济收益,统治成本有时远远高于来自当地的收益,不时发生的叛乱消耗掉罗马的大批兵力,罗马也不总是积极备战。但从总体上来说,罗马国家包括罗马各阶层人民都赞成罗马的扩张政策,有这样的全民支持度才能理解罗马为何能够发动源源不断的人力资源进行对外战争。

对罗马帝国是扩张性帝国还是防御性帝国的讨论,不能仅从外在的扩张过程判断,需从帝国建立的动机来判断帝国的属性。由于缺少罗马元老院决策过程的记录、外国办事机构的档案文件以及重要人物的书信和日记,而且古代著作家没有完整的相关记载,罗马大征服的目的和动机也无法确知。除了资料所限外,还因为动机、行动和结果并非不可分割的统一体,付诸行动之前绝不可能对整个形势了如指掌,也不可能完全预见行动的结果,做出决定后也不见得坚定不移,而且偶见的历史记述中也提及当事者的怀疑、犹豫、失算,上述种种使得理清当事者的动机更是难上加难。从结果虽不可直接推测出动机,从如何利用结果却可察明动态的动机。芬利认为,虽然罗马帝国建立的动机不明,但罗马帝国无疑善用了对外征服的结果,对外征服虽然不能说明罗马在每一场战争中都运筹帷幄、酝酿着征服世界的大战略,但可以看出罗马有着常人难以想象的坚韧。[1]

罗马元老院也曾试图避免实际的领土兼并,这也被认为是元老院在整个共和国中期对外政策的一个重要原则。实际上,这一行为准则与罗马人想要扩张帝国的愿望并非势不两立,因为他们不把帝国看作对领土的直接兼并,而是对这些地区行使统治权。[2] 理解了治权,就能懂得罗马为何有时不急于建立行省,也不急于进行经济开发,因为只要维持对其他地区的实际控制,便可巩固罗马的国家安全,兼并领土进行直接统治并非罗马急于实现的第一要务。

罗马人的扩张并非从一开始便怀抱建立一个世界帝国的想法,但权力观念早已深入人心。他们在国内服从拥有治权的行政官员的权威,还关注

---

[1] M. I. Finley, "Empire in the Greco-Roman World," *Greece & Rome*, Second Series, Vol. 25, No. 1, Apr., 1978, pp. 1–15.

[2] Harris, *War and Imperialism in Republican Rome 327–70 BC*, pp. 2–3.

拥有治权的将领在海外战区能否不辱使命。罗马人的帝国观念萌芽于罗马人的治权观念，随着治权行使范围的空间延展，罗马的帝国观念也逐渐成形，还理想化地希望将罗马的权力伸张到整个世界，把罗马帝国扩大到整个世界。罗马可在统治地区拥有开发资源、殖民筹建、赋税征缴、司法裁判之权，但这些都不算是罗马最初采取军事行动的动机，许多地区没有如此多的回报，甚至统治成本甚高。但罗马人打心底仍期望其他地区和族群服从罗马的统治，屈服于罗马的权力，① 这都是罗马人的帝国观念使然。

罗马帝国开始于共和制之下，在城邦体制下已囊括其绝大部分的帝国疆域。在帝国最终确立起一位皇帝的统治之后，罗马对其他国家行使治权的步伐放缓。称呼罗马是帝国主义者也许不甚恰当，罗马曾对其他国家和人民施加权力，进行统治，依照的却是一套极为松散的管理标准，在军事扩张中并没有建立起一套组织严密的国家体系。罗马帝国在罗马人心目中是一个权力帝国，治权是维系统治者与被统治者之间关系至关重要的纽带。

罗马人对帝国的自我认知充分说明了罗马帝国扩张的性质，即使没有立即兼并某地，也以统治权塑造了迎合自己的帝国，因为他们最先理解的是一个权力帝国而非领土帝国，哪里服从于罗马的治权，哪里便是罗马统治的一部分。通过还原 imperium 的本意，追踪官员治权向罗马人民治权的变化，再到罗马帝国的权力拓展和空间延展，我们看到罗马帝国在共和国时代蓄势崛起、蓬勃发展。罗马人服从权威，崇尚权力，他们相信以军事手段制服对手，对外族行使治权才是古代社会国际竞争的通则，也是罗马立国图强的最佳出路。帝国的收益是对外战争的结果，不能解释罗马人的扩张动机。一方面从罗马人如何利用战果能够很好地理解罗马的扩张，另一方面从他们的帝国观念也能够深入理解罗马建立帝国的动机。罗马人眼中的帝国源自军事属性凸显的治权，他们的帝国观念与军事活动密切相关，帝国并非若干行省的集合体，而是治权延伸的范围，罗马人的权力观念和帝国观念在很大程度上解释了罗马帝国主义的内在动因。

---

① Brunt, "Laus Imperii," pp. 162–165.

什么是"Reich"?[*]

——从魏玛初期的国名之争看德国人的帝国观念

孟钟捷[**]

众所周知,在德国历史上存在过三个"帝国":神圣罗马帝国(962~1806)、德意志帝国(1871~1918)和纳粹帝国(1933~1945)。这种经历让德国人拥有比其他欧洲人更多的"帝国"情结。但是,并非所有德国人都对"Reich"(德语,意为"帝国")抱有相同认识。事实上,"什么是'Reich'?"的问题,正是德意志政治文化史中的一个重要研究对象——它不仅能够从历时性的角度,厘清帝国权力结构从古典时代经由中世纪再向近现代模式转变的进程,而且还可以集中呈现不同帝国观念在相同时空中所产生的组合、张力及其影响。本文以魏玛共和国(1918~1933)成立初期的国名之争为例,从个案解析入手,进而讨论这一个案背后具有历史纵深度的帝国观念变迁及其后续发展。

一 魏玛初期的国名之争

魏玛共和国在其宪法第一条中采取了这样的表述:"Das Deutsche Reich ist eine Republik。"若按字面翻译,它的意思是"德意志帝国是一个共和国"。显然,无论就现代语义还是政治内涵而言,这都是一种充满矛盾的说法。

---

[*] 本文原刊于《历史教学问题》2017年第1期。这一方面的研究,国际学术界的重要成果有:Sebastian Ullric, "Der Streit um den Namen der ersten deutschen Demokratie 1918–1949," in Moritz Föllmer, Rüdiger Graf (Hrsg.), *Die Krise "der Weimarer Republik. Zur Kritik eines Deutungsmustes*, Frankfurt / New York: Campus Verlag, 2005, S. 187–207. 但该文还稍显简单。国内学者蒋劲松在有关魏玛宪法制定历史的评述中也有少量涉及。参见蒋劲松《德国代议制》第2卷,中国社会科学出版社,2009,第1026~1035页。

[**] 孟钟捷,华东师范大学历史学系教授。

事实上，这是政治妥协的结果。

革命初期，威廉二世退位后，德国究竟采取君主立宪制还是民主共和制，仍是存在争议的问题。即便后来担任共和国第一任总统的多数派社会民主党（MSPD）人弗里德里希·艾伯特（Friedrich Ebert），如其传记作家所言，当时的主要目标"依旧是在任何情况下起'平衡'作用，避免同帝国及其代表'秩序'的君主主义和帝国主义的时代完全决裂"。德意志帝国最后一任首相巴登亲王（Prinz Max von Baden）在其回忆录中承认，他之所以愿意把权力交给艾伯特，正是因为"如果退位的皇帝任命艾伯特为首相，君主政体也许仍有一线希望"。①

然而，事态的发展出乎艾伯特的意料。皇帝退位的声明已经传出，但国会大厦门前的示威者却毫无散去的迹象。不仅如此，斯巴达克团在已占领的皇宫中筹划成立"社会主义共和国"的消息不断传来。这让国会大厦中的多数派社民党另一位领袖谢德曼（Philipp Scheidemann）颇为不安。他后来在回忆录中写道："如今我看清楚了局势。我了解他（李卜克内西）的要求：'一切权力归工人和士兵苏维埃！'也就是让德国成为俄罗斯的一个省份，苏维埃的一个分支机构？不！一千遍不！"② 下午2点，谢德曼决定抢在极左翼之前，先行宣布国家新体制并高呼"德意志共和国（deutsche Republik）万岁！"

谢德曼的演说让艾伯特大发雷霆。艾伯特向他叫嚷："你没有权利宣布成立共和国。德国要变成什么，是变成共和国还是别的什么，这必须由制宪会议来决定。"然而，两个小时后，李卜克内西的演说更让艾伯特吃惊不已："我们宣告成立自由的德意志社会主义共和国（freie sozialistische Republik Deutschland）！"③

无论是谢德曼还是李卜克内西，他们的行为都超越了艾伯特的最初设想，宣告了德国从君主制向共和制的转变。这一结果突破了战争末期

---

① 沃尔夫冈·阿本德罗特：《弗里德里希·艾伯特》，威廉·冯·施特恩堡主编《从俾斯麦到科尔——德国政府首脑列传》，许右军等译，当代世界出版社，1997，第161页。
② 霍斯特·拉德马赫尔：《菲利普·谢德曼》，威廉·冯·施特恩堡主编《从俾斯麦到科尔——德国政府首脑列传》，第185~186页。
③ Gerhard A. Ritter & Susanne Miller, *Die Deutsche Revolution, 1918 – 1919: Dokumente*, Hamburg: Fischer, 1983, S. 77 – 79.

"上层革命"的范畴，显示出"下层革命"的推动力，是从基尔水兵起义开始的革命逻辑的应有之义。进一步来看，无论是"德意志共和国"还是"自由的德意志社会主义共和国"，都表明"共和国"（Republik）是各派社会主义者都能接受的新国名。由于革命第一阶段（1918 年 11 月至 1919 年 1 月）主要表现为左翼内部温和派与激进派之间的斗争，所以业已达成共识的国名并未成为双方角逐的对象。

然而，在大多数资产阶级政治家的潜意识中，"帝国"（Reich）一词却没有从流行的政治话语中消退。负责制定宪法草案的"魏玛宪法之父"——胡戈·普罗伊斯（Hugo Preuss）就是一位中左翼法学家。1917 年 7 月，他曾发表一份宪法改革备忘录，其主旨是在德国建立君主立宪制，而未提到共和国。1918 年 11 月普罗伊斯受托负责宪法起草工作后，在第一稿（1919 年 1 月推出）中提出了"散权化单一制国家"（dezentralisierte Einheitsstaat）的想法，即一方面未来德国将是一个联邦制国家，各地区拥有自治权，但保证中央政府拥有实权，为此在国家的称呼上沿用"帝国"（Reich）一词；另一方面肢解普鲁士，将整个国家划分为 16 个区（Gebiete），保证各地区之间的权力平衡。①

虽然第一稿宪法草案最终因中央与地方的关系问题而被搁置，但中右翼占据多数的国民会议于 2 月 10 日通过的权力方案中却充斥着"帝国"一词，如该法案的名字叫作《临时帝国权力法》（Geseze über die vorläufige Reichsgewalt），根据该法当选的艾伯特是"帝国总统"（Reichspräsident）。社会主义者似乎也没有留意这一问题，甚至连艾伯特也用"帝国内阁"（Reichsministerum）和"帝国内阁总理"（Präsidenten des Reichsministeriums）来命名新的中央政府，以此取代此前的"帝国政府"（Reichsregierung）和"帝国首相"（Reichskanzler）。②

不过从 2 月 24 日起，随着政治形势持续右转，国名问题变得尖锐起来。普罗伊斯在其有关宪法草案第 4 稿的说明中首先提出用"Reich"来

---

① 蒋劲松：《德国代议制》第 2 卷，第 1016～1017 页。
② Ernst Deuerlein, "Das Werk der Nationalversammlung," in Die Bundeszentrale für Heimatdienst（Hrsg.）, Die Weimarer Nationalversammlung, Köln: Greven & Bechtold, 1960, S. 9 - 26. 此处为 S. 15 - 16。

代替"Republik",因为"对于我们德意志民族而言,'Reich 原则'具有一种特别深层次的感情价值。我相信,我们不可能答应放弃这个名称的。它依据的是数百年的传统,依据的是曾经分裂的德意志民族在'Reich'这一名称下追求的民族统一。在更为广泛的人群中,假如我们希望放弃这个名称的话,那么将会毫无理由和目的地伤害那种深层次的感情"。① 他坚持把国名定为"Deutsches Reich"(与"德意志帝国"完全一样),把宪法定名为"die Verfassung des Deutschen Reiches"(《德意志帝国宪法》)。

这种说法得到在场资产阶级政党的热烈拥护,② 但也引起了左翼议员的担忧。次日,多数派社会民主党党团大会作出决议,要求新国家必须保留"Republik"的国名。③ 2月28日,多数派社会民主党议员理查德·费舍尔(Richard Fischer)在国会中发言说:"德意志人民在数百年历史中首次以其自身力量、根据其自身意愿、基于其自身兴趣来制定宪法;也是第一次制定'共和国宪法'……我们希望一个'新德国'建立在广泛的自由、权利和正义的基石之上。一个新国家不应该同老国家拥有完全一样的名字。"他指出,"德意志帝国"充满血腥和暴力,不应该成为新德国的名字。他坚持使用"德意志共和国"(Deutsche Republik)的名称。④ 这种说法招致右翼的嘘声。

事实上,强调历史延续性的论调得到了从民主党到民族人民党的所有资产阶级政党的支持。在7月2日宪法二读中,民主党发言人布鲁诺·阿布拉斯(Bruno Ablaß)坚持认为:"我们不能对这样一种'历史事实'不加留意地视而不见……我不能放弃对这个德意志帝国的自豪感。我认为,这个德意志帝国曾经是我们可以有权为之自豪的形象。"⑤ 民族人民党发

---

① *Verhandlungen der verfassunggebenden Deutschen Nationalversammlung*, Band 326, Berlin, 1920, S. 285. 速记稿原文上"Reich 原则"便是黑体。
② 在2月24日会议记录上,留下了不少民主党、民族人民党等议员的叫好声。
③ Sebastian Ullric, "Der Streit um den Namen der ersten deutschen Demokratie 1918 – 1949," S. 190.
④ *Verhandlungen der verfassunggebenden Deutschen Nationalversammlung*, Band 326, Berlin, 1920, S. 372. 速记稿原文上"新德国"便是黑体。
⑤ *Verhandlungen der verfassunggebenden Deutschen Nationalversammlung*, Band 327, Berlin, 1920, S. 1212 – 1213. 速记稿原文上"历史事实"便是黑体。

言人克莱门斯·冯·德尔布吕克（Clemens von Delbrück）拒绝做出任何让步，并表示有关该名称的条款意义重大，倘若删除"Reich"，"这对我们而言，意味着告别一段伟大过去，告别德国拥有权力、文化与声望的巅峰"。① 人民党发言人威廉·卡尔（Wilhelm Kahl）则强调国名问题关系到历史的延续性。②

相反，独立社民党代表和多数派社民党代表则要求使用"共和国"这一政治符号。独立社民党议员奥斯卡·科恩（Oskar Cohn）表示，用词也应该把"共和国"而非"德意志帝国"确立在政治文化中，以便把宪法的"新精神"嵌入民众意识。③ 多数派社民党议员马克斯·夸克（Max Quark）指出了第一条表述上的逻辑困境，要求用"德意志共和国宪法"（Verfassung der Deutschen Republik）来代替"德意志帝国宪法"（Verfassung des Deutschen Reiches）。他还提到了刚刚去世的民主党主席弗里德里希·瑙曼（Friedrich Naumann）的建议，即用"德意志联盟"（Deutsches Bund）来作为新德国的国名。这让人回想到1815～1871年的德意志历史，但也能被夸克接受。不过，该想法的响应者寥寥，而且当时就被普罗伊斯拒绝。④

在二读中，"Reich"这一名称获得了多数支持，最终被写入宪法。这部宪法的官方名字从此被定为"德意志帝国宪法"，新生共和国被定名为"德意志帝国"。在中文表述中，为了防止引起误会，"Reich"一词在魏玛时期被翻译为"国家"，而宪法第一句则一般被译为"德意志国家是一个共和国"。

当然，有关"Reich"是否适用于共和国的命名，在接下来的岁月里，仍然是一个不断引发争议的问题。一些人逐步接受了"把 Reich 视作共和国"的表述，其中既包含多数派社民党人，也涵盖右翼自由主义者，他们在日常用语中不自觉地把"Reich"和"Republik"加以混用；另一些人则始终无法接受，如社民党的《前进报》坚持使用"德意志共和国宪

---

① Ebenda, S. 1216.
② Ebenda, S. 1226.
③ Ebenda, S. 1209.
④ Ebenda, S. 1214.

法", 而共产党的《红旗报》更为尖锐地批评说, "这样一个根据 Reich 来命名的共和国", 在严格意义上而言, 标志着"共和国从来就没有存在过"; 在右翼保守派看来, 对"Reich"的坚持, 恰恰体现了保守派对德意志历史的热爱——与此相反, 在国会中用"共和国"来称呼魏玛政府者, 基本上是共和国的敌人。①

二 德意志历史上的帝国观念

魏玛初期围绕国名的争论, 当然是 20 世纪初德意志人排斥共和而拥抱帝国的保守心理之反映。但事实上, 即便是在拥护帝国的群体中, 对于什么是"帝国"的问题, 显然也存在很大差异: 对于普罗伊斯这样的中左翼而言, "帝国"仅仅代表 1871 年德意志统一以来的那种民族主义传统; 而对于民族人民党的代表来说, "帝国"则直接上溯到一百年前分崩离析的"神圣罗马帝国", 这是一个中世纪等级制松散型帝国。这种表述背后的观念差异, 恰恰说明, 在德意志历史上, "帝国"虽然是一种常见的形态, 但与此相关的帝国观念却因时而异。到 20 世纪初, 多样化的帝国观念同时存在, 从而造成了人们对"帝国"的期待也是多样而丰富的。

简言之, 在德意志历史上, 帝国观念经历了以下三次转变。②

第一次是从"共和帝国"向"帝制帝国"的转变。从罗马早期到塔西佗时代, "imperium"(中文可译为"帝国")和"res publica"(中文可译为"共和国")并不完全对立。前者强调的是罗马人对其他民族的"发令权", 后者指的是罗马人内部的一种组织形态。两者可以统一起来, 成为罗马帝国的特征之一。然而, 皇帝从维斯帕先(Vespasian)开始, 当"imperator"成为罗马最高统治者的头衔后, "imperium"与"res publica"被逐步区分开来。当然, 当康斯坦丁(Konstantin)皇帝在位时, 在宪法

---

① Sebastian Ullric, "Der Streit um den Namen der ersten deutschen Demokratie 1918 – 1949," S. 197 – 200.
② 以下若不特别注明, 均引自 Werner Conze & Elisabeth Fehrenbach, "Reich," in Reinhard Koselleck, Werner Conze & Otto Brunner, *Geschichtliche Grundbegriffe. Historisches Lexikon zur Politische-sozialen Sprache in Deutschland*, Band 5, Stuttgart: Klett-Cotta, 1994, S. 423 – 508。

用语中，也曾短暂出现"dominus"这一称号，但"imperator"仍然被保留下来。这样一种观念最终由德意志人继承，所以从"imperium"而来的"Reich"（英语是"empire"），从"imperator"而来的"Kaiser"（德语是"Emperor"），演变为中世纪德意志君主的专属权。在这次转变中，帝国权力的集中化是最为明显的特征，而且特别表现为皇帝个人相对于贵族而言的权力控制。正因如此，在从奥托一世（Otto I）到亨利三世（Henrich Ⅲ）的100年间，神圣罗马帝国皇帝的权力是不断增长的，对内通过家族政治、王室联姻和帝国教会体制等方式抑制公爵势力的扩展，对外用废立教皇的手段来证明皇权的至高无上。

第二次是从"一元帝国"向"多元帝国"的转变。自罗马人接受基督教信仰后，罗马帝国作为"世俗帝国"的特征逐步让位于基督教会所宣扬的"双元帝国"，即"双城论"，皇帝仅仅是两个拥有普世权力者之一（另一个是教皇）。尽管中世纪的双皇斗一度造成皇帝或教皇独大的局面［如神圣罗马帝国皇帝亨利三世或教皇英诺森三世（Innozenz Ⅲ）］，但总体而言，12世纪前后，"二元帝国"模式基本定型，皇帝再也无法干预教皇选举，而教皇对皇帝人选干预的可能性也逐步下降。随后，帝国的内部问题愈加凸显。从1356年的《金玺诏书》开始，神圣罗马帝国内部的"多元性"得到法律认可，七大选侯被称作"照耀在神圣帝国之上的七重才智一统的七支烛光"。皇帝作为帝国统治者的最高权力逐渐被限定在荣誉层面。16世纪初，神圣罗马帝国皇帝马克西米利安一世（Maximilian I）曾计划推动一次彻底的"帝国改革"，试图通过征收统一赋税、设立帝国法庭等措施来增强皇帝权力，但最终并未达到预期结果。[①] 在这次转变中，帝国权力主要呈现分散化和等级化的特征，皇帝对外不得不与教皇分享普世权力，对内也必须与大贵族分享等级治理权。

第三次是从"普世帝国"向"民族帝国"的转变。罗马帝国的普世性是毋庸置疑的。这一点也曾被神圣罗马帝国的初期统治者接受。但迟至弗里德里希二世（Friedrich Ⅱ，1194－1250），德国人已经有意识地提出

---

① 王亚平：《中世纪晚期德意志帝国改革与民族国家构建》，《历史研究》2015年第2期。

了作为"德意志"统治者所拥有的"皇帝权力"。在《金玺诏书》中，人们也可以发现某种"民族"意识，因为它排斥了教皇与非德意志贵族的选举资格。在查理五世（Karl V，1500–1558）当政期间，这种转变一度有可能中断，因为这位出身西班牙哈布斯堡家族的皇帝拥有神圣罗马帝国有史以来最为广袤的领土——大航海时代为西班牙王国带来了美洲。在他登基时，一连串头衔已经暗示了他让帝国重新转向普世主义的可能性。[1] 然而就在此时，德意志却爆发了宗教改革。与基督教会的决裂，直接导致了信仰层面上的普世主义无以为继，神圣罗马帝国的民族性进一步凸显。这种转变最终以1871年"德意志帝国"的建立而告终。德意志帝国是一个典型的"民族帝国"。在这种转变中，帝国权力不再追求罗马帝国治下的多民族状态（从公民法到万民法），而是青睐排他性的民族主义。俾斯麦当政下的德意志帝国为了不激怒大英帝国，拒绝建立海外殖民地。直到1890年后，威廉二世（Wilhelm Ⅱ）才以"追求阳光下的地盘"为名，启动咄咄逼人的"世界政策"，相继占领亚洲、非洲和太平洋地区的几块殖民地。尽管如此，这样一种"作为民族国家的帝国"不得不面临远胜于大英帝国或法兰西帝国的内在张力：如何协调方兴未艾的民族建构热潮与帝国统治下多民族共存场景之间的矛盾冲突。

20世纪初，上述转变都已完成，但"帝国"作为一种观念形态，其曾经存在的特征仍然属于各类人群的思想财富。由此，"共和帝国""帝制帝国""一元帝国""多元帝国""普世帝国""民族帝国"等多种想象才会同时出现在德意志人的脑海中，成为《魏玛宪法》第一条今天看来充满矛盾色彩的表述之所以产生的渊源。在这种表述中，我们至少可以发现"共和帝国"、"多元帝国"与"民族帝国"组合后的特征。

---

[1] 查理五世的头衔包括"罗马国王，未来的皇帝，永恒的奥古斯都，西班牙、西西里、耶路撒冷、巴利阿里群岛、加纳利群岛、印地安群岛和大西洋彼岸大陆的国王，奥地利大公，勃艮第、布拉班特、施蒂利亚、克恩滕、克赖恩、卢森堡和林堡公爵，哈布斯堡、佛兰德和蒂罗尔伯爵，勃艮第、黑诺高和罗西隆行宫伯爵，阿尔萨斯和施瓦本侯爵，亚洲和非洲的君主"。阿·米尔：《德意志皇帝列传》，李世隆等译，东方出版社，1995，第303页。

三　1918年后的帝国方案及其实践

魏玛初期的国名之争并不是德国人帝国观念彩色谱系组合的最后一幕。在此之后，至少还出现了三次构建"帝国"的方案或实践。

1923年，穆勒·范登布鲁克（Moeller van den Bruck）推出了著名的《第三帝国》（Das Dritte Reich）一书。这位"保守主义革命"的鼓吹者对来自西方的民主共和国极度失望。在他看来，德国人虽然是"生来就倾向民主的人民"，但他们还"缺乏民主的基础"，而且"在德国历史进程中，没有内在的对民主的渴望"，因而魏玛共和国并没有带来真正的民主。在此情况下，他希望出现一个有别于前面两个帝国的新国家——他将之命名为"第三帝国"。范登布鲁克承认，"第三帝国"的整个概念都是"缥缈的、不确定的、被感觉控制的；不属于这个世界，而属于下一个世界"，但他坚持认为这样一个"帝国"将作为"共和国"而存在。这个新帝国不是那种议会民主制的、参与性的共和国，而是一种拥有伟大领袖（他应该拥有君主特权）、以社会主义为基础的共和国。此处的"社会主义"指的是当时在德国保守主义学者圈中颇为流行的"德意志社会主义"，即以"社团主义的国家和经济概念"为前提，维护劳资合作模式，最终旨在消除阶级差异，维护更高的民族利益。范登布鲁克强调，"只有在马克思主义结束的地方，社会主义才真正开始"。其次，这样一种新帝国必须带有明显的民族性，"囊括奥地利"，"具有德国性及其价值"。他没有透露"德国性"的具体内容，只是表示这些价值观是"神秘"的，"片段化的但同时也是完整的"，"现实的而且是超越空间的"，"表面上看，无法调和且不相容的"，但"和一个民族的历史必然性息息相关"。最后，范登布鲁克呼唤强有力的坚强领袖来担任第三帝国的元首。他认为无产阶级无法通过自身能力来实现社会主义，他们需要由"第三政党"来领导。"第三政党"是一个"反政党的政党"，即有意超越特殊群体利益的组织。第三帝国的领导则必须建立在信心和品质之上，而且"真实、简单、勇往直前、强大、精力充沛、拥有原始激情"。① 在这里，我们看到了共和性、民族性与集权性的组合，构成了一种新类型的"帝国"。当然，在此之外，一种拥有殖民地的"多元帝国"构想并没有消失。例如，1927 年后，中右翼的民主党（DDP）开始掀起有关殖民主义合法性的讨论，中央党也对重新占有殖民地表现出热情。②

1933 年，希特勒的上台让"第三帝国"变成现实。但希特勒绝对不是范登布鲁克理想中的"第三帝国"领导人。后者曾经在同希特勒见面后坦陈："与其看到这样一个人掌权，我宁愿自了余生。"③ 两人对帝国的认识差异主要体现在"共和制还是帝制？"的问题上。在范登布鲁克看来，"第三帝国"的基础在于社会主义，而社会主义的保障依赖于共和。希特勒却更愿意继承罗马皇帝的"发令权"，成为"第一执政官"。纳粹德国的法学家早已为此做出过学术界定："民族社会主义国家的统治体制表现为民族社会主义元首体制与官僚管理组织之间的结合""元首原则的新意及其重点在于，它从整体上克服了统治者与被统治者之间的民主差异，而是将之转变为元首和随从之间的关系"。希特勒在事实上也扮演着最终决裁者的角色。④ 由此，在希特勒帝国中，我们看到了帝国的帝制、民族性和集权性的组合效果。不过，这里的"民族性"在某种意义上也体现出"普世性"的一面，因为它从排他性的消极民族主义转向了吞并性的积极民族主义，即相信通过吞并与改造的方式，能够让其他一些民族或地区"德意志化"，如在"民政长官管辖区"内的卢森堡、阿尔萨斯、洛林、南施蒂利亚、克恩顿、克莱恩、比亚韦斯托克等地。⑤

---

① 戈尔哈德·科里波斯：《范登布鲁克：第三帝国的发明者》，战洋译，曹卫东主编《危机时刻：德国保守主义革命》，上海人民出版社，2014，第 135～154 页，此处是第 141、147～150 页。

② Hartmut Pogge von Strandmann, "Deutscher Imperialismus nach 1918," in Dirk Stegmann, Bernd-Jürgen Wendt und Peter-Christian Witt (Hrsg.), *Deutscher Konservatismus im 19. Und 20. Jahrhundert, Festschrift für Fritz Fischer*, Bonn: Verlag Neue Gesellschaft, 1983, S. 285–286.

③ 转引自韦尔纳·哈斯《小写的"第三帝国"——从穆勒·范登布鲁克的愿景到希特勒帝国的现实》，贰怸译，曹卫东主编《危机时刻：德国保守主义革命》，第 162 页。

④ Karl Dietrich Bracher, *Die deutsche Diktatur. Entstehung, Struktur, Folgen des Nationalsozialismus*, Köln: Kiepenheuer & Witsch, 1993, S. 370.

⑤ Manfred Scheuch, *Atlas zur Zeitgeschichte: Europa im 20 Jahrhundert*, Wien: Brandstätter, 1992, S. 109.

1945年后，以阿登纳（Konrad Adenauer）为代表的一批联邦德国政治家与法国人合作，推动法德和解，进而构建欧洲共同体/欧盟。这种举动被一些评论家称为构建"德意志－法兰西帝国"的尝试。英国学者齐隆卡（Jan Zielonka）是最早提出这一观点的学者。2006年，他出版了《作为帝国的欧洲：扩大版欧盟的天性》（Europe as Empire: The Nature of the Enlarged European Union），强调欧盟既拥有软实力，"可以依靠标准和规范的力量来传播价值"，而且还能够运用经济力量，包括制裁和强制手段，来实现其政策的合法性。这种认识很快被政治家接受。2007年10月17日，欧盟委员会主席巴罗佐（J. M. Barroso）在接受德国《世界报》采访时，称欧盟是一个"新型的帝国"，而且还是一个史无前例的"模仿帝国"，因为它在地理空间上拥有帝国规模，却没有中心化的统治形式，也没有固定疆界，但又同时输出各种标准（如废气排放标准）。在不少人眼中，这种"欧洲帝国"是帝国特征的新组合。它把共和制、多元性与普世性结合在一起，从而似乎保障了此类帝国所谓"对内民主、对外和平"的基本特性。[①] 当然，需指出的是，此类帝国的"多元性"依然是以欧洲中心主义为基础的，它认同的是欧洲价值观内部的多元文化并存，却对其他地区文化缺少尊重和理解。

什么是"Reich"？在德语的语义学与文化背景下，我们可以从20世纪之前的历史演进中发现至少6种可能性特征。它们彼此之间或者存在关联性，或者相互抵触，但从权力的内向性与外向性两个角度出发，大致可以分为三类：共和制或帝制，一元或多元，普世或民族。20世纪之前，任何一种帝国类型，或者帝国时代的某一时期，大多体现出上述权力指向的其中一类特征。但到20世纪，当这些权力指向都成为历史记忆时，它们彼此之间的拼接变得更为自然而频繁。魏玛初期的国名之争揭开了这种拼接行动的序幕。它不仅反映了魏玛初期政治文化的问题，实际上更是德意志政治文化中带有明显延续性的体现。正是由于德意志人的帝国观念如此繁多复杂，一批面对现代性危机的知识分子（其中不少是魏玛共和国

[①] 黄凤祝：《帝国文化的复兴——论希特勒与阿登纳帝国理念的转换》，黄凤祝、安妮主编《亚洲和欧洲的第二次世界大战：战争、记忆与和解》，Bonn: Engelhardt-NG Verlag, 2011, 第1~13页。

的重要政治家）才总是倾向于从历史中寻找答案——即便那些历史性的问题（如什么是"Reich"）极难获得唯一性的答案，甚至还可能把人引向歧途（如保守主义革命）。在这一意义上，关于帝国观念的梳理，理应成为诠释魏玛共和国兴亡的一个重要视角。

从正式帝国到非正式帝国[*]

——王家殖民地学会图书馆馆藏目录对帝国空间的不同想象（1881～1977）

朱联璧[**]

欧洲殖民帝国虽已瓦解了半个世纪，但有关研究依旧不断涌现。史蒂芬·豪（Stephen Howe）在为《新帝国史读本》（*The New Imperial Histories Reader*）[①] 撰写的前言里提及这一趋势，认为有关帝国的"新期刊涌现，学术会议和在线讨论小组增加，面向大众的图书、电视纪录片和重要的学术研究越来越多"。该书着重展现20世纪90年代以来对剑桥学派的英帝国史研究的反思和回应，以互动和联系的视角，利用20世纪70年代以来新的史学研究方法，关注有关帝国的文化与话语，呈现被殖民者的主体性和复数意义上的"新帝国史"。

随之而来的问题是如何评价新帝国史。如何更为宏观地探究这一数量庞大的研究，是帝国史研究者无法回避的问题，也是史学史研究需要介入的问题。已有对帝国史的史学史研究侧重从思想史的角度开展理论性解读。[②] 在文献出版信息的收集和整理手段不断发展的当下，是否可能更宏观地回答这一问题？

在做出更为宏观的解答之前，研究者首先要尽可能穷尽有关帝国史的研究。2000年创刊的《殖民主义与殖民史杂志》（*Journal of Colonialism and Colonial History*）自2001年起，会在每年夏季刊发布美国陶森大学

---

[*] 本文系国家社科基金青年项目"英帝国与民族国家认同互动视野下的'帝国日'研究（1897～1976）"（项目批准号：17CSS033）阶段性成果，原刊于《复旦学报》（社会科学版）2019年第3期。

[**] 朱联璧，复旦大学历史学系副教授。

[①] Stephen Howe, ed., *The New Imperial Histories Reader* (Oxon: Routledge, 2010), p. 1.

[②] 施华辉、周巩固：《书写帝国——西利、卢卡斯、艾格顿与英帝国史》，《史学史研究》2017年第2期。

(Towson University) 图书馆工作人员玛塞拉·富尔茨 (Marcella Fultz) 整理的过去一年有关帝国史和殖民史的研究作品的出版信息，包括专著、论文集和研究论文三大类。① 至本文撰写时已发表 17 篇，涉及文献数量超过 2.5 万条，收录了绝大多数英文研究。但富尔茨仅按作者姓氏为资料排序，没有建立总目，也有不少重复和错误的条目。

如果 21 世纪以来的帝国史研究确实呈现出了豪所概括的特征，那么从空间视角检视富尔茨的目录，就可以得到印证。这里所指的空间视角包括研究对象所在的空间、著者所在的空间、对帝国边界的界定，以及不同空间之间的联系和秩序等。实际上，自 19 世纪 80 年代以来，以王家殖民地学会 (The Royal Colonial Society) 为代表的民间研究团体在为有关帝国的研究编目时，已经表现出对空间因素的关注。

2008 年，地理学家露丝·克拉格斯 (Ruth Craggs) 发表的论文关注到了这一点。该文认为王家殖民地学会图书馆是一个存储、分类和整理帝国知识的场所，通过分析图书馆馆藏空间的分布和馆藏目录，展现了帝国的空间秩序，折射出了帝国扩张的进程。② 克拉格斯清晰梳理了过去少有讨论的王家殖民地学会图书馆的历史，③ 为本文的讨论奠定了基础。④

---

① 例外出现在 2013 年和 2018 年，由布莱恩·哈林顿 (Brian Harrington) 和莉萨·斯威尼 (Lisa Sweeney) 分别整理了 2012 年和 2017 年的出版物并发表在《殖民主义与殖民史杂志》上。
② Ruth Craggs, "Situating the Imperial Archive: The Royal Empire Society Library, 1868 - 1945," *Journal of Historical Geography* 34 (2008), pp. 48 - 67.
③ 克拉格斯提到的其他有关帝国殖民地学会的研究还包括 Trevor R. Reese, *The History of the Royal Commonwealth Society, 1868 - 1968* (London: Oxford University Press, 1968); T. A. Barringer, "The Rise, Fall and Rise again of the RCS Library," *African Research and Development* 64 (1994), pp. 1 - 10; John M. MacKenzie, "The Royal Commonwealth Society Library," *Cambridge University Library: The Great Collections*, edited by P. Fox (Cambridge: Cambridge University Press, 1998), pp. 166 - 184. 机构的所有档案被纳入剑桥大学图书馆收集管理后，后者也为学会及其后继者建立了专门的说明主页，并认可上述著作是研究该机构不可或缺的作品，参见 Cambridge University Library, "History of the RSC Collection," http://www.lib.cam.ac.uk/rcs_photo_project/history5.html, 访问日期: 2018 年 2 月 18 日。
④ 中文研究较少提及王家殖民地学会图书馆。2017 年由施华辉和周巩固发表的论文中利用了王家殖民地学会的年度报告，但并未解说机构概况。施华辉、周巩固：《书写帝国——西利、卢卡斯、艾格顿与英帝国史》，《史学史研究》2017 年第 2 期，第 96 页。

尽管克拉格斯的研究利用了目前由剑桥大学收藏的王家殖民地学会图书馆的档案，但对图书馆出版的目录讨论不多。本文专注研究王家殖民地学会自1881年到1977年出版的馆藏目录，指出这些目录均采用了地理空间与主题相互结合的编目方法。不同时期的目录折射出了帝国的精英对帝国空间的不同想象，将英帝国的范围从正式帝国扩展到非正式帝国。

后文将首先简要介绍王家殖民地学会的图书馆收藏，展现这一多数中文读者并不熟悉的帝国史研究资料库的概况。随后指出，由于克拉格斯并未详细比照不同版本的殖民地学会图书馆藏书目录，她推出的结论无法充分说明王家殖民地学会图书馆的管理员①在不同时期建立的对帝国的空间想象的差异。第二部分指出19世纪末至20世纪初出版的目录折射出了帝国扩张的进程，以及不同地区对帝国的重要性。第三部分指出20世纪30年代和70年代出版的目录将有关非正式帝国和作为整体的欧洲殖民帝国的文献纳入，以不同地区在地理空间上和英国的距离排序，想象出了网络状的帝国空间。最后一部分从空间视角出发，以图表的方式展现前文的结论，以此作为理解21世纪新帝国史和殖民史研究趋势的视角和切入点。

一 王家殖民地学会图书馆馆藏情况

在英帝国的鼎盛时期，王家殖民地学会建立，并开始广泛收集和整理有关帝国的文献，为研究帝国提供有形和无形的基础。为此，机构建立了图书馆并不断扩大馆藏规模，出版馆藏目录。虽然第二次世界大战一度影响了上述活动，但在战争结束后很快得到恢复，直到20世纪末。本部分将在回顾殖民地学会图书馆馆藏变化的基础上，简要说明不同时期出版的馆藏目录的情况及结构。

1837年，英国伦敦出现了名为"殖民地学会"（Colonial Society）的

---

① 王家殖民地学会的图书馆管理员（Librarian）并非指一般的工作人员，而是专指图书馆的负责人。

学者社团，希望能在伦敦西区建立大型图书馆，将从各处收集到的有关英帝国的资料存放在此，供有需要的人阅读。尽管由于缺少资金支持，该学会仅成立五年便宣告解散，但收集到的资料被变卖后，转由1868年建立的同名学会收藏。① 两家学会虽无直接联系，但都将收集有关英帝国的资料作为重要的工作。1868年建立的殖民地学会经历多次更名依然存在。② 机构151年的历史也是英帝国变迁的缩影。为简化表述，后文均以"殖民地学会"代称。

殖民地学会建立的目的，是为对英帝国的一切感兴趣的人提供获取资料的场所。机构的主席大多是世袭贵族和上院议员，表明了这一学术团体和社会上层的密切联系，也表明当时帝国的精英团体关注收集和使用有关帝国的信息。③ 为此，机构建立了图书馆、阅览室、博物馆和展览室，前两者被认定为机构的核心部门。此外，还提供讨论帝国事务和印度事务的场所，让机构成员在此阅读不带政治特点和党派偏见的帝国研究论文，开展有关英帝国的"科学的、文学的和统计学领域的探索"。④ 机构年度报告中详细说明图书馆馆藏的变化也折射出了图书馆的重要性。

1876年，即梅尔文·杜威（Melvil Dewey）发布"十进制图书分类法"

---

① James R. Boosé, "The Library of the Royal Colonial Institute," *Proceedings of the Royal Colonial Institute*, Vol. 25 (London: The Royal Colonial Institute, 1894), pp. 394 – 395。
② 1870年，维多利亚女王为该学会颁发特许状，学会随之更名为"王家殖民地学会"，也有研究将之译为"皇家殖民地学会"。1882年，学会获得女王颁发的法人团体资质，由威尔士亲王出任主席，并正式更名为"王家殖民地研究机构"（The Royal Colonial Institute），以和王家外科学院（The Royal College of Surgeons）的缩写相区分，参见"Royal Charter," *Proceedings of the Royal Colonial Institute*, Vol. 14 (London: Sampson Low, Marston, Searle & Rivington, 1883), pp. 1 – 8。1928年，学会更名为"王家帝国学会"（The Royal Empire Society），呼应了机构的"团结帝国"（United Empire）的信条。英帝国瓦解后，学会在1958年改名为"王家英联邦学会"（The Royal Commonwealth Society），延续至今，参见 The Royal Commonwealth Society, "Our History: Building on 150 Years of RSC History," https://thercs.org/about-us/our-history，访问日期：2018年2月17日。
③ "First Council of the Colonial Society," *Proceedings of the Royal Colonial Institute*, Vol. 1 (London: The Royal Colonial Institute, 1869).
④ "Proceedings at the Inaugural Dinner," *Proceedings of the Royal Colonial Institute*, Vol. 1, p. 20; "Objects of the Royal Colonial Institute," in *Proceedings of the Royal Colonial Institute*, Vol. 7 (London: The Royal Colonial Institute, 1876), p. vii.

(Decimal Classification and Relative Index) 这一年，① 殖民地学会的年度报告中除了发布了上一年馆藏增加的具体情况，还罗列了馆藏目录，以文献标题的字母顺序排列。② 该目录不足 20 页，因此无论采用哪一种编排方式，读者都能较快知道机构是否有自己感兴趣的图书收藏。

此后，殖民地学会图书馆的馆藏数量持续增加。至 1881 年，藏量达到约 2500 册。③ 同年，机构为图书馆出版了第一本馆藏目录，共 29 页，分两级目录。一级目录大致对应大洲和大洲之下的区域，如非洲南部，但游记也作为单独的一级目录混编其中。二级目录当时则是被作为一个认识单元的空间，如好望角，其下是按出版时间先后排列的文献。④ 换言之，这本目录以地理空间和研究主题为文献归类，未采纳被后世推崇的杜威十进制分类法。机构未来出版的馆藏目录沿用了这种"地理空间－主题"的分类方法，但在两种要素的安排上有所不同。

克拉格斯认为，殖民地学会图书馆管理员以地理空间作为编目首要依据的做法，与当时人类学和人种学收藏所采用的原则一致，"因为文化就是以地理来分类和认识的，由此可以体现'天生的'（natural）秩序"。从实践的角度来看，"使用图书馆的多数是殖民地行政人员、研究者和生意人，他们通常对帝国的一个特定区域有兴趣"，如此安排也是为了方便读者使用图书馆的馆藏。⑤ 这意味着目录的编选者会根据当时的人对帝国的理解来设置目录，划分地理空间，使目录折射出不同时期帝国精英所建立的对帝国的空间想象。

从 19 世纪 80 年代起，殖民地学会图书馆的藏量显著增加，多次出版

---

① 这套十进制代码根据著作探讨的主题、学科、问题、时代和空间等多种因素来设计，可以根据需要扩容，是一套动态和抽象的编码系统，并竭力避免相近主题的相互干扰，参见 Melvil Dewey, *A Classification and Subject Index for Cataloguing and Arranging the Books and Pamphlets of a Library* (Amherst, Mass.: n. p., 1876)。

② "Library Catalogue," *Proceedings of the Royal Colonial Institute*, Vol. 8 (London: The Royal Colonial Institute, 1877), pp. 457 – 476.

③ Boosé, "The Library of the Royal Colonial Institute," p. 397.

④ *Catalogue of the Library of the Royal Colonial Institute, to October 1881* (Chilworth and London: Unwin Brothers, The Gresham Press, 1881). 此后殖民地学会图书馆出版的目录虽然在一级目录和二级目录的编排上有变化，但都以出版时间先后排列文献。

⑤ Craggs, "Situating the Imperial Archive," p. 58.

彼此接续的新的馆藏目录，直到 1901 年。第二版馆藏目录于 1886 年出版，编辑者为图书馆管理员 C. 华盛顿·伊文思（C. Washington Eves），共 179 页，含 7291 个文献条目，① 后文简称为"伊文思目录"。第三版馆藏目录于 1895 年出版，共 497 页，② 增补版于 1901 年出版，共 793 页。③ 这两套目录均由当时的图书馆管理员詹姆斯·R. 伯塞（James R. Boosé）编纂出版，后文简称"伯塞目录及其增补版"。

王家殖民地学会 1890 年至 1909 年的年度报告对于这一时期图书馆馆藏增加的具体情况有较为详细的说明（见图 1）。馆藏主要分四大类，包括图书、手册、报纸和地图。照片和绘画等作为"其他"类收藏。馆藏增加的方式或为捐赠，或为购买，且捐赠占据了其中的大多数。从总量来看，图书和手册从 11239 册增加到 69836 册，④ 地图从 25 幅增加到 1809 幅，其他资料从 162 件增加到 2332 件。来自帝国各地的报纸是殖民地学会的特色收藏，从 44608 页增加到 761460 页，其中 65% 以上由机构出资购买。⑤ 换言之，19 世纪末殖民地学会图书馆的管理员主要是为机构获赠藏书分类，但也有机会自行选择一些资料扩充馆藏，可以在一定程度上折射出他们对帝国的空间想象。

从目录设置来看，伊文思和伯塞依然使用"地理空间－主题"混排的一级目录，且以地理空间归类的条目数量更大。伊文思使用了 30 个一级目录，前两个一级目录是殖民者旅记，最后九个目录按主题设定，其余 19 个均以地理空间划分。伯塞目录及其增补版包含的一级目录分别是 70

---

① C. Washington Eves, comp., *Catalogue of the Library of the Royal Colonial Institute* (London: Spottiswoode & C., 1886).

② James R. Boosé, comp., *Catalogue of the Library of the Royal Colonial Institute* (London: Royal Colonial Institute, 1895).

③ James R. Boosé, comp., *First Supplementary Catalogue of the Library of the Royal Colonial Institute* (London: Royal Colonial Institute, 1901).

④ 报告中提及图书馆馆藏数量存在冲突，以上两个数据为笔者认为可靠的数据，且与 20 年里图书增量所表现的趋势更为一致。

⑤ 由于报纸数量太大，殖民地学会在整理后交给大英博物馆收藏，确保机构内有更多的空间容纳书籍和手册，供为帝国工作或对帝国有兴趣的群体使用。在出版目录的 1886 年、1895 年和 1901 年，图书馆收藏的图书和手册的总数分别为 6240 册、9668 册和 22674 册。1886 年的地图和报纸藏量未能找到记录，而 1895 年地图的藏量为 168 幅，其他资料为 459 件，报纸为 186018 页；1901 年地图的藏量为 1383 幅，其他资料为 1202 件，报纸为 403812 页。

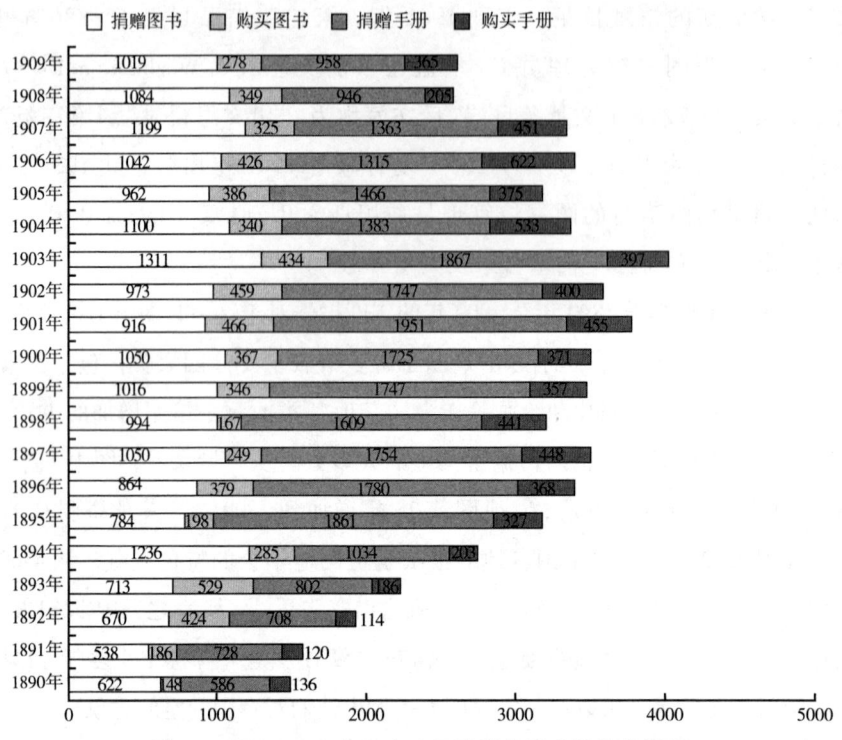

图1 1890~1909年王家殖民地学会图书馆收藏增量

说明：1886年起，机构年会的报告中都会提到图书馆馆藏的具体数字变化，且报告被收录到学会年度报告中。但要到1890年之后，记录中才开始区分不同来源和类型的资料的收集情况。1910年起，报告停止出版，取而代之的是"团结帝国"（United Empire）丛书。该丛书依然收录年度会议记录，但记录中有关图书馆馆藏增加情况的说明较少，故无法据此还原1910年之后殖民地学会图书馆馆藏增加的具体情况。

资料来源：Proceedings of the Royal Colonial Institute, Vol. 21, 154 – 155, 170; Vol. 22, 167 – 168, 183; Vol. 23, 176 – 177, 193; Vol. 24, 182 – 185, 202; Vol. 25, 194 – 196, 215; Vol. 26, 168 – 170, 183; Vol. 27, 159 – 160, 173; Vol. 28, 160 – 161, 177; Vol. 29, 148, 160; Vol. 30, 175 – 176, 193; Vol. 31, 107, 122; Vol. 32, 182 – 183, 199; Vol. 33, 138 – 139, 154; Vol. 34, 168 – 169, 184; Vol. 35, 157 – 158, 174; Vol. 36, 161 – 162, 179; Vol. 37, 160 – 161, 178; Vol. 38, 168 – 169, 187; Vol. 39, 168 – 169, 187; Vol. 40, 166 – 167, 183 (London: Varied Publishers, 1890 – 1909)。

个和77个，其中各有5个与旅记有关的目录被置于卷首，各有13个和14个按主题设定的目录被置于卷尾，且布尔战争作为一级目录与其他非洲的地理目录并列。此外，他还在一级目录之上添加了空间范围大致与大洲相当的标签，但并不参与一级目录的排序。伊文思和伯塞均在目录的开头增加按照字母顺序排列的地名、主题和作者索引，便于使用者查找文献。

1910年，埃文斯·卢因（Evans Lewin）成为图书馆管理员。他积极为增加馆藏奔走，使之在1930年达到20万册。① 克拉格斯认为，卢因让殖民地学会图书馆成为"计划的中心"（centre of calculation），吸引了为帝国工作或将要为帝国工作的读者到访，在这里完成他们的研究。她还分析了图书馆的空间布局和编目，指出在20世纪30年代，殖民地学会图书馆实际上创造了帝国的"想象地理"（imaginative geographies）。②

和前任们一样，卢因也为殖民地学会图书馆出版馆藏目录，其中最具影响力的是1930年至1937年出版的四卷本主题目录，后文简称"卢因目录"。③ 相比伊文思和伯塞，卢因面对的文献总量要大得多，因此目录出版历时七年方才完成。他原计划出版第五卷，专门收录所有有关人物传记的文献信息，但因为机构经费吃紧，以及第二次世界大战的爆发而未能在他手中完成。④ 卢因目录分卷的依据和伯塞目录在一级目录之上的空间范畴接近，大致以大洲为界。一级目录之下设置二级目录，多数是主题性目录。较为重要的地区会在二级目录中出现一个单独的地理条目，下设以地理空间分类的三级目录。

---

① Evans Lewin, "Preface," *Subject Catalogue of the Library of the Royal Empire Society*, *Volume 1 British Empire Generally and Africa*, complied by Evans Lewin (London: The Royal Empire Society, 1930).

② Craggs, "Situating the Imperial Archive," pp. 51–53.

③ Evans Lewin, comp., *Subject Catalogue of the Library of the Royal Empire Society*, *Formal Royal Colonial Institute*, Vols 1–4 (London: Royal Empire Society, 1930–1937). 除了主题目录之外，卢因还编辑出版了以馆藏为基础的各类帝国研究参考书，如 P. Evans Lewin, *A Select Bibliography Illustrating Relations between Europeans and Coloured Races* (London: The Royal Empire Society, 1926); P. Evans Lewin, *A Reading List on Native Administration in Africa 1898–1938* (London: The Royal Empire Society, 1938); P. Evans Lewin, *A Reading List on Native Labour in the British Colonial Empire*, *Southern Rhodesia and the Union of South Africa* (London: The Royal Empire Society, 1938), 转引自 Craggs, "Situating the Imperial Archive," 61, note 84。此外，还包括20世纪30~40年代推出的"王家帝国学会书目系列"（Royal Empire Society Bibliographies）丛书。卢因对1926年至1932年英帝国转型的关键文献的整理，就被收录进这套丛书中，参见 Evans Lewin, comp., *List of Publications on the Constitutional Relations of the British Empire*, *1926–1932* (London: Royal Empire Society and the Royal Institute of International Affairs, 1933)。

④ 1961年出版的《王家英联邦学会图书馆传记目录》（*Biography Catalogue of the Library of the Royal Commonwealth Society*）是卢因未完成的第五卷目录。该册由时任图书馆管理员唐纳德·H. 辛普森（Donald H. Simpson）主编，参见 Donald H. Simpson, "Introduction to Volume 1," *Subject Catalogue of the Library of the Royal Empire Society*, *Volume 1*, pp. v-vi。

第二次世界大战期间德国空袭伦敦，炸毁了殖民地学会图书馆部分建筑，导致 3.5 万册图书和 5000 本手册被损毁，超过当时总藏量的 15%，其中多数是关于英帝国的整体研究和关于其他欧洲殖民帝国的研究著作。对今人而言，卢因完成的目录成为了解这批文献的线索。1968 年，即殖民地学会成立 100 周年时，图书馆藏量再度增加至 35 万册，成为研究欧洲殖民帝国尤其是英帝国的极佳的图书馆。①

1971 年，图书馆藏量达到 40 万册。在时任图书馆管理员唐纳德·辛普森的带领下，图书馆的工作人员出版了一套七卷本的馆藏主题目录。这套目录沿用了"地理空间 - 主题"的编目方法，前六卷每卷平均 700 页，是 1937 年以来机构收集的传记以外的著作的选目。第七卷包括图书馆在 1961 年之后获得的有关人物传记的收藏目录、游记以及和两次世界大战有关的资料。② 由于辛普森目录只是将殖民地学会图书馆的索引卡片内容复印出版，对读者辨识内容提出了一些要求。③ 1977 年，辛普森又带领机构同人出版了两卷增补版目录，④ 后文简称这两套目录为"辛普森目录及其增补版"。截至撰写本文时，尚未发现殖民地学会图书馆在 1977 年之后出版过大型机构藏书目录。故后文的讨论以 1886 年出版的目录为起点，至 1977 年出版的增补目录为止。时至今日，卢因和辛普森所编的目录依然被陈列在

---

① Donald H. Simpson, "Introduction to Volume 1," *Subject Catalogue of the Library of the Royal Empire Society*, Volume1, pp. v-vi; C. John, "The Royal Commonwealth Society Library and the Blitz," Cambridge University Library Special Collections, https://specialcollections-blog.lib.cam.ac.uk/? p = 5147, 访问日期: 2018 年 2 月 19 日。

② D. H. Simpson, "Introduction," *Subject Catalogue of the Library of the Royal Commonwealth Society*, London, Volume 1 (Boston: G. K. Hall& Co., 1971), p. iii.

③ Royal Commonwealth Society, *Subject Catalogue of the Royal Commonwealth Society*, Volumes 1 – 7 (Boston: G. K. Hall & Co., 1971). 同一时期该机构还出版了"高等研究阅读书目选"(Selected Reading Lists for Advanced Study)，地区分册包括加拿大、加勒比、马来西亚和新加坡（1969 年出版）、东南亚（包括马来西亚、新加坡、文莱与中国香港，1973 年出版）、尼日利亚、中部非洲（马拉维、罗得西亚、赞比亚）、东部非洲（肯尼亚、坦桑尼亚、乌干达）、西部非洲（加纳、塞拉利昂、冈比亚）、澳大利亚、新西兰、印度、巴基斯坦和锡兰、英联邦。主题分册包括种族关系和教育。

④ Royal Commonwealth Society, *Subject Catalogue of the Royal Commonwealth Society*, London, First Supplement, Volume 1: Commonwealth, Asia, Africa (Boston: G. K. Hall & Co., 1977); *Subject Catalogue of the Royal Commonwealth Society*, London, First Supplement, Volume 2: Americas, Oceania (Boston: G. K. Hall & Co., 1977).

大英图书馆人文类阅览室的参考书书架上，和其他英国重要的机构图书馆目录并列。

尽管殖民地学会图书馆出版的馆藏目录都采用了"地理空间－主题"的编目方法，但所想象的帝国空间各有不同。为便于理解，表 1 以好望角在不同目录中的位置说明不同年代目录的差异以及目录所包含的层次。好望角所在的政治空间的名称变化，与当地和英帝国的关系变迁呼应。该表还表明，1886 年的目录并未以更大的空间范围为一级目录归类。后文为方便讨论，效仿 1895 年至 1977 年出版的目录，将 1886 年目录的一级目录按大洲归类后展开论述。

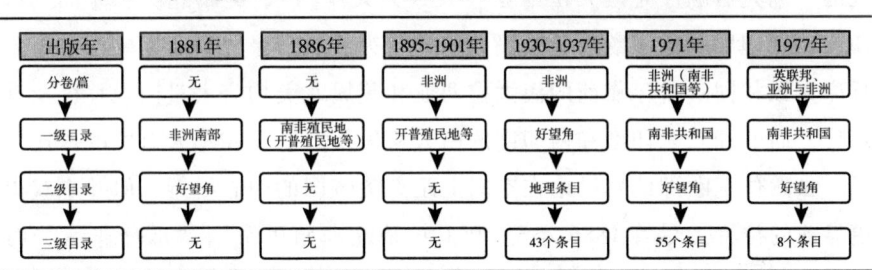

表 1　好望角在 1881～1977 年殖民地学会图书馆馆藏目录中的位置

出版年	1881 年	1886 年	1895~1901 年	1930~1937 年	1971 年	1977 年
分卷/篇	无	无	非洲	非洲	非洲（南非共和国等）	英联邦、亚洲与非洲
一级目录	非洲南部	南非殖民地（开普殖民地等）	开普殖民地等	好望角	南非共和国	南非共和国
二级目录	好望角	无	无	地理条目	好望角	好望角
三级目录	无	无	无	43 个条目	55 个条目	8 个条目

二　对正式帝国的想象：1886～1901 年殖民地学会图书馆馆藏目录

尽管露丝·克拉格斯的论文题目标示的研究时段为 1868～1945 年，但对卢因担任图书馆管理员之前图书馆的情况讨论不多。她发现 19 世纪晚期的目录编辑者会在帝国新增一块殖民地时，增加有关这个地区的图书收藏，使图书收藏的增加和帝国的扩张同步。[①] 但她对这些目录是否建立了对帝国的空间想象并未展开讨论。本部分将指出，1886～1901 年殖民地学会图书馆馆藏目录展现了英国的部分精英对正式帝国的空间想象，既包括克拉格斯已经提及的对帝国边界的认识变化，也包括帝国内各地区的

---

① Craggs, "Situating the Imperial Archive," p. 52.

重要性排序。尽管这种排序并不能用一套简单的规则来概括，依然能看出帝国精英所想象的帝国空间内蕴差序。

克拉格斯虽提及19世纪晚期殖民地学会的馆藏目录在空间上的拓展与帝国的扩张同步，但并未留意涉及美利坚合众国馆藏地位的变化。伊文思将与合众国有关的资料置于主题目录中，伯塞则未将与合众国有关的文献放在独立的一级目录下。这两种做法都有意区隔已经独立的殖民地的资料和尚处于帝国控制中的殖民地的资料，折射出编辑者在将地理概念作为一级目录时划出了正式帝国的边界。

伊文思编辑目录时虽有意将同一个大洲的一级目录归拢在一起，但并未明确以大洲为一级目录分篇。若将伊文思目录的一级目录加以整合，呈现的大洲先后顺序是澳大拉西亚（大致为大洋洲）、英属北美、非洲、东印度、西印度和位于欧洲的殖民地。伯塞为一级目录分篇所用的标签与此顺序大致相同。排序靠前的澳大拉西亚和英属北美均有大量白人移民及其后代，而非洲、东印度和西印度的白人移民及其后代在总人口中的占比较低。虽然位于欧洲的殖民地在空间上距离英帝国的中心更近，但并未获得更靠前的位置。尽管1886年至1901年是欧洲殖民帝国"瓜分非洲"时期，促使殖民地学会图书馆收集了大量关于非洲的资料，① 但这也未让有关非洲的文献排序更为靠前。

克拉格斯结合前人研究认为，要到1910年卢因成为殖民地学会的图书馆管理员之后，图书馆内文献的空间安排才采用了将英国人的事迹（即游记）置于其他资料之前，以及将热带殖民地作为一种单独分类的做法，构建了"发达的英国"和"不发达的殖民地"（尤其是热带殖民地）这种帝国空间的秩序。② 实际上，伊文思和伯塞目录及其增补版均已体现了这种秩序。只要克拉格斯所说的空间秩序是存在的，那么这种秩序在19世纪80年代已经出现。这种秩序和殖民者占当地人口比重，以及与殖民地学会图书馆已经收集到的这一地区的文献数量的多少呈正相关。大洲之内不同地区一级目录的顺序大致也遵循这一规律。

---

① 伯塞也在介绍学会图书馆的演讲里提及了有关非洲的资料在19世纪最后十年骤增的情况，参见 Boosé, "The Library of the Royal Colonial Institute," pp. 401 – 408。

② Craggs, "Situating the Imperial Archive," pp. 54 – 55.

伊文思和伯塞目录的另一共同点是很难用今人熟悉的、单一的行政区域来对应一级目录。一级目录既可能是后世的民族国家，也可能是一国之下的省，甚至是更小的行政区域。例如，伯塞所列的一级目录包括加拿大自治领，也包括自治领之下的新斯科舍省、哈德逊湾公司和温哥华岛。在为地区归类时，伊文思对相邻空间所属哪个大洲与今日也有不同。他将东南亚群岛和印度分成两个不连续的部分，将新几内亚和东南亚群岛并列。伯塞将部分东南亚群岛归到"东印度"名下，将新几内亚归到澳大拉西亚，与后世对大洲的空间划分更为接近。

如果认为伊文思和伯塞划分一级目录的标准不统一是因为他们对与政治相关的地理空间划分标准不熟悉，或许是后见之明。既然伊文思和伯塞都是出于方便读者使用的前提来确定一级目录，这就意味着他们所使用的一级目录指涉的空间是当时帝国的精英熟悉的、可以作为独立单位来认识和管理的空间。以不列颠哥伦比亚为例，这里原本是英帝国的殖民地，在1871年7月20日成为加拿大自治领的一部分，使之与帝国之间增加了一级行政。在当地加入自治领之前完成的研究和考察，大多以不列颠哥伦比亚作为研究单位。图书馆管理员在整理馆藏时依然将不列颠哥伦比亚作为一级目录，恰恰反映了这一地区过去所拥有的独立性。

概言之，尽管克拉格斯强调了卢因成为图书馆管理员后如何在殖民地学会图书馆的馆藏分布和主题目录中建立秩序，并使用了一套兼顾地理空间和主题的分类法，实现了帝国"地理微投影"（micro-geography project），① 但通过回顾1886~1901年殖民地学会图书馆历任管理员出版的目录，会发现卢因并非发明这种微投影的人，而是对照已有的藏书目录所呈现的微投影建立了图书馆。使用者由此在图书馆中可以感受到帝国的幅员辽阔，以及不同地区和帝国中心的关系，从而身在伦敦想象出有形帝国的边界。

三 对非正式帝国的想象：1930~1977年殖民地学会图书馆馆藏目录

卢因和辛普森在选择图书馆藏书和目录内容上更有主动权，也要应对

---

① Craggs, "Situating the Imperial Archive," pp. 52-57.

帝国正在经历的变迁带来的影响。他们的目录所想象的帝国空间是非正式帝国，包括了受英帝国影响的区域和其他欧洲帝国控制的区域。英帝国的边界日益模糊，新兴民族国家的边界日益清晰。一级目录的排布顺序主要基于所在地理空间，弱化了原本建立的帝国内的空间秩序，强调了区域之间的关联。

卢因在1930年出版的殖民地学会图书馆主题目录的前言中指出，出于实用性和可操作性的考虑，目录并未收录图书馆所有有关非洲的藏书信息。许多文学类的文献信息未被列入，但已经出版的目录中收录的重要文献，依然被包括其中。编辑者对目录的影响可见一斑。他还建议目录的使用者将搜索文献的关键词扩大到研究对象所在空间的上一级和下一级空间。[1] 这种对使用者提出的要求，表明这种金字塔形的目录所涉及的各个层次的地区实际上是相互联系的，而非孤立的。

从目录覆盖的空间来看，卢因和辛普森将与非正式帝国以及作为整体的欧洲殖民帝国有关的文献都囊括在内。早在1915年，殖民地学会图书馆的一名工作人员就出版了一份48页的增补目录，展现了有关其他欧洲殖民帝国的收藏情况，涉及德国、法国、意大利、比利时、荷兰、葡萄牙和西班牙。[2] 卢因及其后继者在编订目录时，将此类文献按所在空间编入目录中，馆藏目录对应的空间因此超过了正式帝国。这在1930年出版的有关非洲的目录中表现得尤为突出。各国控制的殖民地都以一级目录的形式出现，并按照国家名称的字母顺序排列，做法与1915年的增补目录一致。至辛普森出版目录时，许多20世纪30年代英国控制的殖民地已成为独立国家。但殖民地政治地位的变化并未使殖民地学会图书馆的管理员停止收藏有关的文献，相反，可能收集得更多。这点同样在有关非洲的文献目录中有所表现。

由于卢因面对的文献数量远远超过伊文思和伯塞，也就无法在一卷之内展现馆藏。在运用"地理空间－主题"的编目方法时，卢因在金字塔

---

[1] Lewin, "Preface," *Subject Catalogue of the Library of the Royal Empire Society*, *Volume 1*.

[2] Winifred C. Hill, comp., *A Select Bibliography of Publication on Foreign Colonisation-German, French, Italian, Dutch, Portuguese, Spanish, and Belgian: Contained in the Library of the Royal Colonial Institute* (London: Royal Colonial Institute, 1915).

形目录的顶层（即分卷）和第二层（一级目录）都以地理空间作为划分依据，且顶层的划分依据和伯塞在一级目录上的分篇接近，大致是以大洲为单位进行整合。第三层（二级目录）以主题目录为主，可能还会出现单独的地理目录，下设第四层（三级目录）。

一级目录和三级目录虽然都以空间划分，但后者按照空间的字母顺序排列。一级目录依然采用了特定的顺序，但和伊文思与伯塞的目录已有显著不同。这套编目方法被辛普森继承，但二人选择的空间顺序依然有出入。卢因目录的第一卷包括有关英帝国和非洲的文献，第二卷对应大洋洲，第三卷对应南北美洲，第四卷为欧亚大陆及周边岛屿。辛普森目录的第一卷包括有关英帝国、欧洲殖民帝国、欧洲殖民地，以及近东、中东、印度的文献，第二卷覆盖巴基斯坦以东和中亚的文献，以及北部非洲的文献。第三卷和第四卷都和非洲有关，而且第四卷包括欧洲殖民帝国在非洲活动的有关文献。第五卷对应美洲，第六卷对应大洋洲，第七卷依然采用主题目录，包括人物传记、游记以及两次世界大战。1977年出版的辛普森目录增补版尽管只有两卷，但大洲的排布顺序和1970年的目录一致。

相比伊文思和伯塞的目录主要以大洲的重要性来安排先后，卢因和辛普森的目录将地理上相邻的空间安排在一起。克拉格斯认为，卢因目录第四卷内部的一级目录尤为清晰地显现出了编辑者想象的帝国的空间秩序，即以与帝国的关系和地理空间的远近来安排一级目录所在空间的先后。①

本文认为，与其说卢因是建立了一套秩序，不如说是勾勒了一个网络。他安排大洲之下的一级目录时也带有这种意图。以非洲为例，一级目录从非洲北部开始，随后转向西非、中东非、非洲南部、非洲周边岛屿，最后是其他欧洲殖民国家控制的非洲。地理空间上越接近英国，则一级目录所在的位置越靠前。尽管辛普森在个别一级目录的顺序上和卢因的处理不同，但大致遵循了同样的原则。

英帝国的衰微和英联邦的发展，似乎让编辑书目的图书馆管理员改换了观察帝国和英联邦的视角，从先向殖民地看，转向先向英帝国

---

① Craggs, "Situating the Imperial Archive," pp. 48–67.

和欧洲看。辛普森还在前言中指出，与英联邦关系不同的地区，都按照所在地理空间被归到一卷中。① 这种弱化特定地区与英帝国和英联邦联系的排序方法，呈现给读者的是有关英帝国和英联邦的国家和区域网络，以及这个网络与其他欧洲帝国殖民的地区的关系。也是在这个意义上，卢因和辛普森想象的帝国空间包括了受英帝国和英联邦影响的地区（即非正式帝国），将观察对象扩展到了全球，并将西方帝国置于优先地位。

四 余论：如何想象帝国的空间？

不可否认，克拉格斯的研究为撰写本文带来了启发，但前文也已提及克拉格斯结论的局限性。她并未充分认识到卢因之前的目录编辑者已经建立了对帝国空间的想象，对不同空间的秩序做了安排。编辑者都利用了"地理空间－主题"的编目方法，不同时代对不同层级的空间的选择，折射出当时认识某一地区的空间单位的大小。20世纪的目录相比19世纪晚期的目录，在空间上更容易与大洲和民族国家建立一一对应的关系。最终，在辛普森目录及其增补版中出现了完善的、金字塔形的"地理空间－主题"目录。

但仅以文字描述殖民地学会图书馆馆藏目录呈现的对帝国空间的想象或许不够直观。尤其在殖民地学会图书馆管理员已经将机构文献按空间进行整理后，或许可以用新的方法来呈现前文的结论。图2与图3便是本文的尝试。

假设在一张以东经180度为中轴的世界地图上，英国位于地图的最左端，从左到右依次排列着欧洲殖民帝国、欧洲殖民地、非洲、亚洲、大洋洲、北美洲和中南美洲，并依据东经180度为中轴的世界地图上英国与地区的空间关系进行排布。将该地图转制后，即是图2。图2横轴的最左端为英帝国，在1886～1901年的目录中对应的是"主题"目录，在1930～

---

① Simpson, "Introduction," *Subject Catalogue of the Library of the Royal Commonwealth Society*, London, VolumeI, p. iii.

1977 年的目录中对应作为整体的英帝国和英联邦的文献的情况，并依据上述地图的顺序排布空间。大洲之后的数字代表有关这个区域的文献在目录中位置的先后，气泡的大小反映了这个分类的文献在整个目录中的比重。① 图 2 中的气泡呈对角线分布，并接近以东经 180 度为中轴的世界地图上各空间的地理分布。如果靠近横轴的气泡更大，表明与排序越靠前的空间的文献在目录中的占比越高。

图 2　1886~1977 年殖民地学会图书馆馆藏目录中
各大洲文献的先后顺序与规模大小

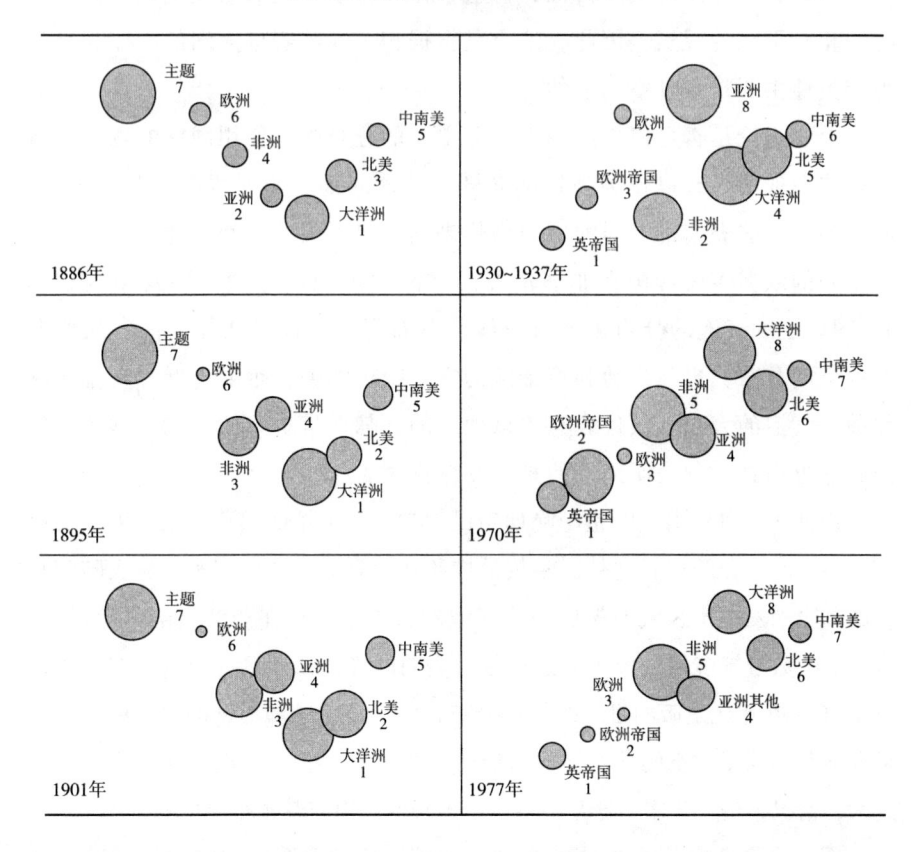

---

① 比重根据所占页数计算得出。尽管这种计算方式并不十分精确，但可以大致反映规模的大小。

通过图 2 可以看出，1886~1901 年出版的目录除去以主题归类的文献，越靠近横轴的区域气泡越大，表明这一时期殖民地学会图书馆的管理员大致按照文献藏量的多少安排大洲的先后。从气泡的大小变化来看，有关非洲的文献确实在这 15 年间显著增加，但有关白人殖民者及其后代聚居的区域的文献占比依然较高。因此，编辑是按照一个大洲对帝国的"重要性"来排序的，这种重要性体现在了有关文献数量规模更大。1930~1977 年出版的目录的气泡分布越发趋近纵轴与横轴的对角线，表明一个大洲的地理位置影响了排序，而非有关文献数量的多少。从气泡大小来看，有关非洲的文献占比日益上升，呼应了非洲的殖民地取得独立的时间相对更晚的现实。因此，编辑是根据相关性来安排大洲的顺序，且这种相关性主要是地理空间上的。

上述结论是否可以推广到下一级空间的分布呢？使用同样的方法，将一张非洲地图大致以作为整体的非洲、非洲北部、非洲西部、非洲东部、非洲中部、非洲南部和非洲周边岛屿来划分出不同的空间，并把有关英帝国之外的欧洲殖民帝国在非洲情况的文献根据地理位置穿插其中制成图 3。图 3 上的气泡的分布接近对角线的分布形态，即呈从北向南、从西向东的空间分布，也与当地和英帝国的空间距离相关，距离越近，则排序越靠前。气泡的大小依然代表有关该地区的文献在目录中的占比。越大的气泡越靠近横轴，则表明采用的是重要性排序。

由图 3 可以看出，19 世纪晚期殖民地学会图书馆的馆藏目录中除了有关作为整体的非洲的资料之外，多数是按照从南到北、从西到东、从大陆到离岛的顺序来安排各区域的先后。从气泡的大小来看，在非洲大陆的范围内，有关文献数量越多的区域越靠近横轴，表明同样以该地区的重要性排序。20 世纪 30~70 年代出版的目录的气泡分布，则接近纵轴和横轴的对角线，更接近前述非洲地图的空间分布。从气泡的大小来看，并未出现排序越靠前气泡越大的情况，进一步表明这是一种基于地理空间而非基于重要性的排序。

图 2 和图 3 是以更整体的方式展现殖民地学会图书馆馆藏目录的空间分布和内蕴的理念。这种侧重文献的地理空间的视角对于理解 21 世纪以来新的帝国史研究也有一定启发，或许可以将之用于研究前文提及的富尔茨在《殖民主义与殖民史杂志》上发表的目录。

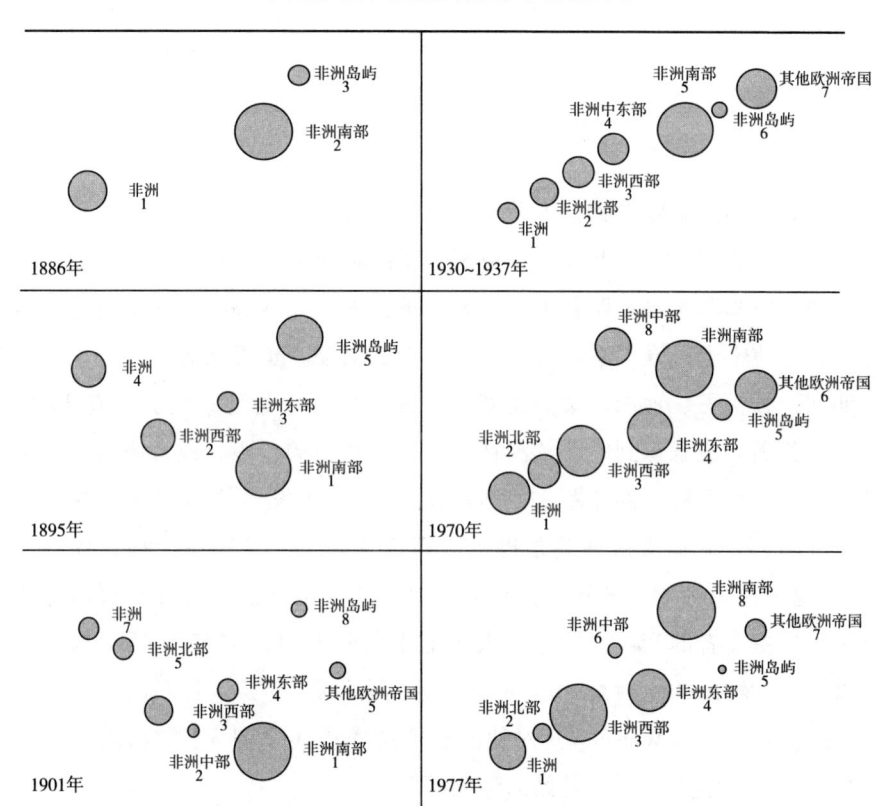

图3　1886~1977年殖民地学会图书馆馆藏目录中有关
非洲各地文献的先后顺序和规模大小

（图：六个时期的气泡图，显示各地区文献规模）

1886年：非洲岛屿3、非洲南部2、非洲1

1930~1937年：非洲南部5、其他欧洲帝国7、非洲中东部4、非洲岛屿6、非洲西部3、非洲北部2、非洲1

1895年：非洲岛屿5、非洲4、非洲东部3、非洲西部2、非洲南部1

1970年：非洲中部8、非洲南部7、其他欧洲帝国6、非洲岛屿5、非洲东部4、非洲西部3、非洲北部2、非洲1

1901年：非洲岛屿6、非洲7、非洲北部5、其他欧洲帝国4、非洲东部3、非洲西部2、非洲中部3、非洲南部1

1977年：非洲南部8、其他欧洲帝国7、非洲中部6、非洲岛屿5、非洲东部4、非洲西部3、非洲北部2、非洲1

如果要理解21世纪以来帝国史研究的新趋势，今人可能依然要重复卢因等前人的工作，对已出版的文献进行系统整理、筛选和解读。这既能便于新进入该研究领域的研究者了解概况，也能解答"新帝国史"是否真的是"新"的。新帝国史对不同空间之间互动和联系的关注，使得以空间视角评估新的研究成为恰当的切入点。评估和呈现评估结果的方式也可以不限于文字，本文设计的结合文献规模和空间的表格则是提供给同行指正的一次尝试。如果新帝国史确实更关注被殖民者的主体性和不同区域之间的相关联系，那么通过表格的方式，依然可以从著者所在的空间、研究对象所在的空间、帝国的边界和不同空间的联系上看出。

"文明的使命": 19世纪英国的帝国观念试探

斐 白[*]

随着版图的不断扩大,大英帝国所统治的人口也越来越多,人口的种族构成也日趋多样;与此同时,英国本土的物质文明发展迅速,与非欧洲社会的物质文明水平差距扩大。再者,英国人对非欧洲社会的了解进一步加深,即使本土民众没有接触非欧洲社会的机会,也可从游记、小说、报纸期刊、教科书、地图、桌面游戏、平面广告等中管窥一斑。早在19世纪初,英国人便意识到了非欧洲社会与欧洲社会的差距,或者说是有色人种社会与白种人社会的差距。而达尔文于1859年发表的《物种起源》中进化论的思想更是为这种差距提供了理论依据——"物竞天择,优胜劣汰",这一理论被用于解释人类社会。而这种社会达尔文主义不可避免地成了种族主义者的利器。桂冠诗人丁尼生在向人解释1865年牙买加动乱的缘由时,给出的原因是"黑人是老虎,黑人是老虎"。曾多次参与殖民战争的沃尔斯利(Wolseley)对他的妻子这样描述非洲人:"黑鬼就像一大群猴子,是懒惰、一无是处的种族。"[①]

英国人的种族优越感与对"次等"(inferior)种族的蔑视,导致了一种信念的形成,即只要英国人履行"白人的义务",向"次等"种族传播文明,就势必能改变其前景,使英帝国恩泽天下。在帝国表象中,英帝国"文明使命"的开展方式既有直接至"未开化"之地将文明输出,也有通过工业产品输出的方式传播文明。除了将英国白种人与"次等"种族之间的关系表现为文明传播者与文明接受者外,帝国表象中还有其他对两者关系的表现模式。本文将探讨帝国表象中英国人对英帝国"文明使命"的理解和表现及他们对被征服者的看法。

---

[*] 斐白,复旦大学历史学系硕士研究生。
[①] Robert B. Edgerton, *Africa's Armies: From Honor to Infamy: A History from 1791 to the Present* (Boulder: Westview Press, 2002), p. 55.

一 用"文明"征服世界

维多利亚女王曾说:"如果我们要保持世界第一大国的地位……那么我们必须永远为随处可能爆发的战争做好准备。"① 诚然,军事是英帝国征服世界的必要手段,但在帝国表象中,让异邦人屈服于英帝国的武力并非征服的全部,将英式文明传播到殖民地才是大英帝国征服世界最后的点睛之笔。

在托马斯·琼斯·巴克尔(Thomas Jones Barker)作于1863年的画作《英格兰伟大的奥秘》(The Secret of England's Greatness,见图1)中,不费一枪一炮,也不费一兵一卒,体现"英格兰的伟大"的场景不是在敌我厮杀的战场上,而是在温莎堡中:维多利亚女王将一本《圣经》递给一位部落首领。部落首领装束散发出的原始野性与女王精致的华服散发出的典雅形成了鲜明对比。他身披豹皮,头戴羽冠,腰间挂着一把匕首,暗示他来自一个没有被工业文明之光照到的地区。他的装束像是各个非欧洲地区装束的叠加,从衣着上无法判断他到底来自哪个地区,但这样的形象塑造再加上他特有的黝黑肤色让他成为所有"未开化"地区的代表。

值得注意的是,由于温莎堡是女王的家,这种"将帝国家庭化的处理"② 的情境设置又契合了帝国"文明使命"的另一个维度:欧洲文明通过"家长式"统治的方式在殖民地传播。英帝国对印度的统治便是一例。早期驻印总督对印度古老的历史文化都表现出尊重和敬意,如沃伦·黑斯廷斯(Warren Hastings)鼓励英人研习印度艺术、翻译印度律法,对伊斯兰文化也非常重视,他寻求将理解印度文化作为基础的稳定统治。③ 然而,19世纪30年代前后,总督威廉·本廷克(Lord William Bentinck)推行的教育改革措施却深受"安立甘派"(Anglicists)的影响。"安立甘派"认

---

① Elizabeth Longford, *Victoria R. I.* (London: Weidenfeld & Nicolson, 1964), p. 426.
② Adrienne Munich, *Queen Victoria's Secrets* (New York: Columbia University Press, 1996), p. 144.
③ Cf P. Spear, *The Oxford History of Modern India: 1740 – 1957* (Delhi: Oxford University Press, 1978), pp. 69 – 70.

图 1 英格兰伟大的奥秘

资料来源：Thomas Jones Barker, The Secret of England's Greatness, c. 1862 – 1863, NPG4969, © National Portrait Gallery, London。

为印度文化是迷信粗野的，必须让英国文化取而代之。① "安立甘派"的托马斯·B. 麦考莱（Thomas B. Macaulay）在《印度教育备忘录》（*Minute on Indian Education*, 1835）中主张在印度大力推行英语教育，认为："必须尽最大努力，在我们和被我们统治的亿万印度人之间造就一个中间阶层，这些人的血统和肤色是印度的，但其品味、观念、道德和才智却是英国式的，再由他们用印度的语言将西方的科学知识传播给最广大的普通民众。"② 其改造印度人的用意可见一斑。

在对待"未开化的民族"的问题上，一向为自由呐喊的约翰·密尔（John S. Mill）在《论自由》中却认为自由原则不适用于这样的民族："在对付野蛮人时，专制政府正是一个合法的形式，只要目的是为着使他

---

① B. L. Blakeley & J. Collins, eds., *Documents In British History*, Vol. II: *1688 to the Present* (Boston: McGraw Hill, 1993), p. 114.
② Blakeley & Collins, eds., *Documents In British History*, Vol. II, p. 118.

们有所改善，而所用手段又因为这个目的之得以实现而显为正当。自由，作为一条原则来说，在人类还未达到能够借自由的和对等的讨论而获得改善的阶段以前的人和状态中，是无所适用的。"① 英国人在印度扮演的是"文明传播者"的角色，他们对待印度人就像父母对待孩子，有一种道德的责任感驱使他们引领印度人走向西方文明，但对印度人而言，他们对自己的命运却丧失了选择的自由。而英国人却相信，英国伟大的奥秘蕴含在向所谓的"次等"种族传播基督教文明这一高尚的行为中，不论对方是否愿意接受这样的"恩惠"。有趣的是，在这幅画中这位部落首领面对维多利亚女王，卑躬屈膝，注视着女王手中的《圣经》，准备小心翼翼地接过它，他流露出感恩的神情，而张开双臂的动作又象征着乐于接受基督教文明的教化。可见，在英国人的臆想中，似乎"次等"种族没有什么理由不接受这样的"恩惠"。

到19世纪70年代，英国凌驾于世界之上的优越感在帝国表象中表现得更为露骨。于1872年落成的阿尔伯特纪念碑（the Albert Memorial）被四组雕塑包围，这四组雕塑分别代表四大洲：欧洲、亚洲、非洲和美洲。象征欧洲的雕塑位于整个纪念碑雕塑群的正面，根据官方手册的介绍，其中坐在公牛身上的女性代表欧洲，她手中的权杖和宝球"代表欧洲对其他几个洲所能施加的影响力"。② 其中意味不言自明。而在亚洲雕塑群中，坐在大象上的印度女性上身赤裸，正在披起传统纱丽，在她周围有一位手捧瓷花瓶的中国男子，还有一位波斯诗人和一位阿拉伯商人；在非洲雕塑群中，坐在骆驼上的埃及公主处于中心位置，旁边一个努比亚人倚在狮身人面像上，另一侧有一北非商人半蹲在地，展示着当地的土特产。③ 这两组雕塑传递出这样一个信息：亚洲和非洲现在十分落后，其文明只存在于过去，昔日的辉煌早已不复存在，这些地区仍然沉浸在旧梦中，需要被唤醒。

那么这些地区需要被谁唤醒呢？答案在非洲雕塑群的背面：在这组表

---

① 约翰·密尔：《论自由》，程崇华译，商务印书馆，1996，第10页。
② *Handbook to the Prince Consort National Memorial*, published by authority of the executive committee, illustrated edition (London: John Murray, 1877), p. 22.
③ *Handbook to the Prince Consort National Memorial*, pp. 23 – 24.

现非洲的雕塑中居然出现了欧洲人的形象——一位欧洲女性。她正对着一位身着当地服装的黑人说着什么。官方指南上给出了这样的解释:"靠在弓上的黑鬼(negro)是这个洲未开化种族的代表,他在聆听一位代表欧洲文明的女性的谆谆教诲,象征着欧洲对改善这些种族的条件所做的种种努力。"①

表现英帝国"文明使命"的表象并不局限于来自官方的委托之作,当时一些工业产品(尤其是肥皂、漂白剂等产品)的平面广告也常常以"文明使命"作为其广告创意。在这些表象中,作为"重商帝国"和"世界工厂"的英国在向"落后"地区输出工业产品的同时,自然也输出了文明。肥皂制造商皮尔斯(Pears)公司的一系列广告策划都是围绕"传播文明"这一帝国意识形态展开的。其1890年的广告(见图2)描绘了一个非洲人在海滩上拾到皮尔斯牌肥皂的场景:一箱皮尔斯牌肥皂漂到岸上,卵石般的肥皂散落在海滩上。黑肤色的土著人一手执矛,一手握着从地上捡起的肥皂。他端详着手中的物品,既茫然又好奇。广告画的标题"文明的诞生——来自海上的信息"不仅明确表达了帝国传播文明的主题,而且将"文明"神话化。而位于广告画下方的广告语这样写道:"对肥皂的消费是衡量财富和文明的尺度。"可见,在这里,"文明"指的是物质文明,是对英国商品的消费和对英国生活方式的推崇。

倘若要突出肥皂的清洁效果,那么没有什么比强调帝国"文明使命"——改变有色人种肤色,使之开化——更具说服力的了。皮尔斯牌肥皂1884年的一则广告(见图3)就是当时同类肥皂广告中最具代表性的,图中是一个白人儿童教一个黑人儿童洗澡的场景。在这幅广告画中,黑人的肤色是可以通过使用皮尔斯牌肥皂改变的:黑人儿童在洗完澡后,全身的肤色都变白了,而洗澡水则变浑了。肤色黑被认为是身上带有污垢,而"脏"正是不文明、未开化的表现。图3中白人儿童对将黑人儿童肤色变白的任务显示出极大的热情:他先推荐使用肥皂,后又拿来镜子让黑人儿童观察改造效果。在整个过程中,白人儿童发挥着主导作用。黑

---

① *Handbook to the Prince Consort National Memorial*, p. 24.

图 2 皮尔斯牌肥皂广告（1890）

资料来源："The Birth of Civilization", Pears' Soap advertisement, *The Graphic* (London, England), Wednesday, April 30, 1890; Issue Stanley. Sourced from the British Library. Gale Document Number：BA3201448714。

图 3 皮尔斯牌肥皂广告（1884）

资料来源：Pears' Soap advertisement, *The Graphic* (London, England), Thursday, December 25, 1884; Issue Xmas. Sourced from the British Library. Gale Document Number：BA3201438547。

人儿童在两幅图中的位置都在白人儿童之下，而白人儿童在第一幅图中还做出发号施令的手势，暗示白人对黑人的权威。在专用洁具里用先进工业产品肥皂来洗澡本身就被视为英国人有代表性的生活方式。这一点在《小小爱国者 ABC 入门》中得到印证：

> T 是洗澡，
> 这是一个英国人
> 认为理所当然的事，
> 只要他一醒过来。①

所以图 3 所展现的是以英国人为尺度的对黑人的改造。黑人实际上是

---

① Mary Frances Ames, *An ABC, for Baby Patriots* (London：Dean & Son, 1899), p. 33.

"文明"的被动接受者。而这种以按英国人的构想帮助黑人改变肤色为主题的广告非常受欢迎,不仅皮尔斯公司的这幅广告画被大量复制,而且其他肥皂品牌诸如德累多培(Dreydopel)和日光(Sunlight)都在其广告中用到了同样的主题。①

图 4 皮尔斯牌肥皂广告(1887)

资料来源:"The Formula of British Conquest", Pears' Soap advertisement, *The Graphic* (London, England), July 30, 1887。

如果说以上两幅广告画都只表达了英国人对其自身文明的自信而没有反映出"次等"种族对外来文明的态度,那么 1887 年的皮尔斯牌肥皂广告(见图 4)则夸张地建构了"次等"种族对英国人输出的文明的敬畏。图中,苏丹的土著人将一块有"皮尔斯牌肥皂最棒"字样的岩石视为"神迹"的降临:骑骆驼者指着岩石,急切希望右侧的一位同伴能注意到这一"神迹";画面中间的土著人虽然站着,但他的矛已经倒拖在地,矛头触地,预示着他即将缴械;而最右侧的土著人早就扔下武器,索性作顶礼膜拜状。这幅广告画带着浓重的宗教色彩,因为戈登之师与马赫迪起义者间的斗争本身就被视为基督教与伊斯兰教之间的较量。在戈登去世、喀土穆失守两年以后,皮尔斯公司制作了这幅广告画,并冠以"不列颠征服方案"的标题,是在向世人宣告:即使英国在战场上败北,但基督教的恩典和英国的商业、物质文明却能让苏丹人受到震慑而投降,英国用工业文明依旧可以征服世界!

诚然,广告商关注的是其商品销售情况,不会在没有商业利益驱动的情况下去处心积虑地宣传帝国主义思想。但这种对公众倾向购买附有帝国

---

① Anandi Ramamurthy, *Imperial Persuaders: Images of Africa and Asia in British Advertising* (Manchester: Manchester University Press, 2003), p. 28.

内涵的商品的预计恰好证明:"英国人普遍被认定乐于接受帝国,并可能对帝国的间接提及予以热情的回应。"①

综上所述,在帝国表象中,英国扮演着"文明传播者"的角色,"文明使命"就是将英国的精神文明和物质文明输出至"未开化"之地,以帮助改造那里的"次等"种族。这种使命感是极度膨胀的优越感所致的自作多情。英国传播文明的方式是家长式的,即将殖民地当作需要管教的孩童来对待。英国人不仅自信自己的文明是最优秀的,而且还理所当然地认为"未开化"之地的人们也必然对此抱有同感。

二 被征服者的身份困境

在以白人儿童教一个黑人儿童洗澡为内容的肥皂广告(见图3)中,有一个值得注意的细节:黑人儿童虽然用肥皂把身体的肤色变成了白色,但是他的脸部依然是黑色的。这从侧面可以反映出英帝国"文明使命"的矛盾。一方面,英国人热衷于教化殖民地的"次等"种族;另一方面,被征服者即使接受了英国人带来的"文明",改造了自身,也终究因先天的种族出身而继续被英国人视作"他者"。

在帝国表象中,被征服地区在被视作英帝国一部分的同时,被征服者却往往不具有与英国本土人相同的身份——英帝国公民。

从19世纪初开始,英国绘制的世界地图上都用红色标示英帝国在世界范围内的领土。到维多利亚女王统治时期,红色的部分不断扩大,直至覆盖世界1/4的土地。于是,这样的地图便成为象征大英帝国国力的标志。② 绘制于1886年的世界地图意在"展现大英帝国的疆域",并在右上方插入了一幅小地图,标示英国在1786年时的领土范围,以便直观展现英国一百年内的领土扩张。地图的边框以人物形象作为装饰。地图下方是大英帝国土地上居民代表的群像。代表英国的布列塔尼娅位于正中央,坐在由提坦神阿特拉斯(Atlas)托举着的地球上,象征英国对世界的统治。

---

① P. J. 马歇尔主编《剑桥插图大英帝国史》,樊新志译,世界知识出版社,2004,第54页。
② John M. MacKenzie, ed., *The Victorian Vision* (London: V&A Publications, 2001), p. 242.

她的两侧坐着两位深肤色的妇女,她们都手执扇子,并且仰视着布列塔尼娅,显然她们不是布列塔尼娅的姊妹,而更像是她的侍女,其中一位袒胸露乳,手里还捧着当地特产的花果。左侧的一组人物来自印度:中间手持步枪的白人用锁链牵着一头孟加拉虎,象征英国对印度的绝对统治;三个印度人,一个骑在象上,两个背负重物。右侧的一组人物来自澳洲:土著妇女上身赤裸,一手握着镰刀,一手抚摸着袋鼠的头;白人移民女性为牧羊者,手捧羊皮,脚旁有一只绵羊;白人移民男性倚在铁锨木柄上,代表开垦荒地者。不难发现,被征服者的形象呈现以下几个特点。第一,他们往往衣不蔽体,大面积地露出深肤色的身体,暗示其"次等"种族身份和"未开化"的原生态。第二,他们身边常伴有当地标志性的动物或植物,一方面表现出他们与自然的关联,突出其原始落后;另一方面展现出这些地区丰富的自然资源。第三,他们是可服务于帝国的劳动力。

这些都足以证明英国人对英帝国其他地区存在一种矛盾心理:一方面,他们为占有并利用殖民地土地、原料、物产和劳动力感到无比自豪;另一方面,对在这些土地上生活的人们,却耻于将其视作英帝国大家庭中的兄弟姐妹,要么将其"他者"化,与之撇清关系,要么将其物化,将其视为可占有的资源。而讽刺的是,这幅地图上方正中央居然还标有"博爱(或手足情谊)"(Fraternity)字样,英国人欲对这种矛盾心理加以掩饰,反而欲盖弥彰。

到 20 世纪初,被征服者除了被"他者"化、物化外,还常常表现出对英国白人的依附性。

即使在英帝国大部分地区奴隶制已被废除,一些肥皂厂商在其广告中仍然将黑人塑造为白人的奴仆。天鹅牌肥皂(Swan Soap)在其 1902 年的广告(见图 5)中描绘了黑人女仆服侍白人女主人沐浴更衣的场景。图中两人的装束是古典时期的,但古希腊罗马样式的浴池上漂浮着"当代"的天鹅牌肥皂。对古代帝国的联想与英帝国的现实遥相呼应,暗示英帝国与古希腊罗马的传承关系,并借古喻今地指出当代白人与黑人的关系——主人与奴仆。

日光牌肥皂则在 1906 年的广告(见图 6)中用了"黑妈咪"(the black mammy)——黑人保姆的形象。通过画中的背景植物可判断出画中的地点并非在英国本土，而是在某一热带地区的英帝国殖民地，这说明该品牌肥皂销售范围之广，"文明的种子"已经播撒到英帝国的海外殖民地。该品牌的肥皂"既能轻松洗去污渍，又能为纺织品增添香气并增强耐用度"，使洗衣妇女省力又省心。而画中的这位黑妈咪注视着橱窗里的日光牌肥皂，咧嘴微笑，显然她因享受到了这种"文明的恩惠"而心情愉悦。

图 5 天鹅牌肥皂广告（1902）

资料来源：Swan Soap advertisement, *Punch* (London, England), August 27, 1902。

图 6 日光牌肥皂广告（1906）

资料来源：Sunlight Soap advertisement, *Illustrated London News* (London, England), March 31。

皮尔斯牌肥皂1907年的广告（见图7）描绘了一个黑人女奴为白人女孩洗澡的场景。而这位黑人女奴的笑容则比日光牌肥皂广告中的黑妈咪更为灿烂。这则广告还特地在广告画的右下方标注了一行小字："瞧这黑奴笑得多欢呀。"

20世纪初日光牌和皮尔斯牌肥皂的这两则广告不仅反映了黑人相对于白人的从属地位，而且体现出黑人对白人的依赖和感激及其对现状的满足感。而在19世纪后期的肥皂广告画中，黑人对欧洲文明的反应不是茫然与好奇，便是惊讶与敬畏。这种变化恰好与英帝国的殖民扩张进程同

图 7　皮尔斯牌肥皂广告（1907）

资料来源：Pears' Soap advertisement, *The Graphic*（London, England）, January 26, 1907。

图 8　皮尔斯牌肥皂广告（1901）

资料来源：Pears' Soap advertisement, *The Sphere*, June 15, 1901。

步。到20世纪初，英帝国进一步扩张的脚步已经放缓，同时对其既得殖民地的管理和"文明使命"的开展已有多时，如何在和平状态下团结各殖民地并加强其对大英帝国的归属感才是当务之急。

于是，在20世纪初的肥皂广告中，黑人穿着得体，很少再有赤裸上身等反映其野蛮、原始的特征。同样是以两个孩童作为皮尔斯牌肥皂广告的主人公，1884年的广告是白人儿童教授黑人儿童如何用肥皂洗澡，而1901年的广告（见图8）是黑人男孩主动用肥皂洗手。在这些表象中，黑人的衣着及意愿上的变化都反映出被建构的黑人对英国文明的认同及其对英帝国的归属感。然而，其中反映出的英国人对黑人的真实态度却并未曾改变：黑人依然为白人提供劳动力，黑人的地位依然低于白人且从属于白人。

综上所述，在帝国表象中，关于被征服者的身份总是存在这样一种困境：虽然沐浴在大英帝国的恩泽中，但无论他们如何用英国带来的精神和物质文明清洗自己，终究仍是英帝国中的"他者"。

"天下"的另一种形态*

——东晋及东北族群政权建构中的"天下"意识

李 磊**

一 从大一统的一元"天下"到列国并存的多元"天下"

"天下"范畴,作为中国本土的政治思想资源,历来为知识界所注重。无论是致力于阐释中国传统政治形态的独特性,还是致力于发掘中国思想传统中的普世追求,"天下"范畴都是一个关键的研究对象。① 如果简要概括学界对"天下"范畴的理解以作为本文的研究起点,大致可以归纳为以下几点。首先,"天下"之所指除地理空间外,还包括民心、声教等社会内涵。② 其次,"天下"的构造是中心清晰、边缘模糊,"华夷"之间可因文化认同而互相转化。③ 再次,"天下"之治理权源于"天子",形成"天子治天下"的政治体制。值得强调的是,"天子"并非某一族群、某一阶层之专属物,"天子治天下"不含任何歧视性与拒绝性。④ 现代学

---

* 本文原刊于《华东师范大学学报》(哲学社会科学版) 2014 年第 5 期。
** 李磊,华东师范大学历史学系教授。
① 关于日本对于"天下"的研究,见〔日〕渡边信一郎《中国古代的王权与天下秩序——从日中比较史的视角出发》,徐冲译,中华书局,2008。中国台湾方面,甘怀真主编《东亚历史上的天下与中国概念》,台湾大学出版中心,2007;大陆思想界理解"天下"范畴的哲学研究,见梁一模《当代中国天下主义与其儒教的命运》,"中华民族的国族形成与认同"学术研讨会,华东师范大学、东京大学联合举办,2013 年 3 月。
② 牟发松:《天下论——以天下的社会涵义为中心》,《江汉论坛》2011 年第 6 期。
③ 葛兆光:《宅兹中国——重建有关"中国"的历史论述》,中华书局,2011,第 45 页;许纪霖:《天下主义/夷夏之辨及其在近代的变异》,《华东师范大学学报》2012 年第 6 期。
④ 甘怀真:《秦汉的"天下"政体:以郊祀礼改革为中心》,《新史学》第 16 卷第 4 期,2005 年 12 月。赵汀阳从哲学的角度分析也得出类似结论,他认为"天下"是一种世界制度,"天子"与之相配合,成为世界政府。赵汀阳:《"天下体系"——帝国与世界制度》,《世界哲学》2003 年第 5 期。

者对"天下"范畴的理解,其实也是对古人"天下意识"的理解。

如果从史实上看,"天下"范畴的历史基础是周人的新天道观,在春秋战国时代为诸子所阐发。① 而现代研究者用以理解"天下"概念的重要经验事实则来自秦汉时期。秦汉王朝对大一统的建构,既是对"天下"理念的实践追求,也是对"天下意识"的传播与塑造。秦始皇三十七年针对越地风俗于会稽刻石:"大治濯俗,天下承风,蒙被休经。"② 这是在凸显"天下"的声教内涵,宣扬皇帝移风易俗、改造社会的功绩。再如汉武帝时,司马相如出使巴蜀,他著书为天子代言,"令百姓知天子之意"。针对"夷狄殊俗之国,辽绝异党之地",其辞引《诗经》"普天之下,莫非王土;率土之滨,莫非王臣"为据,抨击夷狄"政教未加,流风犹微",论证汉武帝"北出师以讨强胡,南驰使以诮劲越"的合法性,赞颂"四面风德""二方之君鳞集仰流,愿得受号者以亿计"的天下一统之盛世。③

进入大一统的不同族群、不同地域都在适应汉朝所界定的天下秩序中形成其天下意识。西汉前期,匈奴虽与汉朝在政治上分立,却接受了汉朝关于"天下"的政治思想。如汉文帝时,匈奴单于在写给汉廷的信中称:"天所立匈奴大单于敬问皇帝无恙","天地所生日月所置匈奴大单于敬问汉皇帝无恙"。这些称呼虽反映了匈奴与汉朝分庭抗礼之心,且被司马迁批评为"倨傲",但从"天所立""天地所生日月所置"等言辞来看,匈奴显然是接受了汉人"天子"观念的,且《史记》明言,上述匈奴称谓是在汉人中行说的劝导下写就的。匈奴单于近乎以"天子"自居。④ 汉武帝以后,匈奴转弱,自呼韩邪单于在甘泉宫朝拜汉宣帝始,匈奴单于称臣于汉,《汉书》中所载单于言论,皆称汉皇帝为"天子"。不仅如此,匈奴还与汉盟约:"自今以来,汉与匈奴合为一家。"⑤ 可见,匈奴人不仅完全具有了天下意识,而且接受了以汉天子为中心的天下秩序,并使匈奴政

---

① 邢义田:《从古代天下观看秦汉长城的象征意义》,《天下一家:皇帝、官僚与社会》,中华书局,2011,第84~135页。
② 《史记》卷6《秦始皇本纪》,中华书局,1959,第262页。
③ 《史记》卷117《司马相如列传》,第3048~3051页。
④ 《史记》卷110《匈奴列传》,第2896、2899页。
⑤ 《汉书》卷94下《匈奴传下》,中华书局,1962,第3798、3801页。

权自身成为"天下"政体的一部分。

天下政体与天下意识的出现及其维系,从根本上取决于天下中心——中原朝廷的权力。然而,从公元220年曹丕代汉起,其间除西晋短暂的统一期外,① 汉朝旧域陷入了长达三个半世纪的大分裂,像秦汉时期那样一元化的天下已然不存在。如果以秦汉"天下"为参照,大分裂时期的天下不仅边缘模糊,就连中心也是不确定的,长安、洛阳、邺城、建康乃至成都等多个中心同时并存。所以,相对于秦汉大一统时期,三国、东晋十六国、南北朝时期是一个列国并存的时期。

另一方面,秦汉四百多年的大一统局面,强有力地在其治下及周边族群间塑造了关于"天下"的共识。对于魏晋南北朝时期的列国来说,"国"如珠、"天下"如盘,三百多年的激荡不过是珠在盘中走而已。更为重要的是,列国政权的建构方式是以秦汉"天下"政体为模本,"王者无外""天下为家"的统治理念使列国难以长期并存,最终走向新的大一统,再次出现一元化的天下。比如三国时期曹魏、蜀汉互不承认,均以统一为念,最终形成西晋时期大一统的天下。② 所以,三国、东晋十六国、南北朝时期,天下虽然分裂,但是因为天下意识还在,故而"天下"便还在。由此,我们可以说,在中国历史上,除了大一统的"一元天下",还存在列国并存时期的"多元天下"。多元天下也是"天下"形态的一种类型。

其实,自秦汉"天下"政体建立以后,中国历史上有过多次分裂时期,最大最长的分裂时期在魏晋南北朝、五代十国至宋辽金夏,有学者以两个南北朝来概称这两个大分裂时期。③ 两次大分裂都出现了两朝对峙或多国并存的局面,都属于"多元天下"的形态。迄今为止,学界对"天下"形态的研究主要以大一统时期的一元天下为主,对分裂时期的多元天下形态着墨不多。事实上,两次大分裂加在一起长达七百多年,"多元

---

① 西晋于265年代魏,280年灭吴,317年灭亡。形式上的统一维系了37年,但其间还有长达16年的八王之乱。
② 牟发松:《魏晋南北朝的天下三分之局试析》,《历史教学问题》2005年第1期。
③ 李治安:《两个南北朝与中古以来的历史发展线索》,《文史哲》2009年第6期。但是该文的第一个南北朝主要指东晋南北朝,第二个南北朝指辽金元与两宋的对立。

天下"的天下形态也是中国历史的重要组成部分。只是因为宋以后的华夷观念、朝贡体系乃至政体都出现了不同于汉唐的新特征，故而对两次"多元天下"分别进行深入讨论是揭示"多元天下"形态的重要研究基础。①

对于大分裂时期的天下形态，要区分为事实层面的形态（即多个"天下秩序"并存）与意识层面的形态（即对"天下"各自解释的并存）。列国以自我为中心建构属于自己的天下秩序，因其力有不逮，难以将其天下秩序覆盖全天下，因而从政治实体的形态来看，在同一"天下"之中，形成了一个个小的、地方性的"天下体系"。在列国的自我表述中，需要解释这种小的、地方性的"天下体系"与其所宣称的"天下"之间的关联。志在大一统的政权将其视为统一过程中一个阶段性的存在。② 如前秦苻坚在商议灭晋的群臣会议上说："吾统承大业垂二十载，芟夷逋秽，四方略定，惟东南一隅未宾王化。吾每思天下不一，未尝不临食辍铺，今欲起天下兵以讨之。"苻坚言辞中的前一个"天下"指的是全天下，后一个"天下"是指前秦统治的地区，不包括"未宾王化"的地区。正因"东南一隅"应该包含在"天下"中，却又未在"天下"之中，所以要出兵征讨。可见，应然之"天下"与已然之"天下"的差异（"天下不一"），规定了"统承大业"者（苻坚）的责任。

就三国、东晋十六国、南北朝时期而言，中间间隔一个西晋，这表明三国与东晋十六国、南北朝是大分裂时期的不同阶段。三国时期的"多元天下"与东晋十六国、南北朝的"多元天下"相比，性质是有差异的。三国之间是正统之争，也就是对汉朝天下的继承权之争。在天下意识层面，可以说是对同一个天下进行各自的权力宣示。这一"多元天下"以回归"一元天下"为归宿。而东晋十六国、南北朝时期因为掺入了民族因素，"多元天下"的形态则要复杂得多。值得注意的是，如果从"多元天下"的形态规则来看，南北朝与东晋十六国又有差异。南北

---

① 牟发松：《"唐宋变革说"三题——值此说创立一百周年而作》，《华东师范大学学报》2010年第1期；葛兆光：《宅兹中国——重建有关"中国"的历史论述》，第41~65页。

② 《晋书》卷114《苻坚载记下》，中华书局，1974，第2911页。

朝时期形成南朝与北朝两个近两百年的、具有明晰传承关系的政权系统，各自的疆域相对稳定，互相承认，交聘通使，却又争为正统。此时的"多元天下"形态可以简要地理解为两个或三个对等的"天下体系"长期而稳定地存在，但在各自的主观层面，又只承认自己的"天下秩序"具有合法性。

东晋十六国时期则不然，一方面，各个政权大都是从母体中分离出来；另一方面，它们又并非完全地继承母体。如前燕自东晋王朝体系中分离出来，后赵从汉（赵）政权中分离出来，后燕、后秦从前秦中分离出来，南燕、北燕又是从后燕中分离出来，凡此种种。即便是东晋、汉（赵），也来自西晋这个母体。这就使每个政权都存在发育的过程，有"母体中的势力——国"这样的阶段性。形成"国"以后，各自的取向又不相同，有些政权始终以"国"的形态存在，加入更强大政权的天下秩序之中，如南凉、北凉、西秦、吐谷浑等；有些政权，先以"国"的形态存在于别人的天下秩序中，再建构自己的"天下体系"，如前燕、代（北魏）；有些政权则脱离母体后直接建构自己的"天下体系"，如汉（赵）、后赵、后燕、后秦等。所以东晋十六国时期的"天下"形态，是多个不稳定的"天下体系"并存，新的"国"或"天下体系"从旧的天下秩序中演化而出。因而，对更为复杂的东晋时期"多元天下"的研究，更能揭示列国并存时期"天下"形态的出现、演变及其总体特征，正如"人体解剖对于猴体解剖是一把钥匙"一样。

西晋瓦解后，天下形成了以匈奴之汉（赵）、羯人之后赵为一方，以东晋为另一方的格局。前者是西晋天下秩序的破坏者，后者是继承者。东晋王朝是秦汉以来天下中心与其所追求的"天下"实力最不相符的王朝，但它至少在形式上维系了天下政体。这种维系并非东晋单方面努力的结果，同时得到脱胎于西晋"天下"的周边族群的配合。前燕、前凉、西凉、北凉、北燕、吐谷浑等都参与到东晋的天下秩序中。而且东晋的天下秩序为南朝所继承，使"天下体系"在形式上保持了从两汉以来直到南朝的连续性。所以，从天下形态由"一元天下"到"多元天下"的衍生进程来看，东晋无疑是其中最重要的一个环节。此外，东北族群中的慕容氏，因其在建构东晋"天下"政体的过程中发挥了重要作用，以后又脱胎于东晋，自建"天下"政体，在分析"多元天下"形态的论域中极具典型性，故也成为本文的重点研究对象。同处东北的高句丽，在两晋之际的历史中受制于慕容氏，又建构属于自己的小的"天下体系"。东晋、慕容氏政权、高句丽之间形成了一层套一层、一层又裂变出一层的多层级关系。除了多元"天下体系"并存之外，"天下体系"裂变出"天下体系"，"天下体系"套"天下体系"，都是"多元天下"形态的重要内涵，东晋及东北族群基于天下意识的政权建构过程正说明了这一点。

二 "天下"与东晋王朝的合法化叙述

东晋王朝所面临的是自秦汉大一统五百年以来前所未有之局面，不仅版图仅余半壁江山，北方陷入混乱，少数民族统治者称制建立政权，而且在当时的地缘政治中，江左政权还处于弱势，面临生存危机。诚如刘琨在劝进表中所言："不图天不悔祸，大灾荐臻，国未忘难，寇害寻兴。逆胡刘曜，纵逸西都，敢肆犬羊，陵虐天邑。臣奉表使还，乃承西朝以去年十一月不守，主上幽劫，复沈虏庭，神器流离，更辱荒逆。臣每览史籍，观之前载，厄运之极，古今未有。"① 《南史》卷21中史臣也论及东晋立国之不易："晋自中原沸腾，介居江左，以一隅之地，抗衡上国。"

更重要的是，东晋立国，其权力继承是存在合法性问题的。《南齐书》卷17《舆服志》载："乘舆传国玺，秦玺也。晋中原乱没胡，江左初无之，北方人呼晋家为'白板天子'。冉闵败，玺还南。"所谓北方人，当是与东晋对峙的汉、赵；"白板天子"，即不具备正当名分、自署的天子。

事实上，东晋方面也有一种看法，并不将东晋的法统仅仅寄托在对西晋的继承上。干宝《晋纪总论》：

> 天下，大器也；群生，重畜也。爱恶相攻，利害相夺，其势常也。……天下之政既去，非命世之雄才，不能取之矣！淳耀之烈未渝，故大命重集于中宗元皇帝。

---

① 《晋书》卷6《中宗元皇帝纪》，第146页。

"天下"的另一种形态

　　干宝将西晋的覆灭看作"爱恶相攻,利害相夺"之常势,将东晋的建立看作"命世之雄才"取天下的结果。干宝为东晋前期的人,其史论影响甚大,这一看法似乎是东晋初年的普遍看法。再以史实论之。

　　建武元年（317）,晋愍帝蒙尘,晋朝群臣无法再从晋武帝、晋惠帝的后人中选立新君,晋宣帝曾孙琅邪王司马睿成为盟主:

> 西阳王羕及群僚参佐州征牧守等上尊号,帝不许。羕等以死固请,至于再三。帝慨然流涕曰:"孤,罪人也,惟有蹈节死义,以雪天下之耻,庶赎钦铁钺之诛。吾本琅邪王,诸贤见逼不已!"乃呼私奴命驾,将反国。群臣乃不敢逼,请依魏晋故事为晋王,许之。辛卯,即王位,大赦,改元。
>
> 时四方竞上符瑞,帝曰:"孤负四海之责,未能思愆,何征祥之有?"①

　　所谓"依魏晋故事为晋王",实为将西晋、东晋的政权更替视为汉魏、魏晋嬗代。② 这一操作为当日群臣所共同制定并接受。也说明司马睿难以以琅邪王的身份直接继承皇位。在司马睿由琅邪王步向皇帝的阶梯上,他一再强调江左政权的合法性在于"雪天下之耻""负四海之责"。即将合法性界定在恢复西晋的天下秩序上。

　　同年六月,司空、并州刺史、广武侯刘琨,幽州刺史、左贤王、渤海公段匹磾,领护乌丸校尉、镇北将军刘翰,单于、广宁公段辰,辽西公段眷,冀州刺史、祝阿子邵续,青州刺史、广饶侯曹嶷,兖州刺史、定襄侯刘演,东夷校尉崔毖,鲜卑大都督慕容廆等一百八十人上书劝进。如果从八王之乱的脉络中追寻,这些人都处于东海王司马越的阵营,与司马睿属同一阵线,而与成都王司马颖、匈奴刘渊、羯人石勒的阵营相敌对。③ 但从司马睿将称帝的合法性根基于"天下"维度来看,北方边境地区的地

---

① 《晋书》卷6《中宗元帝纪》,第145页。
② 田余庆先生认为琅邪王称晋王,是为了易吴国为晋国,改变"寄人国土"的状况,为以后即晋帝位做准备。田余庆:《东晋门阀政治》,北京大学出版社,1989,第40页。
③ 田余庆:《东晋门阀政治》,第34页。

方实权派，以及鲜卑段氏、慕容氏的劝进，无疑代表了曾处于西晋天下中的多元族群对新的天下中心的认可，这是东晋王朝建构的前提。也是劝进的重要理由：

> 自京畿陨丧，九服崩离，天下嚣然，无所归怀，虽有夏之遭夷羿，宗姬之离犬戎，蔑以过之。……天祚大晋，必将有主，主晋祀者，非陛下而谁！是以迩无异言，远无异望，讴歌者无不吟讽徽猷，狱讼者无不思于圣德。天地之际既交，华夷之情允洽。……冠带之伦，要荒之众，不谋同辞者，动以万计。是以臣等敢考天地之心，因函夏之趣，昧死上尊号。①

这里有一系列对立的概念，"迩"与"远"、"华"与"夷"、"冠带之伦"与"要荒之众"。这三个对立的概念非常重要，分别从地理、民族、文化三个层面来指称华、夷。特别是其中的戎夷，即"远""夷""要荒之众"的拥护，是司马睿称帝的天下民意基础。

太兴元年（318）三月，愍帝驾崩的消息传至建康，司马睿正式即皇帝位，即位诏书中论述其合法性：

> 昔我高祖宣皇帝诞应期运，廓开皇基。景、文皇帝奕世重光，缉熙诸夏。爰暨世祖，应天顺时，受兹明命。功格天地，仁济宇宙。昊天不融，降此鞠凶，怀帝短世，越去王都。天祸荐臻，大行皇帝崩殂，社稷无奉。肆群后三司六事之人，畴咨庶尹，至于华戎，致辑大命于朕躬。予一人畏天之威，用弗敢违。遂登坛南岳，受终文祖，焚柴颁瑞，告类上帝。惟朕寡德，缵我洪绪，若涉大川，罔知攸济。惟尔股肱爪牙之佐，文武熊罴之臣，用能弼宁晋室，辅余一人。思与万国，共同休庆。②

---

① 《晋书》卷 6《中宗元帝纪》，第 147 页。
② 《晋书》卷 6《中宗元帝纪》，第 149 页。

诏书中"受终文祖"之句，语出《尚书正义·舜典》："正月上日，受终于文祖。""终"，谓尧终帝位之事；"文祖"者，尧文德之祖庙。① 受终于文祖，通常代指禅位大典，受终即"受禅"。这句话即指司马睿受西晋之禅，可见诏书立意并不重点从血统来论证司马睿即皇帝位的合法性。这段诏书虽然没有提到惠帝，但是接受了宣、景、文、武、怀、愍的帝系，并认为愍帝以后"社稷无奉"。司马睿之所以有资格继承皇位，乃在于群臣、"华戎"的"致辑大命"，"戎"的归心起着非常重要的作用。所以诏书最后以"思与万国，共同休庆"结束，表明司马睿所继承的是天下之主。

晋元帝司马睿以疏属入继大统，其情形与东汉光武帝相类，但是检《后汉书·光武帝纪》东汉光武帝即位时的祭天祝文，祝文中并无关"戎""夷"之辞。尤其值得注意的是，在刘秀称帝前，有一份来自关中的《赤伏符》，上写："刘秀发兵捕不道，四夷云集龙斗野，四七之际火为主。"这一《赤伏符》构成光武帝称帝的重要合法性基础，直接推动了东汉王朝的建立。然而，在光武帝即位时的祭天祝文中，仅记为："谶记曰：'刘秀发兵捕不道，卯金修德为天子。'""卯金修德为天子"即"四七之际火为主"的改写。②《赤伏符》的三句话，唯独遗漏了"四夷云集龙斗野"之句。可见，至少在东汉王朝建立时最重要的文献中，"四夷"被有意无意地遗忘了。

晋武帝南郊祭天有匈奴南单于、四夷会者在列，即位诏书中也有"思与万国，共享休祚"之语，表明较之东汉，魏晋时期"戎""夷"在事关"天下"之合法性的政治话语中，其地位上升了。但是东晋元帝司马睿之天下的合法性，因其只有半壁江山，自身亦无入继大统的资格，则更加依赖于"戎""夷""万国"，尤其是北方沦陷故土上北方华、夷族群的共同认同。据《晋书》卷108《慕容廆载记》，慕容氏的劝进是在司

---

① 今文语出《尧典》。此从古文，古文分为《尧典》《舜典》二篇，"受终文祖"之句在《舜典》部分。见《尚书正义》卷3《舜典》，《十三经注疏》，中华书局，1979，第126页。
② 《后汉书》李贤注"四七之际火为主"，言："四七，二十八也。自高祖至光武初起，合二百二十八年，即四七之际也。汉火德，故火为主也。"注"卯金修德为天子"，言："卯金，刘字也。《春秋演孔图》曰：'卯金刀，名为（刘），赤帝后，次代周。'"《后汉书》卷1《光武帝纪》，中华书局，1959，第21~23页。

马睿主动遣使的背景下发生的。① 这说明周边族权的拥护对于东晋政权的合法性至关重要。

又据田余庆先生研究,东晋名士温峤既非一流门阀,本人亦非一流人物,于江左又别无功绩,其在东晋成为名士,乃在于刘琨使者的身份。鲜卑段末波通使江左、段匹䃅之弟段实在建康为将军。② 这些都可看作北方因素及北族因素在江左政权中的重要影响。

与秦、汉、曹魏、西晋不同,东晋是先有了天下对"晋王朝"的认同,然后才开始王朝的建构。东晋王朝的天下认同还有一点与西晋不同,即它高举"雪天下之耻"的旗帜。晋元帝大赦、改元,特别强调"刘聪、石勒,不从此令";③ 晋成帝咸和八年(333),"石勒遣使致赂,诏焚之"。④ 为天下所认同,担负"雪天下之耻"的责任,是东晋之得立于天下的前提。

三 "天下意识"与慕容氏政权的成长

两晋之际,东北政局的主要参与者为鲜卑段氏、宇文氏、慕容氏,扶余,高句丽等。其中,慕容氏为最积极主动者。永嘉三年(309),辽东太守庞本以私憾杀东夷校尉李臻,引发附塞素连、木津两部的叛乱,太守袁谦频战失利,校尉封释惧而请和。慕容廆之子慕容翰言于廆曰:

> 求诸侯莫如勤王,自古有为之君靡不杖此以成事业者也。今连、津跋扈,王师覆败,苍生屠脍,岂甚此乎!竖子外以庞本为名,内实幸而为寇。封使君以诛本请和,而毒害滋深。辽东倾没,垂巳二周,中原兵乱,州师屡败,勤王杖义,今其时也。单于宜明九伐之威,救

---

① 《晋书》卷108《慕容廆载记》(第2805~2806页):"建武初,元帝承制拜廆假节、散骑常侍、都督辽左杂夷流人诸军事、龙骧将军、大单于、昌黎公,廆让而不受。征虏将军鲁昌说廆曰:'……'廆善之,乃遣其长史王济浮海劝进。及帝即尊位,遣谒者陶辽重申前命,授廆将军、单于,廆固辞公封。"
② 田余庆:《东晋门阀政治》,第34~35页。
③ 《晋书》卷6《中宗元帝纪》,第145页。
④ 《晋书》卷7《显宗成帝纪》,第177页。

倒悬之命，数连、津之罪，合义兵以诛之。上则兴复辽邦，下则并吞二部，忠义彰于本朝，私利归于我国，此则吾鸿渐之始也，终可以得志于诸侯。①

这段话可以看作鲜卑慕容氏在慕容儁称帝之前最重要的发展战略。其核心之处在于"忠义彰于本朝，私利归于我国"。慕容翰虽将"忠义"与"私利"对举，却用"本（朝）"与"我（国）"的同一概念来表述不同的利益主体。"朝"与"国"并非同一层面的对立关系，而是种属关系，即"国"在"朝"内。慕容氏承认"天下"存在的完整性与统一性，并以此为前提制定战略，发展自己。

慕容氏的这一认识与其成长一直受到魏晋天下秩序的制约有关。慕容氏徙入辽西，是曹魏时司马氏为征伐公孙氏而征发的结果。其后又以全柳城之功，迁徙到辽东。慕容氏与段部、宇文部有仇隙，故慕容廆上表晋武帝请伐宇文部，未获准奏。慕容氏不遵晋武帝之令而寇辽西、灭扶余，却引来晋军的强力干涉，西晋帮助扶余复国。这一事件对慕容氏影响甚大，慕容廆谋于其众曰："吾先公以来世奉中国，且华裔理殊，强弱固别，岂能与晋竞乎?"②"世奉中国""不与晋竞"成为慕容氏的自我定位。其立论根据是"华夷理殊"与"强弱固别"，其中"华夷理殊"是前提。永嘉之乱，西晋瓦解，晋军在东北的力量已经不足以维持既存的东北局势，素连、木津两部的叛乱正表明这一点。慕容翰依据新形势，对既有政策进行修改，变的是主动发展自己，不变的是承认晋王朝"天下"的存在，并遵守"天下"的基本价值观，如"忠义"。

建兴年间（313～317），晋愍帝遣使拜慕容廆为镇军将军以及昌黎、辽东二国公，即正式承认慕容氏对昌黎、辽东的占领，同时将其纳入朝廷的官爵体系。此前，慕容廆只是被晋武帝授予"鲜卑都督"之号。谷川道雄先生曾将以内地官爵授予边疆族群领袖的现象称为"外臣的内臣

---

① 《晋书》卷108《慕容廆载记》，第2805页。
② 《晋书》卷108《慕容廆载记》，第2803～2804页。

化"。① 从本文的角度来看，两晋之际众多的少数民族统治者如慕容氏一样被授予朝廷的官位，是在"天下无外"的概念下将其纳入官僚集团，赋予其匡复天下的责任。这同样增强了边缘族群在天下之中的政治话语权。上文所述东晋王朝的建构需要"戎""夷"的劝进，即表明这一点。

《晋书》卷108《慕容廆载记》记载了鲁昌之语，这是慕容氏劝进司马睿的动机：

> 今两京倾没，天子蒙尘，琅邪承制江东，实人命所系。明公（指慕容廆）雄据海朔，跨总一方，而诸部犹怙众称兵，未遵道化者，盖以官非王命，又自以为强。今宜通使琅邪，劝承大统，然后敷宣帝命，以伐有罪，谁敢不从！

从慕容氏的立场看，晋室的存在即"大统"在观念中的存在，比起纯尚力量的分裂混战，对于慕容氏更加有利。所以，慕容氏与江左政权的关系是基于"天下无外"，各取所需，有趣的是，其着眼点都不是"天下"，而是自身内部问题的解决。晋元帝初即帝位时，慕容廆从东晋朝廷获得的官、爵有假节、散骑常侍、都督辽左杂夷流人诸军事、龙骧将军、大单于、昌黎公，慕容廆辞公爵。平州刺史、东夷校尉崔毖的势力被慕容氏瓦解后，慕容氏的重要谋士裴嶷亲至建邺说明，元帝遣使者拜廆监平州诸军事、安北将军、平州刺史、增邑二千户。寻加使持节、都督幽州东夷诸军事、车骑将军、平州牧，进封辽东郡公，邑一万户，常侍、单于并如故；丹书铁券，承制海东，命备官司，置平州守宰。不仅承认慕容氏对平州的占领，还将包括军事、民政、置官、都督幽州东夷等专制海东的权力授予慕容氏，慕容氏成为"海东"的最高统治者。

慕容氏对天下秩序的认同，获得西晋朝廷在东北旧官僚的支持，除平州刺史、东夷校尉崔毖外，其他多为慕容氏所吸收，如被"委以军国之谋"的裴嶷，出身一流高门河东裴氏，父为司隶校尉裴昶，兄为玄菟太

---

① 谷川道雄：《東アジア形成期の史的構造－冊封体制を中心として》，唐代史研究会编《隋唐帝国と東アジア》，东京：汲古书院，1979，第102页。

守，自己也曾任中书侍郎，转给事黄门郎、荥阳太守、昌黎太守，"时诸流寓之士见廆草创，并怀去就。嶷首定名分，为群士启行"。在慕容氏逐平州刺史、东夷校尉崔毖后，裴嶷出使东晋，"朝廷以廆僻在荒远，犹以边裔之豪处之。嶷既使至，盛言廆威略，又知四海英贤并为其用，举朝改观焉"①。这是慕容氏得到东晋重视、信任与支持的重要背景。

从晋成帝咸和六年（331）起，慕容廆两次修书陶侃，请授予"燕王"之号，这是谋求在承认晋朝天下的前提下，突破晋朝既存的统治制度。在东北官佐写给陶侃的信中，明确表达了裂土封王的要求：

> 方今诏命隔绝，王路崄远，贡使往来，动弥年载。今燕之旧壤，北周沙漠，东尽乐浪，西暨代山，南极冀方，而悉为虏庭，非复国家之域。将佐等以为宜远遵周室，近准汉初，进封廆为燕王，行大将军事，上以总统诸部，下以割损贼境。使冀州之人望风向化，廆得祗承诏命，率合诸国，奉辞夷逆，以成桓文之功，苟利社稷，专之可也。②

其实自晋元帝始，慕容氏便有东晋朝廷授予的单于号，但慕容氏不满足于边缘族群的领袖身份，他们想要在天下中更为中心的位置。但他们也十分清楚，所提要求能比拟的古制是"远遵周室，近准汉初"，这在两汉魏晋以来是从未有过的。他们将晋室的天下比作周室的天下，以春秋霸王自居。这是在承认"天下无外"的前提下，对具体的"天下秩序"提出改造，可以看作周边族群对天下新的参与方式。

咸康三年（337）十月，慕容廆的继任者慕容皝自立为燕王，《晋书》卷108《慕容廆载记》的说法为"僭即王位"，《晋书》卷7《显宗成帝纪》的说法为"自立为燕王"。都表明东晋朝廷不接受慕容氏的主张。慕容氏为"朝命"而颇费周章。咸康四年、六年，慕容皝连败石赵，"乃遣其长史刘祥献捷京师，兼言权假之意"，并利用庾亮薨，弟冰、翼继为将

---

① 《晋书》卷108《慕容廆载记附裴嶷传》，第2811～2812页。
② 《晋书》卷108《慕容廆载记》，第2810～2811页。

相的东晋政局，迫使执政庾冰与何充"奏听皝称燕王"。① 《晋书》卷 7 《显宗成帝纪》的说法是："咸康七年，遣使求假燕王章玺，许之。"在授予燕王章玺的性质上仍然是"假"。

可以说，自咸康七年（341），慕容氏便走上了独立建国的道路。永和五年（349），慕容儁"僭即燕王位，依春秋列国故事称元年，赦于境内"，正式以诸侯自居。"是岁，穆帝使谒者陈沈拜儁为使持节、侍中、大都督、都督河北诸军事、幽冀并平四州牧、大将军、大单于、燕王，承制封拜一如廆、皝故事。"② 这一年石虎死，后赵形势转危，东晋王朝除幽州、平州外，将尚未处于慕容氏统治之下的冀州、并州牧也授予慕容儁，其意在于引导慕容氏攻伐后赵，承认其统治权。

永和八年（352），慕容氏正式称帝，开始自居为天下中心，"尊临轩朝万国"。③ 极具象征意义的是，在北方人看来是帝位合法性的国玺，被蒋干送至建邺，慕容氏不得不伪造国玺来论述其合法性：

> 先是，蒋干以传国玺送于建邺，儁欲神其事业，言历运在己，乃诈云闵妻得之以献，赐号曰"奉玺君"，因以永和八年僭即皇帝位，大赦境内，建元曰元玺，署置百官。④

当时东晋朝廷正遣使慕容氏，慕容儁对使者说："汝还白汝天子，我承人乏，为中国所推，已为帝矣。"⑤ 原本"世奉中国"的慕容氏开始以"中国"自居。虽然慕容儁仍称东晋皇帝为"天子"，但其言辞中的"汝天子"显然不再将东晋朝廷视为天下的唯一合法政府。⑥ 而在定五行次序

---

① 《晋书》卷 109《慕容皝载记》，第 2819～2821 页。
② 《晋书》卷 110《慕容儁载记》，第 2831 页。
③ 《晋书》卷 110《慕容儁载记》（第 2833～2834 页）："是时燕巢于儁正阳殿之西椒，生三雏，项上有竖毛；凡城献异鸟，五色成章。儁谓群僚曰：'是何祥也？'咸称：'燕者，燕鸟也。首有毛冠者，言大燕龙兴，冠通天章甫之象也。巢正阳西椒者，言至尊临轩朝万国之征也。三子者，数应三统之验也。神鸟五色，言圣朝将继五行之箓以御四海者也。'"
④ 《晋书》卷 110《慕容儁载记》，第 2834 页。
⑤ 《晋书》卷 110《慕容儁载记》，第 2834 页。
⑥ 川本芳昭：《漢唐間における「新」中華意識の形成—古代日本・朝鮮と中国との関連をめぐって－》，《九州大学東洋史論集》第 30 号，2002 年 4 月。

时，慕容儁最终采纳韩恒的意见，将前燕的天下界定为继承羯族所建之后赵。① 这实际上是彻底否认了东晋存在的合法性，从根本上改变了"不与晋竞"的国策。接下来的燕、晋关系，进入互不承认、彼此兼并的战争时期。

四 "天下意识"与高句丽国家道路的选择

与慕容氏相比，高句丽是两汉以来东北的旧势力，也是南北朝时期控制东北的最大势力。高句丽自东汉起就对中原王朝叛服不常，且以对抗居多。《三国志·高句丽传》记载，汉殇帝、安帝时，宫（大祖大王）数寇辽东、玄菟诸郡；汉顺帝、桓帝时，伯固（新大王）复犯辽东、乐浪。② 而见之于《三国史记·高句丽本纪》的东汉与高句丽的战争，始自高句丽琉璃明王三十三年（14），以后几乎每十年一次战争，共14次之多。③ 曹魏正始年间，以高句丽数侵叛，幽州刺史毌丘俭屠高句丽都城丸都，玄菟太守王颀逐高句丽王过沃沮千里，至肃慎南界，刻石纪功。④ 高句丽遭受重大打击之后，有了"昔我先王不致礼于中国，被兵出奔，殆丧社稷"的认识。然而，中川王十二年（259），高句丽又与曹魏发生战争。⑤ 可见在汉魏时期，高句丽基本上是辽东、玄菟二郡地方秩序的挑战者。只是因其实力有限，尚未有资格挑战汉魏的总体天下秩序。

晋武帝及晋惠帝元康年间，与高句丽并无战事，但双方也无密切往来。

---

① 《晋书》卷110《慕容儁载记附韩恒传》，第2843页；罗新：《十六国北朝的五德历运问题》，《中国史研究》2004年第3期。
② 《三国志》卷30《高句丽传》，中华书局，1982，第844~846页。
③ 分别为高句丽琉璃明王三十三年（14），大武神王十一年（28）、二十年（37）、二十七年（44），慕本王二年（49），大祖大王五十三年（105）、六十六年（118）、六十九年（121）、七十年（122）、九十四年（146），新大王四年（168）、八年（172），故国川王六年（184），山上王元年（197）。见《三国史记》卷13《高句丽本纪第一》、卷14《高句丽本纪第二》、卷15《高句丽本纪第三》、卷16《高句丽本纪第四》，吉林文史出版社，2003，第181、185、187、188、192、193、195、199、203页。
④ 《三国志》卷28《毌丘俭传》，第762页。
⑤ 《三国史记》卷17《高句丽本纪第五》，第210、211页。

唐人编修《晋书·四夷传》，取"四夷入贡者"，"采其可知者，为之传云"，其中并无《高句丽传》。① 可知对西晋"天下"，高句丽的认同感比较淡薄。八王之乱导致西晋王朝的统治秩序崩溃，此时的高句丽已经不只是东北地方秩序的挑战者，而且与慕容氏一样，是东北地区霸权的角逐者。但是与慕容氏以晋室天下在东北的维系者自居相比，高句丽更多是破坏者的角色，其所攻击的都是西晋本土郡县：晋惠帝永宁二年（302）秋九月，美川王率兵三万侵玄菟郡，虏获八千人，移之平壤。这是高句丽利用八王之乱趁火打劫的开始。晋怀帝永嘉五年（311）六月，晋怀帝为刘曜所俘。从同年秋八月开始，高句丽频繁攻击东北郡县。该月遣将袭取辽东西安平。晋愍帝建兴元年（313）冬十月，侵乐浪郡，虏获男女二千余人。晋愍帝建兴二年（314）秋九月，南侵带方郡。晋愍帝建兴三年（315）春二月，攻破玄菟城，杀获甚众。②

如前所述，在对东晋建国过程中起着重要作用的劝进表中，并无高句丽的参与。在东北地方政局中，高句丽与晋朝官吏唯一的一次合作是平州刺史、东夷校尉崔毖所策动的段氏、宇文氏、高句丽合攻慕容氏。由此似可推知，两晋之际的高句丽并不以当日广泛存在的天下意识来界定其政治行为。

这种情形在咸和五年（330）发生改变。当年高句丽遣使后赵石勒，"致其楛矢"。③ 这次遣使很可能是为了缓解慕容氏的压力，转而向后赵寻求支持。咸康二年（336），高句丽转向东晋"遣使贡方物"。④ 高句丽此前从未与后赵或东晋朝廷发生关系，但在短短十几年里遣使三次，都与慕容氏的发展有关。在东晋的支持下，慕容氏发展非常迅猛，高句丽在319年、320年继续遭受慕容氏打击。咸和五年，慕容廆加"开府仪同三司"；咸和九年（334），"成帝遣谒者徐孟、闾丘幸等持节拜皝镇军大将军、平州刺史、大单于、辽东公，持节、都督、承制封拜，一如廆故事"。这更增大了高句丽的压力。330年、335年，高句丽分别向后赵、东晋遣使，这可以看作其外交政策的重大调整，开始以"无外天下"的观念从更宏大的棋局中处理其所置身的东北政局。但是从高句丽

---

① 《晋书》卷97《四夷传》，第2531页。
② 《三国史记》卷17《高句丽本纪第五》，第216页。
③ 《晋书》卷105《石勒载记下》，第2747页。
④ 《晋书》卷7《显宗成帝纪》，第180页。

分别遣使后赵、东晋来看，它在所置身的天下中并没有明确的立场，而以实际利益为先，所以也没有得到任何正面的反馈，无论是后赵还是东晋。

建元元年（343），高句丽再次遣使朝贡东晋，① 其背景是高句丽在339年、342年连续为慕容氏所败，342年丸都被毁，美川王墓被发掘，五万余口被俘，遭受重大打击。同样东晋政局也发生变化，同年康帝死、成帝立，庾冰与何充执政，从慕容皝写给庾冰的信中内容，对庾氏以外戚执政颇有微词的情况看，慕容氏与执政的庾氏之间并无良好的关系。② 所以，高句丽建元元年的遣使，或许有着十分鲜明的针对性。《魏书·高句丽传》记载了丸都被毁后，高句丽还试图朝贡拓跋氏，"自后钊（故国原王）遣使来朝，阻隔寇仇，不能自达"。③ 可见高句丽惨败于慕容氏，其唯有依赖"天下"来求生存。

晋安帝义熙九年（413），高句丽时隔70年再次朝贡东晋。此时后燕灭亡不久，慕容氏长期以来带给高句丽的巨大压力刚刚解除，东晋将领刘裕却于义熙六年灭南燕、平齐地。④ 高句丽、倭国等东北亚政治势力直接受到东晋的政治、军事影响。川本芳昭认为这是高句丽对东晋扩张的应对之举。⑤ 此次朝贡，高句丽王高琏被东晋朝廷授予使持节、都督营州诸军事、征东将军、高句丽王、乐浪公。⑥ 高句丽王之所以能被东晋纳入其官爵体系，乃因当时东晋政局的变化。此前一年（义熙八年），刘裕先后诛杀谢混、郗僧施、刘藩、刘毅、诸葛长民等门阀名望与北府集团领袖，独掌朝政，于是面临着士林舆论的压力。⑦ 高句丽的朝贡正如东晋初年北方族群的"劝进"一样，在道义形式上支持刘裕执政的合法性。故而刘裕称帝后的次月便晋高句丽王高琏为征东大将军。⑧

---

① 《晋书》卷7《康帝纪》，第186页。
② 慕容皝上表及与庾冰书，见《晋书》卷109《慕容皝载记》，第2819～2821页。
③ 《魏书》卷100《高句丽传》，中华书局，1974，第2214页。
④ 《晋书》卷10《安帝纪》，第264、261页。
⑤ 〔日〕川本芳昭：《中华的崩溃与扩大：魏晋南北朝》，余晓潮译，广西师范大学出版社，2014，第275～277页。
⑥ 《宋书》卷97《夷蛮传》，中华书局，1974，第2392页。
⑦ 李磊：《晋宋之际的政局与高门士族的动向》，《华东师范大学学报》2007年第5期。
⑧ 《宋书》卷3《武帝纪下》，第54页。

然而，终两晋之世，高句丽都不是东晋天下秩序的支撑点。这是因为在东北政局上，东晋前半期依赖慕容氏，后半期转而支持百济。① 这两者都是在"无外天下"观念中从事政治布局，而获得实际利益者。若说对郡县的吸纳，高句丽经略玄菟、辽东、乐浪、带方诸郡，并不比慕容氏少多少。但在与慕容氏的竞争中，高句丽一败再败，其重要原因就是其缺乏"天下"观念，而无法获得内外各种有利因素的支持。

从高句丽的角度归纳东晋时期的发展道路，可以分为三个阶段。

第一阶段，美川王（300～331年在位）时期，高句丽是唯利益主义者，从现有记载中看不出其政治行为背后有天下意识。

第二阶段，美川王末年及故国原王高钊时期（331～371），高句丽已经转向"天下"政治，但是处于被东晋无视的地位。慕容氏称帝后，"高句丽王钊遣使谢恩，贡其方物。儁以钊为营州诸军事、征东大将军、营州刺史，封乐浪公，王如故"，② 这是高句丽首次获得中原王朝总制地方军政的职官与爵位，高句丽成为前燕"天下"的一部分。前秦时期，小兽林王（371～384在位）两次朝贡前秦，可以看作这一路向的继续。③

第三阶段，故国壤王（384～392年在位）、广开土王（392～413年在位）基本上与后燕处于战争状态。根据《好太王碑》上"百残、新罗，旧是属民，由来朝贡"等用语，④ 可知广开土王时期高句丽是以自己为中心建立"天下政体"。⑤ 高句丽在前燕、前秦"天下"的成长，一如慕容氏在东晋"天下"的成长。只是与前燕不同的是，高句丽始终未在中原王朝面前旗帜鲜明地争夺天下正统，而是承认中原王朝的天下秩序。就在广开土王的最后一年，高句丽向东晋朝贡。广开土王的继任者，即为其立

---

① 李磊：《百济的天下意识与东晋南朝的天下秩序》，《华东师范大学学报》2014年第2期。
② 《晋书》卷110《慕容儁载记》，第2835页。
③ 《三国史记》卷18《高句丽本纪第六》，第221页。
④ 王健群：《好太王碑研究》，吉林人民出版社，1984，第210页。
⑤ 〔日〕川本芳昭：《中华的崩溃与扩大：魏晋南北朝》，第292～293页。碑文中还有"二九登祚，号为永乐太王""永乐五年"等语，日、韩学者多认为表明高句丽有自己的年号。罗新则认为"永乐"为尊号或官号，而非年号。罗新：《好太王碑与高句丽王号》，《中华文史论丛》2013年第3期。

《好太王碑》的长寿王，分别加入北魏、刘宋的天下秩序。此后高句丽与南北朝隋唐历代皆有朝贡—册封关系。①

由此可见，即使高句丽在一段时间里桀骜不驯，不在"天下"观念中进行政治行为，但是在东晋时期宏大的政治正确性面前，高句丽最终还是要回归天下意识，其发展历程与慕容氏殊途同归。

五　结论

中国历史进入4世纪时，大一统的天下秩序崩坏，出现了列国并存的政治形态。上文通过对东晋及慕容氏、高句丽等东北族群政权建构过程的探讨，可以看到"天下"存在的前提是天下意识的存在。在两晋之际大一统之"天下"已然不存在的情形下，东晋因"雪天下之耻""天下归心"得以建立；慕容氏以"敷宣帝命，以伐有罪"成长为东北霸主；即便是无视晋室天下秩序的高句丽，也要回到以接受"天下意识"为前提的政治棋局。这表明虽然"天下秩序"瓦解了，"天下中心"也不存在了，但是"天下意识"仍是当时无法脱离的政治正确性。人心凝聚、政治合法性的建构都有赖于对"天下"政体的承认与利用。

这一时期的"天下"虽在，却是不同于大一统天下的"多元天下"。"多元天下"的内涵，除了指汉（赵）、后赵与东晋多个"天下秩序"并存之外，还指在同一个"天下秩序"中，多元互动关系取代了以前的中心与边缘的单向支配关系。我们依然以东晋的天下秩序为对象予以分析。秦汉、西晋大一统的"无外天下"，是以军事、政治、经济为后盾，制造出周边各族群不得不接受的生存环境，天下的各色人等通过对同一环境、同一规则的适应，形成相同的"天下意识"。而东晋时期的天下则不然，虽然"天下意识"的存在是东晋时期的天下秩序展开的前提，但是东晋、慕容氏、高句丽都从中找到了不同的合法性资源。这样的天下是在共同的"天下意识"中互相配合而形成的，它并非单一的中心与边缘的关系。因此，"天下"政体的形式仍然保留，但"天下"的实际形态却由中心支配

---

① 刘文健：《高句丽与南北朝朝贡关系变化研究》，《东北史地》2010年第2期。

边缘变为多元互动。

"多元天下"形态通常不是静态的，聚变与裂变时常同时发生。还以东晋为例，一方面，东晋臣服前凉，攻灭成汉、南燕、后秦，处于兼并别的"国"或"天下体系"的过程中；另一方面，它的"天下体系"也处于裂变状态之中，比如慕容氏前燕的独立。

就裂变这一运动的结果而言，本文分析了慕容氏与高句丽两种政权类型。在东晋的"天下"棋局中，同处东北政局之中，慕容氏与高句丽虽然都回归了天下意识，但二者代表的发展类型是完全不同的。慕容氏的路线有阶段性目标，一开始承认"天下"的游戏规则，借以发展自己，然后取而代之，由天下的边缘成为天下的中心。由于其最终目的是成为全天下的中心，因此与"多元天下"中其他小的、地方性的"天下体系"存在排异性。这种彼此难以相安的处境，使其政权要么兼并别人，要么为别人所兼并。这代表十六国北朝时期大多数民族政权的选择，也是它们共同的命运。所以经过近百年的兼并与被兼并，中国境内形成了相对稳定的南朝与北朝两大"天下体系"。又经过近两百年的竞争，再次一统为一元化的天下（隋唐）。因而，在裂变与聚变的过程中，从长时段来观察，聚变为历史的主线，裂变为辅线。这同样是由天下意识决定的，天下意识限定着裂变出来的政治实体的运动方向。

高句丽回归以中原王朝为中心的"天下"则是被动的、为时势所迫，高句丽却开辟出了一种新的"天下"形态，一方面，高句丽接受晋或燕的"天下"（以后是北朝或南朝的"天下"），以"国"的形态参与到天下秩序中；① 另一方面，自东晋后期起，高句丽也在建构自己的"小天下"。"天下"套嵌"小天下"的天下形态，正是后世中原王朝与越南等藩属国所共同构建的天下形态。

最后，"多元天下"虽然是多个"天下体系"并存，但它们的作用和地位是完全不同的。巴菲尔德（Thomas J. Barfield）曾提出"shadow empire"的概念，区分了"primary empire"与"secondary empire"，认为中原王朝为原生帝国，北亚游牧帝国为依存于中原王朝的次生存在，北亚

---

① 前燕、南北朝、隋唐历代的册封中，均保留"高句丽王"的王号。

游牧帝国与中原王朝之间无论是抗衡还是合作，都体现了一荣俱荣、一损俱损的关系。① 实际上，在 4 世纪列国并存的天下中，最早出现的汉（赵）、后赵、东晋等都脱胎于同一个母体——西晋，然而只有东晋为西晋继承者。在"多元天下"中，东晋居于他者无法比拟的正统地位，其天下秩序是原生的。汉（赵）、后赵之所以能存在，是得到了反对晋室天下秩序的部分少数民族的支持。如汉建国前，匈奴贵族刘宣说道："晋为无道，奴隶御我……今司马氏父子兄弟自相鱼肉，此天厌晋德，授之于我。"② 后赵建国前，石勒也在给刘琨的信中表示"吾自夷，难为效（晋）"。③ 可见汉（赵）、后赵是作为两晋统治秩序的对立面出现的。从这一政治衍生逻辑可见，东晋是原生的，汉（赵）、后赵是次生的。

如前所述，正因东晋天下秩序的存在，华、夷（尤指东北族群）的"天下意识"才有现实的对应物，"天下意识"才能成为制约各个地域、各个族群的至上观念，"天下"才能存在。而且前燕也是脱胎于这一母体。可以毫不夸张地说，在东晋十六国时期的"多元天下"中，东晋是最大的一元，是原生的；其他列国不论是安于"国"的形态，还是着力于构建新的"天下体系"，都是东晋的影子。东晋以外的列国是次生的，无论它们做何选择，都受到东晋王朝的影响与制约。所以，在东晋十六国时期的"多元天下"中，东晋王朝的一元独大，是这个时期的突出特点。这不同于三国时期，也比南北朝的原生、次生关系更加显著。当然，也正因如此，"天下意识"才得以维系，"多元天下"中的聚变运动才成为历史运动的主要方面。

---

① Thomas J. Barfield, "The Shadow Empire: Imperial State Formation Along the Chinese-Nomad Frontier," Susan E. Alcock et al., eds., *Empires*, Cambridge: Cambridge University Press, 2001, pp. 11 – 41.
② 《晋书》卷 101《刘元海载记》，第 2648 页。
③ 《晋书》卷 104《石勒载记上》，第 2715 页。

绝对理念与弹性标准：宋朝政治场域中对"华夷"和"中国"观念的运用[*]

黄纯艳[**]

古代"中国"是学界长期关注的话题，相关研究成果颇为丰富，主要讨论了古代"中国"的含义及其流变。[①] 而要将该研究推向深入，诚如楼劲所指出，"王朝恰恰是古代中国最富特色的表现方式"。[②] 宋朝处于多国竞争的国际局势中，面临"夷狄"的强势冲击和自身的"合法性"难题，出现了"华夷"和"中国"问题的巨大困境。已有研究从思想观念和关系形态两方面论及宋朝对"中国"和"华夷"的认识。[③] 本文则旨在探讨宋朝政治实践中如何运用"中国"及"华夷"观念，回答以往未能很好解决的问题，即宋朝在政治实践中如何通过坚守"华夷"和"中国"的绝对理念，塑造正统地位；如何通过对"华夷"和"中国"观念的弹性运用，应对现实困境，做到内外解说的变通和统一。

---

[*] 本文原刊于《南国学术》2019年第2期。
[**] 黄纯艳，华东师范大学历史学系教授。
[①] 如胡阿祥梳理了"中国"的研究史，讨论作为文化、地域和政治概念的"中国"含义的演变（参见胡阿祥《伟哉斯名——"中国"古今称谓研究》，湖北教育出版社，2001，"导言"）。葛兆光讨论了何为"中国"，如何阐释"中国"等问题（参见氏著《宅兹中国：重建有关中国的历史论述》，中华书局，2011；《何为中国——疆域、民族、文化与历史》，香港：牛津大学出版社，2014；《历史中国的内与外》，香港中文大学出版社，2017；等等）。
[②] 楼劲：《近年"中国"叙说和构拟的若干问题》，《中国社会科学评价》2017年第1期。楼文也回顾了学界关于"中国"研究的学术史，可参考。
[③] 陶晋生：《宋辽关系史研究》，台北：联经出版事业股份有限公司，1984，第二章"宋辽间的平等外交关系"；Morris Rossabi, *China Among Equals: The Middle Kingdom and Its Neighbours, 10th–14th Centuries*, University of California, 1983；葛兆光：《宋代"中国"意识的凸显——关于近世民族主义思想的一个远源》，《文史哲》2004年第1期。

一 "华夷"观念的困境与应对

宋朝自居中华正统,必须把"华夷"观念作为解说自己正统地位的绝对理念。"华夷"观念的核心是"贵华贱夷"和"华夷之辨",在这一基本理念下建立的国际秩序是"华夷"君臣的一元化的垂直秩序。然而,宋朝自立国以来,在周边关系中始终面临着"华夷"观念的巨大困境。北宋与辽朝争战数十年,日落下风,最后在景德元年结澶渊之盟,以条约的形式规定了双方的对等关系。宋朝在自称正统的王朝中绝无仅有地与"夷狄"之国(辽朝)保持双方通过盟约认可的对等关系,互用皇帝尊号,交聘用对等之礼,且输送岁币。陈亮说,宋朝与契丹定盟约,"使之并帝,则汉唐之所未有也"。① 宋仁宗朝号称"天下为一,海内晏然",乃"四海一家之天下",仍有"南夷敢杀天子之命吏,西夷敢有崛强之王,北夷敢有抗礼之帝者",出现"四夷不服,中国不尊,天下不实者"的窘境。② 靖康之变后,金人越江追击,赵构被迫入海逃难。宋人说,"古来夷狄之患未尝及江以南,累年秦、齐、晋、魏被其残虐,中原讨掠殆尽,惟大江则不敢睥睨"。③ 至绍兴和议,宋朝向金朝称臣纳贡。南宋所受"夷狄"之祸前所未有。如李纲所说:"自古夷狄之祸中国,未有若此其甚也","夫夷狄盗贼之患,三代非无,然不至如此之甚"。④ 倒悬之势亘古罕见。对势力远逊于辽、金的周边民族政权,如本属"汉唐旧疆"内的交趾、西夏、吐蕃,宋朝虽视其为藩镇,但皆自行皇帝制度,或称赞普。⑤ 大理国也自行皇帝制度。可见,宋朝所面临的华夷困境并非偶然的寇边侵地,乃是基本政治秩序的"混乱"。

---

① 陈亮:《龙川集》卷4《问答》,文渊阁《四库全书》影印本,第1171册,台北:台湾商务印书馆,1990,第537页。
② 《欧阳修全集》卷60《居士外集》卷10《本论》,中华书局,2001,第621页。
③ 苏籀:《双溪集》卷8《上门下侍郎书》,文渊阁《四库全书》影印本,第1136册,第186页。
④ 《李纲全集》卷56《上皇帝封事》、卷147《李纲论封建郡县》,岳麓书社,2004,第626、1393页。
⑤ 北宋逐步形成了将西夏、河湟吐蕃、交趾、幽云视为"汉唐旧疆"的认识。参见黄纯艳《"汉唐旧疆"话语下的宋神宗开边》,《历史研究》2016年第1期。

宋朝始终在如此巨大而持久的"夷狄"压力下立国，未能理顺"华夷"秩序。在"华夷"和"中国"的问题上，宋朝既要强调"华夷之辨"，解说本朝的正统地位，又不能不与"夷狄"对等，甚至屈从于"夷狄"。对于正统王朝而言，"华夷"观念应该既是国内政治的基本原则，也是建立和解说与周边政权及各族关系的基本理念。但是，在宋朝不能成为放之四海的普遍原则。与"夷狄对等"、"臣服夷狄"，甚至与"汉唐旧疆"内各族交往时放任其行皇帝制度，这样破坏"华夷"名分秩序的格局在宋朝国内政治场域中绝不可被承认或成为公共话语，否则宋朝皇帝便不能合法地居于"华夷一统"的天子地位。而绝对的"华夷之辨"和"华夷"秩序又断然不能施行于宋朝与辽、金，甚至已经立国称帝的交趾、西夏等国的实际政治交往中。宋朝在政治实践中的基本对策是对外采取弹性做法，而对内实行绝对说法。即对周边政权破坏"华夷"秩序的行为根据关系形态的不同采取弹性做法，而在国内政治场域中将"华夷"理念作为绝对话语。

宋太祖和宋太宗前期，以理顺宋辽华夷关系为目标，视辽为"夷狄"，积极谋划征服辽朝。宋朝如果打败了辽朝，就可以如汉武帝打败匈奴、唐太宗打败突厥那样，建立"华夷一统"的秩序。但是，对辽的太平兴国四年（979）高梁河之战和雍熙三年（986）北伐等战争的失败，使宋朝逐步放弃了征服乃至消灭辽朝的目标，随之逐步改变了对辽朝关系的态度和做法。到澶渊之盟，以条约形式承认了双方的对等关系。学者们对宋辽对等关系的具体内容已多有论述，① 从"华夷"秩序而言，其核心是互称皇帝尊号和各用本朝正朔。两国国书互称"大契丹皇帝阙下""大宋皇帝阙下"。上举陈亮所说"使之（辽朝）并帝，则汉唐之所未有也"，并非前无并帝之事，但国书互称皇帝则汉唐所未有。宋辽两国自景德誓书始就在国书中各用本国年号。在外交活动中，事涉正朔也是各从本国之制。如苏颂出使契丹，遇冬至节，"本朝历先北朝一日，北人问公孰是。公曰：'历家算术小异，迟速不同，谓如亥

---

① 参见陶晋生《宋辽关系史研究》，第二章"宋辽间的平等外交关系"，第 23～42 页；黄纯艳《宋代朝贡体系研究》，商务印书馆，2014。

时节气当交，则犹是今夕，若逾数刻即属子时，为明日矣。或先或后，各从本朝之历可也。'虏人深以为然，遂各以其日为节"。苏颂回国后，宋神宗很高兴地说："朕思之此最难处，卿之所对极中事理。"① 之所以说此事最难应对，就是因为历法事关正朔。

宋辽雍熙战争以后，高丽逐步为辽朝所控制，转奉辽朝正朔，与宋朝虽有交往，但不奉正朔，即"自王徽以降，虽通使不绝，然受契丹封册，奉其正朔，上朝廷及他文书，盖有称甲子者"。② 甚至出现高丽遣使"入宋表奏，误书辽年号"的情况，"宋朝却其表"，③ 不能接受其对宋使用辽朝年号，但除了熙宁年间苏轼任杭州通判，对经过的高丽使节在其文书中"书称甲子"的情况，要求其"易书称熙宁"这样的少数事例外，④ 一般情况下宋朝为了维持与辽朝的关系，默许高丽不书宋朝年号的行为。

北宋在处理所有境外国家和政权关系时使用的文书格式与外交礼仪，辽朝仅用对等的"书"，是一个例外。北宋对西夏、高丽、交趾、吐蕃等除辽朝及徽、钦二朝对金以外的所有政权都使用君臣格式的文书，即用"诏""制""敕"，如"赐夏国主乞早颁封册允诏""安抚秦州蕃部尚波于诏""大理国王段和誉加恩制""王俣封高丽国王制""唃厮啰授依前保顺河西节度加食邑实封功臣制""赐交趾郡王李乾德奖谕敕书""赐甘州回纥天圣五年历日敕书"等。⑤ 而对辽朝则使用与其他政权不同的标准。

苏辙指责宋朝对辽的态度是："尊奉夷狄无知之人，交欢纳币，以为兄弟之国，奉之如骄子，不敢一触其意，此适足以坏天下义士之气，而长夷狄豪横之势耳。"⑥ 事实上就是"不敢一触其意"，对辽朝的外交标准可谓只有对等关系这一条底线。在对等关系的基本框架下让地、纳币，乃至

---

① 邹浩：《道乡集》卷39《故观文殿大学士苏公（颂）行状》，文渊阁《四库全书》影印本，第1121册，第517页。
② 《宋史》卷487《高丽传》，中华书局，1977，第14049页。
③ 《高丽史》卷10《宣宗世家》，人民出版社、西南师范大学出版社，2014，第293页。
④ 《宋史》卷338《苏轼传》，第10808页。
⑤ 司义祖：《宋大诏令集》卷235、卷237、卷238、卷239、卷240，中华书局，1962，第916、923、932、935、936、942、946页。
⑥ 苏辙：《栾城应诏集》卷5《北狄论》，上海古籍出版社，1987，第1622页。

和亲都可接受。有学者认为宋朝对外一律拒绝和亲,①似乎在这一点上北宋对辽与其他政权采取了同一标准,实则北宋在心理上可以接受与辽朝和亲,且有所准备。如庆历年间富弼出使辽朝,针对辽朝提出的割地、和亲等要求,持国书二、誓书三,准备了几套方案,"姻事合,则以姻事盟",最后以增岁币了结。②王拱辰说:"陛下只有一女,万一欲请和亲,则如之何?"宋仁宗答以"苟利社稷,朕亦岂爱一女耶?"③只是最后用经济手段避免了和亲。

北宋因不能理顺与辽朝的"华夷"秩序,实现"华夷一统"的目标,则为了政治解说和现实政治关系,逐步确定了一个范围包括交趾、西夏、河湟、燕云的"汉唐旧疆"。与"汉唐旧疆"内政权的政治交往具有显示华夷观念的重要意义。交趾自丁部领建国即行皇帝制度,西夏于1038年以后也行皇帝制度,河湟吐蕃首领则称"赞普"。一开始,宋朝对交趾和西夏行皇帝制度的行为都加以斥责,甚至不惜以武力解决。丁部领"建国号大瞿越","制朝仪、群臣上尊号、曰大胜明皇帝",④第三年用"太平"年号。宋朝"闻王称尊号,使遗王书",斥责其僭越行为,提出警告:"俾我为绝蹯断节之计,用屠尔国,悔其焉追。"⑤交趾置之不理。太平兴国五年(980),宋朝出兵交趾,称其为"僭伪之邦","未归舆地之图"。⑥但并未能实现"归舆地之图"的目标。熙宁战争再次意欲"恢复"其为郡县,也无果而终。最后听任其在国内行皇帝制度,但是在与宋朝交往时则必须遵守朝贡礼仪和君臣秩序,封给藩镇官衔,奉行宋朝正朔。

西夏"于中国非素敌也,其祖其父皆臣也",元昊称帝后,宋朝毅然用兵。宋朝自认为在本朝的朝贡秩序中,"国家统临万国,垂九十年,蛮夷戎

---

① 崔明德认为宋朝因民族偏见而拒绝辽和西夏的求婚,姜春晖认为北宋坚决拒绝和亲的原因还有文化优越感和守内虚外的国策。参见崔明德《对两宋时期和亲理念的初步考察》,《烟台大学学报》2006年第3期;姜春晖《宋人拒绝和亲之原因分析》,《湖北师范学院学报》2009年第2期。
② 《续资治通鉴长编》卷137,"庆历二年九月癸亥",中华书局,2004,第3291页。
③ 魏泰:《东轩笔录》卷9,《全宋笔记》第2编第8册,大象出版社,2006,第68页。
④ 《大越史记全书·本纪全书》卷1《丁纪》,东京:东京大学东洋文化研究所,1984,第181页。
⑤ 《越史略》卷上《丁纪》,文渊阁《四库全书》影印本,第466册,第573页。
⑥ 《安南志略》卷2《太宗太平兴国五年八月征交趾诏》,中华书局,2000,第60页。

狄舍耶律氏则皆爵命而羁縻之。有不臣者，中国耻焉。西土之役由是而兴"。目的是恢复真正的朝廷和藩镇关系。但是宋朝屡战不胜，不能"革其僭悖之心，贬其车服名号，尽如臣礼"，只能接受"其国车服名号一无有损，徒以数幅之奏易万金之赂"，即以巨额岁赐换取其对宋朝交往时的君臣名分，而在其国中仍行皇帝制度的现实。尹洙质疑道："如是，则彼之臣服果于我为得耶？于彼为得耶？"① 实际上，对双方而言都是难以实现理想目标后采取的弹性做法，各得其利，又各有退让。河湟吐蕃首领称赞普，宋朝的态度与对交趾、西夏一样，即册封与放任并行。首先宋朝拒绝正式承认其赞普名号。其首领立遵"屡表求赞普号"，宋朝认为"赞普，可汗号也"，破坏了藩镇名分，而承认其为"国"，只是"授立遵保顺军节度使"。② 宋朝对唃厮啰以后各首领都不册封"国"爵，而仅授予藩镇官衔。

南宋对金朝的政策和态度则更大尺度地突破了"华夷"观念。北宋与金结海上之盟，最初希望通过用"诏书"、赐封金朝使节等办法造成事实上的宋金君臣关系，都被金太祖抗议和拒绝，最后以"敌国往来"即对等关系结成盟约。③ 第二次开封保卫战时，宋钦宗上《降表》，请"望阙称臣，以奉正朔"，落款称臣，用金朝年号，"臣桓诚惶诚惧，顿首顿首。谨言。天会四年十二月"。④ 金朝不予理会。建炎三年（1129），宋高宗向金朝请求"愿去尊号，用正朔，比于藩臣"，"愿削去旧号，是天地之间皆大金之国，而尊无二上"。⑤ 金朝仍不予理会。直到绍兴八年和议结成君臣关系，金"册康王为宋帝"，"世服臣职"。⑥ 对金朝要求的纳岁币、跪接国书等，宋高宗一概接受。虽然隆兴和议有所改观，但外交仪式上仍存在事实上的君臣关系。

由上述可见，宋朝在处理辽、金、交趾、西夏等问题上对"华夷"观念的运用表现出很大的弹性。这样的弹性变通是基于宋朝对外交往，特别是军

---

① 尹洙：《河南集》卷8《议西夏臣服诚伪书》，文渊阁《四库全书》影印本，第1090册，第37页。
② 《宋史》卷492《吐蕃传》、卷258《曹玮传》，第14160、8986页。
③ 徐梦莘撰《三朝北盟会编》卷15，"宣和五年三月一日"，上海古籍出版社，1987，第103页。
④ 佚名：《大金吊伐录》卷3《宋主降表》，丛书集成初编，中华书局，1985，第82页。
⑤ 李心传编撰《建炎以来系年要录》卷26，"建炎三年八月丁卯"，中华书局，2013，第524页。
⑥ 《金史》卷77《宗弼传》，中华书局，1975，第1756页。

事对峙的实力，也可以说是军事失败逼出来的。南宋与金朝由对等到君臣的关系更是因军事上的绝对劣势而主动请求的。对外宋朝只有在"华夷"观念上采取弹性做法，才能在现实环境中展开与这些政权的政治交往。

北宋对辽纳岁币，南宋对金称臣，这种"华夷"倒悬之势不仅使宋朝在东亚国际秩序中成为二等大国，而且给宋朝皇帝在国内政治中的合法性和"华夷"共主身份带来巨大的冲击和压力。国内政治场域中的说法显得尤为重要。在国内政治场域中宋王朝却必须绝对坚持"华夷"观念，并通过法理制度、朝贡活动和政治话语三个层面构建和演绎"华夷"秩序，使"华夷"观念成为绝对的说法。所谓法理制度上的构建，首先是定德运、居正朔。赵匡胤建国伊始，定国号为宋，年号为建隆，确立正朔。建隆元年即确定"国家受禅于周，周木德，木生火，合以火德王"，① 与唐朝一脉相承，成为天命即德运的继承者。其次是通过政治祭祀演绎"华夷"秩序。演绎"华夷"秩序的最有代表性的政治祭祀是南郊大典和封禅。南郊大典要显示的是"华夷共播于欢声，宇宙遍凝于和气""四夷咸宾，万邦作乂"的"华夷"秩序，② 而且需要"蛮夷"祝贺甚至到场来营造"华夷"拥戴的政治景象。至道二年南郊，"富州蛮"向通汉上书"圣人郊祀，恩浃天壤"，并请求册封"因兹郊礼，特加真命"。③ 建炎三年南郊加封阇婆国王检校司空，并赐食邑、实食封。④ 从该年到淳熙三年的48年间，南宋对阇婆国王共加封了18次，⑤ 而没有一次阇婆国入宋朝贡的记载，加封已成为与实际朝贡不必相关的"华夷"秩序的仪式表达，即宋高宗所说："日后郊祀，外国加恩，可令先次检举，庶知朝廷不忘怀远之意"。⑥ 宋真宗朝举行的东封西祀也是要营造"契丹求盟，夏台请吏，皆陛下威德所致。且如唐室贞观、开元，称为治世"，"可以镇服四海，夸示戎狄"的"四夷怀服"的盛世景象。⑦ 举

---

① 《宋会要辑稿·运历一》，上海古籍出版社，2014，第2679页。
② 司义祖：《宋大诏令集》卷120《淳化四年南郊赦天下制》、卷121《元符元年南郊赦天下制》，中华书局，1962，第409、416页。
③ 《宋史》卷493《西南溪峒诸蛮上》，第14174页。
④ 《宋史》卷489《阇婆国传》，第14093页。
⑤ 参见黄纯艳《宋代朝贡体系研究》，第139页。
⑥ 《宋会要辑稿·蕃夷四》，第9830页。
⑦ 《续资治通鉴长编》卷67，"景德四年十一月戊寅、庚辰"，第1506页。

行封禅大礼时，有"溪峒诸蛮献方物于泰山"；① 有大食、占城诸蕃进奉，使亲到泰山，参与封禅；② 还有大食蕃客献玉圭，称其五代相传，"俟中国圣君行封禅礼，即驰贡之"。③ 可见在国内政治场域中很多华夷秩序是宋朝主动营造的，有实际，也有虚像，总体上是显示"华夷"秩序的绝对性。

朝贡活动是对"华夷"秩序的典型演绎，朝贡活动中的礼仪和文书是对正统地位的表达。西夏、高丽、交趾、海外诸藩、羁縻诸"蛮"等进奉使的朝见和朝辞仪都是对君臣秩序的演绎，贡使要行"跪奏""再拜""俯伏兴""喝拜舞蹈"等君臣之礼，契丹使节也需要跪拜、跳舞，只是不"俯伏兴"，"其拜舞并依本国礼"。④ 这些礼仪的举行就是在国内政治场域中演绎宋朝皇帝是"华夷"共主。宋朝还通过外交文书营造"四夷怀服"的政治气象，规定了送达宋朝的诸国文书必须是君臣格式和用语，如高丽《上大宋皇帝谢赐历日表》就用宋朝年号，并用"伏蒙圣恩""本依正朔"等话语，⑤ 同时对不符合君臣格式的文书进行修润、改写，甚至代写未实际朝贡国家的文书等，烘托宋朝莅中国而抚"四夷"。⑥ 对于"汉唐旧疆"内各政权和民族在朝贡活动中有违君臣秩序的行为宋朝坚决纠正，以在国内政治场域中塑造绝对的"华夷"秩序。庆历议和时西夏自署官名，称西夏大臣为太尉，"太尉，天子上公，非陪臣所得称"，"观其命官之意，欲与朝廷抗礼"，元昊则称子不称臣，并自称兀卒，汉语谐音"吾祖"。宋朝认为"以伪官进名，则是朝廷自开不臣之礼"。⑦ 西夏致熙河经略司牒文中曾

---

① 《宋史》卷493《西南溪峒诸蛮上》、卷496《黎州诸蛮传》，第14176、14234页。
② 《宋史》卷490《大食传》，第14120页；《宋会要辑稿·蕃夷四》，第9810、9819页；《续资治通鉴长编》卷70，"大中祥符元年十一月辛酉"，第1575页。
③ 章如愚：《群书考索》后集卷64《四夷方贡》，文渊阁《四库全书》影印本，第937册，第897页。
④ 《宋史》卷119《礼二十二》，第2805页。
⑤ 《东文选》卷33郭元《上大宋皇帝谢赐历日表》，首尔：韩国国立大学奎章阁藏本。
⑥ 黄纯艳：《多样形态与通用话语：宋朝在朝贡活动中对"四夷怀服"的营造》，《思想战线》2013年第5期。
⑦ 《续资治通鉴长编》卷138，"庆历二年十二月"；卷139，"庆历三年正月癸巳、乙卯"；卷140，"庆历三年三月乙酉"；卷142，"庆历三年七月癸巳"，第3332、3343、3348、3358、3409页。西夏解释兀卒就"如古单于、可汗之类"，《西夏书事校证》卷12称"兀卒者，华言青天子，谓中国为黄天子也"，有与宋朝对等之意（甘肃文化出版社点校本，1995，第149页）。

署年号，"称大安二年"，宋朝"诏鄜延经略司，令牒宥州问妄称年号"。① 对此，宋朝皆坚决斥责和拒绝。其严重的政治后果不仅破坏了国内营造的"华夷"秩序，而且"朝廷若许贼（西夏）不称臣，则虑北戎别索中国名分，此诚大患"，② 会使宋朝对辽的地位大为下降。南宋对外政治交往虽较北宋更为保守，但当出现交趾书本国年号的情况，"入贡不用正朔"，还是"用范仲淹却西夏书例，以不敢闻于朝还之"。③

"华夷"话语是宋朝在国内日常政治场域中频繁申明"华夷"观念的重要途径。宋朝虽然不能收复燕云，失去了对灵武、河西等地的控制，但仍宣称"宋受天命，一海内，四方次第平"。④"中国一君，内外莫非其臣"。⑤宋太宗诏书使用的话语仍是"奄有万邦，光被四表，无远弗届，无思不服"，"华夏蛮貊，罔不率俾"。⑥ 即使只有半壁江山，南宋也使用"坐明堂而朝万国""疆戎索以御四夷""宗社妥安，蛮夷率服""成大功以安四海""九服来王"等君臣话语。⑦ 这些话语并非具有针对性，也不可能宣示给辽朝和金朝，而主要是在国内政治场域中烘托皇帝居于"华夷"共主正统地位。

国内政治场域中"华夷"话语的另一个方面就是对辽、金及境内外的所有非汉民族都称"夷狄"。李纲曾说北宋时"北结契丹以为欢邻，西制夏人，东招高丽，南抚交趾，率皆臣属，非有夷狄之虞也"，⑧ 是将宋朝境外所有政权皆称为"夷狄"。对西夏、交趾等政权及宋朝境内羁縻各族称"夷狄"，自不必言。宋朝在国内政治场域中对辽朝和金朝称"夷狄"是营造"华夷"秩序的重要方式。宋朝与辽朝在外交场合互称"南朝""北朝"，而在国内政治场域中宋朝对辽朝则以"戎狄"称之，常用的称呼是"虏""北虏""北狄""戎""犬戎"。澶渊之盟前后都是如此。雍熙二年，田重

---

① 《宋史》卷 485《夏国上》、卷 486《夏国下》，第 14000、14003、14015、14024 页。
② 欧阳修：《欧阳修全集》卷 99《奏议》卷 3《论西贼议和利害状》，第 1531 页。
③ 《宋史》卷 414《史嵩之传》，第 12425 页。
④ 《欧阳修全集》卷 39《居士集》卷 39《峡州至喜亭记》，第 564 页。
⑤ 陈襄：《古灵集》卷 4《辞直舍人院兼判吏部流内铨兼天章阁侍讲状》，文渊阁《四库全书》影印本，第 1093 册，第 520 页。
⑥ 《宋会要辑稿·蕃夷四》，第 2679 页；《宋史》卷 487《高丽传》，第 14038 页。
⑦ 张纲：《华阳集》卷 13《高宗天申节功德疏》，文渊阁《四库全书》影印本，第 1131 册，第 80 页。
⑧ 《李纲全集》卷 151《论变乱生于所忽》，第 1420 页。

进和卢汉赟在奏言中说"入虏界，攻下岐沟关""北虏南侵"。至道元年，宋太宗说"北虏常小西戎（指西夏）"；雍熙四年说"北虏未平"。澶渊之盟后仍然如此。景德四年，宋真宗说，对霸州修葺城池"北虏之人有词"。① 苏辙在奏章中也称辽朝为"虏"，称"此河（黄河）入虏界"。② 政和六年诏书也说，"北虏不道，结衅女真"。宣和四年更是称"北虏伪后萧氏"。③ 庆历年间，王拱辰与宋仁宗讨论宋辽谈判事时说："犬戎无厌，好窥中国之隙。"④ 崇宁四年，宋徽宗说："夷狄不足与较……新戎主多行不道。"⑤ 甚至将契丹比拟为禽兽，指斥契丹"戎狄贪婪，性同犬彘"⑥ "北狄之人，其性譬如禽兽"。⑦ 欧阳修撰《五代史》，将契丹列入"四夷传"，引起了辽朝的抗议，指责宋朝破坏兄弟之礼，"令臣下妄意作史，恬不经意"。⑧ 说明这些话语一旦宣示于宋朝本国范围之外则必引起辽朝的抗议，而仅是宋朝在国内政治场域中营造"华夷"观念的方式。

南宋虽然屈事金朝，但国内君臣议事时总体上视金为"夷狄"。绍兴十一年，宋高宗令宋朝国内官司之间的文书也需称"大金"，不能贬抑金朝，"自今官司文字并称大金，不得指斥"。⑨ 说明以前称"夷狄"的现象很普遍。宋孝宗时强调区分"夷夏"，"夷狄虽强，不可加于中国。今使介之往，姑以大金名之，若有司行移，止当称金国"。国内官司间的文书称"金国"，只是在与金朝外交往来，即"应接送馆伴奉使所以移文字，并依旧以大金称呼"。⑩ 明确指出金是"夷狄"。双方关系紧张时或个人奏议则常称金为"虏""夷狄"等。绍兴八年，胡铨上奏中称金为"虏""丑虏""金虏""夷狄"，还说"丑虏则犬豕也"。⑪ 绍兴三十一年，

---

① 《宋会要辑稿》兵一四、兵二二、兵二七，第8884、8886、9069、9189页。
② 苏辙：《栾城集》卷42《再论回河札子》，上海古籍出版社，1987，第922页。
③ 《宋会要辑稿·蕃夷二》，第9756、9758页。
④ 魏泰：《东轩笔录》卷9，《全宋笔记》第2编第8册，大象出版社，2006，第68页。
⑤ 《宋会要辑稿·蕃夷二》，第9756页。
⑥ 《欧阳修全集》卷99《奏议》卷3《论河北守备事宜札子》，第1517页。
⑦ 苏辙：《栾城应诏集》卷5《北狄论》，第1621页。
⑧ 《辽史》卷104《刘辉传》，中华书局，1974，第1455页。
⑨ 李心传编撰《建炎以来系年要录》卷142，"绍兴十一年十一月戊午"，第2292页。
⑩ 《宋会要辑稿·职官五二》，第4445页。
⑪ 《宋史》卷374《胡铨传》，第11581页。

宋高宗诏书称"金虏无厌背盟失信……天亡北虏使自送死","中原赤子及诸国等人,久为金虏暴虐"。① 叶适反对议和时说:"今日之请和尤为无名。夫北虏乃吾仇也,非复可以夷狄畜。而执事过计,借夷狄之名以抚之。"② 朱熹曾说,本朝御戎,始终为"和"字所坏,"后来人见景德之和无恙,遂只管守之。殊不知当时本朝全盛,抵得住。后来与女真,彼此之势如何了"。③ 将宋朝与契丹、女真的关系都放在"华夷"话语中讨论。

可见在国内政治场域中,不论北宋还是南宋,也不论皇帝诏书、臣僚奏章还是君臣对话,对辽朝和金朝都以"夷狄"称之。这样就使国内政治场域中,宋朝与所有国家和民族之间的关系都成为没有例外的绝对化的"华夷"秩序,宋朝皇帝是唯一的"华夷"共主。欧阳修在《正统论》中称,"大宋之兴,统一天下,与尧舜三代无异"。但宋朝并未能建立欧阳修《正统论》所阐述的"正者,所以正天下之不正也。统者,所以合天下之不一也"的"华夷一统"的秩序。④ 宋朝实际是通过对外的弹性做法和对内的绝对说法虚实相映的办法来应对"华夷"观念的困境。

二 文化"中国"与地理"中国"的错位及解说

胡阿祥指出,历史上的"中国"有文化"中国"、地域"中国"和政治"中国",而1912年以前没有政治"中国","中国"都是地域的或文化的概念。文化的"中国"在春秋战国到秦汉统一前已形成,就是根据礼乐教化的文化特征区别"中国"与"蛮夷"。而地域(地理)"中国"是指"中国"的地理范围,是不断变化的。⑤ 本文所言文化"中国"也是指依据文化道统所称之"中国",地理"中国"指宋人语境中地理范围的"中国"。

宋朝在文化"中国"上居绝对的地位,但也面临辽朝和金朝的挑战。石介针对宋代佛教盛行的现象主张严格"华夷之辨",维护文化"中国"。

---

① 《宋会要辑稿》兵七、兵一五,第874、8916页。
② 《叶适集》卷4《外论二》,中华书局,2010,第687页。
③ 《朱子语类》卷133《本朝七·夷狄》,上海古籍出版社、安徽教育出版社点校本,2010,第4166页。
④ 《欧阳修全集》卷16《正统论》,第265页。
⑤ 胡阿祥:《伟哉斯名——"中国"古今称谓研究》,"导言"。

他将佛教作为排斥"夷狄"文化的代表,指出佛教"自西来入我中国",是"夷狄"之教,改变了"中国"之文化、礼乐、居止、服饰、饮食、祭祀等,使"中国"人失父子君臣之礼,无宾师妻子之奉。"今不离此而去彼,背中国而趋佛老者几人?或曰'如此将为之奈何?'曰'各人其人,各俗其俗,各教其教,各礼其礼,各衣服其衣服,各居庐其居庐。四夷处四夷,中国处中国,各不相乱。如斯而已矣。则中国中国也,四夷四夷也。"① 石介还作《怪说》,也是针对"举中国而从佛老,举天下而学杨亿"的现象,维护文化"中国"。② 他希望"天下一君也,中国一教也,无他道也"。③ 欧阳修说石介"斥佛老时文则有《怪说》《中国论》"。④ 黄震也说"《中国论》辟佛老也"。⑤ 可见石介所讨论的不是宋朝的现实对外关系,而是文化"中国"问题,与韩愈的辟佛之论一脉相承。欧阳修本人也提出"佛为夷狄,去中国最远";佛所以为患是因为"王政阙,礼义废","补其阙,修其废,使王政明而礼义充,则虽有佛无所施于吾民矣";"王道不明而仁义废,则夷狄之患至矣";方今"其为患者,特佛尔"。⑥ 都是认为儒家礼乐制度代表的道统是唯一的文化"中国",宋朝拥有它就是唯一的文化"中国"。

文化"中国"是宋朝可以君临天下、一统"华夷"的理论依据。宋朝是由汉人承继汉唐德运而建立的王朝,自然承袭了礼教传统,自居中华道统,是文化上理所当然、不证自明的唯一"中国"。如欧阳修《正统论》所说宋朝的正统地位"不待论说而明",这个正统强调的是道统即文化的正统及地位的合法。宋朝首先从"华夷"和道统即文化角度占据"中国"之名,称"夫君臣名号,中国所以辨名分,别上下也。国家统临万国,垂九十年,蛮夷戎狄,舍耶律氏则皆爵命而羁縻之。有不臣者中国耻焉"。⑦ 就是申

---

① 石介:《徂徕石先生文集》卷10《中国论》,中华书局,1984,第116~117页。
② 石介:《徂徕石先生文集》卷5《怪说下》,第63页。
③ 石介:《徂徕石先生文集》卷13《上刘工部书》,第153页。
④ 《欧阳修全集》卷34《居士集》卷34《徂徕石先生墓志铭》,第506页。
⑤ 《黄震全集》第5册《黄氏日抄》卷45《读诸儒书》,浙江大学出版社,2013,第127页。
⑥ 《欧阳修全集》卷17《居士集》卷17《本论中》、《本论下》,第288、291页。
⑦ 尹洙:《河南集》卷8《议西夏臣服诚伪书》,文渊阁《四库全书》影印本,第1090册,第37页。

明宋朝唯一地占有"中国"名分，除辽朝可不受册命，其他所有"蛮""夷""戎""狄"都应臣事"中国"即宋朝。

宋朝的文化"中国"地位，甚至是唯一地位，在北宋时得到了周边政权和民族的承认。辽朝也不否认宋朝的文化"中国"地位。辽朝给宋朝的国书中曾说"元昊负中国当诛"，① 此"中国"即指宋朝；辽朝皇帝还曾对宋朝使节说"与中国通好久"；② 辽道宗称赞宋仁宗画像"真圣主也，我若生中国，不过与之执鞭捧盖"。③ 辽朝将宋朝称为"中国"，实际上也就是承认自己不是"中国"。宋德金曾指出，辽在与五代、北宋的交往，以及在辽朝内部，都不避讳称呼"夷""蕃"。④ 辽朝这样做的角度当然是文化定位。西夏也曾"上书自言慕中国衣冠"，还称宋朝"中国者，礼乐之所存，恩信之所出，动止猷为，必适于正"。⑤ 高丽回答辽朝责问其朝贡宋朝时说："中国，三甲子方得一朝，大邦，一周天每修六贡。"⑥ 显然认为宋朝是"中国"，而辽朝不是。高丽对宋朝的"中国"认同正是从道统即文化意义上的认识。阇婆国遣使也称宋朝"中国有真主，声教所被"。⑦ 阇婆国等南海诸国及于阗等西北诸国皆称宋朝为"中国"，此不一一举例。辽朝除了末期自称"中国"，在文化"中国"上构成对北宋唯一"中国"的质疑外，北宋的文化"中国"得到了自我和他者的普遍认可。

南宋王朝自身虽然失去中原，偏安一隅，但从文化根源上仍自认为是文化上唯一的"中国"，根据就是南宋承袭了正统的礼乐制度。陈亮称南宋是唯一的文化"中国"，不因偏安一隅而改变："中国，天地之正气也，天命之所钟也，人心之所会也，衣冠礼乐之所萃也，百代帝王之所以相承也。虽挈中国衣冠礼乐而寓之偏方，天命人心犹有所系。"⑧ 章如愚也说："大抵东南衣冠之地皆往古之蛮夷，而西北左衽之乡尽先王之都邑"，"往

---

① 《续资治通鉴长编》卷151，"庆历四年七月癸未"，第3668页。
② 《宋史》卷315《韩综传》，第10300页。
③ 邵博：《邵氏闻见后录》卷1，《全宋笔记》第4编第6册，大象出版社，2008，第8页。
④ 宋德金：《辽朝正统观念的形成与发展》，《传统文化与现代化》1996年第1期。
⑤ 《宋史》卷486《夏国下》，第14012页。
⑥ 《宋史》卷487《高丽传》，第14050页。
⑦ 《宋会要辑稿·蕃夷四》，第9830页。
⑧ 陈亮：《龙川集》卷1《上孝宗皇帝第一书》，第499页。

往指燕云河湟为重，指江湖川广为轻，而不知地无常利，天运实衡其胜衰","人其居者皆可为中国，皆可以为夷狄"。① 地理"中国"可以随文化"中国"而转移，华夏所居、天命所在即为"中国"，所以"黄旗紫盖运在东南，中国正朔系焉"。② 南宋是"中国"正朔，政权在东南，天命就在东南。南宋也因此不认为金朝是"中国"，而自己是唯一"中国"，称"女真者，知中国所重在二帝，知中国所恨在劫质，知中国所畏在用兵"。称金朝为"女真"，即"夷狄"，相对地自称"中国"。还说"天地之法，尝严于中国，而略于夷狄。严于中国，故尚教化，而以道德为强；略于夷狄，故尚功利，而以兵甲为强"。③ 显然是指自己因文化而为"中国"，金朝等"四裔［夷］"则是因文化的低劣而自然地列为"夷狄"。

宋朝还面临辽朝和金朝自称"中国"的问题。辽朝前期称中原王朝的旧疆为"中国"，称辽太宗伐晋入汴梁"始得中国，宜以中国人治之"，"至于太宗，兼制中国，官分南、北，以国制治契丹，以汉制待汉人"，④ 都是说幽云及其以南的中原政权故疆为"中国"。所言"中国"显然是地理概念的"中国"，但尚未将辽朝整体称为"中国"。辽人明确以"中国"自谓，见于辽道宗大安末年刘辉上书："西边诸番为患，士卒远戍，中国之民疲于飞挽，非长久之策。"⑤ 这时辽人以"中国"自居，而称周边其他民族为"诸番"。⑥

---

① 章如愚：《群书考索》续集卷48《舆地门》，文渊阁《四库全书》影印本，第938册，第593页。
② 李曾伯：《可斋续稿》后卷9《奏申回宣谕奏》，文渊阁《四库全书》影印本，第1179册，第750页。
③ 李心传编撰《建炎以来系年要录》卷89，"绍兴五年五月丙戌"；卷93，"绍兴五年九月己丑"，第1720、1789页。
④ 《辽史》卷76《张砺传》、卷45《百官一》，第685、1252页。
⑤ 《辽史》卷104《刘辉传》，第1455页。
⑥ 此时已是辽朝的后期了。对于辽朝何时称"中国"，学界有不同的看法。宋德金指出，辽兴宗朝以前，辽在与宋的交往中未以"中国"自居，兴、道朝以后，辽人自称"中国""诸夏""区夏"，宋德金以明确的"中国"二字为依据，认为辽朝称"中国"。刘浦江的观点与宋德金相近。赵永春通过分析辽朝的政治意识，认为辽朝建国之初即已以"中国"自居，且自始至终称"中国"。"中国"是有特定政治含义的概念，本文认可以明确的"中国"二字作为辽自称为"中国"的标准，金朝自称"中国"也是如此。分别见前引宋德金《辽朝正统观念的形成与发展》，刘浦江《德运之争与辽金王朝的正统性问题》（《中国社会科学》2004年第2期），赵永春、李玉君《辽人自称中国考》（《社会科学辑刊》2010年第5期）。

金朝初期未入中原以前，尚称宋朝为"中国"，如金太祖说："我自入燕山，今为我有，中国安得之？"① 建炎元年，金人劝金太宗也说"中国无人，因兵就粮可也"。② 前一"中国"指北宋政权，后一"中国"仅指宋朝地理疆域，因金朝对南宋政权采取不承认的态度。绍兴八年宋金议和后，金朝虽然承认了南宋政权，但不承认其为"中国"。金朝一开始虽反感被称为"夷狄"，但逐步默认，实际就是承认宋朝的文化"中国"地位。到海陵王耻为"夷狄"，欲接续中国之正统，金世宗时已自认为"华"，并把南宋、高丽等称为"蛮夷""岛夷"。③ 金章宗发起德运之议，"更定德运为土"，④ 绍北宋之德运（火德），实际上是自居正统，而否定南宋继续以火为德运的合法性，从而也否定了宋朝为文化"中国"。

辽、金自称"中国"，既因其占据往昔"中国"王朝旧地，也因其借鉴实行了中原王朝的礼乐制度。在文化上，宋朝仍需解释与夷狄之国辽、金的关系，以及辽、金自称"中国"的问题。宋朝也需要对此做出解说。宋代《春秋》之学兴盛，一方面大力倡导华夷之辨的春秋大义，申明宋朝的中华正统。另一方面也强调"《春秋》之义夷狄，则夷狄之进于中国则中国之"，⑤ "《春秋》之法，尊中国而卑夷狄。其时诸侯虽中国，或失其义，亦夷狄之，虽夷狄者，苟得其义亦中国之"；甚至认为"天下之正为鲁春秋，其善者善之，恶者恶之，不必乎中国夷狄也。《春秋》曰徐伐莒，徐本中国者也，既不善则夷狄之，曰齐人狄人盟于邢，狄人本夷狄人也，既善则中国之"。⑥ 宋人还说道：契丹和西夏"得中国土地，役中国人民，称中国位号，立中国家属，任中国贤才，读中国书籍，用中国车服，行中国法是令"，"所为皆与中国等"，"岂可以上古之夷狄视彼也？"特别是辽朝"典章文物、饮食服玩之盛，尽习汉风"，"非如汉之匈奴，

---

① 徐梦莘撰《三朝北盟会编》卷16《政宣上帙十六》，"宣和五年四月十七日"，第112页。
② 李心传编撰《建炎以来系年要录》卷1，"建炎元年五月"，第11页。
③ 宋德金：《正统观与金朝文化》，《历史研究》1990年第1期；齐春风：《论金朝华夷观的演化》，《社会科学辑刊》2002年第6期。
④ 《金史》卷11《章宗三》，中华书局，1975，第259页。
⑤ 石介：《徂徕石先生文集》卷7《归鲁名张生》，第82页。
⑥ 释契嵩：《镡津集》卷9《万言书上仁宗皇帝》、卷17《非韩子第一篇》，文渊阁《四库全书》影印本，第1091册，第491、582页。

唐之突厥，本以夷狄自处，与中国好尚之异也"，"其轻视中国，情可见矣"。① 朱熹与其弟子谈到金世宗"专行仁政，中原之人呼他为'小尧舜'"时说："他能尊行尧舜之道，要做大尧舜也由他。"② 宋朝以此解说辽、金与自己的关系，但同时也认为它们仍只是习染了汉风、文化上近于"中国"的"夷狄"。"中国"化的"夷狄"仍是"夷狄"。如朱熹所认为的，"他岂变夷狄之风？恐只是天资高，偶合仁政耳"。③

宋人指出宋朝所面临的"中国"危机有两个，即地理侵夺和文化混杂。石介在《中国论》中指出两个方面的危机："九州分野之外入乎九州分野之内，是易地理也。非君臣父子夫妇兄弟宾客朋友之位，是悖人道也。苟天常乱于上，地理易于下，人道悖于中。中国不为中国矣。"④ 南宋陈亮也把"夷狄"越疆而来和"华夷"混然莫辨称为"二祸"。⑤ 两人都讲到"中国"地理上的"夷狄"侵占。文化上的危机可以通过话语解说来虚饰，地理的侵夺则是宋朝"中国"地位面临的现实挑战。叶适指出宋朝与汉唐相比疆域地理的缺失："太祖、太宗受天命，身自剪平者七国，尽有汉唐之天下。惟燕蓟前入契丹，力未能复。而赵保吉兄弟乱西方，灵夏继陷。其后耶律浸骄，继迁始自立"，"患不能保境土"，"讨伐二敌，以定西北之疆域"。⑥ 事实上，宋朝不能统辖的"汉唐旧疆"又何止燕云和灵夏。

南宋时期，金朝废刘齐政权，直接统治中原，自称"中国"，而称宋朝为"江南"。金朝因占据中原而从地理概念上自称"中国"。海陵南征时，其母徒单氏和臣僚劝谏道："今又兴兵涉江、淮伐宋，疲弊中国"，"征天下兵以疲弊中国"，"不可疲中国有用之力"。⑦ 此"中国"已明确指金朝。金朝所言"中国"不仅是从文化意义而言，更主要是地理"中国"。金人曾说："宋虽羁栖江表，未尝一日忘中国，但力不足耳。"南宋

---

① 《续资治通鉴长编》卷150，"庆历四年六月戊午"；卷142，"庆历三年七月甲午"，第3641页。
② 《朱子语类》卷133《本朝七·夷狄》，第4161页。
③ 《朱子语类》卷133《本朝七·夷狄》，第4161页。
④ 石介：《徂徕石先生文集》卷10《中国论》，第116页。
⑤ 陈亮：《龙川集》卷4《问答》，第537页。
⑥ 《叶适集》卷4《始论一》，第757页。
⑦ 《金史》卷63《徒单氏传》、卷131《梁珫传》、卷86《李石传》，第1506、1915页。

"置忠义保捷军，取先世开宝、天禧纪元，岂忘中国者哉"。① 所言南宋不能忘的"中国"就是指中原地区。绍兴和议后，金朝承认了南宋的存在，仍不承认其为"中国"，将宋朝与"中国"对称，如"茶乃宋土草芽，而易中国丝绵锦绢有益之物"，② 强调金朝是"中国"而宋非"中国"。金人还说，吐蕃部族青宜可"以宋政令不常，有改事中国之意"。③ 宋朝和其他民族都不是"中国"，金朝便成为唯一的"中国"。

金朝自承认南宋政权后，就称南宋为"江表""江南"。绍兴八年和谈时，金使"以江南诏谕为名，不著国号，而曰江南"，通过谈判，才"改江南为宋，诏谕为国信"。④ 实际上金朝册赵构为宋帝的册文仍说"俾尔越在江表"。⑤ 特别是金朝在国内称宋为"江南"，如"今欲伐江南。江南闻我举兵，必远窜耳"，"既而，江南果称臣"，"江表旧臣于我"，"旧制，久历随朝职任者，得奉使江表"等。⑥ 以上所言"江表"已不仅是地理概念，而是指称南宋政权。不仅《金史》如是记载，宋朝自己的文献记载金人的话时也透露了这一点："淮南州县已是大国曾经略定，交与大齐，后来江南擅自占据。"⑦ 金朝实际就是把南宋视为东吴、南唐，不能为正统，从而显示金朝的"中国"地位。

在现实的地理认知上，宋朝为了区隔现实的华与"夷"，即作为提供赋役兵员等统治基础的直辖郡县与非直辖的羁縻和境外"蛮夷"，宋朝人所主张的地理"中国"既不指辽朝、高丽、东北诸族、西北和南海诸国，也不指"汉唐旧疆"诸政权，甚至不包括疆域内的羁縻各族，而仅指北宋的直辖郡县。宋人称，辽、夏"二虏相失而交攻，议者皆云中国之福"，⑧ 认为辽朝和西夏不是"中国"，也不认为交趾和吐蕃为"中国"。

---

① 《金史》卷93《独吉思忠传》、卷98《完颜匡传》，第2064、2167页。
② 《金史》卷49《食货四》，第1109页。
③ 《金史》卷98《完颜纲传》，第2175页。
④ 李心传编撰《建炎以来系年要录》卷124，"绍兴八年十有二月戊午"，第2327页；《宋史》卷473《秦桧传》，第13755页。
⑤ 《金史》卷77《宗弼传》，第1756页。
⑥ 《金史》卷76《宗本传》、卷79《郦琼传》、卷93《宗浩传》、卷94《夹谷衡传》、卷192《张仲轲传》，第1736、1782、2078、2093、2782页。
⑦ 李心传编撰《建炎以来系年要录》卷81，"绍兴四年冬十月己丑"，第1535页。
⑧ 《欧阳修全集》卷118《论契丹侵地界状》，第1823页。

宋朝给交趾的制中称"卫我中国，使无疆场之虞"，① 称赞吐蕃上书"情辞忠智，虽中国士大夫存心公家者不过如此"。② 谈到西南溪峒诸蛮时有"特远人不知中国礼而然""旧不与中国通"等。③ 南宋颁布的条法中有"铜钱出中国界条约""禁掠卖生口入蛮夷溪峒及以铜钱出中国"，④ 包括境外政权和羁縻各族。可见北宋和南宋自称的地理"中国"既不包括境外政权，也不包括羁縻各族，而仅指直辖郡县。甚至宋朝也不认为直辖疆域内不实行直接统治的地区为中国。如衡州之南的广袤山区有不受直接统治的"夷区"，"中国人逋逃其中，冒称夷人"，成为盗贼，"夷人谓中国无能为，必出助之"。⑤ 又可见宋人的"中国"常是文化与地理交融的。

一方面，宋朝申明自己是绝对唯一的文化"中国"；另一方面，从北宋建国到南宋灭亡，宋朝疆域不仅与汉唐开拓的地理"中国"相比大为缩小，而且不断失地，加之辽、金依据"中国"旧地而称"中国"，特别是金朝否定宋朝的"中国"地位，使不论文化"中国"与地理"中国"的错位，还是地理"中国"的名实不副，宋朝都需要做出解说。北宋和南宋采取的应对之策是，除了在国内坚持"华夷"观念的绝对说法以外，还设定"旧疆"，申明"恢复"。北宋设定的"旧疆"是"汉唐旧疆"，强调"如言故地，当以汉唐为正"。⑥ "汉唐旧疆"并非全部的汉唐疆土，而是宋朝根据现实政治状况和需要划定的范围。到宋仁宗朝，"汉唐旧疆"稳定为幽云、交趾、河湟和西夏（包括河西地区）。宋神宗在"汉唐旧疆"的话语下确立并实行开拓计划也是这一范围。⑦ 宋徽宗与金朝结盟，也试图大规模地"恢复汉唐旧疆"，其诏书说"乃眷幽燕，实为故壤，五季不造，陷于北戎"。⑧ 赵良嗣劝说宋徽宗结女真就以"复中国往

---

① 王安石：《王安石全集》卷 47《李日尊加恩制》，复旦大学出版社，2016，第 875 页。
② 《宋史》卷 492《吐蕃传》，第 14165 页。
③ 《宋史》卷 493《西南溪峒诸蛮上》、卷 494《西南溪峒诸蛮下》，第 14179、4196 页。
④ 李心传编撰《建炎以来系年要录》卷 186，"绍兴三十年十月己酉"，第 3615 页；《宋史》卷 27《高宗四》，第 508 页。
⑤ 《王安石全集》卷 88《司农卿分司南京陈公（良器）神道碑》，第 1535 页。
⑥ 《宋史》卷 335《种师道传》，第 10750 页。
⑦ 黄纯艳：《"汉唐旧疆"话语下的宋神宗开边》，《历史研究》2016 年第 1 期。
⑧ 《宋会要辑稿·兵八》，第 8762 页。

昔之疆"为辞。① 宋徽宗君臣也认为"复吾境土,则幽蓟之地皆汉有也"。② 都以"恢复"为名。

"旧疆"话语涉及南宋政权继承上的合法性,其重要性如胡铨对宋高宗所说:"夫天下者,祖宗之天下也。陛下所居之位,祖宗之位也。"③ 但是,南宋所设定的"旧疆"已进一步退缩,只是北宋旧疆范围是陷落于金朝的北宋直辖疆土,已不包括北宋划定的"汉唐旧疆"。南宋臣僚反复强调的旧疆是"祖宗之故疆"。④ 李纲解释"中国"道:"夫陕西者,中国劲兵健马之区也。河北、河东者,中国之屏蔽也。京畿及京东西者,中国之腹心也。江、淮、荆湖、川广者,中国之支派也。"⑤ 所言"中国"的范围,就是北宋疆域。程珌强调"中原腹心也,吴蜀荆襄四肢也。腹心受病,未有四肢独安者",⑥ 必须把中原与南宋占有的吴蜀荆襄视为一个整体。陈亮上宋孝宗奏章中提出南宋不能自以为"可久安而无事","置中国于度外","天岂使南方自限于一江之表,而不使与中国而为一哉!"⑦ 他所谈的"中国",就是陷于金朝的北宋故疆。

南宋作为"恢复"对象和政治话语的也是"祖宗故土"。称"以祖宗故土、国之西门,圣上一饭不忘,期于克复",⑧ "溃贾将率之余勇,尽还祖宗之旧疆",⑨ "祖宗之境土未复,宗庙之雠耻未除,戎虏之奸谲不常",⑩

---

① 《宋史》卷472《赵良嗣传》,第13734页。
② 杨士奇等:《历代名臣奏议》卷344,文渊阁《四库全书》影印本,第442册,第167页。
③ 胡铨:《澹庵文集》卷2《上高宗封事》,文渊阁《四库全书》影印本,第1137册,第19页。
④ 宗泽:《宗忠简集》卷7《遗事》,文渊阁《四库全书》影印本,第1125册,第72页;《李纲全集》卷48《谢赐御筵表》,第556页;李光:《庄简集》卷12《论守御大计状》,文渊阁《四库全书》影印本,第1128册,第555页。
⑤ 《李纲全集》卷63《议巡幸第一札子》,第671~672页。
⑥ 程珌:《洺水集》卷2《丙子轮对札子》,文渊阁《四库全书》影印本,第1171册,第231页。
⑦ 陈亮:《龙川集》卷1《上孝宗皇帝第一书》、《戊申再上孝宗皇帝书》,第499、512页。
⑧ 李曾伯:《可斋杂稿》卷16《三辞免奏》,文渊阁《四库全书》影印本,第1179册,第341页。
⑨ 徐梦莘撰《三朝北盟会编》卷246《炎兴下帙一百四十六》,"绍兴三十一年十二月四日壬寅",第1770页。
⑩ 朱熹:《晦庵先生朱文公文集》卷11《壬午应诏封事》,第571页。

"进可以复祖宗之境土，退可以保大宋之基业矣"，①"内治既修，则外患有不足忧，祖宗之境土指日而复矣"，②"（张浚）以未恢复祖宗之境土为己忧"，③"复祖宗之境土，复会诸侯于东都"④，等等。尽管除绍兴初年和开禧北伐外，南宋未把"恢复"付诸实际，但"祖宗故土"成为南宋政权合法性的重要解说。就如绍兴初宋高宗所说，"须当渐图恢复，若止循故辙，为退避之计，何以立国"。⑤"恢复"与"旧疆"是事关南宋立国一体两面的问题。

南宋"恢复"之论随战和而波动。宋高宗即位之初定下目标："中国之势变强，归宅故都，迎奉二圣。"要求大臣的主要任务是协助"图恢复之计"，"恢复之图所宜爱日讲究"，"夙夜勉励，以修政事，攘夷狄"，"不忘恢复"。⑥绍兴议和后，高宗说："士大夫言恢复者皆虚辞，非实用也。用兵自有次第。"即先使兵可战能守，等对方挑衅"然后可进讨，以图恢复，此用兵之序也"。⑦但是因为"恢复"事关南宋政权的合法性，历代皇帝都不能放弃"恢复"的旗帜。宋孝宗曾申明要"恢复旧疆"，称"朕不忘恢复者，欲混一四海"。⑧即使明确认为"恢复"不可企及的宋宁宗也只能说"恢复岂非美事，但不量力尔"。⑨大臣中也不断上书言"恢复"。如陈刚"投匦上书论恢复事"，⑩王十朋面对之时也谈"图恢复之计，御戎之策"。⑪即使主和者也会说"今日之和乃所以成他日之恢复"，或言"图议恢复"须待"积累之功"，⑫"今日图恢复，当审察至

---

① 杨士奇等：《历代名臣奏议》卷336《赵汝愚论边防》，文渊阁《四库全书》影印本，第442册，第409页。
② 杨士奇等：《历代名臣奏议》卷51《王师愈上奏》，文渊阁《四库全书》影印本，第434册，第415页。
③ 杨万里：《杨万里集笺校》卷115《张魏公（浚）传》，中华书局，2007，第4423页。
④ 《王十朋全集》奏议卷2《论广海二寇札子》，上海古籍出版社，2012，第620页。
⑤ 《宋史全文》卷19中，"绍兴五年正月戊午"，中华书局，2016，第1383页。
⑥ 李心传编撰《建炎以来系年要录》卷84，"绍兴五年辛亥"，第1590页。
⑦ 李心传编撰《建炎以来系年要录》卷140，"绍兴十有一年五月壬子"，第2639页。
⑧ 《宋史全文》卷26下，"淳熙年六月九月丁卯"，第2233页。
⑨ 《宋史》卷474《韩侂胄传》，第13777页。
⑩ 李心传编撰《建炎以来系年要录》卷155，"绍兴十六年九月丙申"，第2944页。
⑪ 《宋史全文》卷23上，"绍兴三十年九月壬寅"，第1872页。
⑫ 《宋史全文》卷24下，"隆兴元年十一月丙寅"，第2052页。

计，以图万全之举"。① 正因为"恢复"事关南宋合法性，所以成为君臣、战和各方都必须主张的"政治正确"。

三 历史难题的宋朝解法

石介和陈亮概括的宋朝所面临的"华夷"和"中国"困境或"夷狄之祸"，即地理上的侵占、文化上的混同并非宋朝所特有。如宋神宗所说，"夷狄之为中国患，其来尚矣"。② 这是自春秋战国以来的历史难题。一方面，不同文明形态，特别是游牧民族和农耕民族两种文明形态相互关系的基本和恒定的模式是依存与融合、冲突与消长，不论空间、文化还是血缘，华与"夷"的边界都始终不是清晰而稳定的。在以贵华贱"夷"、"华夷之辨"为核心的"华夷"观念下，要建立的是君臣的垂直秩序。于是，常常出现华与"夷"的交往融合模糊了血缘和文化边界，华与"夷"的实力消长破坏了"华夷"名分秩序，导致"华夷"观念的困境。另一方面，"夷狄"越疆而来，占据中原，甚至不断上演自称"中国"的戏码，导致地理"中国"的困境。这两个困境成为反复出现、各朝都需要应对的历史难题。

最理想的办法当然是严"华夷之辨"，如石介所主张的"居天地之中者曰中国，居天地之偏者曰四夷。四夷外也，中国内也"，华与"夷""皆自安也，相易则乱"。③ 但在实际交往中，理想模式常常不能实现，各朝均需根据所面临的环境做出现实应对。王安礼说："古之御戎者，不过有命将帅而伐之者，有筑长城而绝之者，有奉金赀币而和亲之者，有卷甲轻举而破降之者"，对于历代御戎之策的运用，"严尤以为古无上策，周得中策，汉得下策，秦无策焉"。④ 苏辙将古之所以治"夷狄"之道总结为三策："用武而征伐""修文而和亲""闭拒而不纳"。⑤ 李纲更简单地概括为："自

---

① 《宋史全文》卷25上，"乾道六年十二月戊午"，第2096页。
② 王安礼：《王魏公集》卷4《元丰五年殿试进士策问》，文渊阁《四库全书》影印本，第1100册，第39页。
③ 石介：《徂徕石先生文集》卷10《中国论》，第116页。
④ 王安礼：《王魏公集》卷4《元丰五年殿试进士策问》，文渊阁《四库全书》影印本，第1100册，第40页。
⑤ 苏辙：《栾城应诏集》卷11《王者不治夷狄论》，第1698~1699页。

古夷狄为中国患，所以待之者，不过三策：曰和、曰战、曰守而已。"①

决定宋朝"华夷"和"中国"困境与危机的重要因素是宋辽及宋金的关系，如同汉初与匈奴，唐初与突厥，其后与吐蕃的关系决定了汉唐中华一尊地位。如果北宋初期能实现剪除或臣服契丹的目标，太平兴国四年的高梁河之役或雍熙北伐能取得胜利，必能理顺"华夷"关系，实现"华夷"一统。但是，与汉、唐不同的是，宋朝遭遇的是百年不衰之"夷狄"，辽、金几乎与其朝运相始终，且在双方关系中始终居于主导地位。熙宁十年苏颂出使辽朝回，宋神宗与其有一番关于契丹与汉之匈奴、唐之吐蕃的讨论："公曰：'彼讲和之日久，颇取中国典章礼义，以维持其政令，上下相安，未有离贰之意。昔人以谓匈奴直百年之运，言其盛衰有数也。'上曰：'契丹自耶律德光至今何止百年。'公曰：'汉武帝自谓高皇帝遗朕平城之忧，虽久勤征讨，而匈奴终不服。至宣帝，呼韩单于稽首称藩。唐自中叶以后，河湟陷于吐蕃，宪宗每读《贞观政要》，慨然有收复意，至宣宗时，乃以三关七州归于有司。由此观之，夷狄之叛服不常，不系中国之盛衰也。'上深然之。"② 面对百年不衰之契丹也只能用"夷狄之叛服不常，不系中国之盛衰"来聊以解说了。

作为大一统王朝的汉唐，都经历了从初期与"夷狄"的倒悬之势到理顺"华夷"秩序的转变，都用了上述和、战、守三策。西汉初期，与匈奴的关系一度出现贾谊所说的倒悬之势。汉匈之间有"长城以北，引弓之国，受令单于；长城以内，冠带之室，朕亦制之""匈奴无入塞，汉无出塞"的约定，以及"天所立匈奴大单于敬问皇帝无恙""皇帝敬问匈奴大单于无恙"的互称，③ 说明双方已以对等的关系交往。但不同于宋与辽结澶渊之盟，以条约形式规定双方的对等关系，西汉以和亲之策，即玉帛女子解决之；之后，汉武帝发动汉匈战争，反击成功，一解倒悬之势，确定了汉匈的君臣名分。如苏颂所言，到汉宣帝时呼韩邪单于称臣朝贡。此后，汉朝盛衰虽有波动，"夷狄"之患屡有发生，但再无与之分庭抗礼之夷狄。

北朝后期，突厥汗国迅速成为北方最强大的政权；北周和北齐皆争相

---

① 《李纲全集》卷56《上皇帝封事》，第625页。
② 邹浩：《道乡集》卷39《故观文殿大学士苏公（颂）行状》，第518页。
③ 《汉书》卷94上《匈奴上》，中华书局，1964，第3756、3762、3764页。

臣事突厥；隋朝建立时，与突厥仍是倒悬之势。隋文帝北击突厥，分化瓦解，打败了突厥，使东、西突厥争相臣服隋朝。隋末大乱，突厥再次强大起来，拥百万大军，虎视中原。薛举、窦建德、刘武周、王世充、梁师都、李轨、高开道等割据政权都向突厥称臣。突厥封刘武周为定杨可汗、梁师都为大度毗伽可汗（又封解事天子）。唐高祖太原起兵，正值突厥极盛之时。为稳定太原，向突厥臣服，给突厥的信用上行文书格式"启"而非平行格式"书"，换得"屈于一人之下，伸于万人之上"。李渊称此做法为"掩耳盗钟"的权宜之计。① 唐朝建立后的最初几年，屡遭突厥侵扰，唐对突厥卑辞厚礼，仍没有摆脱突厥灭顶的威胁，甚至一度讨论从长安迁都，以避突厥之祸。唐朝经过十年经营，629 年，突厥也向唐朝称臣，并请和亲；630 年，唐朝出兵彻底打败突厥，俘获颉利可汗。后西突厥虽一度强盛，但已不能构成如唐初那样的倒悬之势了。唐与吐蕃自唐太宗时虽已有"敌国"之意，但进行了几次会盟、和亲；唐中叶以后，吐蕃一度兴盛，占领了河湟、河西等地，但并非百年不衰。唐后期，回鹘强而不能制，唐朝以和亲和互市维持了名义上的君臣关系。

汉唐时期，"夷狄"之祸盛衰起伏，危机之甚时不亚于宋朝，但汉唐王朝总体上能以上述战、守、和亲三策化解，在大部分时期维持了名分上华夷一统的独尊地位，没有以条约正式规定与匈奴、突厥或其他"夷狄"的对等关系或君臣名分，更未遭遇"夷狄"自称"中国"，抗礼中原王朝的情况。

宋朝自称一统，实则南北对峙，特别是南宋半壁江山陷落金朝之手，与东晋南北朝分裂时期一样都有"华夷"分立相抗的困境。东晋时期，"夷狄"占据中原，东晋偏安江左，"中国"和"华夷"问题更为突出。慕容儁曾直接对东晋使者说："汝还白汝天子，我承人乏，为中国所推，已为帝矣。"② 自己称"中国"皇帝，与东晋并立。统一了北方的前秦更是以"中国"自居。但当时的北方夷狄政权称"中国"，尚不称"华"，在文化上承认自己"国家本戎狄也，正朔会不归人"，③ 而东晋是"中华

---

① 温大雅：《大唐创业起居注》卷上，上海古籍出版社，1983，第 11 页。
② 《晋书》卷 110《慕容儁载记》，中华书局，1974，第 2834 页。
③ 《资治通鉴》卷 104《晋纪二十六》，中华书局，2011，第 3304 页。

正统"。东晋则以道统优势自居"中国",不承认北方"夷狄"政权的"中国"地位。东晋与前秦及燕等"夷狄"政权一度势不两立,但其"中国",尤其是文化"中国"之地位尚未被"夷狄"政权所否定。南宋却在名分上也无法与金朝对抗,在对金交往中不能得到文化或地理"中国"的任何承认。

南北朝时期,南北各称"中国"。南朝不承认北朝的正统地位。与东晋时期不同的是,北朝也不承认南朝的"华夏"和"中国"地位。北魏用"魏"的国号,称自己承袭曹魏的正统地位,是"中华之主",使东晋和南朝的中华正统地位失去依据。① 南北双方在聘使往来时称南、北,而在各自内部,北朝称南朝为"岛夷",南朝称北朝为"索虏"。② 南北双方在"华夷"和"中国"的问题上都持对立和不可调和的态度。可见,南北朝时期自居中华正统的东晋南朝政权面临着与南北对峙的两宋王朝一样严峻的"华夷"和"中国"困境,只是关系形态和应对方法各有不同。

但是,不论是号称一统的汉唐,还是分裂对峙的东晋南朝,抑或其所面临的"华夷"和"中国"危机形态如何,都把"华夷"观念作为绝对理念,塑造本政权唯一的中华正统角色。西汉初虽然匈奴之势在汉朝之上,但汉朝君臣仍是在"华夷"的话语中谈论匈奴问题。贾谊上书称:"天下之势方倒县。凡天子者,天下之首,何也? 上也。蛮夷者,天下之足,何也? 下也。今匈奴嫚娒侵掠,至不敬也,为天下患,至亡已也,而汉岁致金絮采缯以奉之。夷狄征令,是主上之操也;天子共贡,是臣下之礼也。"③ 对于汉武帝征伐匈奴和其他开拓活动也是在"华夷"话语中表达,称"孝武之世,外攘四夷,内改法度","征讨四夷,锐志武功"。④ 征服匈奴后更是称"天下和平,四夷宾服"。⑤ 李渊太原起兵时臣事突厥,但与自己属下讨论给突厥文书用"启"还是用"书"时仍称突厥为"夷狄":"自顷离乱,亡命甚多,走胡奔越,书生不少。中国之礼,并在诸

---

① 何德章:《北魏国号与正统问题》,《历史研究》1992年第3期。
② 牟发松:《南北朝交聘中所见南北文化关系略论》,《魏晋南北朝隋唐史资料》第14辑,武汉大学出版社,1996。
③ 《汉书》卷48《贾谊传》,第2240页。
④ 《汉书》卷89《文翁传》、卷22《礼乐志》,第3623、1032页。
⑤ 《汉书》卷86《何武传》,第3481页。

夷。我若敬之，彼仍未信。如有轻慢，猜虑愈深。"① 武德元年（618），李渊登皇帝位的册文号称是"华夷"的共主："西戎即叙，东夷底定"，"远近宅心，华夷请命"。② 唐太宗打败突厥后，更是反复宣扬"天下大宁，绝域君长，皆来朝贡，九夷重译，相望于道"，"中国百姓，天下根本，四夷之人，犹于枝叶"，"九州殷富，四夷自服"。③

东晋南朝与北方"夷狄"政权抗衡对峙，且无臣服关系，更需要在国内营造"华夷之辨"，强化自身地位的合法性和内部认同。江统的《徙戎论》是这一时期南方政权在其境内强调"华夷之辨"的典型代表。江统愤于"四夷乱华，宜杜其萌，乃作《徙戎论》"，强调"《春秋》之义，内诸夏而外夷狄"，分析了历代特别是汉代对待"夷狄"的得失，指出"四夷之中，戎狄为甚"，力主将"戎狄"迁出"中国"，"反其旧土"，使其"与中国壤断土隔，不相侵涉"，"戎晋不杂，并得其所"，"则绝远中国，隔阂山河，虽为寇暴，所害不广"。④ 江统的主张虽然在现实中不可能实施，但反映了对峙分裂时期"华夷"对抗越是激烈，在本政权境内强调"华夷之辨"越是具有必要性。

如上所述，宋朝面临的"华夷"和"中国"困境有不同于以往各朝的特点。"古者，夷狄之势，大弱则臣，小弱则遁，大盛则侵，小盛则掠。吾兵良而食足，将贤而士勇，则患不及中原"，"今之蛮夷，姑无望其臣与遁，求其志止于侵掠而不可得也"。⑤ 汉之匈奴，唐之突厥、吐蕃，"夷狄"之祸皆起而转消，所谓"匈奴直百年之运，言其盛衰有数也"，但是宋朝所遇之"契丹自耶律德光至今何止百年"，⑥ 不同于汉之匈奴和唐之突厥、吐蕃。因而以往朝代的应对办法也不能完全适用于宋朝，"岂可以待外裔之常道而待之"，"妻之以女则不可，借其力以平中国则不

---

① 温大雅：《大唐创业起居注》卷上，第 11 页。
② 温大雅：《大唐创业起居注》卷下，第 44 页。
③ 《贞观政要》卷 5《诚信第十七》、卷 9《安边第三十六》，上海古籍出版社，1978，第 183、276、277 页。
④ 《晋书》卷 56《江统传》，第 1532 页。
⑤ 《三苏全书·苏洵集》卷 9《审敌》，语文出版社，2001，第 1201 页。
⑥ 邹浩：《道乡集》卷 39《故观文殿大学士苏公（颂）行状》，第 518 页。

可"。①

至于石介提出的"四夷处四夷，中国处中国，各不相乱"的办法更是不可实行。叶适提出了解决"中国"困境的三个原则："中国不治外裔，义也"，"中国为中国，外裔为外裔，名也"，"视其所以来而治之者，权也"。② 他认为北宋澶渊之盟后坚守盟约、不相侵犯，是符合三原则的解决办法。石介和叶适所反映的理想化的"华夷"和"中国"思想，与江统的《徙戎论》一样，符合国内政治场域中申明"华夷"观念和文化"中国"的需要，在宋朝国内政治场域中得到运用，但其看似缜密的设想在对外政治实践中无法操作，不能以之开展对外交往。面对"来者必不可拒""去者必不可追"的"戎狄"，③ 宋朝政治实践家采取了比思想家更灵活的措施和更有弹性的标准，用正式条约的方式承认与辽的对等地位以及与金的君臣关系，对西夏、交趾等"汉唐旧疆"内的"夷狄"政权采取了要求其遵行君臣朝贡礼仪，而放任其自行皇帝制度的灵活办法。由于宋朝军事对抗始终处于不利境地，故将经济代价作为重要的对外交往手段，即宋人自嘲的"北方以地为请，既以赂解之，西方以号为请，又以赂解之。二虏知我终不能以地与号假之也，将合谋必以地与号为请"，④"中国庙谋胜算，惟以金帛告人"。⑤ 但这正是在现实的内外政治环境下可行的选择。

四 结论

"华夷"观念自先秦形成以来即被历代王朝作为构建天下秩序的基本理念，中国则是在文化和地理上自居正统的重要旗帜。所以"华夷"是关乎名分秩序和王朝合法性的根本问题，是历代王朝都必须加以解说的重要问题。自居正统的王朝理论上应该是天下推心、"四夷"怀服的"华

---

① 陈亮：《龙川集》卷4《问答》，第537页。
② 《叶适集》卷4《外论一》，第684页。
③ 苏辙：《栾城集》卷11《王者不治夷狄论》，第1699页。
④ 尹洙：《河南集》卷8《议西夏臣服诚伪书》，第38页。
⑤ 《欧阳修全集》卷102《奏议》卷6《论西贼议和请以五问诘大臣状》，第1562页。

夷"共主的中国,这是理想的状态。但事实上,"夷狄"侵疆离叛、破坏名分的现象历代不能根除,"华夷"和"中国"的危机是先秦以来的历史难题。在实践中,"华夷"和"中国"观念的运用不得不根据政治场域和关系形态的不同而具有灵活性。

具体到宋朝,面临的"华夷"和"中国"困境,以及绝对理念与弹性标准虚实相应的原则都具有历史的共通性,而其具体应对之策又有时代的特殊性。宋朝是自称继承汉唐德运的正统王朝,同时又遇百年不衰之"夷狄",宋辽、宋金关系引发了宋朝诸多"华夷"和"中国"的困境。宋朝既无法如汉唐那样以战、守、和亲之策理顺华夷秩序,也不能如东晋南朝那样在名分上不受"夷狄"政权的胁迫,勉力自守。在处理对外关系时,宋朝统治者对"华夷"和"中国"问题总体上采用了弹性标准,维持了现实对外关系,保障了王朝的外部安全。对内却以"华夷"和"中国"为绝对理念,对绝对理念的坚持更多是为宋朝皇帝"华夷"共主地位做政治解说,而非如汉唐将理顺"华夷"关系、建立"华夷"一统秩序作为现实目标。宋朝的文化"中国"也并非没有挑战,地理"中国"则与其汉唐继承者身份大不相符。宋朝通过设置"旧疆",申明"恢复",解说自身的政治合法性。作为政治话语的"旧疆"并非昔日汉唐版图,"恢复"也并非一直作为必须实现的目标。除了宋神宗实施了以"恢复"为名的开拓计划,北宋徽宗朝和南宋宁宗朝一度做了不多且失败的"恢复"努力,两宋总体是大力"尊王"而消极"攘夷"。宋朝应对这一困境本身也说明其应对之策和理论来源都在春秋以来"华夷"和"中国"观念的框架之中,难以与民族主义或民族国家意识相联系。

"现代中国"的基础常识建构*

——清末民初"读本"中的现代国家观念普及

瞿 骏**

"现代中国"如何形成是一个无比庞大且相当具有挑战性的课题。对此,不少既有研究指出现代中国的形成具有两歧性。① 简而言之,其既具有现代的模样,又不乏传统的影子;既有中国传统的渊源,又有欧风美雨的影响。本文并不处理如此庞大的一个问题,而是希望从一个相对中观的问题即"普通人认知国家的基础常识是如何获得的"出发来观察"现代中国"形成的一个侧面。而所谓基础常识指的是对现代中国的形成有着强大影响力和凝聚力的一些概念、知识和记忆。它们并不仅仅在精英的世界中广泛传播,而且渗透到了几乎每一个中国人的脑海之中。

从研究取径上看,既有研究讨论"现代中国"的基础常识建构,其重心多放在转型时期出版的大量报刊上。这当然非常重要,因为在清末民初思想媒介最重要的变化之一就是报纸杂志的大量涌现,而报刊的确对于现代中国的基础常识建构有非常重要的作用。不过只要对报刊的制作、销售、阅读等各种面相稍加分析,就会发现其中存在很多需要进一步解释的问题,尤其是如何估计和解说报刊的实际影响力。有研究者即指出:在清末民初,无论是报纸还是新式期刊的发行量都比较有限。研究已汗牛充栋的《新青年》《东方杂志》等刊物在20年代初发行量大约是1.5万份,《申报》大约日销2.5万份,其次是《新闻报》2万份、《时报》1万份,其他报纸发行量皆不到1万份。②

---

* 本文原刊于《上海师范大学学报》(哲学社会科学版) 2014 年第 4 期。
** 瞿骏,华东师范大学历史学系教授。
① 张灏:《中国思想史上的转型时代》,《张灏自选集》,上海教育出版社,2002。
② 参见王飞仙《期刊、出版与社会文化变迁——五四前后的商务印书馆与〈学生杂志〉》,台湾政治大学历史学系,2004,第 7~8 页。

而据笔者考察清末报刊的销量，除了上海、北京等大城市外恐怕也比原来我们估计的要低一些。虽然报刊的影响力并不能仅仅用发行量来判断，但笔者以为研究视野或许应拓展到报刊之外，考察关于"现代中国"的常识建构还有哪些方式，其中各类"读本"的传播阅读在笔者看来就是非常重要之一种。

一　清末民初"读本"的兴起

清末民初兴起的读本主要依托三个重要背景：其一，从清末宪政开始到1911年革命的政治变革；其二，清末的科举改制；其三，西潮冲击下传统童蒙教育的转型。

20世纪最初十年，清政府的新政是一个涉及政治、经济、文化等各个方面，触动乃至改变了中国传统社会结构的一次重大改革。其中，宪政改革定立宪时间表，中央设资政院，各省立谘议局，在各地推行地方自治。这些举措在很多读书人看来面临着一个巨大的困境，即如何开民智以培养"立宪国民"的政治常识。因为当时大多数中国人并不知道宪政为何物，对资政院、谘议局或者地方自治究竟是怎么回事也不甚了了。在上，不少人是以"通君民上下之隔"的思路来理解宪政的；在下，选举舞弊、非议宪政的现象屡见不鲜，由选举资格调查和地方自治推行而起的风潮此起彼伏，因此1909年的学部奏陈才会说，"立宪政体期于上下一心，必教育普及，然后国民知识道德日进，程度日高，地方自治选举各事，乃能推行尽利"。[①] 正是在此潮流下，严复、孟森、朱树人、陈宝泉、高步瀛等人纷纷开始编撰各种读本来开民智为立宪做准备。而1911年革命改帝制为共和也催生了一批以传播"共和国政治组织大要以养成完全共和国民"的民众读本。[②]

同时自戊戌变法开始，清廷大幅度改革已近千年的科举制度。最重要的表现为科举考试中策论一门日益受到重视。尤其是1901年清廷下诏全

[①] 转引自吴剑杰编《张之洞年谱长编》下册，上海交通大学出版社，2009，第1018页。
[②] 《中华共和国民读本》上册，中华书局，1913，第12版。

方位科举改章，策论一门被提升到至关重要的位置，成了每一个举人士子必读必考的科目。这一变化虽然仅仅维持了四年左右的时间即随着科举制度的废除戛然而止，但其造成的影响不容小视。周作人在《谈策论》一文中就略带嘲讽地评说八股改策论带来的影响：

> 前清从前考试取士用八股文，后来维新了要讲洋务的时候改用策论……八股文的题目只出在经书里……策论范围便很大了，历史、政治、伦理、哲学、玄学是一类，经济、兵制、水利、地理、天文等是一类，一个人哪里能够知道得这许多，于是只好以不知为知，后来也就居然自以为知，胡说乱道之后继以误国殃民……我们小时候学做管仲论、汉高祖论，专门练习舞文弄墨的勾当，对于古代的事情胡乱说惯了，对于现在的事情也那么地说，那就很糟糕了。洋八股的害处并不在他的无聊瞎说，乃是在于这会变成公论。①

这种对策论/论说的描述证明科举制度的改革导致读书人从阅读形式、学习内容到自我认知理路的巨大转换，这种转换并未因 1905 年科举废除而停滞，其反而带来了一种经久不息的出版热潮即以"论说"为题目的读本大量出版。这些以"论说"为标题的读本虽然基本上是粗制滥造，大量重复、内容庞杂的策论型文章的汇编，按照它们自夸的话来说即"无非古今历史与夫近今时事相提发挥，或一题一篇，或一题数篇，以示途径"，② 却因符合了一般读者尤其是在校学生参考、模仿乃至抄袭的需要而经久不衰。如《最新论说文海》一书 1913 年初版，1919 年 18 版，到 1933 年已出到增订 26 版，而且在国民党"训政"体制下有些文章从表面上看已颇不合时宜，如《孔子纪念日感言》《尊孔论》等，但依然能够销行无阻。

除了宪政推行和科举改革外，西潮冲击下传统童蒙教育的转折亦是民众读本兴起的温床。一方面，传统童蒙教育被很多趋新读书人认为不合时

---

① 周作人：《谈策论》，《风雨谈》，河北教育出版社，2002，第 49~50 页。
② 《最新论说文海》，共和书局，1933 年增订 26 版，"重刊论说文海序言"。

势而被冠以许多"污名",这使童蒙教育中应使用所谓"浅白读本"的意见甚嚣尘上。《申报》上有论说即认为:

> 我国因考试用文字之故,遂以不通俗为主。而初级读本亦用之,差之毫厘,谬之千里。彼止曰我教之读八股题目,读八股材料也。若问童子之受益与否,则哑然无以应矣,今夫浅白读本之有益也,余尝以教授童子矣。甲童曰好听好听,乙童曰得意得意。所谓好听得意者无他,一闻即解之谓耳,一闻即解故读之有趣味,且记忆亦易,如此则脑筋不劳,无有以为苦事而不愿入塾者。且童子养生之道亦在是矣,或曰四书五经乃圣贤道理,如何舍彼读此?答之曰四书五经之道理无分古今,惟其语言则儒林古国之语而非今国之语也。若以今国之语言写,无分古今之道理有何不可?余所谓浅白读本非不讲道理之谓,乃句话浅白之谓耳,且直与时为变通。①

另一方面,童蒙教育的基本结构由官学、书院、私塾渐渐转向各类学堂,这种基本结构的变化让如何规训学童的身体和思想以适应"新学堂"成了一个问题,这些身体和思想的规训往往会利用教科书。由此不少教科书即直接以"读本"为名,而其他各种类型的"读本"亦成为重要补充。像《国民读本》除了有立宪宣传的功用外,在《学部第一次审定高等小学暂用书目凡例》中就明确规定其使用者为"学生"。②《国民必读课本》也是如此,其宣讲规定由各地劝学所进行。③《中华共和国民读本》自称其内容"可充高等小学及初等小学补习科之用,然今日中学校、师范学校学生皆未受共和国民教育,故亦可用为补习课本"。④ 商务印书馆出版的《共和国民读本》在封面明确表示为"高等小学校用"。而在《初等共和论说指南》中开篇即有《守规则》一课说:"学校之立规则,岂欲压制

---

① 陈荣衮:《论训蒙宜用浅白新读本说》,《申报》1900年4月22日,第3版。
② 李桂林等编《中国近代教育史资料汇编·普通教育》,上海教育出版社,1995,第41页。
③ 李桂林等编《中国近代教育史资料汇编·普通教育》,第56页。
④ 《中华共和国民读本》上册。

学生哉？将以检束其身心耳。乃有放纵之徒，不识规则为何物，辄违犯之，身心何由而端正乎？惟善守规则者，无论课业时，游息时，而其举动语言皆无过失。"① 这些足见学堂建制与读本出版之间的密切联系。

二 理解现代中国：清末民初"读本"中的国家与世界

在初步了解清末民众读本兴起的背景后，让我们回到这些读本自身。如果将清末民初的读本与当时其他著作或报刊上的言论相比较，其实这批书大致在思想上既无原创性也无独特性，却是讨论"一般思想史"的不错材料。因为至少编写读本的那些精英在试图向更多的人传递他们在思考并希望让民众了解的概念、理论与思想，而且在这一过程中他们势必要努力地做到通俗化和简单化（效果如何存疑）。此处即选取清末民初与政治文化基础常识构建密切相关的国家与世界观念来做进一步讨论。

在清末中国占据主流位置的是一套融合了"主权在民"和"国家至上"观念的混合型国家观。② 这套国家观打破了原来皇帝、朝廷与国家的紧密结合，降低乃至消解了皇权在整个国家架构中的位置，最终将"国家"抽象出来，成为新的至高无上的存在。梁启超《新民说》第六节"论国家思想"中就曾把国家比作"公司""村市"，朝廷是"公司之司务所""村市之会馆"，而皇帝、官僚则为"总办""值理"，因此：

> 固有国家思想者，亦爱朝廷。而爱朝廷者未必皆有国家思想。朝廷由正式成立者，则朝廷为国家之代表，爱朝廷即所以爱国家也。朝廷不以正式而成立者，则朝廷为国家之蟊贼，正朝廷乃所以爱国家也。③

---

① 《守规则》，《初等共和论说指南》第 1 册，广益书局，1914，第 1 页。
② 沙培德（Peter Zarrow）：《清末的国家观：君权、民权与正当性》，许纪霖、宋宏编《现代中国思想的核心观念》，上海人民出版社，2011，第 367~388 页。
③ 中国之新民（梁启超）：《新民说》（4），《新民丛报》第 4 号（光绪二十八年二月十五日），第 2~3 页。

在中国传统的国家认同中，在位君主和一姓王朝基本与国家一体。因此梁启超这套将"朝廷"与"国家"分离的推论方式可谓惊世骇俗，影响甚大，① 这种思路也充分反映在当时的读本里。如 1905 年出版的《国民必读》虽然有一课称"受国家莫大的利益，岂有不思报酬的理，所以就以忠君爱国四字，为我辈最大的报酬，亦就是我辈最大的责任"，② 但只要通读过这本书就会发现明确提倡"忠君"的只有这一课，在"忠君爱国"的旧毡帽下面隐藏的是一个崭新的"国家"。"民"则成了这个"国家"的全新政治主体，由此国家与民众在读本里产生了全新的联系，这种联系又使得国家对于民众的要求与以往在"君臣"或"君民"关系框架下的那些要求截然不同，这尤其表现在《说国家与国民的关系》一课上：

> 如今我中国的民人有个最不好的习惯，遇着国家有事，就说这是国家的事，不与我民人相干。此等话可算是最糊涂的了。试问民人是何国的民人？国家是何人的国家？若国家的事与民人无干，如何能唤作国民呢？须知国民二字原是说民人与国家，不能分成两个。国家的名誉就是民人的名誉，国家的荣辱就是民人的荣辱，国家的厉害就是民人的利害，国家的存亡就是民人的存亡。国家譬如一池水，民人就是水中的鱼。水若干了，鱼如何能够独活。国家又譬如一棵树，民人就是树上的枝干，树若枯了，枝干如何能够久存？③

---

① 在读罢梁启超"国家如公司"的文字，毛泽东就曾在他阅读的《新民丛报》上批文说："正式而成立者，立宪之国家也。宪法为人民所制定，君主为人民所推戴。不以正式而成立者，专制之国家也，法令由君主所制定，君主非人民所心悦诚服者。前者，如现今之英日诸国；后者，如中国数千年来盗窃得国之列朝也。"转引自李锐《恰同学少年——毛泽东早年读书生活》，万卷出版公司，2007，第 56 页。广东一学堂学生在作业中也说："国者非一人独有之国，乃人民公共之国也，何则一国之中如一大公司，君乃公司之司事，官乃公司之伙伴，民乃公司之股东。国民者应尽国民之义务，则纳税当兵之类是也，今中国人不知自己有国民之义务，又或知义务而不知权利，以为国乃皇帝之国，财乃皇帝之财，自己并无与也，观泰西文明诸国，每欲举一世事，必由上下议院议定方可准行，比之中国则有天渊之隔矣。吾辈尚不发愤而造一新国乎？"梁忠（汉英文第二年班）：《解国民》，《岭南学生界》第 7 期，1904 年，第 25 页。

② 陈宝泉、高步瀛编《国民必读》第 1 编，南洋官书局，1905，第二课《说国民应尽的责任》，第 3 页。

③ 陈宝泉、高步瀛编《国民必读》第 1 编，第一课《说国家与国民的关系》，第 1 页。

到 1911 年辛亥革命后，摆脱了皇权束缚的读本中讲现代"国家"的内容就更多，甚至用的比喻都与清末类似，如直隶省出版的一套《共和浅说》中就说：

> 共和国家由人民组织而成，所以叫做民国。共和国家的人民都是国家一份子，所以叫做国民。可见人民与国家是万万不能分开的。国家譬如一棵树，人民就是此树的根株枝叶。若无根株枝叶，那里有此树，树已枯槁了。就是有根株枝叶也不能独存。所以国家与人民关系的非常密切，国家一切的事就是国民的事。①

国家观的转化构成了现代中国的一层基本底色，即对国家富强的渴求以及对民族主义的宣扬、响应和追随。但值得注意的是，清末民初除了国家富强和民族主义被凸显外，还有一个层面就是"世界"观念的兴起。这一观念首先是和中国古老的"天下"观念相勾连的。罗志田即指出：列文森说近代中国是一个从"天下"转化到"国家"的过程或许大致不错，但同时是一个从"天下"转化到"世界"的过程。② 从读本来看，不少内容即表现出从"天下"向"世界"转换的痕迹。如商务印书馆出版的《共和国民新读本》在谈到"邮政"时就说：

> 往时通信或遣专使，或凭信局，从无国家为之经营者。至邮政既兴，其所及之地既广，传达亦较为妥捷，于是人民心志大通，知识亦因之大进，且不徒偏于己国也。又合万国同盟为之整齐而画一之。一纸音书可以周行世界。③

"合万国……整齐而画一之"既包含有中国人怀着"天下一家"的古

---

① 高步瀛编《共和浅说》上编，直隶官书局，1912，第二讲《说共和国民与国家的关系》。
② 罗志田：《天下与世界：清末士人关于人类社会认知的转变》《理想与现实：清季民初世界主义与民族主义的关联互动》，《近代读书人的思想世界与治学取向》，北京大学出版社，2009。
③ 《共和国民新读本》(2)，商务印书馆，1912，第十七课《邮政及电信电话》，第 17 页。

老理想要"跳入世界流"中去的想象,又消解了以往天下观以中华本土为中心、以"夷夏"为分界的差序格局。这就使清末民初的"世界"观念在民众读本中表现出四条既有相似之处又包含较大差异的理路。

第一,因有"世界"观念而有世界公理和世界公例,公理与公例是一套无须经过证明即有其正当性的一套言说,以公理、公例为起点,既然泰西诸国依照这些准则来破除迷信,讲求卫生,强调公德,那么这些准则就都成了趋新人士所提倡的强势话语,通过日复一日地讲述、宣扬和选读渐渐沉淀在现代中国的政治文化中。

第二,是时传统天下观念里的人类意识与"世界"观念中的普遍文明观相结合,在强调富国强兵的同时,亦常试图以人类主义的普遍性消解民族国家的特殊性,催生了中国人要做"大国民"的意识。

1905年出版的《国民必读》就说:"日本人有言,大英雄不如大国民,真是有味之言。大国民三个字不是论国的大小。必须有作大国民的资格,若没有国民的资格,那国虽然大,只好算大国之民,却不能叫做大国民。那国民的资格从何造成呢?必须要受教育了。"① 商务印书馆出版的《共和国民新读本》则提出:"文明之民尤重人道,是以能爱己又能爱人,虽外国人犹同胞也。盖国家权利之争有内外,而人道则无内外。"②

第三,普遍文明观又会与流行的进化观念相结合,从而让新的"世界"观念中产生一套对各类国家和人种的等级化想象。这套想象形成了以富强和文明为区隔的另一种"夷夏之辨"。在这种"夷夏之辨"里,欧美国家及其人物作为富强代表和文明标杆大量出现在读本中。

《中华共和国民读本》就特别辟出六课的篇幅讲解法兰西共和国、美利坚合众国,以及法美政治之异同、美国各州之组织,其占到了《中华共和国民读本》上册的五分之一强。商务印书馆出版的《共和国民新读本》的广告页上则赫然有《法美宪法正文》、《世界共和国政要》及《美国共和政鉴》等书作为新建民国的效仿对象与指路明灯。有一篇题为《十九世纪之文明记》的读本里的文章则可能是一个清末民初思想界大面

---

① 陈宝泉、高步瀛编《国民必读》第2编,第一课《说要有国民的资格必须先受教育》,第1页。
② 《共和国民新读本》(2),第二十七课《公德》,第27页。

积"变夷为夏"的典型例证:

> 欧洲各国进步速率必较他国易达,其脑筋转掭实有特别之灵动在也。不然同一文学耳,十九世纪何以有写盾的与法人嚣俄,英人丹尼孙及氏庚、德人哥的耶。同一史学耳,十九世纪何以有德人兰陵、英人弗里孟耶、同一哲学耳,十九世纪何以有德人康德及非希的、黑智尔、秀彭化、英人斯宾塞耶。同一科学耳,十九世纪何以有德人麦耶之势力不灭论、英人达尔文之进化论耶。嘻,文明至此可谓达于极点矣。而孰知器械之新发明者有福尔顿之汽船焉,有斯梯芬之汽车焉,有沙米林及高斯之电信焉。其余自显微镜、望远镜、写真术外,概电话、电灯、电车、无线电信、炮火、军舰诸术,更能出奇制胜以竞争于一时。盖武功息而文化开,民智启而物理出。观于千八八三年之三国同盟,千八九五年之两国联合已可得其大概矣。况千八九九年万国和平会更别树一帜于地球之上哉。今也环球交通日新月异,十九世纪之历史诚不能不为欧洲留纪念也。①

第四,因另一种"夷夏之辨"产生而让时人产生了普遍焦虑,即中国是否有资格包含在"世界"之内。

比如读本中说到西方列强的殖民主义政策,就会指出这是因为"广民族而张国权",由此"殖民之说流行"。但沉痛的是像美国华工等"供人奴仆者皆我华人耳"。不过文章到最后,作者又不免遐想中国何时能够同列强一样去占有殖民地。② 一些读本谈人种知识时也会出现类似情况。作者一面希望南美"红种"、澳洲"棕种"、非洲"黑种"能与亚洲"黄种"、欧洲"白种"同化,如此则"文明之进步不难",退而求其次则可

---

① 《十九世纪之文明记》,费有容编《共和论说进阶》第4册,神州图书局,1912。这种思路除了在"读本"中有所体现外,在其他通俗小册子中亦很多见,如陈天华所撰著名的《狮子吼》中就说:"到了近今二三百年,出了多少学者,发明了多少新学理。那天文学、地理学、物理学、政治学、化学、算学、汽学、重学、声学、光学。一天精一天,所出的物件神鬼不如,真是巧夺天工,妙参造化。但这些学问,越æ越好。火车、轮船、电线、电话、电灯、电车及一切机器,极远的不过百年,极近的不过一二十年才有。这几十年的进步,真真不可思议。"《中国近代珍稀本小说》(9),春风文艺出版社,1997,第17~18页。

② 《说殖民政策》,费有容编《共和论说初阶》下册,上海神州图书局,1913。

以"亚洲之黄种与欧洲之白种"同化,使"天演之界说悉泯"。但笔锋一转又固执地认为"三种固不如黄白,而黄种又不如白"。①

在这些论述中明显表现出"世界包不包括中国"这一问题在时人看来是一个尴尬但又不得不经常面对的重大问题。

三 20 世纪 20 年代读本中的国家与世界

20 世纪 20 年代中叶是所谓"转型时代"的结束时期,在这个时段中国的政治文化发生了急剧的变化,已有不少学者做出了出色研究。② 不过就政治文化常识建构而言,尚留有一定的讨论空间。若能以当时出版的读本与清末民初读本中的国家和世界观念做一些比较,则对我们进一步认识由读本带来的现代国家观念和世界观念有更大的帮助,先来看国家观念。③

在清末民初的国家观念里,当国家与朝廷相分离时,新的政治主体——国民或曰人民、民人也随之产生。普遍化、一致化的"国民"极大动摇了传统时代即使是普通中国人也认同的价值认知,即士农工商的社会地位排序。1896 年时,梁启超已在说农有农之士、工有工之士、商有商之士、兵有兵之士。中国不如西方列强正是因为"有四者之名,无士之实"。而那些"矻于士而不士,聚千百贴括、卷折、考据、词章之辈",则是"于历代掌故,瞠然未有所见,于万国形势,瞀然未有所闻者,而欲与之共天下、任庶官、行新政、御外侮,其可得乎?"④ 1903 年马相伯从中西读书人的比较中看出了"士大夫"的大劣势:

> 士大夫束发入塾,即为无业游民,不复于工艺有所措意,以致器

---

① 《人种论》,费有容编《共和论说初阶》上册。
② 王奇生:《"革命"与"反革命":一九二〇年代中国三大政党的党际互动》,《历史研究》2004 年第 5 期。
③ 这批读本主要在湖南出版,编写者基本都有深厚的共产党背景,其内容一般针对所谓劳工农人,从史料的性质看其当然具有一定的局限性,但至少也能反映变化的部分面相。
④ 梁启超:《学校总论》,朱有瓛主编《中国近代学制史料》第 1 辑下册,华东师范大学出版社,1986,第 478 页。

日苦窳，商业大衰，而利权遂为外洋所夺。不知外人虽贵为天子，亦下执工业，陶冶斤斫，皆躬为之，非特大彼得之入船厂而已。中国古时士人尚执贱业，如嵇康好锻诸事，史传往往言之。唐宋以后，兹事遂希，亦可见世风之变矣。①

前引《国民必读》中也特别指出：

> 人但能尽了自己的责任，就算不枉为一个人。但就我们为民的说，比如士农工商，任人去作，只要能尽了自己的职任，于社会就大有益处。古时四民之中最重士，把农工商却看作下等，到文明益进，分业愈多，无论何种职业，全是缺一不可的。②

在1912年会文堂出版的一本《中等新论说文范》中有一篇《论士人宜重视实业》的文章。在这篇文章里先将实业悬为国家富强的大标准，由此士农工商"合一"的思路就蕴含在其行文逻辑之内：

> 实业者，生计之母也。古者伊尹农耕于莘，傅说业工筑于野，胶鬲业商，贩鱼盐于市，以实业为生计。名士优为之。不谓中古以降，士与农工商分途。士不能为农工商，而反仰给于农工商，犹且强为之解曰士贵名也，农工商贱役也。呜呼，自此说出，而士不知有生计，反举农工商之生计而俱困矣。夫实业不一端，而农工商为最大。农有农学，工有工学，商有商学，士即以农工商诸学为学者也。故穷而在下，固然以农工商为学业而自谋生计，达而在上且以农工商之学业为提倡而共谋生计。士之生计即此农工商之生计也，而为农工商者之不皆称士，则以学不学之别耳。今其言曰，士自为士，农工商自为农工商，则士直一无业之游民，穷不能自谋生计，达亦不能与农工商共谋生计。农工商未得士之益，反而分其力以豢士。其有不因而俱困者

---

① 转见刘绍宽《厚庄日记》，"癸卯十月廿三日"条，未刊打印稿。
② 陈宝泉、高步瀛编《国民必读》第2编，第十一课《说尽职》，第22页。

耶。顾或犹为之说曰，士亦有专职在。官也、师也，士之职也。

呜呼，以是等不学无术之伪士人，而令其为官，为师，故实业不兴，生计益蹙，民日穷，财日匮，一至于此。今试问欧西各国之政府有如我顽钝无耻之官吏乎？又试问欧西各国之学校有如我滥竽充数之教师乎？彼自文明，我日鄙塞，奚惑乎？彼富而我贫，彼强而我弱也。为今计，当政治革新之始，亟宜举士农工商之途而一之。士之学即农工商之学也，明农工商学乃足以为士。此制一行将必有农业家、工业家、商业家出现于吾国，为民族提倡，夫而后实业与生计盛，而富而强，堂堂中国庶不出欧西各国下。①

在这篇文章的页眉和最后有不少评点更清晰地表达出当时读本创作者的心态，如说"（士农工商）硬分出贵贱来吾实不解"；"可为长太息者，此也"；"吾国士人皆游民耳，朝思做官，暮思赚钱，自鄙至此，吾甚羞之"；"言之沉痛""清快绝伦""百度更新当以此为入手"；"四民分途是吾国宿鄙"；等等。②

这种"四民平等"的逻辑到"五四"时期又有一个大发展。李大钊说，"我们应该在世界上做一个工人"；蔡元培则说"劳工神圣"；施存统更说，"我很惭愧，我还不是一个工人"。③

这类读书人自我贬抑的思潮造成了工人及其他各种劳力者在20世纪20年代的读本言说中地位迅速上升。

如一本1923年出版的《平民教育读本》中就说："百物都是由农工创造出来的，假使无农工，食就没有谷米，居就没有房屋，行就没有舟车，用就没有器具，无论何人简直不能活命，故应当尊重农工，早几年前社会上一般人多有轻视这些穿短衣打赤脚穿草鞋的，农工们自己也以为业贱利微，自低身价，真是大错特错了！"④ 另一本1924年出版的《平民读

---

① 蔡郕：《中等新论说文范》第1册，邵希雍评校，上海会文堂书局，1912，第26~27页。
② 蔡郕：《中等新论说文范》第1册，第26~27页。
③ 转见王汎森《近代知识分子自我形象的转变》，《中国近代思想与学术的系谱》，台北：联经出版公司，2003，第289~291页。
④ 《平民教育读本》第2册，第二课《尊重农民工匠》，1923，湖南省档案馆编《湖南老区革命文化史料》（1），湖南人民出版社，2009，第54页。

本》也说农人、工人及其余用气力的劳动者是"神圣不可侵犯的劳工"。①1927年出版的《成人读本》则说"农人、工人都是最尊贵的人，因为没有农人、工人，人人都没有饭吃了"。② 甚至在一则关于农人和商人对话的故事里，一个极其成功的商人也觉得自己的职业"不可尊贵"，想改业成为农民。③

不过虽然工农地位在言说中有所上升，但事实上他们的实际生活状况又可能相当的差，这样的反差导致了当时读本中经常发出这样的疑问：

> 衣是我们工人做的，田是我们的弟兄农夫种的，房屋是我们工人构造的，我们应该有充分的享用权。到现在，我们工人农人，只落得啼饥号寒，不费气力的资本家和地主，他们却是锦衣玉食，并有高楼大厦，贮藏着娇妻美妾。④
>
> 人们的衣食住，无一桩不是由农工们创造出来的，但是这些耕田做工的同胞反倒没有好衣穿，没有饱饭吃，没有大房子住，真是太不平等呵。⑤
>
> 士农工商四种人，有的富，有的穷，不管是富还是穷，父母生来本相同，耳目口鼻都一样，都有手与脚，都有肚与胸，为什么要分富和穷。⑥

四民平等观的普及和现实中平等不可得的反差，势必需求一种合理的解释，在寻求解释的过程中阶级观念就顺理成章地被引入了当时的读本编写，将前述那些似乎不可解的反差解释为：正因为有阶级压迫存在，平等

---

① 李六如编《平民读本》第1册，第八课《劳工》，开成印刷公司，1924，《湖南老区革命文化史料》(1)，第42页。
② 曹典琦编《成人读本》第1册，第五课《农人工人》，1927，《湖南老区革命文化史料》(1)，第247页。
③ 曹典琦编《成人读本》第2册，第一课《农人和商人》，1926，《湖南老区革命文化史料》(1)，第253页。
④ 安源路矿工人俱乐部工人学校编《工人读本》第1册，1923，《湖南老区革命文化史料》(1)，第4页。
⑤ 李六如编《平民读本》第1册，第二十三课《衣食住的来由》，《湖南老区革命文化史料》(1)，第50页。
⑥ 《青年平民读本》第1册，1927，《湖南老区革命文化史料》(1)，第207页。

才不可得，所以要"打破阶级，一律平等"。① 而阶级观念一旦被引入，贫富间的对立和冲突就变得越发不可调和。

有读本就说："犬可以守夜，牛可以耕田，马可以荷物。难道人可以不做事吗？凡是不劳而食的，真比犬和牛马还不如了，这就是社会上的寄生虫。"② 又有读本说："命运是压迫阶级的迷药，一班流氓也用他来骗饭吃，我们不要听天由命，我们要打倒压迫阶级，救我们自己。"③ 更有读本说："富人的黑心，炉中的黑炭，两者相比一样黑。"④

因此在 20 世纪 20 年代中叶的读本里，因有阶级观念的引入而使清末民初具有普遍一致性的国民观被打破了，进而又让原本被抽象出来的至高无上的"国家"从单数变为复数。换言之，从那个时候起，革命者有革命者的国家，反革命者有反革命者的国家；压迫阶级有压迫阶级的国家，被压迫阶级有被压迫阶级的国家。这些"国家"之间势不两立，水火不容，为了建立起革命者和被压迫阶级的国家，既有的那个国家被不断否定、丢弃、推翻。

这就导致有些读本对民国的建立依然是持肯定态度，说："中国人民受专制几千年了，竟到辛亥十月十日，武昌起义，才把满清推倒，改建共和，这是一桩很可庆幸的事，所以每年十月十日，为国庆纪念日。"⑤

但另一方面，读本中书写的民国历史几乎一无是处，毫无存在的合法性：

民国建设，十有三年。祸乱相寻，民生艰难。帝国主义，大肆猖狂。暗助军阀，战争绵延。乘机剥削，掠夺利权。二十一条，倭奴逞蛮。五九国耻，谁不心伤。袁氏称帝，西南传檄。国会解散，张勋复辟。民党护法，南北分立。五四运动，学生奋起。皖直战争，曹吴得利。亲日派倒，英美得意。奉直争斗，日美指使。徐世昌去，黎作傀

---

① 李六如编《平民读本》第 3 册，第五课《平等》，1923，《湖南老区革命文化史料》(1)，第 85 页。
② 李六如编《平民读本》第 1 册，第二课《做事》，《湖南老区革命文化史料》(1)，第 39 页。
③ 《工人读本》第 1 册，《湖南老区革命文化史料》(1)，第 8 页。
④ 《青年平民读本》第 1 册，《湖南老区革命文化史料》(1)，第 207 页。
⑤ 李六如编《平民读本》第 1 册，第十三课《双十节》，《湖南老区革命文化史料》(1)，第 45 页。

儡。贿选成功,曹锟上台。直系四帅,吴齐冯王。摧残工会,囚杀工农。反直战争,日美内牵。冯军翻脸,奉张入关。曹吴败走,老殷又来。卖国固位,日坐后台。剥削压迫,件件依前。哀我人民,辗转流连。欲求解放,团结向前。①

在民国历史被整体污名化的同时,因为"你的国又不是我的国"的逻辑竟让有些读本直接提出"从前的国旗有五色就是表示中国有五种人,现在蒙古、青海、西藏任他们独立,所以五色国旗就不要了"。②

再来看当时的世界观念。前文已指出清末民初的"世界"观念具备相当的丰富性和复杂性。到了20年代中叶,从那些读本中所反映出的"世界"观念则因为帝国主义这一观念被广泛接受和运用而变得单一化和简单化。这主要体现在以下三个方面。

第一,在此时的读本中基本除了苏联之外,不再出现清末民初读本经常会谈到的英、美、法、德、日等一个个具体国家,而是以"帝国主义"来统一代称之。比如说"现在世界上的强国要算英、美、法、日,他们都是帝国主义的国家,千万的无产阶级被他们压迫,千万的弱小民族被他们残杀"。③

第二,由帝国主义观念推论,帝国主义国家所构成的这个"世界"就成为当时整个中国以及每一个具体的中国人所遭受苦难的最大根源。读本中概括性的说法是:"帝国主义看见我们中国地大物博,工业落后,把货物运到中国来卖,把中国的原料买回去,又在中国办工厂,开矿山,每年至少要赚十五万万元大洋。"④ 更具体详细的论证则展开为类似于"中国为什么这样穷"的追问:

帝国主义为巩固发展他们的势力,勾结中国军阀,供给军需品和

---

① 《工人读本》第2册,第四十九课《民国历史歌》(1)、第五十课《民国历史歌》(2),《湖南老区革命文化史料》(1),第35~36页。
② 《农民读本》第1册,《湖南老区革命文化史料》(1),第271页。
③ 《工人读本》第1册,《湖南老区革命文化史料》(1),第12页。
④ 《工人读本》第1册,《湖南老区革命文化史料》(1),第9页。

巨款，使他们打仗，从中掠多厚利。军阀们又加捐加税以图饱私囊。这些捐税都出自农夫和工人的身上。洋资本家因有特权，不出捐不完税，所以钱都被他们赚去了。因此中国的关税、铁路、矿山便被强迫着做了抵押品了。中国的命脉（经济权）也就无形的操在外国资本家手中了。①

第三，因为由帝国主义国家构成的"世界"是苦难的根源，因此再无清末民初趋新读书人所普遍认同的公理、公例和普世文明可言。与西方各国有联系的人、事、物很多从曾经的富强样本和文明标杆变为"帝国主义的罪恶"。谈到慈善事业会说其为资本帝国主义的假面具，"一切颠连无告的人们本都是帝国主义造出来的，他拿点钱出来救济，却又说是他的恩德，向可怜的人们收买人心"。② 基督教则是"帝国主义的护身符"，"他劝我们受压迫，不要斗争。他劝我们受活罪，说死后会入天堂。英美帝国主义用基督教麻醉我们，实我们甘心做奴隶，甘心受痛苦"。③ 而铁路、工厂等在清末民初是作为现代文明的标志在读本里出现的，如《共和国民新读本》中就说"世界文明诸国铁路贯通，纵横如织，履万里如户廷，不闻有行路难之叹"。④ 但到20年代中叶，不少读本在列举完中国的几条大铁路之后，马上就严厉指出"这大都是借外债造成的，所以都抵押于帝国主义列强了"。⑤

四　余论

清末民初的读本绝大部分是在大城市尤其是上海出版的，其发行机构既有当时出版界的商业大鳄如商务印书馆和中华书局，也有如会文堂这样的中小型出版社。这些读本的实际影响力可以从两方面来论证。

一方面，读本的影响从很多五四青年早年在学堂的作文中就可看出端

---

① 《工人读本》第2册，《湖南老区革命文化史料》（1），第27页。
② 《工人读本》第1册，《湖南老区革命文化史料》（1），第13页。
③ 《工人读本》第1册，《湖南老区革命文化史料》（1），第14页。
④ 《共和国民新读本》（2），第十六课《铁路》，第16~17页。
⑤ 《工人读本》第1册，《湖南老区革命文化史料》（1），第15页。

倪。像茅盾①、毛泽东②、鲁迅③、丁文江④、周恩来⑤等著名人物都做过不少策论文章。

以上人士所写的文章其选题都是在各类读本中经常出现的题目。甚至他们文后的教师评语都与读本中的评点相类似，毛泽东的《商鞅徙木立信论》就被国文教习评为："实切社会立论，目光如炬，落墨大方，恰似报笔，而义法亦入古"；"精理名言，故未曾有"；"逆折而入，笔力挺拔"；"历观生作，练成一色文字，自是伟大之器，再加功候，吾不知其所至"；"力能扛鼎"；"积理宏富"；"有法律知识，具哲理思想，借题发挥，纯以唱叹之笔出之，是为压题法，至推论商君之法为从来未有之大政策，言之凿凿，绝无浮烟涨墨绕其笔端，是有功于社会文字"。⑥

另一方面，民初各类新人物对读本有非常多的批评意见，但这些意见正能反衬出读本的强大影响力。

黄炎培在1914年就说，"作文命题，往往是三代秦汉间史论，其所改笔，往往是短篇之《东莱博议》；而其评语，则习用于八股文者为多"；⑦又说，"论说文最不切于实用……而学校犹以全力授此无用之体裁，岂非

---

① 有《武侯治蜀王猛治秦论》《宋太祖杯酒释兵权论》《祖逖闻鸡起舞论》《苏季子不礼于其嫂论》《马援不列云台功臣论》《燕太子丹使荆轲刺秦王论》《赵高指鹿为马论》《富弼使契丹论》《张良贾谊合论》《汉武帝杀钩弋夫人论》《吴蜀论》《文不爱钱武不惜死论》《信陵君之于魏可谓拂臣论》《秦始皇汉高祖隋文帝论》《汉明帝好佛论》等论说文。茅盾：《茅盾少年时代作文》，毛华轩点注，光明日报出版社，1984。
② 有《商鞅徙木立信论》等作文。中共中央文献研究室等编《毛泽东早期文稿》，湖南出版社，1990，第1~2页。
③ 有《知己知彼百战百胜论》《颍考叔论》《云从龙风从虎论》《咬得菜根则百事可做论》《工欲善其事必先利其器论》《华盛顿论》等。鲁迅博物馆、鲁迅研究室编《鲁迅年谱长编》第1卷，河南文艺出版社，2012，第47、54页。
④ 丁文江11岁"作《汉高祖明太祖优劣论》，首尾数千言"，还曾以《汉武帝通西南夷论》获得业师赏识。胡适：《丁文江的传记》，欧阳哲生编《胡适文集》第7册，北京大学出版社，1998，第403页。
⑤ 有《爱国必先合群论》《论名誉》《尚志论》《海军说》《或多难以固邦国论》《申包胥安楚论》《陈涉亡秦论》《征蒙论》《伯夷叔齐饿于首阳山论》《说报纸之利益》《国民宜有高尚思想说》《共和政体者，人人皆治人，人人皆治于人论》《老子主退让，赫胥黎主竞争，二说孰是，试言之》《项羽拿破仑优劣论》。中共中央文献研究室、南开大学编《周恩来早期文集》上卷，中央文献出版社、南开大学出版社，1993。
⑥ 《毛泽东早期文稿》，第2页。
⑦ 黄炎培：《考察本国教育笔记》（1914年3月），余子侠编《中国近代思想家文库·黄炎培卷》，中国人民大学出版社，2015，第37页。

咄咄怪事耶！虽然升学考试必须作论，将奈何？……夫因招生命题犹沿旧法用论说文故"。①

新文化运动时，1918年刘半农在《应用文之教授》一文中批评说："改了学校制度以后，就教科书、教授法两方面看起来，除初等小学一部分略事改良外，其余几乎完全在科举的旧轨道中进行，不过把'老八股'改作了'新八股'，实行其'换汤不换药'的敷衍主义，试看近日坊间所出书籍杂志，有几种简直是三场闱墨的化身。"②

钱玄同则在《尝试集序》中大骂"文妖只能做《管仲论》、《李斯论》"。③

胡适也认为选入教书的材料如"'留侯论'、'贾谊论'、'昆阳之战'之类是绝不可用的"。④

夏宇众在《北京高师教育丛刊》上发文提出目前不少作文题"不宜于中学校"，因为"题目虽属历史上著名之人物之事迹，然其人其事与前乎此者，或并乎此者，有极深远极复杂之因果关系，非中学生理解力所能了解明辨者"，如《三国论》《汉高祖论》《王安石论》《管仲论》《司马光论》等。⑤

孟宪承指出："实际的教学状况怎么样呢？民国十年，教育部开小学成绩展览会，其中有十六省区的国文成绩，有人审查那些作文题目，其最荒谬的，如国民学校作文题有《孔子世家赞书后》，《南北和战之利害论》，《政在养民论》，《戒色论》。高等小学校作文题有《向友人借银完婚书》，《中国现在财政万分困难宜如何设法办理以图救济策》，《五柳先生宅记》，《不敬何以别乎义》，《曰古之贤人也论》。这固然荒谬啊！然而现在（1925年）我们试调查初中里教师所出的题目，类似这种的，一定

---

① 朱宗震等整理《黄炎培日记》第1册，"1914年9月16日"条，华文出版社，2008，第148页。
② 刘半农：《应用文之教授》，《新青年》第4卷第1期，1918年1月。
③ 欧阳哲生编《胡适文集》第9册，第66页。
④ 胡适：《答盛兆熊》（1918年4月10日），耿云志、宋广波编《胡适书信选》，外语教学与研究出版社，2012，第55页。
⑤ 夏宇众：《中学国文科教授之商榷》（续），《北京高师教育丛刊》第2集，1920年3月，第1页。

也不在少数"。①

一名温州的新青年在谈起他民国初期的几年所受的"读本"式国文教育时,更是痛心疾首:

> 每星期须要作文章一篇,题目大概是《荆卿论》、《汉高祖论》、《比干谏纣论》或《管仲相齐桓论》等等。文理有不通的地方他就批"欠通"或"字句欠酌",文理若清通一点,就批"清顺"或"沙明水静",最好的就要批"六一子长复生"了。有时我看见自己卷尾批的是"字句欠酌",也不知道为什么"欠酌"。他既不能说个所以然,叫我怎么领会?有时候看见批的是"六一子长复生",也就得意洋洋,以为自己真是欧阳修、司马迁了。所以这种印板式的批语,一边不能够使学生的文章进步,一边还可以养成学生慢傲的习惯,所以非改良不可。还有一层受了他们老先生的教育,结果可以使活泼泼的青年多变做毫无生气的陈死人。常常的做《汉高祖唐高祖合论》或相似的题目,就忘却现在的中国已经是民主国了。我还记得民国元年到四年做文章的时候提起笔来就要说"世衰道微,圣王不作",或"士君子立身处世"那些千篇一例的套语。我还记得从前做"顾亭林两汉风俗书后"末段说"孟子曰:'君仁莫不仁,君义莫不义',又曰'君子之德风也,小人之德草也,草上之风必偃'……后世人君可不崇尚学术以为民师法欤"?做这篇文章是在民国四年,中国变成民主国已经四年了,我还在那边说这些梦话,现在想起来真是惭愧的很,但是那位教员倒特别称赞我这一段!我想他们举人、贡士、廪附生老爷,知道自己受了科举的毒还没有洗涤干净,最好是关起门来,不问世事,偏不照这个办法,也在学堂里拿起教鞭,把青年白璧无瑕的脑经也然[染]一点"圣王在上,臣最当诛"的色彩,就非大斥特斥不可了。②

---

① 孟宪承:《初中作文教学法之研究》,《教育杂志》第17卷第6号,1925年,顾黄初、李杏保主编《20世纪前期中国语文教育论集》,四川教育出版社,1991,第387页。
② 高卓:《中学四年的回顾》,《新学报》第2期,1920年6月,第125~126页。

到 30 年代，叶圣陶仍在以"变相八股"指责读本：

> 我们知道有一些家长分外贤明，他们认定"国文"非常重要，子女在学校里学了还嫌不够，另聘教师让他们在家里补习。教材呢，就是《论说文范》一类东西。不然，就因为要去赴会考，家长或者教师特地选取《论说文范》一类东西叫学生抱佛脚，才使学生有了仿效这等文字的机缘。在选取这等文字给学生读的人想来，这是很有道理的。会考既然类乎科举，而《论说文范》一类东西就是变相的"八股"，以此应彼，正相配合。但是，从学生这方面想，这变相的"八股"是不是需要的呢？依据常识来回答，无论说话作文，单有叮叮当当的腔调是不成的，单把浮在嘴唇边的几句话说出来写出来是没有意义的；只须看以前的"八股"绝对不能应付实际生活，就可以知道变相的"八股"对于学生毫无用处。然而，现在，第一名的"优良试卷"宛然是一篇变相的"八股"了！单只在应考的时候"八股"一下还不要紧；倘若平日说话作文也是"八股"，甚至思想行为无不"八股"，我们就不免要抄袭罗家伦君的演说辞说："想到这一点，我们实在有点觉得不寒而栗！"①

综合以上史料我们可以判断，读本一方面因流布广泛、受众甚广而在历史上留下了不少痕迹，但另一方面又因其使用的广泛性和内容的"保守"而备受新人物的各种诟病。不过若从历史实际过程来看，这些读本的阅读者可能是一个江南市镇里的青年，也可能是一个到过上海等大城市读书却因无钱继续深造而返回农村的小学生，还可能是一个在内地县城里半工半读的少年。他们既读不懂《新民丛报》等清末报刊里混合了日本、西洋和本土资源的深奥思想，也未必买得起这些昂贵报刊，成了后来所谓的边缘知识分子。而读本则是他们既能消费又可以做到一知半

---

① 叶圣陶：《礼义廉耻国之四维论》，刘国正主编《叶圣陶教育文集》第 3 卷，人民教育出版社，1994，第 38~39 页。

解的出版物。恰恰是这一类阅读让远超我们想象的人群成了《东方杂志》《新青年》等后来如雷贯耳的启蒙报刊的接受基础，也让这些人成了一个个处于急剧分裂中的沿海与内地、城市与乡村、精英与民众的小小连接点。

具体至读本中的国家、世界观念。我们会发现清末民初与20世纪20年代中叶相比，现实的国际、国内局势当然发生了非常大的变化，民族资本主义迅速发展，同时日后的"党国"已然呼之欲出，世界性的经济危机也即将到来。但这些实际的变化可能追不上思想观念变化的速度，甚至可以说经常是思想观念的变化带动着实际层面的政治、经济、社会变化。作为在清末民初成长起来的那一代人，朱自清在1925年回忆往事时仍坦承他日夜向往着的是"赤子之心"，是"世界之世界"，而非"某种人的世界，更非某国人的世界"。可是就在这一年，仅仅是因为电车上一洋人小孩瞪了他一眼，朱氏就乍觉有"追切的国家之感"了：

> 我做着黄种的中国人，而现在还是白种人的世界，他们的骄傲和践踏当然会来的；我所以张皇失措而觉着恐怖者，因为那骄傲我的，践踏我的，不是别人，只是一个十来岁的"白种的"孩子，竟是一个十来岁的白种的"孩子"！我向来总觉得孩子应该是世界的，不应该是一种、一国、一乡、一家的。我因此不能容忍中国的孩子叫西洋人为"洋鬼子"。但这个十来岁的白种的孩子，竟已被揿入人种与国家的两种定型里了。他已懂得凭着人种的优势和国家的强力，伸着脸袭击我了。这一次袭击实是许多次袭击的小影，他的脸上便缩印着一部中国的外交史。他之来上海，或无多日，或已长久，耳濡目染，他的父亲、亲长、先生、父执、乃至同国、同种，都以骄傲践踏对付中国人；而他的读物也推波逐澜，将中国编排得一无是处，以长他自己的威风。所以他向我伸脸，绝非偶然而已。

不过在朱氏矛盾内心里又觉得洋人小孩的所作所为"都是力的表现，都是强者、适者的表现。决不婆婆妈妈的，决不粘粘搭搭的，一针见血，一刀两断,这正是白种人之所以为白种人"。①

朱自清何以如此纠结?他的这种纠结在笔者看来正代表了诸多转型时代中的读书人对国家与世界看法的多歧,以及观念的复杂与内心的无奈,而在众多造成他们多歧、复杂与无奈的因素中,本文所讨论的这些"读本"无疑也是与有功焉。1925年后很多读书人的想法、观念和心境渐渐不再那么纠结,而变得貌似直接、简单、明了。这一方面预示着"现代中国"常识建构的尘埃落定,但一方面又或许说明一个充满多样性和可能性时代的落幕。②

---

① 朱自清:《白种人——上帝的骄子!》,《文学周报》第180期,1925年7月5日。
② 这种"落幕"或从西瓦的一篇《中学读本的国家化》(《山东教育月刊》第6卷第7期,1927年)中可略窥大概。

法国旧制度后期的财产权话语*

张　智**

与 17～18 世纪的英国类似，在旧制度后期的法国，涉及"财产权"概念的争论亦长期存在。① 这些直接或间接的辩论，体现了当时法国社会及知识界所关注的问题。1750 年之后，在特权与不平等、政府的财政危机与税收改革、谷物贸易等成为社会关注的焦点时，不同社会地位和背景的有识之士也对这些问题进行着思考，并试图寻求解决方案。作为这些思考的体现，论述经济问题的著作迅速增加。② 与之相应，对于"财产权"的讨论也明显增多。

在当时经济著作中，有不少作品讨论的是政治理论在经济中的应用或政治经济学。③ 这一情况具有明显的 18 世纪特色：经济话语常常属于政

---

* 本文是国家社会基金青年项目"约瑟夫·德·梅斯特反启蒙思想研究"（项目编号：11CSS014）的阶段性成果。
** 张智，复旦大学历史学系副教授。
① 法语"propriété"一词，在中文里多被译为"财产"、"财产权"和"所有权"。除此之外，有时也被译为"私有""私有财产"。与本文所讨论的主题相关的研究著作如：〔苏〕维·彼·沃尔金《十八世纪法国社会思想的发展》，杨穆等译，商务印书馆，1983；〔英〕彼得·甘西《反思财产：从古代到革命时代》，陈高华译，北京大学出版社，2011；〔英〕J. H. 伯恩斯主编《剑桥中世纪政治思想史》（下），程志敏等译，三联书店，2009；〔英〕詹姆斯·塔利《论财产权：洛克和他的对手》，王涛译，商务印书馆，2014；等等。
② 根据 Jean-Claude Perrot 的统计，1710～1749 年出版的经济方面的著作共 382 本，而 1750～1759 年则出版了 363 本，1760～1769 年出版了 558 本，1770～1779 年出版了 513 本，1780～1789 年更增至 829 本。Jean-Claude Perrot, *Une Histoire Intellectuelle de l'économie Politique* (Paris: Editions de l'Ecole Des hautes études en sciences sociales, 1992), p. 75.
③ 旧制度后期的经济著作大致涉及 7 个主题：(1) 政治理论及其在经济方面的应用；(2) 一般的政治经济学；(3) 生产；(4) 人口；(5) 交换；(6) 货币与信贷；(7) 财政与税收。1750～1984 年，关于第 1 及第 2 个主题的著作分别占全部著作的 22.7% 和 19.6%；而 1785～1789 年，则分别占 19.3% 和 13.2%，由于税收及政治危机，此时关于第 7 个主题的著作迅速增加，占总数的 26.1%。参见 Jean-Claude Perrot, *Une Histoire Intellectuelle de l'économie Politique*, pp. 73，76.

治或哲学话语的范畴。而财产权话语恰恰体现了这种特色：作家们对于财产权的思考，常常与政治反思紧密相连。受自然法思想及洛克的影响，当时的法国人也会思考财产的起源、财产权的性质、公民社会与财产的关系等问题，他们会问：财产权是自然权利还是社会权利？是由自然法还是实在法确定的？公民社会的创建，是否是为了捍卫其成员所拥有的财产？重农主义学派的魁奈及其追随者，内克尔及其支持者，启蒙"哲人"以及一些法官、律师、神甫都对这些问题进行了各自的论述，形成了不同的甚至对立的话语，进而对"财产权"概念的现代意涵产生了深刻的影响。

一

1774 年，重农主义学派的成员杜尔哥开始担任财政总监。为了应对日趋严峻的财政问题，他推行了一些具有重农主义色彩的政策，如粮食、农产品及酒类的自由贸易。1776 年，杜尔哥试图进一步推进改革，他提出了一系列政策，其中包括取消修路劳役（Crovée），代之以一切等级均需缴纳的道路税；取消行会，取消行会管事和师傅身份等。

然而，1776 年的改革遭到了巴黎高等法院的激烈抵抗，因为它是对法官们乃至整个特权等级免税特权的挑战。在抗议中，高等法院的法官们使用了一种特殊的财产权话语来为他们的立场辩护。这种话语并非基于自然权利的绝对财产权，而更多是基于特权。在他们看来，绝对的财产权不过是旧制度下权利体系中的一种，而特权，同样是一种合法权利。正是贵族的豁免特权，使他们正当地免于服修路劳役。法官们说："正义的首要原则，就是保存每个人属于他自己的东西，……这一原则不仅包括维持财产权，而且包括保存与个人相连的权利，以及那些源于出身和等级的特权的权利。"①

更重要的是，在这种语言中，特权非但不是财产权的对立面，相反，在某种意义上，它自身就是一种财产。高等法院的不少法官是通过卖官鬻

---

① Jules Flammermont, ed., *Remontrances du Parlement de Paris au XVIIIe siècle* (Paris: Imprimerie nationale, 1888 – 1998), Vol. 3, p. 278.

爵获得职位或贵族身份的。就连杜尔哥本人也难以摆脱这一惯例，他在巴黎高等法院的职位也是买来的。这种出资购买的方式，使他们将职位、身份以及与之相连的特权视为自己的财产，并认为它们是不可侵犯的。由此及彼，巴黎高等法院也坚决反对杜尔哥取消行会师傅这一身份的改革，因为按惯例，行会师傅的身份大多需要购买。师傅身份以及与之相关的特权，也是一种财产。废除师傅身份，便是对财产权的侵犯。他们甚至使用了洛克式的语言，说："谁会来补偿……这些特权的拥有者？他们是通过劳动获得这些特权的、通过勤劳所积攒的第一笔资金购买这些特权的。"①

巴黎高等法院所使用的语言体现了旧制度下法国的传统社会结构的特征：特权与财产相互重叠，共同构成了社会制度的基础。对于财产权的捍卫，也就与对特权的捍卫息息相关。因此，无论是特权者还是一般民众，都反对这项政策。在王后和莫普的压力下，杜尔哥于 5 月被迫辞职，改革政策随之被取消。然而，从思想和话语的层面而言，杜尔哥及以魁奈为代表的其他重农主义者则对旧制度后期的"财产权"概念产生了更为深远的影响。他们在自然法学说及洛克观点的基础上，发展了一种基于自然权利而非特权的绝对财产权话语。

与洛克及 18 世纪不少启蒙思想家不同，魁奈等重农主义者并未刻意区分自然状态与社会状态。他们认为：对人而言，社会状态就是自然状态，社会并不是通过契约出现的，完美的社会秩序是合乎自然的。财产权则是构成良好社会秩序的首要原则："一个国家中，没什么比……这种权利……更为神圣。受到尊重的财产权是帝国理论的构成原则。"② 在讨论社会中的财产权时，重农主义者首先将财产与自由联系起来，强调一个以财产权为秩序基础的社会首先应该是自由的。和财产权一样，自由也是自然权利，是社会秩序的基础。而对于财产与自由，德·拉维里埃尔（Mercier de la Rivière）更是指出：财产权是一种享受的权利；不过，显而易见的是，将享受的自由与享受的权利截然分开是无法想象的。因此，

---

① Jules Flammermont, ed., *Remontrances du Parlement de Paris au XVIIIe siècle*, Vol. 3, p. 320.

② Louis-Paul Abeille, *Lettre d'un négociant sur la nature du commerce des grains* (Paris, 1763), p. 19.

攻击财产权就是攻击自由。① 其次，财产权还要求安全的原则。魁奈就强调：财产权的安全是社会经济秩序的主要的基础。② 只有保障财产的安全，人们才能安心地将劳动和财富投入到土地中。虽然作为自然权利，财产权在实在法产生前就已经存在，但在社会中，只有社会权力才能保障自然权利的行使。魁奈说："当法律和监护的权力，不能保证所有权和自由时，就完全不存在有效的社会和政府，有的只是有政府外表的独裁，实际上则是无政府。"③ 这样，重农主义者就提出了和洛克类似的观点：对于财产权的保障，是公民社会的重要目的。简单而言，在重农主义者的财产权话语中，"财产、安全、自由，就是整个社会秩序"。④

既然财产权是社会秩序的基础，而公民社会的目的之一是保障它；那么，财产的权利也是政治制度以及法律的源头。重农主义者提倡的政治体制是"合法专制"，在某种意义上，它就是财产权的专制。因此，便如米拉波子爵所言，政治要服从经济。在重农主义者的构想中，政府的职能是有限的，其最重要的职责就是保障自然权利，即自由和财产权。一个良好的政府，不是去干涉财产权和经济活动，而是要实现一切经济活动的完全自由，实行自由竞争，这样才能实现经济繁荣及国民幸福。而重农主义的话语中，"自由竞争，就是合法地使用人的自然权利，即个人自由和没有限制的所有权"。⑤

从自然权利的角度出发，讨论财产权、自由与政治制度的关系，这在18世纪并不鲜见；而重农主义者的独特之处则在于他们还从效率的角度展开论述。重农主义者认为，一种制度的合理性，体现在它能最大限度地保证经济效率和财产权。他们提倡自由的社会及政治制度，因为这种制度能带来更高的经济效率。在自由的制度下，财产犹如推动器，促使农民更

---

① Mercier de la Rivière, *l'Ordre naturel et essential des sociétés politiques*, in *Les Physiocrates* (Genève: Slatkine, 1971), p. 615.
② 〔法〕魁奈：《魁奈经济著作选集》，吴斐丹、张草纫选译，商务印书馆，1979，第333页。
③ 〔法〕魁奈：《魁奈经济著作选集》，第303页。
④ Mercier de la Rivière, *l'Ordre naturel et essential des sociétés politiques*, in *Les Physiocrates*, p. 615.
⑤ 〔苏〕维·彼·沃尔金：《十八世纪法国社会思想的发展》，杨穆等译，商务印书馆，1983，第76页。

为勤奋地劳动。"只有在自由人的手中，土地才能有所收获。"这样的话语，在当时重农主义学派的刊物，如《农业、商业、财政评论》中，常常出现。正是受到这些话语的影响，杜尔哥才要求废除农奴制，颁布粮食自由贸易法令，废除行会师傅身份，以实现人员的自由流通。

重农主义将财产作为社会的基础，由此在很大程度上冲击了传统的社会秩序和政治制度。在他们对政治制度的设想中，财产权的重要性使得政治权利只留给了有产者，尤其是土地所有者，因为他们从自己土地上获得的收入，是国家真正的财富，而且税也是从这些财富中征取的。这样，重农主义者再次得出了和洛克类似的结论：财产是公民身份的基础。当然，值得指出的是，与这种变化相应，重农主义者要求改革传统的税收制度，提出向土地所有者征收土地单一税，特权等级也不能豁免。魁奈等人对赋税进行了具体讨论，认为租税应该适当，"不应过重到破坏的程度"；"应该对土地的纯产品课税"。[1]

财产权是一种自然权利，这样的前提还让几乎所有的重农主义者都认可了财富及社会不平等。他们承认财产权会带来不平等，可他们认为，只有不合乎财产权本性、不合乎自然规律的不平等，才需要去谴责。只要不是人为造成的不平等，由自然规律带来的不平等，是不可避免和不可抗拒的。在魁奈看来，不平等产生于自然，"人们在享受自然权利方面是很不平等的。这种不平等是和正义与不正义无关系，是从自然的各种规律所产生的"。[2] 这样的逻辑，使得重农主义者可以对贫富分化问题持相对模棱两可的立场。当时人谴责土地所有者不劳而获时，魁奈甚至还为这一现象辩护：土地所有者的财产权建立在其祖先或土地卖家预付于土地中的费用之上。与劳动一样，这种投资是财产权的合法源泉，地租就是其回报。经济的发展需要富人开发土地，而穷人在土地上劳作。魁奈并不关心穷人，虽然他反对极端的不平等，认为下层阶级的贫困化是有害的；但是，那只是源于他担心贫困化会减少国家的财富而非反对不平等本身。从自然权利的不平等到财产的不平等，重农主义的这些话语，几乎是"不平等"这一主题在18世纪最有力的发展。

---

[1] 〔法〕魁奈：《魁奈经济著作选集》，第333页。
[2] 〔法〕魁奈：《魁奈经济著作选集》，第297页。

在旧制度末期关于财产权的争论中，重农主义产生了重大影响，尤其是在亚当·斯密的《国富论》被译介至法国之前。它赢得了众多的追随者，也遭到了众多的批评。尤其是在不平等成为最为人关心的社会问题后，重农主义者为富人、有产者及财产的不平等所进行的辩护，使他们遭到了包括内克尔、兰盖在内的许多人士的批评。

二

杜尔哥辞职后，内克尔成为继任者。在担任财政总监期间（1776~1781），他试图扭转之前重农主义的经济政策，将自己的理论付诸实践。内克尔的观点主要体现在《论立法与谷物贸易》（*Sur la législation et le commerce des grains*）一书之中。他将矛头指向重农主义提倡的谷物自由贸易，并为国家对谷物贸易的干预辩护；当然，其论述并未单单限于这一主题上，而是扩展至重农主义的基本理论。

在分析了当时的社会机制后，内克尔指出经济失序并非如重农主义者所宣称的那样，源于财政及税收制度，而是因为经济重新回到了"自然状态"，即重农主义者所鼓吹的自由竞争及财产的不平等。在他看来，财产权并非一种自然权利，它是由实在法确立和保障的。自然状态下，人使用强力来捍卫他所占有的东西。在社会中，法律使人摆脱了强力的使用，并确立了财产的权利，与之相应，作为社会权利的财产权并不具有绝对性。公共利益和个人福祉是财产权得以确立的目的，因此，必须调整财产，以限制甚至消灭不平等。内克尔强调财产的平等是"一种社会制度"，能最大限度地合乎公共幸福。① 由此，他希望回到一种相对自给自足的经济形态：土地被分为小块；土地上的出产物若有盈余，多余的部分也应留在国境之内，以便降低农产品价格，并让大多数的人能够负担得起。尽管有时他也觉得这种平等只是一种幻想，但是，他从不认为财产的不平等是正当的。和许多重农主义的反对者一样，内克尔反对大地产，并对财产不平等对及其后果展开了严厉的批评。

---

① Jacques Necker, *Sur la législation et le commerce des grains*（Paris: Pissol, 1775）, p. 27.

当社会如魁奈等人宣称的那样，建立在个人绝对财产权的基础上时，就必然出现严重的贫富分化：少数有产者与人数众多的失去财产的人，而且前者制定不公正的法律和政治机构，并统治后者。内克尔在其所处的时代中，看到了这些现象："几乎所有的公民机构和制度都是由有产者创建的"，自从确立财产、司法和自由的法律后，他们"几乎没有为公民中人数最多的阶级做任何事情。他们也许会说：看看关于财产的法律给我们带来了什么？我们一无所有。关于司法的法律呢？我们没有什么要保护的。关于自由的法律呢？如果明天不工作，我们就会饿死"。① 富裕的有产者试图误导人民，将他们的贫困归因于政府和税收，可实际上，贫困最根本的原因就是有产者的权力。财产集中的趋势激发了有产者的贪婪，导致有产者不断减少，穷人数目不断增加。没有财产的人，为了养活自己，只能通过自己的劳动，从富人那里赚取微薄的薪金。而有产者则试图利用他们与穷人之间条件的不平等，利用没有财产的人之间大规模的竞争，来实现薪金的最低化。显然，在18世纪后期，内克尔就已经预示到了这条冷酷无情的工资法则。

为了保障人民生存的权利，内克尔要求国家干预，并且希望国家在经济和社会生活中扮演重要的角色。这显然和重农主义学派的观点截然相反。内克尔强调：公共福利高于自由和财产权，为了实现公共福利，必要时应该对财产权进行限制。政府必须建立起适当的税收制度，对税收进行再分配；控制谷物的流通和价格，避免饥荒，以维护人民的利益。当饥荒无法避免时，国家则必须直接介入，帮助穷人。

内克尔说：如果不公正的财产制度在当时还能继续存在的话，那是因为那些没有财产的人或以薪水为生的人为了面包和糊口，还能忍受这样的制度；可一旦情况继续恶化，他们就有可能推翻这种制度。他清晰地觉察了旧制度末期社会经济生活中存在的紧张感，并意识到不时出现的骚动就是它的表现。但是，和大多数同时代人一样，他绝不鼓励穷人叛乱，而更多是试着寻找一些方法来避免动乱的发生。譬如，他提出为穷人提供教育，认为这比只为他们提供面包要更好；他强调宗教在维系社会秩序方面

---

① Jacques Necker, *Sur la législation et le commerce des grains*, pp. 170 – 171.

的必要性，因为宗教有助于穷人和社会正义，宗教劝说富人要仁慈、富有怜悯心，这正是社会秩序的重要组成部分。在严厉的批评后，却提出温和甚至过于理想化的方案，这并非内克尔的独特之处，而是当时绝对财产权的批评者所共有的特征，譬如风格更为尖锐的兰盖，亦是如此。

兰盖（Simon-Nicolas-Henri Linguet）是旧制度后期颇具名声的律师和作家。他能言善辩，行事不择手段。在思想上，兰盖是重农主义乃至启蒙哲学的反对者。他反对自由放任的政策，对不平等的社会秩序及其悲惨、不公正的后果进行了猛烈的抨击。他看到旧制度下穷人所承受的不幸，可是悲观主义让他找不到解决之道。反而，他崇尚传统与权威，甚至赞扬专制制度。

兰盖所使用的财产权话语同样展现了其立场和逻辑。他认为在自然状态下，财产权并不存在。和社会一样，财产权源于众人的争端，并且在暴力和僭取中得以确立："我们对享乐和财产的称呼都是一样的，即强力，一种最初暴力，后来为时效正当化。"① 作为一种社会权利，财产权是立法的目的，"法律的精神是使财产权神圣化"。② 与内克尔一样，兰盖强调法律只不过是保障富人对财物的占有不受穷人的侵犯，因此，有利于富人和有产者；对于那些没有财产的人来说，以这些法律为基础的社会是非常严酷的，因为不公正内化在政治和社会制度之中。他甚至说，在所谓的自由社会中，奴隶制并未消失，而是一直存在，工人就是奴隶的继承人。对此，兰盖与内克尔有着类似的论述：工人与有产者之间的自由契约，实质上是不平等和不自由的，因为前者的生存状况太过悲惨，迫切需要钱来维持生计，不得不接受契约，而后者则完全有条件等到对其有利的时候才签订它。可最后，他得出了与内克尔相去甚远且让人无法接受的结论：对穷人而言，奴隶地位比自由好。

在抨击了财产所带来的危害后，兰盖进而宣称绝对的财产权是不存在的，国家必须对财产权进行限制，譬如限制谷物的价格，以便让穷人也能以正义的价格买到面包。实际上，兰盖的着眼点是社会的维系。为了维系社会，就必须保障人的生存权："一条重大的法律，一切法律中最神圣

---

① Linguet, *Théorie des lois civils, ou principes fondamentaux de la société*, Londres, 1767, t. 1, p. 63.

② Linguet, *Théorie des lois civils, ou principes fondamentaux de la société*, t. 1, p. 81.

者，即人民的福祉。一切所有权中第一位的，是生命的所有权。一旦生命因饥饿所害，权利就不复存在，也不再可能拥有权利。"① 在自然状态下，人是自由平等的，财物是共有的；进入社会后，穷人得到许诺说，可以让他们获得满足他们生活需求的薪水，由此，他们放弃了共同财产中的份额。然而，当许诺无法实现、穷人连生活必需品也缺乏时，财产又重新变为共有。谷物与生存息息相关，故而具有某种特殊性。在必要的情况下，它属于社会共同体而非个人。所以，谷物自由贸易是错误的。兰盖甚至辩解说：在饥荒时，盗窃是正当的，因为"人数最多、待遇最差、最缺乏生存手段的那个阶级"正在痛苦中呻吟，而他们的生存才是首要的。作为律师，他似乎是在为某些涉及盗窃的法律做温和化辩护。

虽然兰盖猛烈抨击了财产权所带来的不平等，否定其绝对性，但是他又一再重申财产权乃社会的基础、人类生存的必要条件。社会是建立在互相保障财产的集合之上："所有的财产，从君主的财产到诸侯们最卑劣的财产，共同构成了连接社会的链条。"② 虽然从道德的角度而言，财产起源于恶，但事到如今却无法质疑和否定财产的存在，因为取消财产，就有可能导致整个社会的崩溃："今天，最正当、最神圣的占有是由最令人害怕的篡夺带来的，然而很明显，我们必须要尊重它，任何违背它的人都会成为社会的罪人。"③ 这里，兰盖展现了他的反启蒙论调和强烈的悲观主义。18世纪的启蒙哲学家，普遍都在社会中寻找着人的幸福，兰盖却恰恰相反，他否认在社会中获取普遍幸福是可能的。在他看来，社会就其源头和本质而言，就是腐化堕落的。社会中可以使用的财富总量是恒定的，但财产权决定的贫富分化是不可避免的。为了保证社会秩序，一部分人必然处于悲惨的境地，这是无法避免的宿命。

兰盖看到了这些社会问题，却又因宿命论和悲观主义而感觉无法解决它们。虽然他感觉到穷人反叛的意愿越来越强烈，甚至预感可能会发生社会革命，但是，兰盖似乎并不认为革命会带来好的改变："如果穷人要求

---

① Linguet, *Journal politique et littéraire*, Paris, 1774–1776, t. 1, p. 32.
② Linguet, *Théorie des lois civils, ou principes fondamentaux de la société*, t. 1, p. 81.
③ Linguet, *Théorie des lois civils, ou principes fondamentaux de la société*, t. 1, p. 64.

恢复自己的权利，就会造成比现状更为可怕的后果。"① 于是，最好还是维持现状。兰盖使用着道德家式的陈词滥调，劝说穷人要有耐心，因为他们的悲惨处境是无法避免的；劝说富人要有仁慈怜悯之心。他还希望教会来救助一无所有者以保存社会。在对财产及其所带来的恶做如此猛烈的抨击后，兰盖竟然提出了几乎毫无作用的解决方法。

也许兰盖使用的话语相对极端，甚至有自相矛盾之嫌，但是，抛开修辞的外衣，其财产权话语，却反映了当时一些绝对财产权的批评者所具有的共性。除了内克尔和兰盖外，这些批评者还包括格拉斯兰（Jean-Joseph-Louis Graslin）、梅尔西耶（Louis-Sébastien Mercier）、奥西鸿（Claude François Joseph d'Auxiron）和布里索（Jacques-Pierre Brissot）等人。他们普遍反对重农主义学派使用的财产权话语，否定财产权是绝对的自然权利，认为它是由实在法确立的。他们对财产不平等及其后果进行了分析和谴责，并以充满同情的文字描述了旧制度末期不断加剧的贫富分化和穷人所处的悲惨境地。格拉斯兰认为18世纪的财产制度已经不再合乎自然，因为它带来了太多的不平等。他强烈谴责食利者，将他们视为不劳而获的寄生虫。布里索则说："在你家门前，上百名不幸的人在饥饿中死去，而你却在愉悦中酒足饭饱，你自认为是产业主；你错了，你酒窖中的葡萄酒，……你的家具，你的金子，都是他们的，他们才是一切的主人。"② 他和兰盖一样，也试图证明在饥饿的状态下偷窃的正当性。布里索更雄辩、更富激情地说道："饥饿，就是他们的名义。"③

这些批评，展现了兰盖式的逻辑：财产权既不神圣，亦不绝对，它甚至是一种恶；然而，财产权不能被废除，因为它构成了社会的基础和秩序。既然财产权的存在是必要的，那么，人们所能做的就是采取某些措施，对财产权进行干预和限制，以阻止对于这一权力的滥用以及由此带来的负面后果。他们所提出的方案虽然都提及了法律、国家等要素，但仍各

---

① 〔苏〕维·彼·沃尔金：《十八世纪法国社会思想的发展》，第271页。

② Brissot, *Recherches philosophiques sur le droit de propriété considéré dans la nature, pour servir de premier chapitre à la "Théorie des lois" de M. Linguet*, Paris: Editions d'Histoire Sociale, 1966（1780），p. 36.

③ Brissot, *Recherches philosophiques sur le droit de propriété considéré dans la nature, pour servir de premier chapitre à la "Théorie des lois" de M. Linguet*, p. 87.

有其侧重。格哈斯兰强调税收的作用。他要求征收累进税，并向奢侈品以及使用频率低的消费品征收间接税。梅尔西耶和兰盖一样，试图从道德中找到解决的方法。他们刻意避免激进的方法，尤其希望避免穷人发动起义。显然，与他们的批评相比，这些话语的使用者所提出的方案过于温和，且相对简单，大多并不具备现实性和可行性，这也就使得批评者们只能成为作家和理论家，而无法真正成为社会改革家。

三

与重农学派或其反对者相比，18世纪法国最著名的"哲人们"对待财产权的态度则更为多样。伏尔泰使用了类似于重农主义者的话语，强调财产是一种普遍和自然的权利，并同样认为它和社会不平等相伴相随，对此，人们只能顺从地接受。① 狄德罗也认为财产权是一种自然权利，即

---

① 在《哲学辞典》1771年版的"财产"这一词条中，伏尔泰和重农主义者一样，将财产权视为一种自然权利，也是一种普世的权利："从瑞士到中国，农民都拥有自己的土地。在某些国家，仅凭政府的权力就可以剥夺人民如此自然的权利。"其次，他还和重农主义者一样，以财产的社会和政治功用来证明其正当性。"毋庸置疑，一块土地的拥有者会比别人更好地耕作其地产。精神使人的力量倍增。贸易总量将增加，君主将从中受益，其财宝将增加，乡村将提供更多的士兵。"财产对一个国家的繁荣富强是有益的，从而对君主权力的维系和增强也是有益的。伏尔泰还将财产与他对社会不平等的思考结合起来。在他看来，在一个稳定、合理的社会中，人与人不能也不可能完全平等；真正的不幸不是不平等而是依附关系。"人生活在社会中，不会不分成两个阶级：一个是指挥人的富有阶级，一个是服侍人的贫苦阶级；这两个阶级内部又划分成上千的阶层，而这上千的阶层内部又是千差万别。"（伏尔泰：《哲学辞典》下册，王燕生译，商务印书馆，1991，第467页）不同社会阶层拥有不同的社会财富正是保障社会稳定的重要因素。因此，为了保证社会稳定，"所有农民都不会富裕；而且一定不能让他们富裕起来。人们需要那些只拥有双手和善意的人。但这些似乎是为命运抛弃的人，也与他人的幸福息息相关。他们会自由地将他们的劳动出售给那些愿意付出更多价钱的人。……某种获得公道薪水的希望支持着他们"。而且更重要的是，不能让人意识到这种不平等是不公正的，否则就会破坏社会的稳定，甚至带来伏尔泰最为厌恶的奴役状态："所有的贫穷人并非都是不幸的人。他们大多数生来就贫穷，不停地工作叫他们不怎么深深感觉到他们的处境。但是他们一旦察觉到这种处境，于是人们便看到了战争，就象在罗马平民党对元老党的战争一样，象德国、英国、法国的农民战争一样。所有这类战争迟早以奴役人民来结束。"（伏尔泰：《哲学辞典》下册，第468~469页）此外，伏尔泰在很大程度上还认为要将大部分财产集中在少部分人手上，并阻止社会底层获利过多。他强调要限制那些获得自由的农奴能够购买的地产的面积，并禁止他们获得领主的土地，以免这些新出现的富人变得和他们以前的主人平起平坐。

便订立契约，人们也不会把自己的财产出让给国家。他们仅仅以赋税的形式让出一部分财产，以便保证自己享受其余的部分。① 与伏尔泰、孟德斯鸠相比，卢梭对财产权与政治社会之间的关系进行了更为系统的论述。

1754年，卢梭为《百科全书》写了"政治经济学"词条。在词条中，他一方面使用了洛克式的语言，强调财产权是一种自然权利，社会组织的目的是保护个人及其财产："对促进那些由于互相的需要而结合在大社会中的人们为什么会通过政治社会而更加紧密地联系在一起的动机—加研究，你就会发现，这个动机不是别的，乃是为了在保护全体成员的财产、生命和自由的过程中保护每个成员的财产、生命和自由。"② 卢梭的话语凸显了财产权在政治社会中的地位：财产是社会公约的基础。他甚至还将财产置于自由之前。③ 对于政治社会而言，财产也构成了其基础，因为它使公民服从法律。

另一方面，卢梭又使用了共和主义的语言。他重复了孟德斯鸠的看法，宣称要造就共和公民，国家就必须限制财产权所带来的不平等。此前，卢梭就曾撰文探讨富裕和贫困对于人性的影响；在"政治经济学"词条中，他更指出政府理应对公民的富裕程度设置边界："如何防止财富极度不平等的现象的出现，是政府最重要的职责之一。防止的方法，不是剥夺富人手中的财产，而是使用各种方法防止他们聚集财产；不是修建收容穷人的济贫院，而是保证公民不至沦为穷人。"④ 卢梭提出：国家的限制措施包括税收、制定法律干预财产的继承等。

这些关于财产权的思考，在《论人类不平等的起源和基础》一书中部分被使用，部分则被修改。卢梭重复了之前的话语，认为政府和法律的

---

① 〔苏〕维·彼·沃尔金:《十八世纪法国社会思想的发展》，第118~119页。
② 〔法〕卢梭:《政治经济学》，李平沤译，商务印书馆，2013，第11页。
③ 卢梭写道:"的确，财产权是公民所有的权利中的最为神圣的权利，在某些方面甚至比自由更为重要，因为，这一则是由于它与个人生活的维持最密切有关，再则是由于它更容易被他人掠夺，比人身更难于保护，所以对最容易遭人抢劫的东西更应当重视，三则是由于财产是政治社会的真正基础。"〔法〕卢梭:《政治经济学》，第11、32页。
④ 〔法〕卢梭:《政治经济学》，第26页。

目的是保护个人及其财产。① 不过，他不再将财产权视为一种自然权利，转而认为它源于社会中的实在法。② 他不再将财产与生命、自由并列，不再认为对于生命和幸福而言，财产是必不可少的。这样，卢梭就与洛克拉开了距离。③ 更重要的是，财产权话语嵌入了对该书的核心主题"自由、依附及不平等"的探讨之中。

在第二部分的开头，卢梭以近似寓言的方式，展示了他的基本观点：在人类进入社会的过程中，财产扮演着重要角色。④ 财产的观念，是在人类由自然状态走向社会状态的过程中逐步出现的；而财产的权利，则是社会的发明。在社会中，财产使得自然的不平等随着新的可能性进一步发展，并带来了依附。随着经济和分工的发展，个人无论贫富，都需依附于其同类。野心、竞争以及剥削他人也随之发展，并带来混乱。由于社会混乱危及财产的安全及有产者的特权，因此他们就寻求建立一个至高无上的权力，并制定法律使他人相信，以使所有人的利益和自由都能得到保障。"社会和法律就是这样或者应当是这样起源的。它们给弱者以新的桎梏，给富者以新的力量；它们永远消灭了天赋的自由，使自由再也不能恢复；它们把保障私有财产和承认不平等的法律永远确定下来，把巧取豪夺变成不可取消的权利；从此以后，变为少数野心家的利益，驱使整个人类忍受劳苦、奴役和贫困。"⑤ 不过，既然法律已然确立，那么，财产就变成了一种权利；之前占有的权利就变成了所有权。这样，在《论人类不平等

---

① "事实上，如果不是为了防止受压迫，不是为了保护可以说构成他们生存要素的财产、自由和生命，他们为什么要给自己找出一个统治者呢？"〔法〕卢梭：《论人类不平等的起源和基础》，李常山译，商务印书馆，1962，第132页。

② "所有权不过是一种协议和人为的制度，因此人人能随意处分他所有的东西。但是，人类主要的天然禀赋、生命和自由，则不能与此相提并论，这些天赋人人可以享受，至于是否自己有权抛弃，这至少是值得怀疑的。"〔法〕卢梭：《论人类不平等的起源和基础》，第136~137页。

③ 在书中，卢梭只认为生命和自由是自然权利。他说，"无论以任何代价抛弃生命和自由，都是既违反自然同时也违反理性的"。而洛克强调生命、自由和财产的同等重要性。〔法〕卢梭：《论人类不平等的起源和基础》，第137页。

④ "谁第一个把一块土地圈起来并想到说：这是我的，而且找到一些头脑十分简单的人居然相信了他的话，谁就是文明社会的真正奠基者。"〔法〕卢梭：《论人类不平等的起源和基础》，第111页。

⑤ 〔法〕卢梭：《论人类不平等的起源和基础》，第128~129页。

的起源和基础》中，卢梭的立场就与财产权批评者相接近，财产权与社会不平等息息相关。而在《社会契约论》里，卢梭发展出"公意"的话语，关于财产权的论述也被纳入其中。

卢梭在书中建构了一个以公共利益为目的、更为自由和平等的国家。为了建立起这样的理想国家，卢梭要求缔结一种新的社会契约。他重复了之前的观点，认为财产权是在社会契约中出现的：通过社会契约，财产最初的占有者才变成了所有者。"最初占有者的权利，虽要比最强者的权利更真实些，但也唯有在财产权确立之后，才能成为一种真正的权利。"① 同样，因为社会契约，国家甚至成为全部财富的所有者："因为就国家对它的成员而言，国家由于有构成国家一切权利的基础的社会契约，便成为他们全部财富的主人"；而个人"对于他自己那块地产所具有的权利，都永远要从属于集体对于所有的人所具有的权利"。② 在这里，卢梭最为人熟知的话语就显现了出来，即个人意志要与公意相一致，并服从于公意。不仅如此，基于社会契约和公意，卢梭还赋予干预财产权的行为以正当性和必要性：此类行为出于公意，其目的是实现自由和造就公民。卢梭延续了之前的观念，他所构想的共和公民，在经济上大抵是拥有一小块土地的小所有者。必须承认的是，在卢梭的思想中，自由始终占据着最重要的位置。国家的根本任务，首先是保障自由，对于财产的保障则被置于其后。不仅如此，由于自由的基础之一是平等，那么为了自由，国家还可以对财产进行限制。这样，卢梭话语中的财产就失去了它在洛克或重农主义者那里的绝对性，并存在着一种使个人完全服从于国家的危险。

卢梭有关财产权的话语，与洛克和重农主义者颇为不同，其有明显的共和主义色彩；与重农主义的批评者亦不相同，他将财产权的论述纳入其社会契约和公意的理论之中。为了实现自由并消除不平等，他要求进行国家的干预，包括干预财产。卢梭思想中的国家扮演着一种更为复杂的角色，它不再是重农主义者笔下有产者的统治，也不实行洛克式的

---

① 〔法〕卢梭：《社会契约论》，何兆武译，商务印书馆，1980，第31页。
② 〔法〕卢梭：《社会契约论》，第34页。

分权。国家首先要赋予个人以自由，同时又要保护个人及其财产。为了实现自由，国家还要干预财产。既要保护个人又不控制个人，既要保护财产又要干预财产，这是非常难以调和的，也是卢梭试图在《社会契约论》中完成的任务。卢梭的这些论述在法国大革命时期产生了重要影响，如罗伯斯庇尔、圣茹斯特就借用卢梭的话语，强调为了塑造公民，共和国应对财产进行干预。

四

在旧制度后期的财产权话语体系中，还存在着一种更为激进的话语。这种话语要求废除个人财产权，实现财产公有。当然，这种话语传播的范围相对较小，影响亦相对微弱；持这种话语的人也相对较少，其中大抵包括让·梅叶（Jean Meslier）、摩莱里、德斯、巴贝夫等人。然而，从思想史的角度来看，它又不乏重要性。这种重要性既源自话语本身逻辑的完整和严密，亦因为它能加深对于18世纪法国财产话语复杂性的了解，当然，还因为它对法国大革命及19世纪的社会主义思想产生了重要影响。

让·梅叶是这种激进话语的最早使用者。① 在他题为《遗书》的著作中，梅叶列举了社会中的诸多弊病，尤其是条件的不平等。他揭露了人民所处的物质上及道德上的悲惨境况，并批评贵族、教士和富人完全依靠他人的劳动为生，就如同社会的寄生虫。他还描述了财产制度带来的可悲后果："一些人所有的多，另一些人所有的少，往往一些人甚至占有一切，而另一些人一无所有……一些人总是像在天堂里一样过着富裕的、满意的和愉快的生活，相反地，其余的人则永远在贫

---

① 让·梅叶这位乡村神甫一生默默无闻，1726年去世时，只留下了3卷名为《遗书》（*Mémoire*）的手稿。在这部著作中，作者对旧制度下的政治、社会状况，尤其是财产权进行了猛烈的抨击。不过，《遗书》很快就在一些自由思想家之间流传，伏尔泰对其也很感兴趣。1762年日内瓦出版了《遗书》的摘要本，不少研究者认为这是伏尔泰编的。但书中一些激进话语，如强烈谴责教士、国王和富人，如提议建立一个具有共产主义性质的新社会，也让伏尔泰无法接受。在给达朗贝的信中，他就写道："读它的时候，我吓得发抖。"

穷的艰困、苦痛和灾难中，过着像地狱一样的生活。"① 梅叶在私人占有中看到了一切恶的源泉：无论是在物质方面还是在道德方面，私有财产都没有任何益处。占有财富会不断强化所有人恶的本能，致使大部分人陷入悲惨处境，并供养少数独占财富、只会享乐的富人。"一种几乎在全世界都流行并合法化了的祸害，那就是一些人把土地资源和财富据为私有财产，而这些东西本来是应当根据平等权归全体人民公有的。"②

法国大革命前，在财产权的批评方面，几乎没有其他作家比梅叶更为激进。《遗书》中充满了对于君主制及其税收制度的诅咒，对于利用人民的盲从而不劳而获的教士的抨击，对于占有财产、使人民陷入悲惨境地的富人的唾骂。而在书的最后，他竭力鼓动人民挺身而出，摆脱政治压迫和宗教压迫，并充满激情地写道：你们的幸福在你们自己的手中，你们的拯救只能靠你们自己。这些文字，其实更具19世纪革命话语的特色。

在批评的同时，梅叶还建构了一个理想的社会。也许是受基督教思想的影响，这个理想社会就如同早期基督教徒的原始公社一样，它排除了财产权，建立在个人的平等及博爱之上："同一城市、同一乡镇、同一教区的全体男女，应当构成一个家庭，彼此看作兄弟姊妹，同父母的儿女，他们应当像兄弟姊妹般互爱，从而彼此和平共处……另一方面，人人应当同样做事情，即从事劳动或作其他某种正当的、有益的工作……"③ 他花了不少笔墨，竭力展现公社生活的优越性。梅叶分几个方面，对此具体进行了阐释。首先，在物质层面，就是富足的回归："他们都能过着完全幸福的和满足的生活，因为土地差不多总能生产充分数量的产品，如果人类对这些产品总能作合理的消费，土地甚至可以生产丰裕的产品来满足人类的需要。"④ 这些论述其实很能反映梅叶对现实中饥荒的关注以及对消灭财产的憧憬。其次，公社还能带来社会秩序及伦理上的益处，如毋须用"诉讼来保护自己的财产"；"任何人也不会想用偷窃、抢劫和杀人的手段

---

① 〔法〕让·梅叶：《遗书》第2卷，何清译，商务印书馆，1959，第122~123页。
② 〔法〕让·梅叶：《遗书》第2卷，第121页。
③ 〔法〕让·梅叶：《遗书》第2卷，第121页。
④ 〔法〕让·梅叶：《遗书》第2卷，第128页。

来夺取自己亲人的金钱和财产，因为这样对他没有任何好处"。① 当财产消失时，嫉妒、争吵、偷窃也就随之消逝；生活由此变得如同在久远的过去之时那样美好。作为一名神甫，让·梅叶显然受到长期存在的关于回到早期基督教徒公社的话语的影响。这使得他与19世纪接受了进步主义的社会主义者颇为不同。在梅叶的话语中，理想社会的典范不在未来，而在他所想象的过去。在旧制度后期，这种联系着过去、现在和未来的想象显得颇为重要。它能够疏导由于深刻的财政、政治危机而带来的紧张和焦虑，并为当时许多政治及社会问题提供了一种解释：尽管现在充满混乱，然而在未来，人们终究可以回归曾经存在于过去的理想社会。

让·梅叶对旧制度的批评和对理想社会的构想虽属边缘，但它亦能折射出旧制度后期财产权话语的一些共同特征，其中一个突出的特点就是多从伦理的角度展开话语。无论是证明财产权正当性的话语，还是批评或废除财产权的话语，大多具有此种特色。财产权之所以值得捍卫，是因为它可以使人变得更有德行、更善良；而批评性话语则以"财产权是一种恶"为出发点；提倡废除财产权的话语同样有其伦理基础；只有在消灭私有财产的基础上，人性中的善才能得到全面发展。在旧制度后期，几乎只有重农主义者才从效率的角度来解释财产权。

旧制度后期财产权话语体系所具有的多样性，使其成了丰富的话语资源，在法国大革命及其之后的历史时期不断为人使用。法国大革命的不同阶段，不同的话语对有关财产的法律和政策的制定产生影响。譬如，在革命初期，"作为自然权利的绝对财产权"话语为大部分制宪议会的代表们所接受。1789年的《人权与公民权宣言》的第二条就写道："任何政治结合的目的在于保持人的自然的不可改变的自然权利，即自由、财产、安全和反抗压迫。"而重农主义者杜邦·德·内穆尔更是第十七条的执笔者。但同时，亦能看到"作为特权的财产权"的影响。《八月法令》则确定了对与土地相关的封建特权进行赎买的政策。在某种意义上，这便是承认了它们也属于财产的范畴。而随着革命的发展，尤其是共和国的建立，为了塑造共和公民，则需对财产进行限制，以形成小所有者。这时，"作为社

---

① 〔法〕让·梅叶：《遗书》第2卷，第128页。

会权利的财产权"开始为更多人使用,国家对财产的干预也得到确认。作为1793年《宪法》前言的《权利宣言》,一方面肯定了财产权是自然而不受失效限制的权利,另一方面则宣称社会的权利高于个人的权利,国家有责任来限制财产不平等以及有害于社会的财产权。可见,在政治现实中,不同的财产权话语常常被混用,以达到实际的政治目的。

使用与权力：霍布豪斯论财产权*

王同彤**

从 17 世纪至 19 世纪，财产权（Property）一直是自由主义思想史上的核心概念之一，在英国乃至世界历史的发展中起着关键的作用。"在最初，只要有人愿意对于原来共有的东西施加劳动，劳动就给与财产权。"① 自约翰·洛克在《政府论》一书中写下上述话语，"生命、自由与财产"的三位一体，被奉为古典自由主义思想体系的圭臬，而财产权则成了维护个人自由的基石。然而，两个多世纪以后，英国社会哲学家伦纳德·特里劳尼·霍布豪斯（Leonard Trelawney Hobhouse, 1864 – 1929）在其《自由主义》一书中却大声疾呼："对财产是不是还有一种普遍的权利？一种经济制度，通过继承法和遗赠法使巨大的不平等永久存在，这种经济制度是不是根本就错了？绝大多数生下来除了他们能靠劳动所挣得的东西外一无所有，而少数人生下来却拥有超过无论哪个有功劳的人的社会价值的东西，对于这种情况我们应不应该默认？"② 自洛克以降，人们早已形成私有财产神圣不可侵犯的信念。然而，资本主义发展所导致的贫富不均、阶级分化等各种社会后果使得 19 世纪的自由主义者们对财产权的性质与功能都产生了重重疑虑。因此，随着古典自由主义向社会自由主义（New Liberalism）的转向，在密尔、格林等一批具有公共精神的思想家的努力下，财产权的概念在 19 世纪末发生了很大变化。其中，霍布豪斯对财产权的论述具有重要而独特的意义。

霍布豪斯对于财产权的思考贯穿了他学术生涯的始终。在其首部著作《劳工运动》（*The Labour Movement*, 1893）中，霍布豪斯较为清楚地陈述了

---

* 本文原刊于《学术研究》2016 年第 12 期。
** 王同彤，华东师范大学世界历史研究院助理研究员。
① 〔英〕洛克：《政府论》下篇，瞿菊农、叶启芳译，商务印书馆，1996，第 29 页。
② 〔英〕霍布豪斯：《自由主义》，朱曾汶译，商务印书馆，2005，第 94 页。

他所认识的社会状况,他认为当时的英国已经进入了"工业社会"的阶段,民族工业已经成为经济运行的支撑。尽管英国已经成为世界上最富裕的国家,但阶级贫富悬殊,广大的人民无法享受到合理的物质生活和必要的休闲。霍布豪斯认为,"公平的社会福利制度应当建立在健全的经济结构上,而健全的含义即是以诚实的方式为社会的所有成员提供享受美好和充实生活的必要物质条件"。而英国 19 世纪末的政治和经济制度并不能满足这一点。要解决这一问题,"最重要的不是增加财富的生产,而是更好地分配财富"。① 故此,对于财产权概念的重新阐释已经势在必行。在《自由主义》(*Liberalism*, 1911) 一书中,霍布豪斯明确地提出财产权应区分其个人成分与社会成分,阐述了其社会功能和价值。在《财产权的历史演化:观念的与现实的》(*The Historical Evolution of Property: In Fact and In Idea*, 1913) 中,他论述了在现代社会中,财富的集中使得财产权成了权力的源泉,需要将财产权分为"为了使用的"与"为了权力的"来进行社会财富的再分配。在《社会正义要素》(*The Elements of Social Justice*, 1922) 中,他考察了劳务报酬、经济组织以及社会正义与财产权的联系,并将上述这些思考围绕着"使用"和"权力"的分野,综合建构起社会自由主义的财产权理论。

一

在霍布豪斯之前的思想史中,财产权内在的复杂性曾一再被讨论。洛克在《政府论》下篇中对劳动价值学说的经典阐述,使得自洛克以降,人们普遍将财产权等同于个人的绝对所有权,财产权中的个人因素,几近不言自明。然而,财产权中蕴含着社会因素,实际上是一种社会权利的思想,其实也渊源已久。即使是洛克,他在指出劳动创造了私有财产权之外,在"论财产"一章中同时提醒道:"同一自然法,以这种方式给我们财产权,同时也对这种财产加以限制。……以供我们享用为度。……上帝创造的东西不是供人们糟蹋或败坏的。"② 也就是说,尽管财产权是来自

---

① L. T. Hobhouse, *The Labour Movement* (New York: The Macmillan Company, 1912), p. 14.
② 〔英〕洛克:《政府论》下篇,第 21 页。

自然状态的权利，然而也是应当被人的"享用"所限制的，这就规定了作为自然权利的财产权应具有两方面的义务：其一，个人无权占有多于自身消费的物品，因为会构成浪费；其二，要为其他人通过劳动获得财富留下足够的物资。在洛克设想的如美洲大陆一般的自然状态中，或许可以达成这些义务。然而，洛克也注意到，金银等耐久品作为货币的产生和流行，将会使得财富的积累突破个人享用的限度，为无限地占有准备了条件，而货币的价值又是由人们的同意而来，这就表明"人们已经同意对于土地可以有不平等和不相等的占有。……人们之所以能够超出社会的范围，不必通过社会契约，而这样地把物品分成不平等的私有财产，只是由于他们赋予金银以一种价值并默认货币的使用"。① 实际上，这种所有人的同意可谓是一种契约或协议，所以，尽管洛克强调财产权产生于自然状态中，且先于社会的产生，然而，货币的诞生就代表着社会的存在，也正是历史中社会实际形成的表现。这样一来，洛克在指出财产权来自个人自然权利的同时，也强调了其"社会性"的一面，即财产权应当受到社会中法律或义务的限制。

由于洛克的财产权思想旨在通过提倡个人自由和所有权，来否定当时英国的封建传统强权，故此，其中社会性的因素在后来英国思想家的阐释中被有意无意地忽略了。然而，在欧陆的思想谱系中，卢梭一边接过了洛克的劳动价值学说，另一边已经敏锐地从洛克的财产权话语中嗅出了导致不平等的因素，"在人们还没有发明代表财富的符号以前，财富的内容只包括土地和家畜，只包括人们能够占有的现实财产。而当不动产在数量和面积上增长到布满了整个地面并都互相毗连起来的时候，一个人只有损害他人才能扩大自己的财产。那些或因软弱或因懒惰错过了取得财产机会的人们，虽然没有失掉任何东西，却变成了穷人"。② 卢梭指出了在历史发展中洛克式的自然状态图景的理想化，以及其中试图对私有财产进行义务限制的非现实性。他在《社会契约论》及《论人类不平等的起源和基础》等著作中，指出财产权实际是社会契约的产物，与

---

① 〔英〕洛克：《政府论》下篇，第32页。
② 〔法〕卢梭：《论人类不平等的起源和基础》，李常山译，商务印书馆，1962，第126页。

社会的形成存在密切联系,"最初占有者的权利,虽要比最强者的权利更真实些,但也唯有在财产权确立之后,才能成为一种真正的权利"。① 正是为了保护财产,人类才建立了文明社会。"事实上,如果不是为了防止受压迫,不是为了保护可以说构成他们生存要素的财产、自由和生命,他们为什么要给自己找出一个统治者呢?"② 然而,社会状态下的私有财产权固定和强化了不平等。"社会和法律就是这样或者应当是这样起源的。它们给弱者以新的桎梏,给富者以新的力量;它们永远消灭了天赋的自由,使自由再也不能恢复;它们把保障私有财产和承认不平等的法律永远确定下来,把巧取豪夺变成不可取消的权利。"③ 在自由先于财产的卢梭这里,对私有财产权进行干预是必要的,代表公共意志的国家可以通过干预来消除不平等,实现自由。卢梭的财产权话语嵌入在他的共和主义思想中,一方面成了社会民主思想的渊薮,另一方面也启发了黑格尔的理想主义学说,而这两种思想在 19 世纪兜兜转转,最终回到英国,分别为密尔与格林所继承和发扬。

密尔的功利主义传统和社会主义的集体倾向一拍即合,密尔努力探寻个人自由与社会的法律权利义务之间的依附关系,在自由主义民主化的同时进行社会主义转向。"在他手里,功利主义开始减少个人主义性质,而呈现越来越多的社会主义性质。他认为,社会效用是目标;他感到,为了这个目标,可能需要把掌握财富分配的重大职能委托给国家。"④ 在密尔看来,财产权的性质是由不同的历史和社会状态所决定的,因此就不可能长期毫无修正地存在下去。在对所有权的基础和合理限度进行重新思考后,密尔认为:"社会完全有权利废除或者改变任何特定的财产权利,这样做的主要根据是,它经过充分地考虑,认为这种权利阻碍了公共利益。"⑤ 并且,随着年龄的增长,"他越来越对这种使人民大众处于靠工资

---

① 〔法〕卢梭:《社会契约论》,何兆武译,商务印书馆,1980,第 31 页。
② 〔法〕卢梭:《论人类不平等的起源和基础》,第 132 页。
③ 〔法〕卢梭:《论人类不平等的起源和基础》,第 129 页。
④ 〔英〕欧内斯特·巴克:《英国政治思想:从赫伯特·斯宾塞到现代》,黄维新等译,商务印书馆,1987,第 11 页。
⑤ 〔英〕约翰·密尔:《密尔论民主与社会主义》,胡勇译,吉林出版集团有限责任公司,2008,第 345~349 页。

为生的地位，而少数人则靠租金、利润以及投资利息过活的整个制度结构表示不满。他开始盼望社会的一种合作性组织，在这种组织中，一个人学会'为他的国家种地和织布'，而剩余的工业产品则分配给生产者"。① 政治上的自由主义和经济上的社会主义的结合，使密尔成了财产权观念转向的先驱。

格林则代表了深受黑格尔和德国唯心主义影响的第一代英国思想家，他从共同善与积极自由的观念出发，以一种系统且更具影响力的方式阐发了对财产权进行干预的合理性。他将财产权视为其他权利基础的基础，财产是可以适用于共同利益的能力得到自由发挥的必要条件，是个人和社会良善意志的产物，或者说是个人实现人生计划、实现自己真善和共同善的工具。格林还修正了"私有财产神圣不可侵犯"的学说，认为财产作为实现善的重要条件，是有其社会性因素的。格林指出，财产权始终是一种社会权利，只有作为社会成员的个体才能拥有。如同所有的权利一样，它必须包括两个方面：一方面，是个人的要求，产生于人的理性本性，想要自由地运用自己的某些能力；另一方面，是社会对这种要求的承认，是社会赋予个人实施这一要求的权利。② 霍布豪斯继承并发扬了格林的上述观点。

密尔和格林都注意到了财产权应具有社会性因素，也给出了国家干预的方案，然而他们的着力点都在于建构综合性的社会价值体系，并且一个受到社会主义的较大影响，另一个则从较抽象的理想主义共同善概念入手，缺乏像洛克"自然状态"和"劳动价值"这样简洁而深刻的财产权话语体系。他们对于财产权的个人与社会的因素、产业组织的发展与国家干预的意义，以及福利制度的拓展未能给出更为深入的论述。故此，为了给财产权进行全面的修正，赋予财产权社会因素以合法性，霍布豪斯提出了独特的"使用"与"权力"的二分法，成了对洛克古典自由主义财产观的长远而丰富的回应。

---

① 〔英〕霍布豪斯：《自由主义》，第 57 页。
② 邓振军：《从个人权利到社会权利——格林论财产权》，《浙江学刊》2007 年第 3 期。

二

将财产权分为"为了使用的"与"为了权力的",是霍布豪斯在20世纪初引入的一种独特的二分法。他认为财产权有两个功能:其一是给予自由和安全,其二是通过控制给予所有者以权力。① 因此,他将"使用"和"权力"分别当作财产权的两个社会方面,洛克的古典自由主义理论即阐释了"为了使用的"财产权,而非"通过物形成的对人的支配"的"为了权力的"财产权。这样一种分裂是如何逐渐形成的呢?

霍布豪斯从研究一般财产权的历史发展过程入手,通过探寻财产权在过去和现在究竟是一种什么样的状态来解决这一问题。"必须查考一般权利的社会基础……从各个方面来讲,财产权自始就是这样一种权利:它得到承认的方式,与人的权利或结婚权被承认的方式是大致相同的,就此而言,它们的发展也遵循大致相同的一般路线。对我们来说,重要的问题是,财产权的对象是什么种类的物?它们是谁的财产?用更根本的话说就是,对物可行使何种排他控制权?由谁行使?"②

通过利用早期人类学的资料,霍布豪斯考察了简单部落中的财产存在状况,他指出,"很明显,直接所有权属于私人,幕后的所有权属于团体。……土地可是公共财产,也可是个人财产,或者说,这两个原则可能混杂在一起。但是,在任何情形下,它被持有都不是为了权力,而是为了使用。……是最低级发展阶段的生产活动的实在基础"。③ 可见,财产权从一开始,社会权利就与个人权利密不可分。在进一步分析了农业社会与游牧民族中存在的财产积累问题后,霍布豪斯对西欧庄园制产生之前的财产权一般特征加以概括:"对人类学资料的考察证明……这里问题的关键,是共同体中私有财产权发展或幕后控制权维持的程度。在任何情形

---

① L. T. Hobhouse, "The Historical Evolution of Property, In Fact and In Idea," in *Property: Its Duties and Rights* (The Macmillan Company, 1913), p. 10.
② L. T. Hobhouse, "The Historical Evolution of Property, In Fact and In Idea," in *Property: Its Duties and Rights*, p. 11.
③ L. T. Hobhouse, "The Historical Evolution of Property, In Fact and In Idea," in *Property: Its Duties and Rights*, p. 14.

中，拥有土地最初可能都是为了使用。对独立所有者而言，它的价值依赖于伴随着它的对确为公有土地的某部分的权利。但从一开始，我们就看到，此种制度与不平等是相容的。"① 也就是说，在简单社会里，尽管个人的财产与共同体的财产之间的界限不是那么明晰，但个人所保有的财产，仅仅是为了满足个人生活，财产权很少成为权力的源泉。"此种体制，虽然允许个人所有权相当程度的发展，但它仍是比较原始的，因为在这里，与财产权相联系的不是权力而是使用。"② 生产规模的有限和生产力的低下，也将财产权所带来的不平等控制在比较小的差距之内。

然而，随着封建制度的兴起，土地开始被兼并，"庄园制结束后，农奴获得自由，却丧失了土地。……它的结局是我们熟知的：一方面是摆脱了旧的公共义务的私人所有权；一方面是丧失了土地的无产者……二者之间是农民，他们虽有些积蓄，却租赁别人的土地。然而，资本主义农民的出现，只是财产权性质之大变化的小征候，此种大变化与大规模土地的私人所有权同步发展"。③ 土地作为财富的基础集中到少数私人手中，一方面为工业的发展提供了生产基础，另一方面也加剧了财产和劳动的分离，造成了财富积累不平等的迅速扩大。"在今日文明的背景下，因为工业的生产力比较强，积聚规模速度就史无前例；随着自由（政治、宗教、民族和社会的）范围的扩大，财富的不平等也就日增。但是，在我们的制度中，最根本的事实不是此种不平等，而是大众对其他人的土地和资本的全面依赖。"④ 霍布豪斯形象地指出，"对工人说来，资本所有者只是想象中的抽象、遥远和陌生的抽水机；他正在源源不断地获取工业的成果，却不曾对工作本身有过任何的帮助行动，这岂不令人惊奇！"

霍布豪斯以金融资本的运作为例指出，"在现代，财产权制度，作为赋

---

① L. T. Hobhouse, "The Historical Evolution of Property, In Fact and In Idea," in *Property: Its Duties and Rights*, p. 19.
② L. T. Hobhouse, "The Historical Evolution of Property, In Fact and In Idea," in *Property: Its Duties and Rights*, p. 17.
③ L. T. Hobhouse, "The Historical Evolution of Property, In Fact and In Idea," in *Property: Its Duties and Rights*, p. 20.
④ L. T. Hobhouse, "The Historical Evolution of Property, In Fact and In Idea," in *Property: Its Duties and Rights*, p. 21.

予少数人控制多数人生命的权力的手段，已达到登峰造极的地步；对多数人而言，它主要已不再是正常产业、有目的之占有、自由和谋生的基础"。① 这样一来，原始的财产权利和现代的财产权利相比，已经发生了重大的变化。"现代经济条件事实上已废除了（除去家具和衣服等）为了使用的财产权；对大多数人来说，作为生产资料的财产，是为了权力，它只属相对狭隘的集团之手。随着权力和使用的日益分离，此种反差也越发强化。"② 实际上，这也宣告了洛克式的财产权利观念已经不再适用于工业社会的现实状况。因此，自由主义赖以成功的观念基础，即财产是为了保障人的生命和自由的理念，在民主的时代受到了严重的挑战。在过去是为了自由的财产权，现在却成了令大多数人不自由的桎梏。"要贯彻自由主义的真正原则，实现社会自由和权利平等，就必须作更深入的探讨。我们决不可把任何财产权利看作不言自明。"③ 通过对当时流行的各种典型财产权理论的比较研究，霍布豪斯进一步为"使用"与"权力"的财产权话语寻求思想资源。

三

在霍布豪斯的时代，各种流派的财产权理论都已登场，从各自的立场阐释财产权的基础和功能，展开话语体系的竞争。霍布豪斯选取了共产主义理论、劳动论、个人主义理论和社会主义理论来进行比较研究，综合其优点与缺陷来启发和建构现代社会所需要的财产权理论。

需要指出的是，霍布豪斯讨论的共产主义理论并非通常意义上的马克思主义，而是混合了古典哲学与宗教因素的思想。他把柏拉图视作共产主义哲学的起点，指出"柏拉图的哲学家，可以看成是僧侣共同体的原型"。④ 柏拉图在《理想国》中力图设计严整的统一国家，像家庭生活和

---

① L. T. Hobhouse, "The Historical Evolution of Property, In Fact and In Idea," in *Property: Its Duties and Rights*, p. 23.
② L. T. Hobhouse, "The Historical Evolution of Property, In Fact and In Idea," in *Property: Its Duties and Rights*, p. 22.
③ 〔英〕霍布豪斯：《自由主义》，第49页。
④ L. T. Hobhouse, "The Historical Evolution of Property, In Fact and In Idea," in *Property: Its Duties and Rights*, p. 24.

财产权这样会使个人反对整体的因素,则要统统毁掉。这样一来,共产主义使得人完全无法在共同体外保有自我意识和生存的能力。"一个人的生活必需品依赖于他人的意志,就此来说,他的生活依赖其他人。但如果一个人离开其他人就不能挪动手脚,他就完全丧失了自我指导的能力。这是自我否定,其旨在实现精神自由,但最后却完全否定了人的自主性。"①而基督教会则将其与小共同体之间的友爱与接济穷人的慈善联系在一起。霍布豪斯指出,"作为政治学说,共产主义是一种感情而非制度"。实质上只适用于小共同体和简单社会。霍布豪斯认为,共产主义理论实质上反对所有的财产权原则,仅仅在具有激情的小团体中才能成功的运作,而更复杂的社会和经济秩序必须依靠生产资料和劳动成果的系统分配。②

洛克提倡的劳动价值学说"把财产权与对劳动和劳动成果的权利联系起来",霍布豪斯也承认,这是"最为流行的财产权理论"。③ 不过,洛克劳动财产权学说强调的是,"人似乎首先应对劳动的机会拥有权利;其次应拥有享用劳动果实的权利;第三,应拥有使用该劳动果实的权利,除此之外,别无其他。这种意义的财产权即我说的为了使用的财产权"。④ 然而,洛克也指出了劳动财产权天然的界限就是受到使用的限制,而金钱的出现更是允许了实际垄断的存在。这样一来,洛克的劳动财产权观点虽然一度是财产权正当化的根据,但同时却是对产业组织化的批判。霍布豪斯指出,洛克学说的局限性即在于他是针对有充足生活资料的美洲人而发展其理论的,洛克所承认的自然权利,是建立在假定法律和政府也符合自然法的原则基础上,而当下实实在在的经济垄断状况一定会使洛克也大吃一惊,"得出一些极端的结论"。⑤

---

① L. T. Hobhouse, "The Historical Evolution of Property, In Fact and In Idea," in *Property: Its Duties and Rights*, p. 24.
② L. T. Hobhouse, "The Historical Evolution of Property, In Fact and In Idea," in *Property: Its Duties and Rights*, p. 25.
③ L. T. Hobhouse, "The Historical Evolution of Property, In Fact and In Idea," in *Property: Its Duties and Rights*, p. 26.
④ L. T. Hobhouse, "The Historical Evolution of Property, In Fact and In Idea," in *Property: Its Duties and Rights*, p. 27.
⑤ L. T. Hobhouse, "The Historical Evolution of Property, In Fact and In Idea," in *Property: Its Duties and Rights*, pp. 26 – 27.

霍布豪斯通过"社会有机体"的概念，力图对洛克学说赋予社会意蕴。首先，个人的劳动是对社会有机体功能必要的刺激；其次，尽管社会是一个整全性的集体，但实际上决定其经济制度运行和结构的依然是个体；最后，社会的目的是交换生产成果，所以个人劳动是一种社会职能，劳动的价格即是个人的回报。"这样一来，一个人的社会权利就是他在经济秩序中的一个位置。在这里，他既可以在社会服务中施展自己的才能，也可以收获与其社会服务的价值相称的回报。"① 这样一来，霍布豪斯就顺利地将洛克的劳动是自然权利过渡为了社会权利，为劳动价值学说找到了其在现代财产权理论中的位置。

然而，社会存在的意义不仅仅是为了生产，更重要的是个体成员的精神发展。霍布豪斯从亚里士多德对柏拉图的批评中，发现了更为古老和极端的个人主义理论。该思想传统的核心是，财产是人格实现的工具，"一个人能指望的属于自己的物，他能够抛弃又能够回复的物，他能够随意使用的物，是有目的的生活的基础，从而是人格理性与和谐发展的基础"。② 个人主义理论认为，人的个性、自治，与人对外在环境中的资源的自由使用、工作及形成预期是有着密切联系的，霍布豪斯指出可以通过心理学的角度加以验证。这使得个人主义成了重要的保守原则。但是，其中也埋藏着极端革命的种子。"如果在一个社会制度下，为人格发展所必需的一定种类和数量的财产不能普遍地为所有公民拥有，那么，该社会制度就应该受到谴责。"而当这种原则为社会所公认时，不公正的财富分配和过度的财富集中就无法令社会成员容忍。为了人格实现而占有的财产，一旦被发现有助于控制他人，财产权就成了一种恶，"财产权的伦理个人主义，最后却炸毁了自己的大本营"。③ 因此，尽管个人主义唤起了对财产权与人格联系的重要性，其内在存在的自相矛盾使得它只能作为财产权理论的补充而非基础。

---

① L. T. Hobhouse, "The Historical Evolution of Property, In Fact and In Idea," in *Property: Its Duties and Rights*, pp. 26 - 27.
② L. T. Hobhouse, "The Historical Evolution of Property, In Fact and In Idea," in *Property: Its Duties and Rights*, p. 28.
③ L. T. Hobhouse, "The Historical Evolution of Property, In Fact and In Idea," in *Property: Its Duties and Rights*, pp. 28 - 29.

社会主义是当时最流行，也是在霍布豪斯看来能够对自由主义形成最有益补充的观点，霍布豪斯首先犀利地指出了共产主义与社会主义财产权观念的关键差异，"对社会主义者（或者任何适用社会主义原则的社会）来说，财产并不是所有人共有，而是被所有人共同持有，它的分配和分派受到集体的管制，如果集体没有或者不履行相应职能，那么集体中的人们就无法享有这些财产"。[1] 然而，霍布豪斯也认识到，集体或者说共同体的公共意志很有可能是修辞的虚构，具有和共产主义一样的危险，意味着"政治家和专家的命令，被一群绵羊般的民众温顺地接受，因为它们无所逃避"。个人被压制于集体决策之下，无从表达自己的人格。所以，"如何调解这种集体管制，以使其适应个人的自由创新和进取"是社会主义面临的核心问题。[2] 而单纯依靠社会主义自身的原则，是难以解决该问题的。故此，维持一种正确的社会主义倾向很重要，霍布豪斯特别针对两种"与自由主义毫不相干的"社会主义提出责难，他分别称为"机械社会主义"和"官僚社会主义"。霍布豪斯认为它们都是"与民主和自由毫不相干的"，他敏锐地觉察到这两种社会主义可能带来的弊端：都会导致计划控制下的社会，人民无法通过财产获得自由，而是过着一种被别人安排和管理的生活。[3] 霍布豪斯认为"趋同"是自由主义和社会主义关系的主要倾向。他认为，自由主义者赞同社会立法和国家干预；自由主义和社会主义也都支持把劳动所得的财产与遗产和投机所得的财产分开，并由此确定税收原则。[4] 社会主义不是破坏自由主义的主要理念，而是要补充它。

在比较了上述各种理论的财产权思想后，霍布豪斯总结和继承了其中有益的观点：劳动是创造财富的基础，私有财产权对人格发展具有价值，共有财产权对社会生活的表达和发展有同样的价值。所以，"现代经济再组织的难题是，如何找到一种方法，既能与现时代的经济条件相谐和，保

---

[1] L. T. Hobhouse, "The Historical Evolution of Property, In Fact and In Idea," in *Property: Its Duties and Rights*, p. 29.

[2] L. T. Hobhouse, "The Historical Evolution of Property, In Fact and In Idea," in *Property: Its Duties and Rights*, p. 29.

[3] 〔英〕霍布豪斯：《自由主义》，第 85 页。

[4] L. T. Hobhouse, *Democracy and Reaction* (London: T. Fisher. Unwin, 1904), pp. 230 - 231.

证每个人基于其公民出生权而在现代产业体制中有一个位置，并对可以称作是他的共有财产有一种利益，而且这种利益的获得既不依赖私人的恩惠，也不依赖于官员的专断决定"。① 这就需要财产权的理念有一个不可摧毁的价值核心，那就是在为了"使用"的私有财产权和为了"权力"的共有财产权之间达成平衡。

四

霍布豪斯正确地认识到，民主时代财产权观念的内在紧张，源于财产权在"使用"和"权力"的社会领域发生了冲突，即"由所有者为了使用而持有的财产权与作为控制他人劳动的手段的财产权之间的对立"。② 而这种对立，是随着历史的演进，财产权的制度没有得到及时修正，过分强调了财富产生的个人因素，忽视了其社会因素，造成财富过分集中于私人手中，共同体缺乏必要的手段来进行公正分配所造成的。故此，在回顾了财产权的历史演化过程，比较研究了流行的财产权观点后，霍布豪斯认识到，"财产问题的解决之道存于对各类财产和它所实现的不同职能的察辩之中"。③ 有必要对于财产权的概念、财产的各种因素以及个人和共同体之间所有权与管理权的划分进行彻底的再认识。

霍布豪斯指出，"财产权……是有规则的支配的一种形式"，不论支配者是私人，还是共同团体，或者国家。但是，财产的功能会受到权利的范围和性质的影响，"一种物品由私人支配通常是一件好事，另一种物品由公共来支配更好"，故此"财产最首要最普通的功能是给予法定的权威以对物品的支配权，而这种法定关系通常是防止争端与乱用所必须的，这种支配权附带一定的自由和一种确定形式的义务"。④ 也就是说，无论是

---

① L. T. Hobhouse, "The Historical Evolution of Property, In Fact and In Idea," in *Property: Its Duties and Rights*, p. 31.
② L. T. Hobhouse, "The Historical Evolution of Property, In Fact and In Idea," in *Property: Its Duties and Rights*, p. 2.
③ L. T. Hobhouse, "The Historical Evolution of Property, In Fact and In Idea," in *Property: Its Duties and Rights*, p. 31.
④ 〔英〕霍布豪斯：《社会正义要素》，孔兆政译，吉林人民出版社，2006，第122～123页。

私有财产还是共同财产,都必须被视为给予持有者实现自由的权利,也赋予了必须自立的义务。在这个意义上,财产可以被定义为自由和自立的经济基础。

然而,"赋予所有者以自由的财产,同时也许会限制或破坏另一种自由……一个的自由是另一个的不自由","许多形式的财产权包含着对抗他人的权力",而如果财产是重要和有限的,所有权就会包含部分或完全的垄断,从而对许多人的生活会有一种巨大和根本性的控制力。这一点在现代工业社会中,没有资本的工人对生产工具的所有者的依赖关系上体现得尤为明显,巨大的财富聚集已经扭曲了社会关系,使得"完全依靠他人来维持自己的机会的人,实际上已经丧失了自由"。正是由于私人财产权不受限制,财产权才由"权利"转化为了"权力",个体被赋予权利是正当的,而拥有权力是危险的,"如果财产在一方面是自由,另一方面就是权力;至于哪一方面更重要,要视财产的性质与它的分配而定"。① 故此,个体需要将相当规模的财产所可能带来的巨大权力让渡给共同体,来对抗和防止多数人对少数人的依赖,这就需要对分配体系进行修正。

霍布豪斯指出,要实现普遍的经济自由,并与权力相协调,一种方法是退回到完全个人主义的生产方式,如自耕农或个体经营,但这种生产关系已经与高度工业化的社会不相匹配了,只会逐渐减少;另一种方法则是"将自由的经济表达作为一种社会职能,而且这种表达依赖于社会的管理"。② 而这种管理需要在分配的时候兼顾把作为经济权力的财产划归自治的共同体,把实现个人生活自由的财产留给个体。那么这样一种划分的理由何在呢?霍布豪斯通过探讨财富的各个要素,以及"社会正义"的原则来确定共同体和个人之间分配的依据。

在霍布豪斯看来,财富的价值除了个人劳动的因素以外,还有非常明显的社会因素。他从两个方面进行了论证。"一方面,是社会的有组织力量保护财产所有人……从而维护财产所有人的权利。"③ 或许这样说略显抽象,那么霍布豪斯的诘问则非常具体:"不少人似乎还是认为财产权是

---

① 〔英〕霍布豪斯:《社会正义要素》,第 124~125 页。
② 〔英〕霍布豪斯:《社会正义要素》,第 126 页。
③ 〔英〕霍布豪斯:《自由主义》,第 95 页。

造物主或上帝赐给某些幸运的人的,仿佛这些人有无限权利把国家当作他们的奴仆来指挥,让他们通过自由运用法律机器来尽情享受他们的财产。他们忘记了,要是没有社会的有组织力量,他们的权利连购买一星期的用品也不值。他们没有问问自己,要是没有社会所维持的法官、警察和稳定的秩序,他们将会落得个什么下场。一个春风得意的商人,自以为发财完全靠的自己力量,他没有好好想一想,要不是有安定的社会环境使工商业能够蓬勃发展,要不是有安全的水陆交通,要不是有大批熟练工人,要不是有文明供给他支配的智慧,要不是有总的世界进步所创造的对他生产的东西的需求,要不是有历代科学家和工业组织者集体努力创造出来而被他理所当然地使用的各种发明,那末,他在成功道路上将寸步难行。如果他挖一挖他拥有的财产的根子,他就得承认,既然社会维护并保证他的财富,因此社会也是创造财富的不可或缺的伙伴。"① 换句话说,个人相应地欠了社会的情。这种观点和传统的洛克式的劳动产权说有很大区别,是和霍布豪斯所处的历史环境分不开的。工业社会具有高度的组织性和明确的分工性,生产的财富也需要国家的保护和市场的认同。有必要认识到个人的成功必须有一部分要归功于社会,因而社会也有权利占有其部分成果。

另一方面,"绝大部分的个人产品在很大程度上都是一种社会产品……因此,个人的生产彻头彻尾渗透着社会的因素"。② 他认为现代社会中生产的社会因素包括刺激进行生产效能的那部分价值,如劳动的分工合作、由各种社会力量决定的供求率以及在生产方法中利用一切可利用的文明手段。"价值有一种社会因素,生产也有一种社会因素。在现代工业中,个人要完全靠自己一人的力量是什么也做不成的。劳动分工极其精细;劳动既然是分工的,就只能是合作的。"③ 霍布豪斯以土地价值为例进行论述,之所以伦敦的地价高,是因为伦敦是英帝国的政治经济中心,社会选择了此地进行种种活动,同时才使得伦敦的土地比起其他地方更能吸引投资,其次则是投资人的眼光、经营能力的作用,显然在此基础上创造的大部分价值应该归因于社会。当然,个人的能力和环境不同,就决定

---

① 〔英〕霍布豪斯:《自由主义》,第96页。
② 〔英〕霍布豪斯:《社会正义要素》,第130页。
③ 〔英〕霍布豪斯:《自由主义》,第96页。

了他们利用这些手段的机会和方式也不同，这部分就是生产中的个人因素，也即索取个人酬劳的基础。

社会因素若不能获得适当的回报，组织解体就会随之发生，因为社会无法获得财富来履行相应的职能。霍布豪斯仍然以地价增高为例。"这种增加的地价不是任何人的创造。它是社会的产物。宅地主人对于城镇的建设不需要有举手之劳，但是他的所有权却能使他将增加价值的所有精华掠去，而这种增加的价值却是各种社会因素复杂聚合的结果。如果这种价值能全部归还城镇，人口的增加就能勉强维持。……如果没有相应的供给，就难以继续下去。"① 忽视财富的社会因素，就会耗尽社会的资源，使社会失去其在工业成果中应得的一切。

尽管同时代的思想家几乎不约而同地提出了国家干预财产权的解决方案，但是干预只是手段，修正财产权观念是为了更高的目的。如同洛克的财产权观念服从于"自由"，功利主义遵从"最大福祉"，格林提倡"共同善"一样，霍布豪斯的财产权观念与"社会正义"紧密相连，是其正义理论的有机组成部分。用现代的术语来说，和古典自由主义的"交换正义"相比，霍布豪斯更看重"分配正义"。② 这样一种分配方式的执行者是谁？霍布豪斯把这个总体的调节功能留给了国家去处置。"确保国家对财富的自然资源和过去人类的积累有最终的所有权，以及确保它对产业活动和劳动合同的最高控制权。"③ 霍布豪斯认为，"国家的职责是为正常健康的公民创造自食其力的条件。履行这个职责可以从两方面着手。一方面是提供获得生产资料的机会，另一方面是保证个人在共同库存中享有一份"。④ 平等是一种权利，是为个人提供自立的基础，不是慈善，为此他认为国家应该介入财富分配的层面。"经济学的主要问题不是消灭财产，而是使社会的财产概念在适合现代需要的条件下恢复其正确地位。"⑤ 为此，霍布豪斯认为应该用"社会财产"来建立良好的社会保障制度，兴

---

① 〔英〕霍布豪斯：《社会正义要素》，第130页。
② 〔英〕霍布豪斯：《社会正义要素》，第100页。
③ L. T. Hobhouse, "The Historical Evolution of Property, In Fact and In Idea," in *Property: Its Duties and Rights*, p. 31.
④ 〔英〕霍布豪斯：《自由主义》，第89页。
⑤ 〔英〕霍布豪斯：《自由主义》，第95页。

办个人无法承担的对社会福利有益的公共机构。既然国家是社会和谐的调节者，国家就担负着为人的个性和能力的发展提供保障的责任以及发展公共事业的责任。国家应当在社会生活中推行福利计划，为孤儿、伤残、年老、贫困者提供社会救济。有意思的是，霍布豪斯还计算了个人努力所能获得的劳动报偿的最小值和最大值，他以"公民工资"（Civic-Wage）作为福利的基础，即维持基本生活的最低费用。在此基础上，再根据个人的努力程度、所做的贡献给予不同的附加报酬。① 他还认为，"一年约5000英镑的收入已接近个人的工业价值的极限。对超过那个数目的收入征收累进所得税未必会挫伤任何具有真正社会价值的服务，倒可能会把对无限财富、对社会权力的反社会狂热压下去，把炫耀自己的虚荣心打掉"。② 霍布豪斯认为，实行这样的工资制度，既可以保障公民的基本生存权利，又不至于挫伤个人的创造性。对于遗产，霍布豪斯主张，"个人积聚的资产才是本人的财产，遗传的资产应该是共有的财产，也就是说，这项财产通常应该在死时归还共同体。自然资源和过去世代的财富，在充分履行共同生活职能的共同体中，通常不能视为私人所有权的适当目的物"。③

针对有人认为福利制度不过是把国家变成一个大规模的慈善组织，会使得社会成员过分依赖外来援助，导致怠惰和破坏个人的独立自主精神的质疑，霍布豪斯从社会心理的角度做出了精彩的说明。他认为："国家正在做的事情，还有如果设想中的一系列改革全部实现后国家将会做的事情，是绝对满足不了正常人的需要的。他还得花大气力挣钱谋生。但是他将会有一个基础，一个根底，在这个根底上可以建立起真正的充足。他将会有更大的安全，更光明的前途，更充分的自信，相信自己能立于不败之地。生活的经验表明：希望是比恐惧更胜一筹的刺激剂，自信是比惶惶不安更胜一筹的心理环境。绝望有时能驱使人们不顾一切，但这种效果是瞬息即逝的，要使它永远存在的话，需要一个更稳定的环境来培养那种造成正常健康生活的自制和干劲。有人会滥用他们的优势，也有人会滥用每一种社会机构。但是总的来说，当个人责任的合法范围适当划定，亦即个人

---

① 〔英〕霍布豪斯：《社会正义要素》，第112页。
② 〔英〕霍布豪斯：《自由主义》，第101页。
③ 〔英〕霍布豪斯：《社会正义要素》，第133页。

肩上的担子不是沉重得非常人所能忍受时，个人责任就能更明确地规定，并能更有力地予以强调。"① 可见，霍布豪斯是以积极的态度划定了国家的责任和个人努力的方向。他看到了制度的延续和发展在很大程度上取决于对个体心理的影响，再次强调了拥有"使用"的财产权对人格实现及发展的意义。

综上所述，我们可以看到，在探讨财产权制度的过程中，霍布豪斯把"社会正义"作为修正准则，国家干预作为主要修正手段，涉及了国家职能、劳资关系、福利制度等多方面的因素。霍布豪斯的论证无疑也反映了同时代新自由主义者的思想，"某些社会问题，只有国家采取行动才能够解决"。②"我们必须给予社会对某些物的直接所有权，但绝不是给予它一切物质生产资料的直接而完全的所有权"，一言以蔽之，"应该把为了使用的财产权（property for use）留给个人，而把为了权力的财产权（property for power）留给民主国家"。③

五

霍布豪斯的财产权理论是直接回应时代问题的产物，代表了相当程度的舆论意见。故此，首先受到了社会实践者的欢迎。牛津大主教（Charles Gore）将霍布豪斯对财产权的区分称为具有"富有成效的"内涵。④ 后来执政的社会主义阵营中工党人物也对其表现了极大的支持，如首位工党首相麦克唐纳（Ramsay MacDonald）在当时就曾表达过与霍布豪斯类似的观点，"个体需要私有财产权来实现自我价值"，拥有私人财产才能够促进人格的发展。他同时还谴责了现有财富分配制度不能体现对"社会的积极责任"，而有利于资本家垄断财富。首任工党财政大臣菲利普·斯诺登（Philip Snowden）也热烈地赞同霍布豪斯对财产权进行的

---

① 〔英〕霍布豪斯：《自由主义》，第92~93页。
② John Turner, *British Politics and the Great War: Coalition and Conflict, 1915 – 1918* (London: Yale University Press, 1992), p. 37.
③ L. T. Hobhouse, "The Historical Evolution of Property, In Fact and In Idea," in *Property: Its Duties and Rights*, p. 31.
④ Charles Gore, "Introduction," in *Property: Its Duties and Rights*, p. X.

"使用"与"权力"的区分,称其为"巧妙而富有建设性的说法",他还建议社会主义者应当致力于将"为了使用的"财产权拓展到"热爱真正的自由和发展真正的自我"的个体。①

从社会历史的发展来看,霍布豪斯的观点也顺应了当时英国社会的要求和发展。1906 年,自由党人在大选中获得了巨大胜利,尽管议会中仍然有着乡村绅士,但是诸如商业界、法律界、金融界、记者以及劳工阶级的人士也进入了议会,议员的组成身份与过去有了很大的不同。② 从这时起,国家就开始不断地通过立法实施社会福利政策,来加强对社会福利的再分配。现在为人熟知的养老金、失业保险、劳动介绍制度以及 8 小时工作制度均可以在这一时期的立法中找到。到了 1911 年,这一时期主张国家干预经济以保护弱势群体的社会自由主义已经在英国自由党内占据了理论上风。可以看到霍布豪斯写在书本上的理论正在逐渐应用于现实,国家已经在利用社会财产来保障每一个公民都能依靠劳动过上健康文明的生活。

而对于思想界,霍布豪斯的财产权思考也有着启发性意义。莫里斯·柯亨(Morris Cohen)在《财产权与主权》(*Property and Sovereignty*, 1927)一文中,基本借鉴了霍布豪斯的分析术语和逻辑框架,他将现实中的资本巨头比作过去的土地贵族,指出这些"巨大财富的所有者拥有堪比主权的经济权力"。而正义理论就是要通过政治主权将经济主权夺回来,以公正的财富分配制度促进个体人格和社会的发展。③ 麦克弗森(C. B. Macpherson)在《财产权的意义》(*The Meaning of Property*, 1978)中也采用了"公共财产、私人财产和国家财产"的区分,他指出"作为权力的财产权从卢梭的时代起就处在政治考量的核心位置"。④ 而财产和财富分配悬殊所带来的和政治自由不相容,从而推及社会与经济公正等问

---

① Ben Jackson, *Equality and the British Left: A Study in Progressive Political Thought, 1900 – 1964* (Manchester: Manchester University Press, 2007), pp. 43 – 44.
② Willson, David Harris, *A History of England* (Illinois: Dryden Press, 1972), p. 691.
③ C. B. Macpherson, "The Meaning of Property", *Property, Mainstream and Critical Positions* (Toronto: University of Toronto Press, 1978), p. 160.
④ C. B. Macpherson, "The Meaning of Property", *Property, Mainstream and Critical Positions*, p. 12.

题，一直延续到20世纪70年代罗尔斯的《正义论》中。

当然，霍布豪斯是从分配不公的现实出发，追问出社会正义的实施问题，再倒推到财产权的区分和修正问题，这使得他的理论更多地带有直觉的色彩和开药方的痕迹，具有一定的理想化倾向。理查德·贝拉米（Richard Bellamy）就指出，霍布豪斯财产权理论的主要观点是："在生产过程中任何特殊的行动都必然是与其他人合作完成的……这反过来就成了这样一种观点：主张工人与资本家对工业的共同拥有和管理。""霍布豪斯的观点是以他将至善理解为个体与社会目标的统一为基础而发展而来的，只有当社会成员在心里都真正接受了这样的理解时，它才具有可行性。"[①] 约翰·特纳（John Turner）也指出，以霍布豪斯为代表的社会自由主义者们相信，"无须在经济结构方面做根本的改变，就可以挽救资本主义的体系，正因为如此，他们特别强调国家应发挥出更大的作用"。[②] 霍布豪斯对国家干预同样抱持过分乐观的态度，而较少关注对国家权力的监督。尽管他的理论不尽严密，但正如皮特·威勒（Peter Weiler）所言，"霍布豪斯仍然提供了第一次世界大战前对于古典自由主义理论最为全面彻底的修正"。[③] 可以说，霍布豪斯提前预言了凯恩斯主义在战后的发展和影响，而他的财产权理论也成了现代福利国家的理论基础之一。[④] 霍布豪斯所处的世纪之交的英国亟待变革与转型，这与我国当下的社会状况和面临的经济问题有着相通之处，故此，霍布豪斯致力于对当时的种种问题做出思考和回应的财产权理论，对于现实亦应有值得借鉴之处。

---

① 〔英〕理查德·贝拉米：《重新思考自由主义》，王萍、傅广生、周春鹏译，江苏人民出版社，2005，第84页。
② John Turner, *British Politics and the Great War: Coalition and Conflict, 1915 – 1918*, p. 38.
③ Peter Weiler, "The New Liberalism of L. T. Hobhouse," *Victorian Studies*, 16 (2), 1972, p. 142.
④ Peter Weiler, "The New Liberalism of L. T. Hobhouse," *Victorian Studies*, 16 (2), 1972, p. 161.

个体性与共同善：格林的财产权话语*

邓振军**

财产权是西方近代政治思想中的核心概念，在建构现代社会体制中起着奠基石的作用。在不同的历史时期，为了解决迥异的时代问题，财产权的概念被不断地重新加以诠释与修辞，形成了一个概念的谱系。在这个谱系当中，19世纪中后期的英国哲学家托马斯·希尔·格林（Thomas Hill Green，1836－1882）有关财产权的话语，以其对个体性和共同善的双重关注，有着独特的位置。

一

在格林的时代，人们把财产权理解为个人的绝对权利。这种观念最初来自自然法理论。该学说认为，个人在进入政治社会之前，生活在自然状态之下，拥有生命、自由和财产等天赋权利，只是为了更好地保护个人的财产权，才签订契约建立政治社会。政府的主要目的就是保护个人的财产权，一旦它侵害个人的财产权，人们就可以起来反抗、推翻它。著名的自然法学者洛克在《政府论》一书中，就特别强调个人财产权的神圣不可侵犯。他写道："未经本人同意，不得取去任何人的财产的任何部分"，否则，"对这些东西就确实并不享有财产权"。[①] 这种绝对财产权的观念后来被古典政治经济学派所接受。亚当·斯密指出，政府的主要职能就是保护个人财产。他宣称，政府是为了大宗财产而设立的，"在没有财产可言，或顶多只有值两三日劳动的价值的财产的社会，就不

---

* 本文原刊于《学术研究》2016年第12期。
** 邓振军，闽南师范大学历史地理学院副教授。
① 〔英〕洛克：《政府论》下篇，瞿菊农、叶启芳译，商务印书馆，1996，第86页。

需要设立这种政府"。① 要减少不必要的干预,管得越少的政府就是越好的政府。

绝对财产权理论在历史上起了积极的作用,但也造成了社会分裂。在资产阶级革命时期,它以天赋人权的形式,鼓舞民众对抗专制统治,捍卫个人自由。在此后的工业革命中,激励人们投身经济活动,创造了大量的财富,推动了社会的发展。但也应该看到,这种观念本身是特定历史时期的产物,有其局限性。它浓厚的个人主义色彩,使其在激励财富创造的同时,也制造了社会分裂。这集中体现在19世纪英国资产阶级和无产阶级的对立上。

一方面,资产阶级掌控了财富,却漠视社会苦难。他们利用绝对财产权的理论为自己辩护,把自身的成功归因于自我的自立与劳动,并且坚称个体追求财富的努力,会促成社会公共福利的增长,要求政府保护其财产免受侵害。同时,否认无产阶级的困境是因为有产者无限制积累财富造成的,而把其归咎于赤贫阶层本身能力的匮乏和性格的缺陷。他们以干涉个人自立为由,反对救济穷人。马尔萨斯指出,济贫"使更多的人遭到不幸"。② 他们甚至在底层民众遭遇生存困境的时候也淡然处之。1845~1848年爱尔兰大饥荒时,政府的不作为致使爱尔兰在1846~1851年有150万左右的人死于饥荒,100多万人被迫移民国外,以至于爱尔兰总督在1849年给当时的首相约翰·罗素写信道:"我认为在欧洲没有另外一个议会能够漠视爱尔兰西部存在的这种苦难,并冷酷的坚持这种灭绝人性的政策。"③

另一方面,无产阶级则在困难当中进行着斗争。他们生活在肮脏的贫民窟中,劳作于缺乏必要安全和卫生设施的工厂,长时间工作,却只能获得极少的血汗工资,除了出卖劳动力外一无所有。他们的后代得不到必要的教育,并且因为报酬低廉,作为童工与女性一起被雇佣,其前

---

① 〔英〕亚当·斯密:《国民财富的性质和原因的研究》上卷,郭大力、王亚南译,商务印书馆,1983,第273页。
② 〔英〕马尔萨斯:《人口原理》,朱泱、胡企林等译,商务印书馆,1992,第30页。
③ 〔英〕安东尼·阿巴拉斯特:《西方自由主义的兴衰》,曹海军译,吉林人民出版社,2004,第343页。

途黯淡无光。在这种状况下,所谓天赋的财产权在他们看来不啻是剥削的借口,"财产权不过是偷窃"。① 他们奋起反抗,在卢德运动中砸机器、要工作,用劳动权对抗财产权;在宪章运动中争取普选权,用政治权利争取经济权利。

总之,围绕着财产权的问题,社会已经发生了激烈的对抗,如果任其发展,甚至可能激发革命,毁坏已有的财产和整个财产权体系。

为了弥合矛盾,英国进行了社会改革,通过了包括工厂法、劳动法和教育法等在内的公共立法,调节和限制个人的绝对财产权,保障社会公共利益和民主诉求。这些立法取得了很大的成功,但因为干涉了个人的财产权而受到质疑和抵制。为此,需要有一种新的财产权理论,批判个人绝对财产权,论证基于社会平等和公共利益干预个人财产权的正当性,为社会立法提供理论支持。

事实上,在英国和欧洲其他国家,已经出现过一些对绝对财产权的反思和批判,最著名的是法国启蒙思想家卢梭。他从自然法内部出发,指出私有财产权制造了不平等,违背了自然法。他写道:"由于私有制和法律的建立,不平等终于变得根深蒂固而成为合法的了","一小撮人拥有许多剩余的东西,而大量的饥民则缺乏生活必需品,这显然是违反自然法的"。② 很显然,作为一个平等主义者,卢梭主张限制绝对财产权。对绝对财产权的另一个批评来自功利主义者。他们从社会关系的角度考察财产权,对自然法的绝对财产权观念提出了挑战。休谟指出,正是因为自然为满足人类需要所准备的稀少的供应和人的自私以及人离开社会就无法生存这些客观的事实,③ 使得人们意识到,必须制定规则,"把他们自己的和他人的财物加以区别"。④ 因此,不是最初的劳动,而是人们的意志产生了财产权。财产权是人们基于各自利益的考量所形成的一种社会性规则。个人意识到为了自身的利益应该拥有财产,其他人也会认识到尊重他人财

---

① Thomas Hill Green, "Lectures on the Principles of Political Obligation," in *Works of Thomas Hill Green*, Vol. 2, edited by R. L. Nettleship (London: Longmans, 1886), p. 526.
② 〔法〕卢梭:《论人类不平等的起源和基础》,李常山译,商务印书馆,1962,第149页。
③ 〔英〕休谟:《人性论》,关文运译,商务印书馆,1980,第536页。
④ 〔英〕休谟:《人性论》,第535页。

产权对自己是有益的，一种承认财产权的社会共同信念就产生了。在功利主义这里，财产权不再被视为个人与其占有物之间的自然关系，不再是个人基于自己的本性而与生俱来的一种权利，而是基于社会利益共识之上的人与人之间的关系，它具有明显的社会性。

但功利主义、享乐主义的人性观使其财产权概念依然具有浓厚的个人主义色彩，因而无法为追求社会公共利益的改革提供理论支持。功利主义者坚持对人性做享乐主义的解释，认为每个人都趋乐避苦，在经济生活中则表现为对财富的渴求。在他们看来，个人利益才是真正的目的，公共利益不过是个人利益的叠加。边沁这样写道："共同体的利益……往往失去意义。在它确有意义时，它有如下述：共同体是个虚构体，由那些被认为可以说构成其成员的个人组成。……共同体的利益……是组成共同体的若干成员的利益总和。……不理解什么是个人利益，谈论共同体的利益便毫无意义。"① 他们力主保护个人财产，反对政府过多的干预。边沁声称："农业、制造业和商业向政府提出的要求……如同狄奥根尼要求亚历山大'不要挡着我的阳光！'"② 因此，尽管功利主义者发现了财产权的社会性，却把这种社会性简化为个人利益的聚合，从而把财产权当成一种个人自私意志的产物，表现出强烈的个体性。这使得它无法充当社会改革的理论武器。再加上其浓厚的享乐主义色彩，无法感召英国社会的上层精英，也难以获得深受基督教节制和奉献传统影响的普通民众。需要有一种新的财产权理论，为保障公共利益的社会改革辩护，于是格林的财产权学说应时而生。

二

格林对绝对财产权的学说进行了爬梳，他细致地批判了自然法和功利主义的财产观，并吸收了其合理成分。

首先，他批判了自然状态学说，以此动摇自然法财产权观念赖以建

---

① 〔英〕边沁：《道德与立法原理导论》，时殷弘译，商务印书馆，2000，第158页。
② 〔美〕罗兰·斯特龙伯格：《西方现代思想史》，刘北成译，中央编译出版社，2005，第260页。

立的基础。他不满足于从历史的角度否定它,而致力于从逻辑上证伪它。在他看来,自然状态的说法逻辑混乱。它既不可能是霍布斯式的人与人之间互相隔绝、相互冲突的丛林状态,也不可能是洛克式的受自然法理性指导之下的和平状态。因为如果是前者,"人们在其中拥有的自由就非常有限。他们势必经常互相干扰,同时又都受到自然的羁绊。在此种状态下,只有那些与其他人并不平等的较强的人,才能役使他人,享有我们假定意义上的自由"。① 此种情况之下,人既不自由,也非平等,无法订立契约,并由此获得财产权。如果是后者,则实际上含蓄地承认了主体对自然法有一种自我意识,它不再是一条他可以遵照它行动或不行动的法则,而是一条他应该遵照其行动的法则。② 而这种自我意识总是与自我和他人的关系联系在一起。这就意味着,个人所意识到的由自然法所赋予的天赋权利,总是和他人联系在一起,是一种与他人的关系的善,或者说是一种社会的权利。实际上,这样的个人已经是处于政治社会中的成员。我们可以认为,自然状态和政治社会的区别,"不会比一个依据成文法治理的、官员们具有明确的权力的社会与一个由习俗和默认的权威治理的社会之间的差别来得更多"。③ 自然状态的提法,在逻辑上是矛盾的。

既然自然状态的理论不成立,就无法用它来论证包括财产权在内的权利的正当性。格林断言,"如果自然权利是指存在于非社会状态的自然状态之下的权利的话,它就只能是一种语义错乱"。④ 因此,财产权绝非个人的天赋权利,而是一种社会权利。

在动摇自然法理论基础的同时,格林还对主要的自然法学者的财产权理论进行了具体的分析与批判。他认为霍布斯把财产权归因于主权者的说

---

① Thomas Hill Green, "Lectures on the Principles of Political Obligation," in *Works of Thomas Hill Green*, Vol. 2, edited by R. L. Nettleship, p. 376.
② Thomas Hill Green, "Lectures on the Principles of Political Obligation," in *Works of Thomas Hill Green*, Vol. 2, edited by R. L. Nettleship, p. 376.
③ Thomas Hill Green, "Lectures on the Principles of Political Obligation," in *Works of Thomas Hill Green*, Vol. 2, edited by R. L. Nettleship, p. 375.
④ Thomas Hill Green, "Lectures on the Principles of Political Obligation," in *Works of Thomas Hill Green*, Vol. 2, edited by R. L. Nettleship, p. 354.

法不成立，因为这无法解释作为最高权力的主权者，如何能够成为权利的来源。如果因为它是权利的代表和维护者的话，那么它的存在显然是以权利为基础的，这依然没有说明权利的来源问题。① 他也不赞成洛克把劳动视为财产权的来源的看法。在洛克看来，依据理性和自然法，人拥有对自己身体的主权，因而也拥有他身体的劳动以及由劳动所创造的产品的主权。格林指出，这实际上已经揭示了一个事实，即个人是被他人承认对其添加了劳动的物品拥有主权的，但洛克并没有仔细思考这种承认所依据的理由，而是简单地诉诸理性和自然法。②

比起对自然法学派财产权概念的批评，格林对功利主义财产观的批判来得温和得多，主要集中在对其享乐主义人性观的批判上。由于功利主义关注财产权的社会性，格林对其持肯定态度。他指出，功利主义"最明确地宣称人类的利益，没有区分不同的人或阶级"，③ 承认了人们的平等权利。他甚至声称，如果功利主义的标准不是建立在享乐主义的动机之上，他与他们的实际目标就是一致的。④ 他把批判的矛头指向享乐主义的人性观。享乐主义认为，趋乐避苦、追求幸福是人的本性，体现在经济生活当中，就是人尽可能地追求占有财富，呈现了"经济人"的状态。格林不赞成对人性做"经济人"的解读，出于其基督教的信仰，他提出了一种"道德人"的人性观。他认为，人是追求自我实现的道德存在，其真善是一种共同善，财产权是实现共同善的工具。在他看来，人是永恒意识（即上帝）在动物有机体中的重生，具有自我意识。人所追求的是自我实现，即自我可能的更好的状态，而不只是寻求欲望的满足，最终要与永恒意识（至善）合一。这种自我完善"无法通过对快乐的占有获得，也无法通过对实现快乐的手段的占有获得"。⑤ 同时，由于自身的局限性，

---

① Thomas Hill Green, "Lectures on the Principles of Political Obligation," in *Works of Thomas Hill Green*, Vol. 2, edited by R. L. Nettleship, p. 521.
② Thomas Hill Green, "Lectures on the Principles of Political Obligation," in *Works of Thomas Hill Green*, Vol. 2, edited by R. L. Nettleship, p. 521.
③ Thomas Hill Green, *Prolegomena to Ethics*, edited by A. C. Bradley (Oxford: The Clarendon Press, 1907), p. 402.
④ Thomas Hill Green, *Prolegomena to Ethics*, edited by A. C. Bradley, p. 437.
⑤ Thomas Hill Green, *Prolegomena to Ethics*, edited by A. C. Bradley, p. 291.

他必须通过人类整体才能与永恒意识合一。因此，个人的自我实现必须在与他人及社会的关系的善中才能达成，他的真善必然是一种共同善，内在地包含了他人的善和社会的善，"这一观念不承认个人的善和他人的善的区分"。① 简言之，人本质上是一种追求共同善的道德存在，他只能在与他人平等互助的关系当中，在推动社会共同善实现的过程当中，实现自我的真善。财产权正是这个道德人自我实现与增进社会共同善所必须的条件，而不是功利的个体追求快乐的工具。

基于"道德人"的人性观，格林进一步批判功利主义及其财产观，指出其忽视了人的价值。他认为，享乐主义式的功利主义的问题在于，它只考虑财产权所带来的结果，关注其产生的快乐与痛苦，而很少考虑动机的问题。② 它没有考虑财产权与人们追求自我实现和社会共同善的良善意志之间的关系，而把落脚点放在了人的欲望之上。其最大问题在于，"不是人，而是快乐成了最终的价值"。③

事实上，格林并非简单地否认强调个体性的绝对财产权理论，而是对其进行批判继承。一方面，他承认它们在历史上的积极作用，指出这些财产权理论曾经推动改革，废除以往有害的法律，尽管它们所依据的是维护个人权利这个错误的理由。④ 并且进而指出，这些改革之所以成功，是因为促进了当时的社会公共利益。另一方面，他也指出，由于强烈的个人主义色彩，这些理论未能考察社会的发展以及人通过社会所获得的发展，忽视了对赋予人们权利和义务、赋予权利和义务意义及过程的考察。⑤ 这使得它们在文明发展要求社会干预个人财产权时，非但不能提供理论支持，反而成为一种抵抗力量，坚持以个人自由和天赋权利为依据反对社会立法改革。⑥

---

① Thomas Hill Green, *Prolegomena to Ethics*, edited by A. C. Bradley, p. 277.
② Thomas Hill Green, *Prolegomena to Ethics*, edited by A. C. Bradley, p. 437.
③ Thomas Hill Green, *Prolegomena to Ethics*, edited by A. C. Bradley, p. 247.
④ Thomas Hill Green, "Lectures on the Principles of Political Obligation," in *Works of Thomas Hill Green*, Vol. 2, edited by R. L. Nettleship, p. 345.
⑤ Thomas Hill Green, "Lectures on the Principles of Political Obligation," in *Works of Thomas Hill Green*, Vol. 2, edited by R. L. Nettleship, p. 427.
⑥ Thomas Hill Green, "Lectures on the Principles of Political Obligation," in *Works of Thomas Hill Green*, Vol. 2, edited by R. L. Nettleship, p. 345.

三

既然已有的财产权理论无法为社会改革提供支持,甚至成为一种羁绊,那么就有必要构建一种以社会公共福祉为目的的社会性财产权话语,与个人主义财产权话语进行激辩,为社会改革正名开道。格林承担了这一理论工作。

基于他的"道德人"的人性观,他在财产权概念中导入了社会的因素。既然人的真善是一种共同善,天然地包含他人的善和社会共同善,那么他所拥有的财产权,就不可能只是一种排他性的个人占有物,而必定是一种社会权利,能够体现个人与个人之间、个人与社会之间的良性互动关系。

围绕着财产权的社会性,格林分析了财产权的实质、构成、财产权被赋予个人的过程及其合法性依据,并在此基础上进一步探讨了财产权与国家的关系以及国家干预个人财产权的情形。

格林认为,财产权实质上是个人和社会良善意志的产物,或者说是个人实现人生计划、实现自己真善和共同善的工具。[1] 个人通过占有财产表达自己的意志,把自我意识同纯粹的欲望与需求区分开来,即"此物或彼物应属于我,我能按自己的意愿处置它,用以满足自身的需求,表达自己的情感",[2] 从而赋予自我善的观念以真实性。[3] 与此同时,通过财产的占有,他还能培养一种责任感,[4] 把自身的完善与他人及社会的完善结合起来。他指出,财产权的构成要素中始终包含着社会的因素。在他看来,权利有两个基本要素,一是个人的要求,基于理性,想要自由地运用自己

---

[1] Thomas Hill Green, "Lectures on the Principles of Political Obligation," in *Works of Thomas Hill Green*, Vol. 2, edited by R. L. Nettleship, p. 525.

[2] Thomas Hill Green, "Lectures on the Principles of Political Obligation," in *Works of Thomas Hill Green*, Vol. 2, edited by R. L. Nettleship, p. 519.

[3] Thomas Hill Green, "Lectures on the Principles of Political Obligation," in *Works of Thomas Hill Green*, Vol. 2, edited by R. L. Nettleship, pp. 518–519.

[4] Thomas Hill Green, "Lectures on the Principles of Political Obligation," in *Works of Thomas Hill Green*, Vol. 2, edited by R. L. Nettleship, p. 526.

的某些能力；二是社会对这种要求的承认，赋予个人实施这一要求的权力。① 具体到财产权，体现为个人对其劳动占有物的权利提出要求及社会对这种要求的认可。个人通过劳动占有某样东西，但这还不能产生财产权，因为"财产权的术语不仅指对某些东西的永久占有或者说只能够按照占有者的意愿而被出让，而且还意味着这种占有被承认为一种权利"。② 它有赖于社会其他成员对这种占有的认可，"其他人承认某人的占有物属于他而非别人，并且以这种承认的方式确保其拥有该占有物"。③

财产权是以如下的方式赋予个人的。当个人意识到为了实现自己的真善和社会的共同善，他必须拥有"占有的"自由，拥有对其占有物自由支配的权力时，就向社会提出要求，把这种权力认可为权利。而社会则承认，为了他本人的完善和社会的共同善，应该赋予个人这种权利，便把个人追求的目标转变为所有人共同的目标。这样一来，个人的要求便转化成了公认的权利。财产权的基础，或者说它的合法性就在于服务于社会共同善这一目的。④ 格林坚信，财产权被赋予个人的唯一理由，就是因为它"有助于促进所有人的能力的平等进步。而这种能力是所有人的最高的善"。⑤ 财产制度只有在这种情况下才是合理的：它充当工具，促进了所有社会成员才能的自由行使。如果有一个阶级如无产阶级完全无法自由行使其才能时，"不可能存在财产权"。⑥ 此种情况下，甚至可以说"财产权即偷窃"。

事实上，在当时的英国社会，个人财产权的自由行使就出现了损害公共福利的情况，人数众多的无产阶级的存在就是明证。格林显然注意到了这一点，他指出，大量不能拥有财产的人没有机会为自由的道德生活，为

---

① Thomas Hill Green, "Lectures on the Principles of Political Obligation," in *Works of Thomas Hill Green*, Vol. 2, edited by R. L. Nettleship, p. 450.

② Thomas Hill Green, "Lectures on the Principles of Political Obligation," in *Works of Thomas Hill Green*, Vol. 2, edited by R. L. Nettleship, p. 517.

③ Thomas Hill Green, "Lectures on the Principles of Political Obligation," in *Works of Thomas Hill Green*, Vol. 2, edited by R. L. Nettleship, p. 520.

④ Thomas Hill Green, "Lectures on the Principles of Political Obligation," in *Works of Thomas Hill Green*, Vol. 2, edited by R. L. Nettleship, p. 362.

⑤ Thomas Hill Green, "Lecture on Liberal Legislation and Freedom of Contract," in *Works of Thomas Hill Green*, Vol. 3, edited by R. L. Nettleship (London: Longmans, 1888), p. 373.

⑥ Thomas Hill Green, "Lecture on Liberal Legislation and Freedom of Contract," in *Works of Thomas Hill Green*, Vol. 3, edited by R. L. Nettleship, p. 372.

发展、实现或表达善良意志提供条件,"考虑到财产占有所应服务的道德目的,那些除了劳动力之外没有任何财产、必须出卖劳动力给资本家以维持生计的人,实际上被剥夺了财产权"。① 这种情况必须纠正,那么如何确保财产权服务于社会共同善呢? 格林给出了答案:国家干预。这就涉及了财产权与国家的关系问题。

格林认为,国家是其成员财产权的来源,也是推进社会共同善的机构,有权对个人财产权进行干预。他声称,国家是高水平的社会,"是社会的社会,在其中他们彼此之间所有的要求都被相互调整了"。② 对其成员而言,国家是产生权利的所有社会关系的复合体。说他的权利来自社会关系,同说它来自他作为国家成员的身份,是一回事。③ 作为社会关系的维护者和协调者,国家是实现人类道德善必不可少的工具,④ 是"推进共同善的公共机构"。⑤ 它有权也有责任为了共同善而阻止个人财产权的滥用,并为公民自由行使财产权创造条件。基于此,格林认为,国家可以也应该干预个人的财产权,以促进社会公共福祉。他具体分析了其所处时代政府应该干预财产权的情况。

首先,国家应该对个人任意处置其财产的自由进行干涉。他认为,英国的长子继承制度使土地无法得到有效的改良,并减少了土地买卖,限制了自耕农的数量,不利于社会秩序的稳定。这种安排损害了公共利益,国家应该通过立法进行干预。⑥ 针对部分地主把土地变成林地的行为,他也主张国家进行干预。⑦

---

① Thomas Hill Green, "Lectures on the Principles of Political Obligation," in *Works of Thomas Hill Green*, Vol. 2, edited by R. L. Nettleship, p. 525.
② Thomas Hill Green, "Lectures on the Principles of Political Obligation," in *Works of Thomas Hill Green*, Vol. 2, edited by R. L. Nettleship, p. 110.
③ Thomas Hill Green, "Lectures on the Principles of Political Obligation," in *Works of Thomas Hill Green*, Vol. 2, edited by R. L. Nettleship, p. 110.
④ Thomas Hill Green, "Lectures on the Principles of Political Obligation," in *Works of Thomas Hill Green*, Vol. 2, edited by R. L. Nettleship, p. 412.
⑤ Thomas Hill Green, "Lectures on the Principles of Political Obligation," in *Works of Thomas Hill Green*, Vol. 2, edited by R. L. Nettleship, p. 97.
⑥ Thomas Hill Green, "Lecture on Liberal Legislation and Freedom of Contract," in *Works of Thomas Hill Green*, Vol. 3, edited by R. L. Nettleship, pp. 378 – 379.
⑦ Thomas Hill Green, "Lecture on Liberal Legislation and Freedom of Contract," in *Works of Thomas Hill Green*, Vol. 3, edited by R. L. Nettleship, pp. 379 – 380.

其次，他主张限制某些商品的自由买卖，以防止其损害公共利益。这集中体现在他有关禁酒的主张中。他认为酗酒恶化了工人阶级的状况，损害其健康、财富及精神状况与家庭幸福，因而主张限制甚至取消酒类买卖。他写道："如果某种商品的自由买卖，其常见的结果，是导致人们远离更高层次的自由，损害他们完善自身的整体力量，就无权要求这种权利。"①

国家不仅应该对财产权滥用进行限制，还应该为个人排除那些妨碍他们自由行使财产权的障碍，其中之一就是外在的资本干涉。资本家利用工人的困境，打着契约自由的旗号，迫使他们接受低价劳动合同。格林主张国家限制这样的契约自由，因为这损害了工人的幸福和社会的利益，"从长远看，廉价的劳动力是昂贵的"。② 当工人迫于生存压力无法拒绝低价合同时，"法律必须出面干预，而且要这样持续干预若干代"。③ 有关土地租赁的合同也是如此。爱尔兰农民迫于生计被迫接受高地租、短租期的租约，社会利益因此受损，此时契约自由徒有其名，"不仅不保障自由，反而成为伪善的压迫工具"，④ 其尊严尽失。政府应该对此进行干预。

政府还应该推行义务教育，帮助个人排除行使财产权的内在障碍。在格林看来，底层劳动者的困境在很大程度上是因为缺乏财产权意识，这需要通过教育补救。加上现代社会中知识的作用日益增强，缺少教育如同肢体残疾，不利于行使财产权。因此，国家应该强制推行义务教育，⑤ 帮助贫民行使财产权。

他主张加快社会立法，限制那些妨碍公共利益的财产权，并为行使财产权创造条件。他大声疾呼，立法方面的谨小慎微已经过时，英国人民正

---

① Thomas Hill Green, "Lecture on Liberal Legislation and Freedom of Contract," in *Works of Thomas Hill Green*, Vol. 3, edited by R. L. Nettleship, p. 383.
② Thomas Hill Green, "Lecture on Liberal Legislation and Freedom of Contract," in *Works of Thomas Hill Green*, Vol. 3, edited by R. L. Nettleship, pp. 376 – 377.
③ Thomas Hill Green, "Lecture on Liberal Legislation and Freedom of Contract," in *Works of Thomas Hill Green*, Vol. 3, edited by R. L. Nettleship, p. 377.
④ Thomas Hill Green, "Lecture on Liberal Legislation and Freedom of Contract," in *Works of Thomas Hill Green*, Vol. 3, edited by R. L. Nettleship, p. 382.
⑤ Thomas Hill Green, "Lectures on the Principles of Political Obligation," in *Works of Thomas Hill Green*, Vol. 2, edited by R. L. Nettleship, p. 515.

在通过立法更自由地发挥上帝赋予他们的聪明才智。① 对那些批评国家干预财产权会破坏公民自主性的说法，他不以为意，认为政府"不过是要求他们做本来要为自己做的事"，② 而且他们可以在其他地方承担起相应的责任。法律只不过充当了人们有力的朋友，帮助他们完成本人难以胜任的工作。他提醒反对社会立法的人，"我们必须按照所遇见的人们的实际情况来对待他们"，③ 那就是工人阶级的处境十分悲惨，如果不进行干预，情况就不会好转，甚至会日益恶化。因此，法律必须出面干预，而且要持续下去。

四

虽然格林力主财产权源于社会关系，以共同善为目标，但这并不表明他无视财产权的个体性，否定甚至剥夺个人的财产权。事实上，他始终坚持以个体价值为依归，因此疾呼："我们价值的最终标准是个体价值的理想。所有其他的价值都与对个人而言的价值、某个人自身的价值或某人内在的价值相关。谈到一个国家或社会或人类的任何进步或改善，如果不是与个人的某种更高的价值相关，就只能是一些毫无意义的空话。"④

为了更好地保护个人的财产权，坚持财产权的个体性，格林主张赋予个人充分的财产权，并强调国家干预财产权时必须遵循一定的原则。

他指出，应该尽可能多地赋予个人自由处置财产的权利。首先，要保护个人无限积累财富的权利。他写道："合理的财产权……它的无限制的运用是人实现自由道德（其最高善）的条件，这种权力应该被赋予个人，不管他实际上如何使用它，只要他没有用一种干扰其他人运用类似权力的

---

① Thomas Hill Green, "Lecture on Liberal Legislation and Freedom of Contract," in *Works of Thomas Hill Green*, Vol. 3, edited by R. L. Nettleship, p. 386.
② Thomas Hill Green, "Lecture on Liberal Legislation and Freedom of Contract," in *Works of Thomas Hill Green*, Vol. 3, edited by R. L. Nettleship, p. 375.
③ Thomas Hill Green, "Lecture on Liberal Legislation and Freedom of Contract," in *Works of Thomas Hill Green*, Vol. 3, edited by R. L. Nettleship, p. 375.
④ Thomas Hill Green, *Prolegomena to Ethics*, edited by A. C. Bradley, p. 210.

方式使用它即可。"①

针对人们指责正是这种无限积累的权利产生了无产阶级的说法，格林进行了反驳。他认为，私人无限积累的自由不会剥夺劳动阶级的财产权，因为某人财富的增多并不意味着别人财富的减少；② 相反，还可能增加其他人的财富，因为它为整个社会创造了新的财富，提供了新的收入来源。自由经济生活中的确有不平等的现象，但这可能是因为人们先天的才能和从事职业的差异所引起的。③ 自由市场体系或许在某种程度上促成了这种不平等，但绝不是它造就了无产阶级。

他认为欧洲早先不合理的土地制度促生了无产阶级。他写道："并非资本的积累，而是那些与之毫不相干的早先的环境，促成了这种局面，使得资本家能够以最低廉的价格购买这些人的劳动力，最终导致了最近穷苦的无产阶级大量增多。"④ 具体而言，这个"早先的环境"指的是不合理的土地制度。以前的土地占有基本源于武力征服，"最初的地主都是征服者"。⑤ 这产生了两个结果。一是大批的农民失去土地，他们及其后代成为城市无产阶级的主要来源。由于在来到城市之前，长期充当农奴，其自身财力和智识不足，无法自由行使财产权，最后陷入困境。格林写道："无地的农民……是大城市无产阶级的先驱。"⑥ 二是"大地产制"无节制地扩张，造就了更多的失地民众，增加了无产阶级的来源。在格林看来，正是"封建主义和土地主义的影响"造成了无产阶级的困境。⑦

---

① Thomas Hill Green, "Lectures on the Principles of Political Obligation," in *Works of Thomas Hill Green*, Vol. 2, edited by R. L. Nettleship, p. 526.
② Thomas Hill Green, "Lectures on the Principles of Political Obligation," in *Works of Thomas Hill Green*, Vol. 2, edited by R. L. Nettleship, p. 530.
③ Thomas Hill Green, "Lectures on the Principles of Political Obligation," in *Works of Thomas Hill Green*, Vol. 2, edited by R. L. Nettleship, pp. 525 – 528.
④ Thomas Hill Green, "Lectures on the Principles of Political Obligation," in *Works of Thomas Hill Green*, Vol. 2, edited by R. L. Nettleship, p. 531.
⑤ Thomas Hill Green, "Lectures on the Principles of Political Obligation," in *Works of Thomas Hill Green*, Vol. 2, edited by R. L. Nettleship, p. 532.
⑥ Thomas Hill Green, "Lectures on the Principles of Political Obligation," in *Works of Thomas Hill Green*, Vol. 2, edited by R. L. Nettleship, p. 532.
⑦ Thomas Hill Green, "Lectures on the Principles of Political Obligation," in *Works of Thomas Hill Green*, Vol. 2, edited by R. L. Nettleship, p. 534.

格林还认为，无产阶级自我意识的不足也恶化了其处境。这是多方面因素造成的。首先是因为他们此前是"在农奴制下被训诫的，"形成了一种农奴思维，缺少财产权观念。缺乏土地又受到压迫，无法体会到财产的价值，也缺少储蓄的观念。其次，日常的生计压力使他们无暇思考财富的价值，培养不出财产权意识。他们"除了应付日复一日的生活之外，一无所有，甚至随时都可能失去它"，①"醒着的时间都被用来为他们的家庭赢得尊敬"，②无法形成身体欲望之外的自我意识。他们意识不到，在现代社会中，财产已经成为人的道德发展的必要条件，也是人道德发展的标志。因而，既没有财产，也不追求财产，甚至愿意接受有损其财产权的劳动合同，③最终使自己陷入困境。因此，在格林这里，无产阶级的贫穷不是经济问题，而是意识问题。解决的有效途径之一是教育改革，培养无产阶级的自我意识与财产权观念，而不是限制财富的积累。他坚信在资本主义体系之下，每个公民都有机会变成小资本家。④

贸易自由也应该得到保障。财产权的理论"逻辑上要求在贸易和所有者处理自己财产时都必须是自由的，只要他不妨碍其他人同样的自由即可"。⑤

他强调国家干预个人财产权时，必须遵循一定的原则。在他看来，维护包括财产权在内的私人权利是"国家第一位的职责"，⑥尽管国家可以为了共同善限制个人财产权滥用，但这种限制必须遵循一个原则，即不能干涉个人的道德决定，破坏他的道德自主性，因为这是最高善所必需

---

① Thomas Hill Green, "Lectures on the Principles of Political Obligation," in *Works of Thomas Hill Green*, Vol. 2, edited by R. L. Nettleship, p. 530.
② Thomas Hill Green, *Prolegomena to Ethics*, edited by A. C. Bradley, p. 293.
③ Thomas Hill Green, "Lecture on Liberal Legislation and Freedom of Contract," in *Works of Thomas Hill Green*, Vol. 3, edited by R. L. Nettleship, p. 376.
④ Thomas Hill Green, "Lectures on the Principles of Political Obligation," in *Works of Thomas Hill Green*, Vol. 2, edited by R. L. Nettleship, p. 531.
⑤ Thomas Hill Green, "Lectures on the Principles of Political Obligation," in *Works of Thomas Hill Green*, Vol. 2, edited by R. L. Nettleship, p. 527.
⑥ Thomas Hill Green, "Lectures on the Principles of Political Obligation," in *Works of Thomas Hill Green*, Vol. 2, edited by R. L. Nettleship, p. 460.

的。① 国家所履行的是一种消极的职能，它只是在其成员追求财产权，进而自我实现的过程中，帮助他们排除各种障碍，为公民自由行使财产权提供条件，而不能直接进行财产分配，干涉个人经济自主权，进而影响到其精神上的自立。更不用说去从事经济生产活动，那就意味着私人产权制度的终结、市场体系的失败、道德的崩溃。哪怕是出于良好的意愿也不行，格林把这种政府称为"慈父般的政府"，并明确表示反对，认为它"缩小了个人自我赋予义务和无私动机发挥作用的空间"。②

五

对格林财产权学说的评价一直莫衷一是，甚至在批判阵营内部也分为针锋相对的两派。一派从社会的立场出发，指责这种学说替私有制辩护，无法实现共同善。穆霍帕德希亚指出，格林"给私有制穿上道德盔甲"，③"实际上是要使当时的英国资本主义社会道德化"，他的理论承认不平等经济制度的必然性，无法实现共同善。④ 另一派则从个人出发，质疑它强调国家干预，有可能危及个人财产权与自由。以赛亚·伯林指出，格林的理论，强调国家有权强制个人自由，是一种危险的理论，他的学说很可能为暴君利用，为其残暴的压迫辩护。⑤

格林自己的学说可以为回应这些指责提供有力的论据。他主张赋予个人充分的财产权，并为国家干预财产权设定了必要的原则，力主国家不能干涉个人的道德自主性。个人财产权在他这里得到了严格的保护。

他的财产权学说也充分关注了共同善，是一种社会哲学。他始终把共同善作为财产权的目的，关注无产阶级的利益，力主通过国家干预来

---

① Thomas Hill Green, "Lectures on the Principles of Political Obligation," in *Works of Thomas Hill Green*, Vol. 2, edited by R. L. Nettleship, p. 345.
② Thomas Hill Green, "Lectures on the Principles of Political Obligation," in *Works of Thomas Hill Green*, Vol. 2, edited by R. L. Nettleship, p. 346.
③ 〔印〕穆霍帕德希亚:《西方政治思想概述》，姚鹏等译，求实出版社，1984，第 203 页。
④ 〔印〕穆霍帕德希亚:《西方政治思想概述》，第 209 页。
⑤ 〔英〕以赛亚·伯林:《自由论》，胡传胜译，译林出版社，2003，第 201～202 页。

保障他们行使财产权，实现社会公平。尽管他未能揭示出无产阶级的困境和资本主义制度之间的内在关联，没有像后来福利国家制度一样，提出一整套社会改革的措施来纠正资本主义的弊端，改善无产阶级的境遇，但他却从理论上确立了财产权必须服务于公共福祉的原则，并提供了国家干预财产权服务共同善的方案，用互助的公民社会与行动的国家机构来纠正竞争的市民社会。对其而言，重要的不是某种具体的经济形式，而是人的自我实现与社会的共同善。而且，正如金岳霖所指出的那样，如果资本主义的破坏性实质被证明的话，格林是可以被说服去攻击资本主义制度的，正如其攻击英国土地制度一样。① 所以，社会性而非阶级性，才是格林财产权理论的实质。麦克里兰和萨拜因显然认可了这一点。前者认为，劳工"是格林真正的问题"；② 后者则声称，格林学说是要改革自由主义，"使之从一个特定的阶级观点出发以维护单独一套利益的社会哲学，变为可以声称是从民族社会普遍利益观点出发考虑一切重要利益的社会哲学"。③

事实上，问题的症结可能是伯林和穆霍帕德希亚。前者出于对多元价值的追求，不再相信共同善的观念；后者忽视了共同善与个人财产权的内在关联，把两者对立起来。而这正是格林财产权学说所着力批判的。诚如他所指出的那样，"权利对个人的依附与权利源自社会这两者之间不会有任何矛盾"。④ 财产权属于个人，因为每个人都应该被当成是目的，而不只是手段；⑤ 与此同时，它只属于作为社会成员的个人，因其服务共同善而被社会承认，并因此得到保障。财产权的个体性和共同善是内在统一的，其基础就在于个人和社会的良善意志。个人追求自我完善，尊重并致力于帮助他人与社会完善；相应的，国家与社会尊重个人，承认并赋予其

---

① 金岳霖：《T. H. 格林的政治学说》，金岳霖学术基金会学术委员会编著《金岳霖学术论文选》，中国社会科学出版社，1990，第92页。
② 〔英〕约翰·麦克里兰：《西方政治思想史》，彭淮栋译，海南出版社，2003，第557页。
③ 〔美〕乔治·霍兰·萨拜因：《政治学说史》，刘山等译，商务印书馆，1986，第806页。
④ Thomas Hill Green, *T. H. Green: Lectures on the Principles of Political Obligation, and Other Writings*, edited by Paul Harris and John Morrow (Cambridge: Cambridge University Press, 1986), p. 108.
⑤ Thomas Hill Green, *Prolegomena to Ethics*, edited by A. C. Bradley, p. 210.

自我完善所必需的财产权。双方在互相尊重、彼此扶助的良善关系中，求得个人完善与社会共同善的和谐，实现自由与民主共存，公平与效率兼顾。

这种把个体性和社会性统一起来的财产权理论，本质上是一种自由民主的思想。I. M. 格林加滕（Greengarten）指出，格林的学说是自由民主理论，并在其死后激励了自由民主思想。① 意大利著名学者马斯泰罗内也认为，格林提出了自由民主的混合方案。② 它探讨了西方在建构现代工业文明中所力图解决的核心问题，即如何在保证经济发展的同时，维持社会公平，使所有人从社会发展中受益。以保障私有产权为动力，以国家提供基本福利为手段，在保障效率的同时维持公平，为解决这一问题提供了一种自由民主式或者说自由社会主义的解决方案。这一思想在此后产生了积极的影响，为福利国家的实践提供了理论基础。格林主张通过社会立法，为社会成员提供最低标准的福利，为培育他们有尊严的财产权提供可能。这些条件包括健康、安全的工作环境，合宜的工作时长，可靠的安全卫生系统，基本的教育资源。这使得他成为福利国家的理论先驱。更重要的是，他为福利国家的思想提供了基于个体性和共同善统一之上的国家干预的理论。正因为如此，《不列颠百科全书》把他视为国家干预和福利国家思想理论基础的提供者。③ 格林加滕也指出，研究格林的思想对理解现代福利国家有重要意义。④

事实上，这一思想对当下福利国家的实践与文明社会的建构，依然有着极佳的启发意义。

格林的财产权理论强调个体性与共同善的协调平衡，这使得他的福利国家思想有其自身特点。他致力于支持最低标准的福利条件，对提供更进

---

① I. M. Greengarten, *Thomas Hill Green and the Development of Liberal-Democratic Thought* (London: University of Toronto Press, 1981), p. 128.
② 〔意〕萨尔沃·马斯泰罗内：《欧洲政治思想史》，黄华光译，社会科学文献出版社，1992，第398页。
③ 美国不列颠百科全书公司编著《不列颠百科全书》国际中文版第7卷，中国大百科全书出版社不列颠百科全书编辑部编译，中国大百科全书出版社，1999，第273页。
④ I. M. Greengarten, *Thomas Hill Green and the Development of Liberal-Democratic Thought*, Preface.

一步的福利持保留态度。这恰恰是由于他在关注共同善的同时，注重保护个人权利所产生的结果。晚近的福利国家制度出现了培养懒汉和效率低下的流弊，恰恰映衬出这一思想平衡个体性和社会性关系的前瞻性和现实意义。而在当今市场社会下，当建构社会文明与和谐时，依然需要考虑个人与社会、自由与民主、效率与公平的关系。在这些方面，我们可以从格林的财产权话语当中获益良多。

"体育是什么"：一个概念史的考察*

刘桂海**

一　前言

在一定社会、政治与文化语境中，某个词语"凝固"了特有的意义或指向功能，并被不断地使用，最终成为公众认可与接受的"概念"。概念是实体性意义的聚集，为社会所接受与使用。可以说，概念是社会交往的媒介，是社会活动与交往的基础。更重要的，概念是探究新知识的逻辑支点，如轴心时代、东方化时代、农业革命等，这些概念在提出后成为研究的一个范式，成为解释历史的框架。

由剑桥学派的代表人物昆廷·斯金纳（Quentin Skinner）和德国的考泽莱克（R. Koselleck）开创的概念史研究方式，改变了以往的历史研究仅以"人物与事件"为研究对象的模式，另辟蹊径，开创了一种对"概念"演进的历史进行谱系性考察的方式，并为学界所认可。

事实上，通常我们使用某个概念，是因为这个概念能够浓缩我们需要表达的意思，一般也不会顾及这个概念的社会起源及其历史演变过程。生活中许多概念同定义它们的那些人无关，也不需要历史背景就可以解释。一个概念可以跨越时空相传，比如，从"城邦"到"国家"，从古代的到当代的，虽然无法将某个概念变化的历史过程当作一个整体传递下来，但是，过去的经验和状况在今天的社会存在中，还有一定的价值和作用，我们还能够从这些概念的意义中找到我们需要的指定元素，于是，这些概念便有了生命力。某个概念"停滞"或者"消亡"，往往是由于这个概念在现在的时代中找不到"位置"，承载不到新的现实意义。同样，某个概念

---

* 本文原刊于《体育与科学》2015年第4期。
** 刘桂海，华东师范大学体育与健康学院教授。

"复活",是因为现实社会中的某些东西需要借助过去的词表达现实的意义。体育概念则不然,体育一词作为概念是解释和说明体育现象和特征的,也是这些现象和特征的概括。斯金纳说过,不要过多地纠缠概念的分析和逻辑的推演,而是要将视线投向历史。这也给我们一些启发:分析体育概念——"体育是什么"需要在历史语境中寻找。正如当代思想领域学者利科所说:"对于历史主义而言,理解即是去发现演化的发生、先前形式、来源和意义。"[①] 勾勒一条清晰的体育历史演变路线,不仅仅是体育历史问题,也是我们认识与理解体育的必要环节。其实,从历史视角来甄别概念也有其历史渊源,亚里士多德就说过,我们做判断不能离开历史,因为我们不可能叫每一个女人妈妈。观照当下,体育学界热衷于体育经济与教育问题的研究,少有对体育本源问题的追问与探索,但作为一门学科,对本体论问题的探究是必不可少的,这也是一门学科走向成熟的标志,并且"体育是什么"不应该成为体育学科研究的"黑洞",更不能用当下盛行的功利主义眼光来判定这个命题研究的价值。

二 西方"体育"概念演变分析

在当今我们使用的词语概念中,有许多是外来词,这样就存在外来词"本地化"的过程、现象,还有许多词语概念由于时间原因,在流传过程中,其本来含有的要素在不断扩大或者缩小,可以说"此一时,彼一时"。还需要说明的是,在跨文化翻译中有许多误译的现象,按照概念史研究的方法论考察一个概念,必须立足于一定的语义域(semantic field)中、一定的概念框架(conceptual framework)中。

正如亚里士多德所说:"智慧在于研究最初的原因和本原。"我们研究体育形态、本源、价值问题时,一般都需要寻根溯源。"体育"一词必须追溯到古希腊的荷马时代,《荷马史诗》是最早记载体育竞技项目、组织、比赛方法、技术与战术的史料,相对于其他单一性史料(壁画、石刻、雕像)更有说服力,这也是顾拜旦等西方学者推崇古希腊体育的重要缘由之一。

[①] 保罗·利科:《解释的冲突——解释学文集》,莫伟民译,商务印书馆,2008,第36页。

我国的一些教科书常常忽视古希腊体育，也令人费解，例如，徐元民的《体育史》（台北：品度股份有限公司，2010）。古希腊智人创造的能够表达"竞争或对抗"的词有 agon、athletics，其中 athletics 还与"悲惨、艰苦"有所关联，其另一面体现了竞技者在艰苦的训练、比赛中，因战胜、超越他人而显露的喜悦。吕瀚光考察了古希腊时期的 athletic，认为它的意思为"多人参加，竞争性，对比性"，作为体现体育本源特征的 athletic 一词最终可以追溯到希腊单词 athlos，指"比赛，尤指为获取奖品的竞赛"。另外两个可能的词源是 athlon——"体育竞赛中获得的奖品"和 athleus——"参加体育竞赛的人"。① 德国历史学者沃尔夫冈·贝林格考察了"agon"一词，其最早是指自由人为讨论某事而举行的聚会，包括组织集市和体育赛事；"agon"概念在荷马时代后的希腊仅表示竞赛或运动会。

筑波大学阿部生雄博士在《运动概念史》（1976）中对"sport"进行了研究，sport 源自拉丁语的"disportare"，意为"放逐""游戏"，与古希腊的竞技意义完全相反。英国学者对"sport"进行了考证，认为"sport"来源于拉丁文"de（s）portare"，字面意思是"脱离原来生活轨迹，忘形、放纵"，② 13 世纪在法语中表示游玩、分享快乐。有资料记载："这一动词在 13 世纪的法国变形为 desporter，意为去愉悦、娱乐、转移一个人的注意力。这个词在 14 世纪初的英格兰演变为 disporter。例如，disporteress 这个词，在 15 世纪可以被用来表示一个女性杂技演员。在 16 世纪，sporter 与 sporteer 开始出现，也就是从那个时候起，它们的简化词形 sport 开始出现并被接受。"③

同样，我们对"体操"概念的理解也存在很大的偏差与误区，汤志杰在对西方众多学者的研究成果进行梳理后认为："（在古希腊）gymnastics，指身体的操练、锻炼与教育，Gymnasium，也就是学习这套主要跟军事战斗技能有关的健身术的场所，其设置的目的是训练重甲

---

① 吕瀚光：《从外语词源再看体育的含义》，《商业文化》2008 年第 10 期。
② Tony Collins, John Martin, *Wray Vamplew*: *Encyclopedia of Traditional British Rural Sports*, London: Routledge, 2005, pp. 6 – 7.
③ Tony Collins, John Martin, *Wray Vamplew*: *Encyclopedia of Traditional British Rural Sports*, pp. 6 – 7.

兵（hoplite）（亦称重装步兵）。"① 在此基础上再深入研究，在古希腊人的思想中，战争是一种生活元素，就如吃饭、睡觉一样，正如马克斯·韦伯定义城邦是"战士公社"一样。在古典时代，军队的主体是重装步兵，其装备包括盾牌、胸甲、头盔、胫甲、标枪、剑与匕首，而且重装步兵决定战争的胜负。② 要取得战争的胜利，就必须保持士兵的战斗力，城邦里公民就必须进行战争技能方面的训练，这样分析，建立体操馆的目的也就显而易见了。"体操"原本的寓意为重装步兵的训练，这与后来体操的内涵大相径庭。所以，至少古典时代前段，苏格拉底之前，古希腊体育是服务于战争的，体操馆就是为了提高战士战争技能的训练馆。

现在可以查阅到的，给"体育"最早下定义的是古希腊大哲学家柏拉图——"最好的体育是什么？一种简单而灵活的体育训练，尤其是专门为了备战而进行的训练"。③ 由于翻译以及跨文化因素，我们猜想，柏拉图这里所用的词语有可能就是"体操"。当然，追溯体育本源离不开当时的历史环境。在古希腊，体育形成的背景既有宗教因素，也有社会特质文化因素，最主要的是政治因素。体育最早只是在某些社会阶层流通的专有名词，从《荷马史诗》的许多篇章中都能看出"体育"仅是贵族群体使用的特殊词语，使用"体育"的人有着某种共同的传统和经历。不过我们常常忽视，在古希腊不同历史时期，体育的内涵也在不断变化。我们可以大致勾勒出"体育"概念的演变过程。在古希腊荷马时代，体育作为完整、独立存在的社会现象，有完整的比赛形式和规则，《荷马史诗》中详细地记载了关于体育比赛中"战术"的问题，这在今天看来也都是高水准的，比赛"就像一个优秀的伐木工，不是靠膂力，而是靠技巧。舵手掌控海船，也须依靠技术"。④ 同样，《荷马史诗》中的关于体育的思

---

① 西方学者的研究成果，参见汤志杰《体育与运动之间：从迥异于西方"国家/市民社会"二分传统的发展轨迹谈运动在台湾的现况》，《思与言》第 47 卷第 1 期，2009 年，第 14 页。
② 晏绍祥：《古风时期希腊陆上战争的若干问题》，《华中师范大学学报》（人文社会科学版）1998 年第 6 期。
③ 柏拉图：《柏拉图全集》，王晓朝译，人民出版社，2003，第 372 页。
④ 《荷马史诗·伊里亚特》，赵越等译，北方文艺出版社，2012，第 486 页。

想与价值观，影响了后来的西方体育思想与教育思想，"须知人生在世，任何英名都莫过于凭自己的双脚和双手争来的荣誉最为荣光"。① 文化史学家雅各布·布克哈特认为，《荷马史诗》中"竞争"概念是希腊文化的原动力，"抗战、公开竞赛、成就、志向"体现了希腊文化特征。笔者也曾撰文说明《荷马史诗》对古奥运会的影响。体育在后来的希腊城邦社会中，如古风时期、古典时期、希腊化时期，性质有着不同的变化。可以简单描述为：体育从"拟神化"形式到作为贵族的教育权利与手段，再发展为"人人可以参与的谋生工具"。公元前776年至公元前6世纪，是古奥运会的黄金时期，比赛项目、比赛形式、裁决方式被固定下来，体育概念还是"身份化""业余化"的标志。体育比赛有一套选拔程序，参加比赛的不管是贵族还是平民，都必须经过统一的程序。运动员地位也相当高，比如，公元前630年，奥运会冠军、贵族出身的库隆，利用平民反对贵族的机会发动政变，建立了个人独裁的僭主政治，② 这不仅说明雅典社会内部的矛盾、阶级斗争已日趋尖锐，还反映了当时奥运会冠军的社会号召力，以及其社会地位和身份定位。旷日持久的伯罗奔尼撒战争（公元前431年至公元前404年）是古奥运会的转折点，也是体育"贵族"地位走向衰败的转折点。战争和瘟疫导致雅典社会秩序混乱，奥运会这个曾被视为祭拜神的聚会、道德的楷模、英雄的神坛，最终演变成希腊城邦的"名利场"、希腊人的"淘金矿"，体育也在这个时期坠下了神坛。

其实，古希腊哲人对"体育是什么""奥运会冠军有什么价值（因为城邦要供养奥运会冠军）"都有不同的论述与辩解，也进行了反思，这里就不再展开讨论了。古希腊体育包括古奥运会在内的，能传承下来的，是伴随着古希腊文化的复兴而得以"重生"的。同样，我们大体上可以画一条古希腊"体育"传入欧洲其他地区的路线图，古希腊经典著作输入西欧其他地区的路径：一条是经由诺曼人统治的西西里岛，当时该地是拉丁、希腊、阿拉伯、犹太四个民族的交会点，所以许多古希腊著作被译成拉丁文和阿拉伯文；另一条是通过西班牙的阿拉伯人的翻译。事实上，拉

---

① 《荷马史诗·伊里亚特》，第115页。
② 希罗多德：《历史》，王以铸译，商务印书馆，2001，第376页。

丁文中没有特定的词能够表达希腊词"agon""ludus",拉丁文使用的更多的表示是游戏词语,"'sport'从语源学上说可以上溯到拉丁文动词 de(s)portare,它的字面意思为'失去自制力'。现在在欧洲,的确有数不清的人,作为参与者或者观众,因为他们钟爱的体育而'失去自制力'"。① 就这样,"原始"体育内涵第一次"流失"。我们知道现代体育的许多比赛项目、比赛制度发轫于英国,这与英国学者赴欧洲大陆其他区域汲取希腊古典文化不无关系,这些古希腊文化在古代体育继承与现代化体育兴起中起到了关键作用,但是,英国对体育的理解已经或多或少包含"游戏"的成分了,而纵观千年古希腊体育,其与游戏没有丝毫交集。

当历史跨入中世纪,在宗教社会的日程表中,唯有"劳作"才是正当的事情,"要么祈祷,要么劳动",体育在社会生活中处于边缘化状态,人们对体育行为或者类似行为持有异样的眼光,体育概念代表着粗鲁、平庸、游手好闲、玩物丧志。体育与欲望、心血来潮、不安分、不能够自我克制联系在一起。体育暗示着身体本能的需要,往往让人联想到肉体的要求,它暗示了从事体育运动属于一种罪恶和缺陷。1130年,英诺森教皇三世把体育盛会视为"魔鬼的节日"。② 在西方研究中世纪体育历史的书籍中,体育常常用"sport and game"表达,Charles Cotton 的著作《高明的赌徒》(1674)还没有明确区分那些需要体力的活动(如保龄球与箭术)与那些在室内开展或者静坐的活动(如国际象棋与纸牌游戏)。"game"这个词来源于撒克逊词语"gamen",意为"比赛"、"快乐"、"体育"或者"做游戏"。对 Cotton 来说,"game"这个词几乎与"gambling"(赌博)是同义词。在他对斗鸡的形容中可以看出这一点:"斗鸡是一种非常令人愉悦的 sport(体育)或者 pastime(消遣)。据我所

---

① Hirn, U., *Ursprung und Wesen des Sports* (Leibesübungen und Körperliche Erziehung in Theorie und Praxisl) (Berlin: Weidmannsche Buchlandlung, 1936), quoted from Tony Collins, John Martin, *Wray Vamplew*: *Encyclopedia of Traditional British Rural Sports*, pp. 6-7.

② 弗雷德里克·德·莫尼科尔、保尔·吉贝尔丁:《体育冠军》,韩沪麟译,上海科学技术出版社,2003,第16页。

知,没有其他任何一项活动可以与它媲美。"① 因此,当时体育概念是与游戏、赌博、游手好闲相互关联的。但是,这时候"体育"却以另一个面孔呈现,那就是贵族竞技比武。在体育史上,我们对中世纪体育关注偏少,其实,相对于古希腊体育,中世纪体育再次提升了体育"精神"和"身份"。中世纪体育最大的历史遗产是骑士与贵族在竞技比武中道德品行至上的模式,它彰显了体育的象征意义和价值特征。尽管骑士制度不复存在,但是它的伦理观为欧洲近代体育的形成和发展储存了精神动力,特别是近代英国体育中的业余精神与绅士精神正是骑士体育"精神遗产"的写照。现代奥林匹克运动的开创者顾拜旦,对骑士精神特别赞赏和推重,他提出在复兴奥运会时,要注意采用古代的一些仪式,使文学、艺术、骑士精神融入体育之中。"今天的奥林匹克参赛者必须认识到,在获得骑士精神、体育活动的顶峰和最高目标方面,他们只能依靠自己。一个世纪以前,英国出现了强身派基督徒,在他们身上可以找到处于萌芽状态的往日骑士的所有气质——崇高的理想、健壮的粗犷和炽烈的热情——而第九届奥运会将成为骑士精神发展道路上光辉的、使人愉快的里程碑。但愿它能如此,这是我的希望,也是我的确信。"② 另外,中世纪体育为现代体育规则和比赛模式打下了基础,"中世纪骑士比武的常规程序可以叙述如下:一旦决定组织比武大会,首先需要指定6~12名公证人决定比赛的时间和地点。他们同国王的武士们从此刻开始要确保比赛顺利进行,国王的武士们负责比赛前向双方的参赛者宣读比赛的细则,关照双方务必遵守规则,维护比赛的正义、秩序,比赛的奖品也需要事先准备妥当"。③ 骑士比武的组织工作、规则、奖品等与现代体育比赛相似。所以,是骑士、绅士将体育推到另一个境界——仪式化。法国学者乔治·维加雷洛在《从古老的游戏到体育表演:一个神话的诞生》中详细说明了欧洲现代体育诞生与演变的过程,"15世纪,竞技比武中的故事情节仍旧是为了表现

---

① Cotton, C., *The Compleat Gamester* (London: A. M. for R. Cutler, 1674; reprinted, 1972, London: Cornmarket Reprints), 转引自 Tony Collins, John Martin, Wray Vamplew: *Encyclopedia of Traditional British Rural Sports*, pp. 6-7。
② 顾拜旦:《现代骑士精神》,转引自《奥林匹克宣言》,人民出版社,2008,第163页。
③ 汪丽红:《骑士:且歌且战的西欧贵族》,上海辞书出版社,2007,第48页。

'真正的勇气'，战斗必须很真实，这种状况一直延续到16世纪初"。"除了模拟战争场面外，16世纪初最为流行的是各式各样的兵器比武、长矛比武和骑马群战比武，主要体现了贵族阶层的一种精神寄托。骑马持枪对阵可以保留骑士冲锋陷阵的形象，那是浴血鏖战的英雄形象。""到17世纪竞技比武发生变化，1、竞技中越来越重视技巧能力和身体灵活。2、越来越重视表演程序。竞技比武的内涵发生了根本性变化。"[①] 事实上，骑士与贵族竞技比武的演变过程，不仅揭示了现代体育诞生的重要路径，也诠释了中世纪体育的内涵、社会价值以及与现代体育的关联。其实，德语体操（Turnen）一词来源于骑士比武（Turnier），以取代非德语词语（Gymnastik），由此可见一斑。

到15世纪后期，西欧封建制度开始动摇，德国历史学者沃尔夫冈·贝林格考察了当时有关体育集会的记载，认为这时候体育已经与宗教脱节。到16世纪，西方整个社会发生了转型。资本主义萌芽且迅速成长，一批大中城市兴起并迅速发展壮大。农民、城市平民和新兴市民阶级反抗封建神权统治的斗争，日趋激烈。随着文艺复兴、宗教改革、启蒙运动、工业革命等一系列划时代的历史性社会实践的出现，体育作为人的自我认识的需要，作为资本主义社会发展的需要，其重要性日益凸显。文艺复兴唤起了人的自我觉醒，唤醒了人的主体性，人们追求古希腊"人是万物的尺度"的理想境界，思想先行者勇敢地揭露教皇的虚伪、贪婪和无知，"我思故我在"。这里特别要强调一下，欧洲的启蒙运动对现代体育"生成"的巨大影响。什么是启蒙运动呢？康德说："启蒙运动就是人类脱离自己所加之于自己的不成熟状态。不成熟状态就是不经别人的引导，就对运用自己的理智无能为力。当其原因不在于缺乏理智，而在于不经别人的引导就缺乏勇气与决心去加以运用时，那么这种不成熟状态就是自己所加之于自己的了。"[②] 如果文艺复兴与宗教改革是"感性的""世俗的"，是"人的发现"；那么，启蒙运动就是"理性的""自由的"，是"人的回归"。"在欧洲历史上的这个特定时刻，这种对人民的兴趣的产生有若干

---

① 乔治·维加雷洛：《从古老的游戏到体育表演：一个神话的诞生》，乔咪加译，中国人民大学出版社，2007，第23、13、24页。

② 康德：《历史理性批判文集》，何兆武译，商务印书馆，1990，第22页。

原因，有美学的原因，思想的原因，也有政治的原因。"①

此外，16世纪至17世纪，物理学、地理学、天文学、数学、医学等自然科学的发展为人们打开了一扇认识世界、认识"自我"的窗口。首先，机器代替了许多体力劳动，特别是欧洲工业革命，使庄园中的农民从"身体"上获得了解放，成为获得人身自由的城市工人。正如韦伯所说，城市的诞生是社会文明的标志，城市的诞生为现代体育创造了发展的空间。欧洲工业飞速发展，推动了生产方式的改变，劳动力集中到城市，特别是在英国，原来庄园体育、乡村中体育、赌博之类游戏项目也随着"农民"一同进入城市生活——"城镇化"运动。当个体有了自由，群体生活中有娱乐活动的需要时，城市便为现代体育的再一次"生成"做了空间和物质上的准备。欧洲狂欢节的出现，为体育的发展添加了新的发动机，"狂欢节仪式中第二个常见的组成部分是某种类型的竞赛，其中以绕圈赛跑（笔者注：可能类似于现在的长跑比赛）、赛马和竞走比赛比较流行。罗马狂欢节的竞赛分为年轻人的赛跑、犹太人的赛跑、老年人的赛跑。有些地方的狂欢节还在陆地上或水上举行长矛比武或竞赛"。② 这可以说是现代体育的分水岭，体育在欧洲近代早期悄悄发生了转型，既保留了暴力特征，又具有体现人发泄出"压抑"在身体上的若干社会元素的特点，体育成为"颠倒"世界的一条途径——快乐、疯狂、平等。正如伯克所说："狂欢节对于参与狂欢节的人们意味着什么？从某种意义上说，提出这个问题是没有必要的，因为狂欢节就是一个节日，一种游戏，本身就是目的，不需要做出解释，也不需要说出什么理由。它是狂喜的时间，自由的时间。……狂欢节有三个既真实又带有符号性的主题：食物、性和暴力。"③ 体育本来是以"暴力"面孔呈现的，但是此时已融入了快乐、平等、颠倒身份的功能和意义。体育通过狂欢节"去身份化"，成为大众项目，并且体育内容得到扩充。

文化学者埃利亚斯提出："一种叫做'体育'的英国娱乐方式竟然

---

① 彼得·伯克：《欧洲近代早期的大众文化》，杨豫等译，上海人民出版社，2005，第11页。
② 彼得·伯克：《欧洲近代早期的大众文化》，第223~224页。
③ 彼得·伯克：《欧洲近代早期的大众文化》，第225页。

在 19 世纪和 20 世纪铸就了世界性的休闲运动，这种现象用什么来解释呢？"① 其实根本原因还是近代欧洲社会环境的改变、大众文化的崛起，改变了人们固有的精英文化观，为大多数人得以欣赏、消费、参与体育提供了条件和环境。

同理，如果考察现代体育第一大运动——足球的历史演变轨迹，那么会发现其非常有典型意义。最早被记录的足球比赛发生于 1174 年。那时的足球比赛是一件十分危险的事情，比赛没有固定的规则和人数的限制，有时有 400 人参加，比赛时间可以持续一整天，比赛发生于一个庄园与另一个庄园之间或者是职业行会之间，比赛场地是庄园之间的田野和森林，比赛方式类似于现在的美式橄榄球。比赛就是一场身体的搏斗，充满血腥，争抢的时候允许用拳头击打对方，伤害事故是家常便饭，甚至发生过打死人的情况。图 1 描述了当时足球比赛的情景。一个作家曾描写道："（足球）真实的比赛争斗过程就如一群狗抢一根骨头。"② 有文献记载了 1314 年英格兰国王爱德华二世（Edward Ⅱ）的一份公告，内容大致是："国王前往苏格兰征战，国内要保持和平稳定，特别是针对在广场上进行足球竞赛的人，这些人所进行的是已知非法的竞赛，那是一种在极大骚乱下所进行的非法竞赛，在竞赛中，很容易就会打死人，而且带来危险事故。这些人在城里造成骚乱，禁止在城里进行足球比赛，违令者将被处以监禁刑罚……"③ 中世纪关于足球的记载通常出现在公告禁令、法庭判决书或者法庭笔录中，当时足球常常与暴力、骚乱、破坏公共秩序、对王国毫无用处等联系在一起。由于比赛期间经常发生骚乱，所以足球比赛是当时官方禁止的一项活动。但不可思议的是，这样的暴力式足球比赛有时候还是宗教庆典仪式的一部分，国王一道道禁令也没有让足球比赛销声

---

① 诺贝特·埃利亚斯：《论文明、权力与知识——诺贝特·埃利亚斯文选》，刘佳林译，南京大学出版社，2005，第 153 页。
② Robert A. Mechikoff, Steven G. Estes, *A History and Philosophy of Sport and Physical Education: From Ancient Civilizations to the Modern World*, McGraw Hill Higher Education, 2005, p. 95.
③ Eric Dunning, Dominic Malcolm, Ivan Waddington, *Sport Histories: Figurational Studies in the Development of Modern Sport*, Psychology Press, 2004, p. 32.

匿迹，究其原因，其背后是国王与庄园、教会之间的政治权力博弈，足球也就这样幸运地生存下来。

图 1　早期足球比赛情景

资料来源：Tony Collins，John Martin，*Wray Vamplew*：*Encyclopedia of Traditional British Rural Sports*，pp. 100 – 101。

在近代工业革命过程中，足球随着欧洲资本主义社会制度的演进而变化。随着工业化、城市化的发展，当庄园慢慢解体，农民进入城市变成产业工人，脱离原来的庄园对其"身体"的控制；当他们有了空余的时间，有了身体的自由，足球比赛也随之被带入城市生活中。不过，此时足球经过公立学校和专门机构的改进，其内在"暴力"性质已发生"适应进步变化"（evolutionary preadaptive advance），绅士们对"暴力"般的比赛进行了"体育化"（sportization），建立了"文明化"的比赛规则，强化了"纪律"，使比赛有了"可控性"，剔除比赛双方的真实"对峙"的战斗风格，强化表演属性，成立专门的足球机构和相关的社会组织。然后，足球俱乐部在英国诞生，足球联赛制度形成；同时，随着英国的对外扩张，足球也被带到其在世界各地的殖民地。于是，足球真正成为一项大规模的社会活动项目。有趣的是，由于奥运会最初拒绝职业足球运动员参加比赛，这在一定程度上促进了足球世界杯的诞生，故而足球世界杯可以说是国际足联与奥林匹克组委会权力博弈的"幸运儿"。

此外，到17~18世纪，西方教育发生变化，学校教育引入了打猎、游泳、爬山、赛跑、跳跃等活动项目，但是尚无统一的名称。在19世纪英国公立学校制度下，学校的主要活动是体育运动，即足球、板球、橄榄球等项目，体育就是"队与队的比赛"，竞技至上。学校也淡化了对知识的追求，削弱了对理智的磨炼。"少年只是培养勇气、忠诚和领导力，在人格方面练习谨慎和自制，而教育和学问却无足轻重。"① 德国学校体育之父——阿道夫·施皮斯说，学校教育目的是"纪律和秩序的陶冶"，培养"顺从的臣民和训练有素的军人"。这是体育成为学校教育科目的理由与历史渊源。这也就不难理解为什么近代日本如此推崇德国学校体育了。

1760年，法国报刊上最早使用"体育"主要是为了说明儿童身体（发育）教育问题。卢梭《爱弥尔》中记载古典体育时使用的是gymnastique（体操），而在论述对爱弥尔身体教育时使用的是"体育"。18世纪末，德国的J. C. F. 古茨穆茨曾把一些身体活动分类、综合，统称为"体操"，这与德国在希腊挖掘考古有关联。进入19世纪，一方面是德国形成了新的体操体系，并广泛传播于欧美各国；另一方面是相继出现了多种新的体育项目。学校也逐渐开展了超出原来体操范围的活动，加入了更多的体育项目，建立起"体育是以身体活动为手段的教育"这一新概念。"体育本质的第一次革命性的转变，出现在19世纪上半叶的公立学校和牛津与剑桥大学中。……这些公立学校，一些具有具体形式的传统比赛（如足球）得到了现代化的改进。学校在赋予学生自由与控制学生的特殊平衡中形成传统项目得到现代化改进这一过程发生的必要条件。"② 以后，在相当的一段时间里，"体操"和"体育"两个词并存，相互混用，直到20世纪初才逐渐在世界范围内统一称为"体育"。但是，这时候体育已经脱离了"大众游戏"和"贵族身份象征活动"，转而作为社会控制"行为"的行为，"现代体

---

① 丽月塔：《绅士道与武士道》，王晓霞等译，浙江人民出版社，1990，第126页。
② Tony Collins, John Martin, *Wray Vamplew*: *Encyclopedia of Traditional British Rural Sports*, pp. 6 - 7.

育……作为优胜劣汰精英公立学校的一部分,如伊顿公学的橄榄球队"。①

20世纪,旧的体育架构还没有瓦解,新的体育形式又要"新陈代谢",类似于"蝴蝶效应",工业社会发明的新技术也涌入体育领域,如自行车、汽车,这些"新产品"使传统意义上的欧洲体育发生了变化。最让人迷惑的是,体育到底是机器的竞技还是人的竞争?到了21世纪,体育商业化使体育本来的"绅士形象""业余主义"面貌已经"无可奈何花落去",体育似乎有的时候更像是经纪人和体育机构操纵的玩偶。"1960年美国学者主张'体育回归体育,运动还给运动员'(Jaxk Scott, *Athletics for Athletes*, 1969)",② 倡导体育回归到"以人为主"的体育。

正如当代文化学者埃利亚斯提出的一系列让我们深思的问题——现代体育是不是古代体育的"复兴"?现代体育是否即减少"粗鲁"?③ 实际上,这是提醒我们必须区分古代体育与现代体育的概念内涵。英国学者对传统体育与现代体育进行了比较(见表1)。

表1 传统体育与现代体育的区别

传统体育	现代体育
1. 组织——基本不存在,没有官方化的组织,比赛都是由个体直接或间接安排的	1. 组织——正式的,由各种根据地域、宗教及国家水平而划分的公共机构来组织
2. 规则——简单,没有成文的规则,基于当地的文化和传统,并随着地域的变化而变动	2. 规则——正式、标准化,有成文的规则,理性而且实用,由组织机构承认规则的合法性
3. 比赛——只在局部有意义,无关国家、民族荣誉	3. 比赛——国家比赛和国际比赛叠加于地区比赛,并能够获取国家荣誉和国际荣誉

---

① Roland Renson, "Fair Play: Its Origins and Meanings in Sport and Society," *Kinesiology*, 2009 (1), pp. 5 – 18.
② 王宗吉编著《体育运动社会学》,台北:银禾文化事业有限公司,1996,第77页。
③ 诺贝特·埃利亚斯:《论文明、权力与知识——诺贝特·埃利亚斯文选》,第155页。

续表

传统体育	现代体育
4. 角色演变——比赛的参与者与观众并无明显界限	4. 角色演变——比赛显现了职业化水平,参与者与观众有着严格的区分界限
5. 公开信息——局限于局部区域并限于口头	5. 公开信息——报纸会有定期报道,出现了专门的体育杂志和报纸等
6. 统计和记录——不存在	6. 统计和记录——有规律的记录和公布,被认为是成绩的重要指标,并为国家机构认可

资料来源：Robert A. Mechikoff, Steven G. Estes：*A History and Philosophy of Sport and Physical Education*, Wm. C. Brown Communications, 1993, p. 7。

对比可见，传统体育与现代体育的本质差异，从另一个侧面也说明了体育在社会文化"催促"与"挤压"下，不断适应社会、不断文明化的过程。

19世纪后期是现代体育形成的时期，此时具有"游戏""乐趣"意义的"sport"，已转变为具有竞技特性之激烈的身体运动并具有团队的意义。人们也慢慢接受了"体育"作为专门的身体活动的概念，体育本身也在演变，呈现为比赛制度化、工具专门化、身体技术化。在英国，1880年之前的书中记载的有关体育的内容常常是与打猎、射击、钓鱼相关的事情，直到1930年，"体育"才呈现专门性概念含义，仅仅表示人类对抗比赛，剔除了"斗动物""赌博"等游戏性娱乐项目。

今天，当科技主导人类社会生活，体育概念与形式也开始呈现绚丽夺目的景象，正如美国趋势预测家约翰·奈斯比特所说，当一种活动的原有的功能消失或改变，它的形式会保留下来为另一目的服务。体力劳动，包括我们祖辈认为是苦工的活儿，感兴趣的家务、油漆、种菜、园艺，正在从劳务变成休闲活动。① 当体育与强化军事战斗力的目的渐渐脱离，对提高劳动力作业的功效越来越小，体育便和其他技能一样不是消失就是走进生活，以"观赏品""健康工具""社会交往"等其他的形式成为我们生活中的必需品。

---

① 约翰·奈斯比特等：《高科技·高思维：科技与人性意义的追寻》，尹萍译，新华出版社，2000，第27页。

三　我国"体育"概念之演变

不可否认，我国古代历史记载中，没有专门表示"体育"的概念。尽管国内将许多"养生"手段纳入了古代体育范畴，但这实际上是以今天体育"健康化"的视角去找寻的，比较牵强。说到底，体育还是"舶来品"，中国古代文化缺乏孕育"体育"的基因。笔者查阅近代史料发现，最早出现"体操"一词，并且能够代表体育意思的，更重要地说明我国已经开始了"体育"活动的，是张之洞在光绪二十四年五月十六日（1898年7月4日）的《酌拟变通武科新章折》"……二场试各式体操及马上放枪、步下刺击之技……盖以年力少壮，则体操及测量各事，始能按程学习……"① 和荣禄的《请给武备学堂奖叙折》"所学兵法、战法、算学、测绘、沟垒、枪学、炮学、操法及德国语言文学，均能洞悉窍要……"② 这里代表体育的"体操"内涵的是军事性质的兵操。

"体育"作为专门术语是由日本引入我国的。近代，日本体育受德国文化、教育思想的影响非常广泛，日本在1774年提出学校须进行"身体训练的体育"。历史上日本关于"体育"一词也有许多争论，"关于身体的教育""身体之教育""身体教育""身教育体"，等等，直到1876年，才由近藤镇三将这些译词归为"体育"二字。后来在使用"体育"还是"育体"的问题上又经过了一番讨论，到1878年才选定"体育"这个词。由于我国近代受到日本的影响，当倡导办新学的人士进一步研究教育时，大约在1897年引入"体育"一词。另有说法，"体育"作为专门词语在我国出现最早是1901年胡钧的译文《关于学校体育及卫生注意法》。不过可以肯定的是，当时体育和体操两词混用，概念不清。体操为学校科目内容——"普通体操、游戏、兵式体操"，③ 其中"游戏"内容都是球类运动。但"武术"与"体育"还是作为不同的体系，1917年北京大学社

---

① 高时良编《洋务运动时期教育》，上海教育出版社，1992，第673页。
② 高时良编《洋务运动时期教育》，第509页。
③ 朱有瓛主编《中国近代学制史料》第3辑下册，华东师范大学出版社，1992，第554页。

团就有"技击会"与"体育会"之分。① 1914年，北洋大学的周年概况报告使体育和体操从概念上逐步与体育区别开来，"校外操场足敷足球赛跑之用……覃尼斯球场三，篮球场一。校内有体操室一……一切运动器具无不完备。……俾全校体育日臻发达"。② 之后越来越广泛地使用体育作为专门词语。体育概念之所以能够在我国落地生根，是因为有社会需求与历史传承。从康熙仰慕西方科学到洋务运动，中国一直以西方为师，"查西洋各国，数十年来，讲求轮船之制，互相师法，制作日新。东洋日本近亦遣人赴英国学其文字，究其象数，为仿造轮船张本，不数年后亦必有成"。③ 许多有识之士倡导向西方学习，特别是认为学习西方教育能改变中国，康有为在《论西学设科》中认为："以此乃中国转弱为强之机，而怀抱利器者处囊脱颖之会也。"④ 有资料表明，当时清政府选拔人才的考试形式已经受到西方教育的影响，"报考的学生国文和算术考试合格后，还要考体力"。⑤ 这表明体育观念已深入官方思维中。

对体育概念的认同，还与我国近代体育媒体的产生、发展有着密切关系。从1909年（宣统元年）出版的《体育界》刊物开始，1914年出版《体育杂志》、1918年出版《体育研究会会刊》、1918年出版《体育周报》、1919年出版《体育杂志》、1921年出版《体育研究》、1922年出版由麦克乐主编且颇有影响力的《体育季刊》。从这些期刊的目录、索引就可以发现体育的概念，体育也由军事训练项目发展为学校教育课程，由学校的范围逐渐扩充到社会的范围，呈现了一个历史演变过程。原本媒体仅报道学校体操、学校体育，后来逐渐增加校内运动会、课外运动会的内容。这种见诸多文字的方式和广为流传的杂志对体育概念"站稳脚跟"起到了引导作用。

我国教科书历来都有这样一种思想，就是我国使用的"体育"概念所表达的内容是从日本输入的，这个论点值得商榷。事实上，我国体育"引进"的不是"日本式"的体育，仅仅是借用日语"体育"一词。近

---

① 朱有瓛主编《中国近代学制史料》第3辑下册，第134~135页。
② 朱有瓛主编《中国近代学制史料》第3辑下册，第150页。
③ 高时良编《洋务运动时期教育》，第144页。
④ 高时良编《洋务运动时期教育》，第602页。
⑤ 李宏图主编《法国史研究的新视野》，湖南人民出版社，2005，第253页。

代我国体育发展模式、内容,主要来源于欧洲和美国,这里还要归功于传教士与基督教协会,近代德国体育对日本、中国两个国家的影响非常大,我国1884年就有由李凤苞翻译的《德国练要》出版。① 在这个问题上我们的认识存在误区,需要澄清。我们的"体育"内涵是带有日本语言色彩的,是源于日本人用他们当时社会内部现有的语言材料创造的"体育"概念。而中国社会的巨变不断赋予了体育概念新的内涵,我国在千变万化的社会背景中不断将其修正,使之符合我国社会文化的表达需要,直到成为可供使用的工具,体育概念才在我国得到了普遍的认可。特别是现在,我们用"体育"来表达我们共同理解的东西,并希望通过"体育"来互相了解。

我国历史上有许多与体育相关的称谓,如"武勇""拳勇""武艺""技击""导引""养生""国术""体操",等等。同样,今天出现了"社会体育""社区体育""群众体育"等一系列关于"体育"的称谓,同样有自相矛盾和重复的地方。这说明我们对体育概念的认识还是非常肤浅的,尽管提出了许多术语,实际上缺乏具体的所指,即使有所指,也是范围不清,导致概念内涵混乱。缺乏严谨的概念甄别,才导致使用上的歧义,混乱又进一步使内容限定"七上八下",最终的结果是体育基本理论体系漏洞百出,形同虚设。尽管体育有时会焕发勃勃生机,但是这一切都不能掩盖其在理论上的"虚弱",当前我们缺乏抽象的理论将若干知识节点联结在一起,形成一个整体。

另外,对体育具体的描述和分类并不能产生科学的理论,这几乎已经成为一个基本共识,"在观念史上,巨大的危险是过分的简化"。② 而且,随着研究的深入,人们逐渐注意到体育实践中所隐含的多重意义,并提出了多元功能论。如果思辨性地仅仅强调体育对人的健康的重要性,那么其对研究体育历史来说没有什么实质上的意义。许多时候,我们发现不了所有体育项目共同的属性,我们发现的只是一种家族相似性或形式相似性的"印象",当我们判断一种新项目是否属于体育时,好像不依赖这个"新项目"的特征或本质,而是由我们主观决定,特别是官方一言夺定。比

---

① 张天白:《〈格致汇编〉与西方体育文化在我国的早期传播》,《体育文史》1991年第4期。

② A. N. 怀特海:《观念的冒险》,周邦宪译,陈维政校,贵州人民出版社,2007,第21页。

如，吸纳"电子竞技"作为体育比赛项目；比如，我们把"围棋""桥牌""象棋"作为体育比赛项目。所以，我们不可能发现必要条件和充分条件来判断一个"新项目"是不是体育。于是，体育成为"超级市场"，永远处于开放和吸纳状态，这是不是意味着体育概念研究的终结呢？

我们寻找到的最好的方法好像是只能"通过不定义体育来定义体育"，但是最终我们会陷入极端的相对主义。如果没有定义或界定，只会使学科滑向低层次。

四 小结

"体育是什么"是一个非常重要但也难以给出唯一定义的问题，[①] 因为体育内涵丰富、形式纷繁、外延模糊，确实是难以给出定义。"因此直到1810年，一个了解英国的德国贵族作家仍然说，'体育'一词像'绅士'一样是无法翻译的。1844年，另一个德国作家在谈到'体育'时说：'我们没有对应的词，只好把它引进我们的语言中。'"[②] 如今，我们仅仅从概念史维度考察体育概念演变，甄别体育概念在不同历史时期的特征与属性。体育在荷马时代是"贵族"品质的象征，体育代表高贵，亦是英雄的象征。古希腊城邦初期，在雅典，体育作为手段，是公民基本素养的一部分。希腊化时期，体育"堕落"到成为谋财（谋生）工具。中世纪，体育一方面作为武士的比斗平台；另一方面与民间生活中的"游戏"混杂在一起。骑士体育呈现了现代竞赛性质，体育比赛中树立了道德、品行至上原则，多少仍保留着古希腊体育象征意义和价值观。

近代西欧工业革命带给世界翻天覆地的变化，工业社会发展为体育带来了发展空间，人们得以重新分配生活时间。启蒙运动给"体育"创造了自由的社会环境。相对于西方社会，我国体育概念生成时，烙上了近代民族灾难特征，体育内容上主要为军事训练，体育思想上表现为"体育救国"，等等。因此，我国体育一直呈现为工具或手段、方式，常常与民

[①] 韩丹：《论体育概念之研究》，《体育与科学》2012年第6期。
[②] 诺贝特·埃利亚斯：《论文明、权力与知识——诺贝特·埃利亚斯文选》，第151页。

族救亡、国家利益诉求捆绑在一起。

我们在探究体育概念演变的历史过程时,不要仅把眼光停留在体育具体比赛项目发展史和具体国家体育发展史上,而应把体育纳入人类历史的大框架去考察,纳入人类文明发展史的大框架去考察。"要了解一件艺术品,一个艺术家,一群艺术家,必须正确地设想他们所属的时代的精神和风俗概括。这是艺术品最后的解释,也是决定一切的基本原因。"① 体育的历史是人类文明史中的小小浪花,但在这朵小浪花中我们看到了人类文明发展进程的曲折。② 所以,只有对构建体育历史的各个部分的有机联系做一个系统的、辩证的考察,才能使我们的研究更富有成效。

---

① 丹纳:《艺术哲学》,傅雷译,人民文学出版社,1963,第 7~8 页。
② 韩丹:《谈体育概念的源流演变及其对我们的体育认识和改革的启示》,《体育与科学》2010 年第 4 期。

体育精神：基于语言哲学的分析[*]

王晓慧　刘桂海[**]

无论是竞技比赛还是日常性体育活动，"体育精神"都是耳熟能详的一个词语，正如黑格尔所言：熟知的并非真知的。事实上，我们对体育精神本质与价值的理解远未达到"真知"的程度。因为"熟知"，身体运动作为体育的表象掩盖了精神的本质，经济效应与健康价值至上主义遮蔽了精神的真义，"唯成败论"的功利主义湮没了精神的本体；又因为"熟知"，有意无意地削弱了将体育精神作为学术命题进行研究的动力，造成浅尝辄止的局面。故而在梳理体育精神研究的学术史时笔者发现，鲜有学者借助于哲学视角对体育精神的本质、建构与演变进行本源性的考察与探究。体育精神是什么？从何而来？如何呈现？这是一系列极具社会意义的本体论问题。毫无疑问，以精神为切入点，才能把握体育精神的本质与体育精神的构建；剖析体育精神特征，才能深入认识其丰富内涵，避免"熟知"的惯性思维的遮挡，进而在真知的基础上获得新知。

一　语言哲学视域下的"体育精神"

19世纪末20世纪初，西方哲学由"认识论"转向"语言论"，语言哲学因此得到了较快的发展，越来越多的哲学家开始把哲学问题归结为语言问题。语言哲学的奠基人维特根斯坦认为"哲学的本质就是语言，语言是人类思想的表达，是整个文明的基础"，[①]并认为语言分析是哲学的首要任务。事实上，体育精神作为一个"可以说并且能够说清楚的'事

---

[*]　本文原刊于《上海体育学院学报》2017年第1期。
[**]　王晓慧，华东师范大学体育与健康学院硕士研究生；刘桂海，华东师范大学体育与健康学院教授。
[①]　沈梅英等：《维特根斯坦哲学观视角下的语言研究》，浙江大学出版社，2012，第1页。

情'",我们完全可以借助于语言哲学对其进行逻辑分析与阐释,从概念到内涵、自内而外地理解其本质。

正如"意识"与"存在"的关系问题是哲学的基本问题一样,在辨析体育精神概念之前,也必须先回到问题的原点,对精神的概念进行学术性梳理,因为精神是体育精神的支点,也是研究中最容易引发偏向的关键。因此,精神作为思想的工具箱,我们只有通过把握其概念的实质,厘清其在体育领域的延伸与演变过程,才能真正地从哲学层面上理解体育精神。

1. "精神"的哲学释义

通过对精神概念的历史考察,笔者发现西方两种权威的解释为"pneuma"和"spirit"。"pneuma"在古希腊语中为"精神",最初的意义是"本原";"spirit"源于拉丁语"spiritus",西方学者罗伯特·C. 蒙克等人在对"spirit"进行研究后认为:"spiritus,原来指人的呼吸,现在则指激活一切生命并赋予全部生命以力量的活力……在早期文明中,呼吸被理解为生命的基本要素;呼吸一旦停止,生命就结束了。一个人的精神,即呼吸,是生命的激活剂。"① "pneuma"说明了精神最初的意义,即本原;"spirit"又指出了人存在的本原,即精神。两个定义从另一个方面说明了古希腊哲人对精神的思考与对人的本源的思考是在同一位,并且认为精神与人的生命具有同一性。如果说古希腊哲人关于精神的思想奠基了精神的内涵,那么大哲学家黑格尔则是把精神概念推向了更高层面,他在古希腊认识论的基础上,通过逻辑推理将精神的本质定义为"自由",认为自由为精神追求的终极目标,而人的精神或理性的本质就是人的自由本质,从"人"的角度出发让精神和自由相契合,从而引出人的精神,即人的自由。相比之下,《辞海》中对精神的解释则有所偏颇:"精神是人对物质世界的观念把握,精神与物质相对,指人的内心世界现象,包括思维、意念、情感等有意识的方面,也包括其他心理活动和无意识的方面。"② 不可否认,精神作为人类活动的一部分,涵盖"心理活动和无意

---

① 罗伯特·C. 蒙克等:《宗教意义探索(第六版)》,朱代强等译,四川人民出版社,2010,第272页。
② 辞海编辑委员会编《辞海》,上海辞书出版社,1999,第138~139页。

识的方面",但仔细推敲,精神又并不仅仅是人对物质世界的"观念"把握,因为人自身就是"物质",而精神又从属于人,故将精神存在与物质存在主观地分为两个对立面进行解释必然存在结构性矛盾。再有,人对物质世界观念的把握更加倾向于认知行为,但认知与精神并不对等,前者局限于对某种知识体系的掌握和了解,精神却不甘于此,而是在认知基础上进一步反映和表达物质自身,并通过具体的实践活动进行自我表征。

论及"实践",众所周知,马克思认为人类社会生活在本质上是实践的。精神是人的精神,因而也是实践的,"关于思维——离开实践的思维——的现实性或非现实性的争论,是一个纯粹经院哲学的问题",[①] 精神若想"验明正身"也必须通过实践来证明——"在实践中证明自己思维的真理性",脱离了实践来谈论精神就容易误入"经院哲学"的歧途。把握好精神的实践性和自由本质,人的精神才会有更广阔的发展空间和无限的可能性。因为,人不应该只作为一种机械的、麻木的生产者而存在,而应该通过精神的滋养、有效的劳作来获得全面发展。因此,人需要精神上的创造和享受,也就是我们所说的精神的能动性:精神的进步促进人的全面发展,人的认知能力又在全面发展中得到提高,精神的广延性和表达的无限性得到进一步的拓展,最终在不断循环往复中,借助于精神的实践性迈进"自由王国"。

由此不难理解,作为人的本质,实践影响并推动着人类的自我发展,也只有具备了精神,人才得以被称为"完整"的人、自由的人。同理,以人为主体、源于人的实践的体育必然承载了精神的特征与功效。因此,当精神在体育"场域"中呈现若干体育特征与功效时,我们便称之为体育精神。

2. "体育精神"语用学辨析

从方法论上讲,语义学与语用学都是对意义的研究,"意义就是概念化,由概念内容(conceptual)和识解内容(construal)的某种方式构成"。[②] 语义学主要研究独立于语境的词和句子的意义,语用学则是研究

[①] 《马克思恩格斯选集》第1卷,人民出版社,1995,第55页。
[②] 束定芳编著《什么是语义学》,上海外语教育出版社,2014,第144页。

依赖于语境的句子的意义。如果语义学意义是内核的,那么语用学意义则是外围的,涉及语言与外界的接口。研究一个概念需先理解其语义"表象",然后通过此"表象"来透视其作为"本质"的意义,只有挖掘到隐藏在概念背后对世界的本质表达,才可能真正认识概念背后的价值、意义,而语义学的任务就是"阐释特定的原则,并通过这些原则使语句表征世界"。①

体育精神概念的演变依赖于特定的历史环境,即体育精神这一概念作为"话语",在何种"语境"下实现自我构建。因为任何概念的起源并非横空出世,而是有迹可循,在历史的发展过程中不同形态的变化都是由概念决定的,而概念的变化可以证明发展与演变。②尽管原始意义上,曾经出现的以古希腊时期"贵族精神"、中世纪"骑士精神"、现代"奥运精神"为代表的体育精神内涵并未被完全湮没,但不可否认的是,时至今日,随着商业元素在体育领域的侵蚀,原有的体育价值开始异化。当然,问题的关键不在于概念在语用学意义上的变化本身,而是被构建起来的体育精神概念背后所表征的内容。笔者认为,每个时代发展中的国家都需要一种精神作为软实力代表其形象,促进国家、民族进步,而且体育作为时代发展不可或缺的社会活动,也需要一个能够得到认同的基本内涵,体育精神此时恰随体育出现。

《荷马史诗》是最早全面记载体育竞技的史料。《荷马史诗》对人们在体育竞赛中所表现的生活状态进行了详细描述。《奥德赛》第八卷中高贵的费埃克斯人在接待外乡来客奥德修斯时,举行了盛大的体育赛会,"比赛一开始就打印着'贵族血统'品质,成为高贵的人'区别'平民的标志。……在'高贵的体育'氛围下,古希腊的贵族们总是不断'锤炼'自己的身体……保持身体的高贵,显现出充满活力的健康状态,以示自己的道德素养",③古希腊体育的"高贵"品质在这里显露无遗;同样,中世纪的体育精神奉行"骑士精神",骑士表现为忠君、行侠和尚武,骑士精神蕴含尚武精神、绅士精神等特质,更是果敢信仰的化身;现代"奥

---

① 郭贵春:《语义学研究的方法论意义》,《中国社会科学》2007年第3期。
② 贺麟:《黑格尔哲学讲演集》,上海人民出版社,1986,第491页。
③ 刘桂海:《〈荷马史诗〉与古奥运会的思想模式》,《浙江学刊》2009年第5期。

运精神"彰显了体育精神的本源,也体现了体育精神的社会化和机能化。现代奥林匹克初创之际,顾拜旦率先认识到精神在体育领域中的重要性,认为:"当务之急应该为青年开办一所实践骑士精神的学校。在这所学校里,青年们将懂得胜利依靠顽强拼搏的意志和坚忍不拔的毅力,依靠正直和忠诚的无私奉献。"① 随后,1905 年的布鲁塞尔奥林匹克大会中"精神"一词出现在各种体育运动中,并在顾拜旦的倡导下,"奥运精神"逐渐成为现代奥林匹克运动发展的重要理念,如同它的格言——"更高、更快、更强",它挖掘着人类的最大潜能,丰富了人类的精神世界。

3. "体育精神"概念研究现状及反思

作为具有实体性意义的聚集,对概念的解释便于我们理解概念背后的内涵。因为概念是探究新知识的逻辑支点,如轴心时代、东方化时代、农业革命,等等,这些概念提出后成为研究的一个范式,成为解释历史的框架。② 而且,概念的存在就在于"反映对象特有属性或本质属性的思维形式。……本质属性,就是决定一个事物之所以成为该事物并区别于他事物的属性"。③《大辞海·体育卷》中将"体育精神"定义为:"体育运动所大力倡导的超出一般人的意识、思维范畴的精神境界,也是人类社会赖以健全和发展的基本精神。包括公平竞争、光明磊落、团体意识等社会行为道德内容,也包括超越自卑、战胜自我、克服困难、勇争第一等个体行为道德内容。"④ 这一定义貌似面面俱到,包括了体育精神的来源、形态和内容,却犯了一个逻辑学错误——"同语反复"。即用"精神"去定义"精神",又称为"循环定义"——"在定义项中,直接包含了被定义项,定义项与被定义项二者知识语言形式上的不同";只是对体育精神做了一个简单的描述和词语的罗列,并没有解释清楚其本质。

同样,关于体育精神概念解释存在另一种现象,即将体育精神的概念或本质与其功能特征混为一谈,例如,有学者将体育精神定义为:"人们

---

① 顾拜旦:《奥林匹克理想——顾拜旦文选》,奥林匹克出版社,1993,第 81 页。
② 刘桂海:《"体育是什么":一个概念史的考察》,《体育与科学》2015 年第 4 期;李宏图等:《论题:概念历史研究的新路径》,《历史教学问题》2010 年第 1 期。
③ 普通逻辑编写组:《普通逻辑》,上海人民出版社,2011,第 108~109 页。
④ 夏征农主编《大辞海·体育卷》,上海辞书出版社,2008,第 14~15 页。

在体育实践活动中形成的，以健康快乐、挑战征服、公平竞争、团结协作为主要价值标准的意识、思维活动和一般心理状态。"① 该定义中所提到的"健康快乐""挑战征服""公平竞争""团结协作"等有的是体育所具备的功能，有的是其特征，并非体育精神这一概念的外延，不能正确揭示作为被定义项的体育精神的内涵，即"定义过窄"。而且，最后将体育精神归纳为"一般心理状态"是完全错误的，精神并非一种心理状态，而是人类意识的外在表达形式，和心理状态是并列关系而非从属关系，这也是国内体育学界进行学术性定义时常犯的一种错误。

国外在定义体育精神时则多通过具体的事例来对体育精神的功效进行表述，Everett K. Brown 在《找寻体育精神》一文中以日本的武士道精神（Bushido spirit）、相扑（Sumo）和空手道（Karate）等带给人的影响为例，侧面描写体育精神："对抗并非战斗，真正的和最终的目的是空手道本身，从身体和精神上的警觉来从容面对生活中的挑战。"② 再者，由于各国文化的不同，对体育精神的称谓与表述也并不完全相同。国外文献中多用"sportsmanship"来描述体育运动中应当具备的精神理念，中文翻译为"运动家精神"，与体育精神最为相似，Robert E. Leach 将"运动家精神"定义为"胜不骄败不馁"，③ 但是通读其整篇文章就会发现，文中描述的内容与我们所熟知的体育精神并无二致。因此，综观国外相关的学术理论，虽未从语义学与哲学视角上对体育精神的概念进行分析，却并不能说明国外学术界缺乏对体育精神的重视与探索，只是对概念研究的侧重点不同，这也是在进行学术探究过程中亟须注意与思考的问题。

另外，笔者在梳理我国学者对体育精神概念的定义时发现，对体育精神这一概念的界定与理解仅仅局限于"作用"和"代言词"，阐述过于表面化，与其他体育概念定义的缺陷一样，自我想象、"口号"式的定义居多。反之，从体育精神的本质进行界定的概念则是少之又少。有学者认为

---

① 黄莉：《体育精神的文化内涵与价值建构》，《体育科学》2007 年第 6 期。
② Brown, E. K., "In Search of the Spirit of Sport," *Japan Quarterly*, 2001, 48 (3): 58 - 65.
③ Leach, R. E., "Sportsmanship," *The American Journal of Sports Medicine*, 1998, 26 (6): 749.

体育精神是"一种文化意识形态","从文化角度反映了人类自身的崇高"。① 且不说将其定义为一种"意识形态"是否可行,对于这种意识形态是如何被证明的,也并未做详细阐述。其实,与其说是从"文化角度"反映人类自身的崇高还不如说是从"道德"视角来论述体育精神的社会价值。足球比赛中假摔动作数不胜数,但有运动员会因为裁判的误判在获得点球时而放弃得分机会,同样,足球场上对方球员如果重伤,另一方也会在关键时刻放弃这样的"绝佳"机会。再者,以上定义中对于体育精神的解释,出现最多的一个词语便是"意识",殊不知,精神和意识在方向的延展性方面,是完全相反的一对概念,"精神差别于意识,它要求自己向他人显现"。② 意识往往是人内在的思考或情感的自我剖析,如同在蛹中化蝶的茧,茧在蛹中进化的过程如同意识的思维过程,无法通过肉眼去观察。精神则是一个向外延伸的概念,如同化蝶后的破茧而出,营造出一种"张力场"的氛围来冲击人的情感。判断某一个体的精神如何,可以通过他的外在表现来断定,精神往往"并非退却或逃避入内心世界中去,因为精神恰恰是走出去的能力",③ 是一种外显的状态,就这一层面而言便无法用意识来定义抑或将其等同于精神。而且,体育的特质要求体育精神的显现更具有开放性与外向性,这种外向性正如涂尔干在《宗教生活的基本形式》里描述的"集体欢腾"(collective efferevescence):"大家围绕一个共同的东西,然后将情绪释放出来。"④ 至此,我们可以对体育精神的概念特征进行尝试性剖析。

二 体育精神的内涵

1. 自为自在

关于"自为存在"和"自在存在"这一议题,黑格尔曾以婴儿作为

---

① 李可兴、黄晓丽:《高校体育精神的特质与培育》,《北京体育大学学报》2006年第9期。
② 查常平:《历史与逻辑——作为逻辑历史学的宗教哲学》,巴蜀书社,2007,第238页。
③ 麦奎利:《基督教神学原理》,何光沪译,上海三联书店,2007,第469页。
④ 转引自丹纳《艺术中的理想》,傅雷译,上海书画出版社,2011,第54页。

比喻展开系统的描述。论述精神"自在存在"时，结合"自为存在"方便对体育精神进行理解。他认为胎儿是自在为人而非自为的，因为胎儿还未曾接受任何他自身之外的思想灌输，可以通过后天的理性教养使他成为"一个自为的人"。① 回答何谓体育精神，追溯体育精神的来源是第一个环节，体育精神是参与者在体育活动、体育竞赛过程中所孕育出来的一个"婴儿"，自在的存在作为一种客观纯粹的存在属于一种静止性存在，有存在的合理性，而意义或价值的是否存在则是在自为存在融入之后才能够呈现。自为的存在是一种动态化的存在，但两者并非对立的关系，自为存在无法脱离自在存在，正如萨特所言："自为没有自在存在就是某种抽象的东西。"② 而自为存在没有自为做支撑，意义也流于"无意义"。

将体育精神的特征率先定性为自在存在，是因为它的存在并不以个人意志为转移，也并不因我们的主观意识的拒绝承认而消失，而是一种固化的、绝对的存在；判断它是自为存在，是因为纯粹、固化的自在存在如果没有自为存在来支撑，它的最终结果只能走向虚空，如同"胎儿"初生之时不接受任何自身之外的东西（无论是物质还是思想），处于一种脱离社会、脱离自然的状态，正如"社会使我们成为人类"。所以，体育精神所强调的是自在存在基础上所形成的自为存在，任何一方面的缺位都会对精神以及体育精神的"存在"造成影响。因为"自为和自在是由一个综合联系重新统一起来的，这综合联系不是别的，就是自为本身。事实上，自为不是别的，只不过是自在的纯粹虚无化"。③ 这就告诫我们，体育精神作为体育领域上层建筑中自为与自在结合的存在，在剖析体育精神特征的过程中必须把握"存在"这一事实，立足于体育精神自在存在这一特点，明确体育精神"为何而来"，因为当体育精神被证明"在"的时候，已经表明了它具有"在"的性质。

2. 自然

所谓"自然"，在亚里士多德看来不过是一种在自身中具有运动原则的实体，"是由于自身而不是由于偶然性存在于事物之中的运动和静止的

---

① 黑格尔：《精神现象学》（上），人民出版社，2013，第63页。
② 萨特：《存在与虚无》，陈宣良等译，三联书店，2012，第788页。
③ 萨特：《存在与虚无》，第788页。

最初本原和原因",① 即自然的存在是一种绝对化的存在,自然本身就是运动和静止的"最初本原"和"原因"结合所形成的发展规律。但是,在黑格尔看来,人要从有着规律的自然界中发展出来,人的精神是宇宙最美的花朵。黑格尔认为精神的可贵之处在于超越人的自然性,实现精神自身的自然性,为此他主张"精神以自然作为它的前提……因而精神是自然的绝对第一性的东西"。② 也有学者认为,在古老的埃及,精神作为不可见世界的现实逐渐遮蔽了可见的现实世界,尽管精神在它自身的存在形状上是不可见的,但不可否认的是,作为自然的物质世界诞生的实体,它已然通过自身的不可见性赋予了自然真正的意义,因为精神在诞生之际,其呈现方式已经被规定。

"精神"作为"自然"的"真理",遵循自然"本性使然"的发展规律,并依托自然界的人作为它"存在"的证明。当人从自然状态逐渐步入社会状态时,便逐渐脱离了动物的原始形态,在很大程度上摆脱了自然状态时的"蛮性",但其自然原始的"求生"本能被延续了下来并通过体育表现得淋漓尽致。适者生存,自然界中的人与动物类同的一点是"求生",也就是如何"存在",为了"存在"就必然要与自然界中各种威胁自身的境遇抗争。如此一来,赛场之于运动员便如同自然界之于动物:草原上狮子和被猎捕的鹿一般,狮子要拼尽全力才能获得食物保持自己生命的延续,而被猎杀的鹿也必须拼尽全力去逃亡来保留自己的生命;运动员要拼尽全力去赢得比赛,站在"游戏"的顶端,才可以更长久的生存下去,这一点古希腊历史中也早有记载,"角斗士游戏 munera,大概起源于罗马之前的伊特鲁里亚。为了荣耀死者,伊特鲁里亚人的殡葬仪式包括一种'死亡游戏',输家必须付出生命做代价……"③ 这是人类在自然发展过程中无法抗拒的历程,而体育精神也在人与体育的发展过程中,证明了自身的"存在"。体育的发展与自然界的发展相同,存在其中的个体被设

---

① 苗田力主编《亚里士多德全集》,中国人民大学出版社,1991,第30页。
② 黑格尔:《精神哲学——哲学全书·第三部分》,杨祖陶译,人民出版社,2006,第10~11页。
③ 沃尔夫冈·贝林格:《运动通史:从古希腊罗马到21世纪》,丁娜译,北京大学出版社,2015,第56页。

定了"物竞天择"的特性,在竞争过程中要摆脱人的社会身份而尽己所能,求得生存。赛场上如果不竭尽全部精力去比赛,不仅是对对手的轻蔑,更是对体育精神的亵渎。即使是国王,在面对比赛时也应尽全力而为之,因为体育在此时是作为自然界的一种"工具"来为人使用的:"比武高潮,法国国王亨利二世这位40多岁的国王飞身上马冲入赛场……国王不愿意当着众人的面达成平局,所以强迫对手再战。两次策马相向都没能交上手,第三次他们正面相逢,矛都打裂了,国王被打中,从一侧摔下马去……国王想站起来,却未能如愿以偿。他是被人从赛场上抬下去的……两周后不治身亡。"① 这样一来,作为自然中物质的人,他便"不存在"了,其在体育运动中所表现的精神——在"身体各部的和谐中间,姿态中间,头的形状与面部的表情之间,表现这灵魂,要使人感觉到心灵的自由与健全,或者卓越与伟大",② 却留下了,并继续在自然中循着自身的"存在"发展。

自然中个体物质的存在是有限的,但精神的存在是无限的,正如谢林所说:"自然是可见的精神,精神是不可见的自然。"自然是精神发展的现实状态,个体的终结无法决定精神的终结,却让精神在发展中摆脱了自然的外在性,融入自然本身的自在中发展,如此一来,体育精神的自然特质在精神的自然性表达以及个体自然性的映衬之下便明朗了。

3. 自由

精神的本质是自由,人的本质也是自由。显然,随着精神在体育领域的延伸,精神的本质——"自由"也在体育精神形成之际被带入概念中,以人的参与为主体的体育变成了体育精神表达自由的实践活动。一旦割裂了体育作为一种实践活动与精神的同一性和统一性,体育不仅会变成一种毫无意义可言的机械活动,而且自由作为精神和人的本质也无法体现,因此,只有渗透于体育实践中,体育精神才会显现其本质,如黑格尔所言:"自由虽然是内在的,但是实现方法和手段却是外在的。"体育精神的本质正在于此。

---

① 沃尔夫冈·贝林格:《运动通史:从古希腊罗马到21世纪》,第130页。
② 丹纳:《艺术中的理想》,第85页。

体育史告诉我们，无论古希腊罗马还是欧洲中世纪，近代西方社会还是当今东方世界，体育都是作为人不断寻求生存与追求精神自由的一种方式，一种打破枷锁、挣脱桎梏的途径，一种由身体自由提升至精神自由的具体的实践形式。在一些宗教国家，女子参加体育竞赛时的着装有着极为严格的要求：纱巾裹头，长衣长裤，遮盖四肢不外露。但是，体育不断冲击着宗教戒律，"解放"女性的身体。2013年的女排亚锦赛上，一些宗教国家的女排队员"露出"了其面部以及上肢的部分，这样的"体育式"改变，对于女性教徒而言不仅仅是一个极为重大的身体表露状态的转变，更是一种身体自由的象征。相比较，20世纪40年代，上海也曾经发生"女性游泳"裸露身体的事件，那是体育对我国封建愚昧对女性基本权利压制的一次成功的冲击，成为体育促进我国女权运动中里程碑式的事件，是体育——"自由之精神"改造社会实践的典范。毫无疑问，这些物质形式的"枷锁"可以牢牢地禁锢住人的身体，却难以禁锢不断进步的人类的精神，愈是困苦，精神所体现出来的价值就愈发重要，对于自由的追寻与表达也就愈发明显。

正如马克思所言，追求与享受身体上和精神上的自由是人的基本权利，也是人类追求美好的社会生活的目标。即使是与现代社会相隔久远的古希腊雅典时代，人们也从未停止过对于幸福和自由的追求，"自由的比赛和比赛的自由，人神的同形，没有神的羁绊，人可以尽情地释放自己的能量和情感；没有上帝、没有赎罪，比的是骁勇刚烈、评的是视死如归，敢与神争高下的气派"。①

4. 实践

实践是贯穿马克思主义哲学的核心观点，更是连接物质和意识世界的枢纽。精神要促进物质世界的发展，需要借助于一个载体，即现实的人，因为"人的和人类的实践是认识的客观性的验证、标准"，② 精神只有为人所掌握才会在物质世界的发展中发挥其能动性，证明其实践价值。体育精神的实践性必然也遵循这一规律，只有在被人掌握的时候体育精神的实

---

① 刘桂海：《〈荷马史诗〉与古奥运会的思想模式》，《浙江学刊》2009年第5期。
② 《列宁全集》第55卷，人民出版社，1990，第181页。

践价值才会凸显出来。幸运的是，作为实践活动本身、以人为主体进行活动的体育恰好为体育精神的实践提供了舞台。

不同于异化劳动与工人之间的关系，体育作为人的一种实践活动，是使人在参与的过程中来肯定自己而不是否定自己；是感到幸福，而不是感到不幸；是自由地发挥自己的体力，而不是肉体和精神遭受外来的折磨和摧残；是感到自在而不是不自在。而也正是因为精神的存在才会发生工人从异化劳动中的"痛苦"到体育实践中的"幸福"的转变。因为，缺少体育精神做核心，机械的身体活动无法超越自身成为具有意义的实践，而这一点与黑格尔对实践精神的解释——"开始于它的目的和利益"[1] 相统一。再者，柏拉图曾经将体育定义为"战争的准备"，顾拜旦希望奥林匹克运动成为促进世界和平的重要力量。从宏观角度来讲，体育作为体育精神的表达"工具"，自产生之时起便已然肩负起国家的"使命"，肩负起世界和平的"使命"，具有正当的目的性与利益性。这便不难理解体育精神在推动体育发展，唤醒与振奋个人与整个民族精神中所具有的价值——精神的能动性与指导性。

18世纪初，家乡遭到侵略，激发了德国教育家、"杨氏体操"创始人Friedrich Ludwig Jahn强烈的爱国主义和民族主义情感，"将体育与精神品质和意志的培养紧密结合起来，从此创造了以器械体操为主，重视爱国主义、民族主义和意志的教育与培养的德国体育运动体系——德国体操（又称杨氏体操）"。[2] 同时期的古兹姆斯也于1817年再版了他的《青年体操》（Gymnastik Für die Judgend），其中写道："我们必须为我们年轻一代的精神提供爱国教育，为他们的身体提供一个真正的辅助性的军事教育。"[3] 此后，德国体操精神作为民族精神被延续下来，代表国家整体形象和气质，以至于日后移居国外的德国人"随身携带的是腌酸菜和体操"。[4] 同样，20世纪80年代的女排精神成为我国体育精神与民族精神的化身。显然，"对于人来讲，却只有依靠精神的能动性来改善物质世界，

---

[1] 张世英：《论黑格尔的精神哲学》，上海人民出版社，1986，第46页。
[2] 谢友国主编《体育的道理》，湖南人民出版社，2008，第24页。
[3] 阿伦·古特曼：《从仪式到纪录：现代体育的本质》，北京体育大学出版社，2012，第95页。
[4] 国际皮埃尔·德·顾拜旦委员会编《奥林匹克主义——顾拜旦文选》，刘汉全等译，人民体育出版社，2008，第27页。

也唯有精神的能动作用才能使人在物质世界中存在,并生活得更好",①女排精神作为我国体育精神的一盏灯,很好地诠释了体育精神如何实现社会实践之功效,如何增强民族的自信心,如何使国家形象焕然一新。当然,也只有在社会实践中,体育精神才能彰显其价值,才能得到更深远的发展,向着终极目标——自由迈进。

综上所述,通过对精神的哲学分析和语言学解构不难得出,自由是精神的本质和唯一真理。自由作为精神的本质需要在自然中得到证实才能成为现实的自由。精神在自然面前所表现的自由,是要摆脱自然的外在束缚,深入自然本身存在的规律,在自然面前获得自身的解放并作为本性得以发展。而精神要想在自然这里达到自由,无论是精神还是作为精神主体的人,都要遵循"本性使然"这一规律,这便需要借助于"实践"来实现,使自身和其他品质获得长远的发展,证明其长久"存在"的价值。同样,存在的问题之所以重要是因为在进行指向的时候,存在是以"存在者"作为载体而显现,缺乏存在的"存在者"无从谈起,为此,必须首先追溯"存在"。如此一来,精神的构建、本质、来源以及呈现方式便在自为自在、自然、自由、实践中找到了各自的归宿,体育精神也依循精神的路径,在实践中找到了概念背后的深层内涵。

三 结语

通过语言哲学对体育精神进行剖析是建立在人、体育与精神三者之间共有的特征上的。自为自在、自然、自由、实践四个特征是对体育精神内核的剖析:"自为自在"表明了体育精神在发展过程中的存在状态;"自然"强调了体育精神在发展过程中的规律,为体育精神的自由本质提供了理论基础;"自由"是体育精神的本质,为体育精神向终极目标的发展与迈进指明了方向;"实践"验证了体育精神在民族精神凝聚中的促进作用,在具体的活动中体现体育的价值。体育精神概念所涵盖的意义越深刻,作为它的载体,体育的价值也愈发重要。

---

① 蔡卫东:《原因与结果》第2册,中国华侨出版社,2011,第817页。

图书在版编目(CIP)数据

全球思想史论丛.第1辑,概念的流动/李宏图,孟钟捷主编.--北京:社会科学文献出版社,2019.12
(大夏世界史文丛)
ISBN 978-7-5201-5905-0

Ⅰ.①全… Ⅱ.①李…②孟… Ⅲ.①思想史-世界-文集 Ⅳ.①B1-53

中国版本图书馆CIP数据核字(2019)第300417号

大夏世界史文丛
全球思想史论丛(第1辑):概念的流动

主　　编／李宏图　孟钟捷

出 版 人／谢寿光
组稿编辑／宋荣欣
责任编辑／宋　超　陈肖寒
文稿编辑／肖世伟　李蓉蓉　郭锡超

出　　版／社会科学文献出版社·历史学分社(010)59367256
　　　　　地址:北京市北三环中路甲29号院华龙大厦　邮编:100029
　　　　　网址:www.ssap.com.cn

发　　行／市场营销中心(010)59367081　59367083
印　　装／三河市尚艺印装有限公司

规　　格／开　本:787mm×1092mm　1/16
　　　　　印　张:23.75　字　数:376千字
版　　次／2019年12月第1版　2019年12月第1次印刷
书　　号／ISBN 978-7-5201-5905-0
定　　价／128.00元

本书如有印装质量问题,请与读者服务中心(010-59367028)联系

▲ 版权所有 翻印必究